政治社會學

陳秉璋 著

學歷：國立臺灣大學政治系畢業
　　　比利時魯汶大學政治社會學博士
經歷：東吳大學社會系教授
現職：國立政治大學社會系專任教授

三民書局印行

網際網路位址　http://www.sanmin.com.tw

© 政治社會學

著作人　陳秉璋
發行人　劉振强
著作財產權人　三民書局股份有限公司
發行所　三民書局股份有限公司
　　地址／臺北市復興北路三八六號
　　電話／二五○○六六○○
　　郵撥／○○○九九九八——五號
印刷所　三民書局股份有限公司
門市部　復北店／臺北市復興北路三八六號
　　　　重南店／臺北市重慶南路一段六十一號
初版一刷　中華民國七十三年三月
初版三刷　中華民國八十九年八月
編　號　S 54009
基本定價　陸　元
行政院新聞局登記證局版臺業字第○二○○號

ISBN 957-14-0294-X (平裝)

三民現代社會學叢書序

　　自 1903 年嚴復出版史本塞的「羣學肄言」以來，社會學在我國也有七十年的歷史了。七十年不是一個短時間，照理，我們應該早就建立了具有本土色彩的理論和方法，不必仍然高度仰賴西方的研究模式。可是，實際並不如此，一直到今天，我們不僅在理論和方法上依靠西方（尤以美國為最），即使在教科書方面，也以美國為主要來源。這種情形，對於國家的學術獨立發展來說，相當不利。不利至少牽涉到兩方面：一方面是，我們的許多研究淪為驗證美國社會學理論的結果，毫無創意，即使有些新的發現，也不過是多一點異文化的註解；另方面是，一般中國學生直接從英文教科書學習，總有隔靴搔癢的感覺，不僅語文能力有困難，進度慢，而且由於思想方式的不同，難以獲得啓發性效果。

　　為了這樣的緣故，也為了教學和研究，我們希望能夠逐漸擺脫西方學術上一些不必要的羈絆，建立自己獨立的教學與研究環境。我們認為，這當然不是說做就可以做到，但總得有個起點，然後一步一步的做下去。也許第一步就是先編一批互相有關聯的教科書，讓讀者可以直接從這裏獲得有關的社會學知識，並且可以做些有系統的思考。這樣做也許並不能完全擺脫西方社會學的傳統，但是希望至少可以做到兩點：一

是建立一種從社會學觀點了解本社會所需要的架構，不必但事模仿；二是儘量使用研究本社會所得資料為例證，以解釋現象。我們相信，這樣的處理和編輯社會學中文教科書、參考書、研究專書越多，對於中國社會學的發展將越為有利。

這並不是說，我們要排斥外國學術，關起門來談社會學；相反，我們不僅要繼續吸收來自國外的新知識，還必須加強介紹和學習，無論是古典的、現代的，或美國的、歐洲的，因為只有在接受、轉化、創造的過程下，才能產生屬於自己文化特色的社會學，也才能進一步發展為世界性的社會學，一如今天美國的學術市場。

話雖如此，事實上目前臺灣的社會學界還面臨許多不易克服的困難。第一是教師的課業過重，準備功課的時間過多，教課之餘，往往抽不出時間做研究或撰寫教科書；第二是社會學者於教課之外，還得做一些社會學的推廣工作，如寫雜文、演講、或參加座談會之類，佔去不少時間；第三是相同主題學術人數太少，不僅無法相互問難或批判，連交換意見的機會都沒有，自然就影響某一部門的發展；第四是不易安排較為深入的學術研討會，提出較具創見的學術論文，以為進一步發展的依據，一般論文多流於陳述資料或驗證假設而已。諸如此類的問題，使社會學界表現一種無力感，何況由於待遇太低，有時還不得不兼顧生計。

這次能夠有計劃的出版這套叢書，一方面固然要感謝三民書局董事長劉振強先生的鼎力支持，另方面更感謝社會學界諸位先生的排除萬難，慨允相助。否則，還不知要拖到什麼時候才有可能出版這樣一套較有系統的中文社會學教科書。

　　「三民現代社會學叢書」目前並沒有訂定嚴格的編輯方針，大抵遵循兩個方向：第一步是出版社會學主要範圍內的教科書，以便於教學上的使用或課程上的發展；第二步是出版社會學的專門著作，以提升社會學的學術水準。至於出版的方式和程序，以及其他有關出版事項，完全按照三民書局原有的辦法辦理。

　　以單一學科出版叢書是一件值得提倡的事，我們盼望經由本叢書的出版，不僅對社會學的發展有些貢獻，就是對中國學術界也有點幫助。這才是我們大家工作的目標。

文　崇　一

葉　啓　政

民國七十三年二月於臺北

自　　序

　　本人自從留歐返鄉執教以來，發現臺灣的政治學界，過份偏重於美國政治整合論，而忽略了政治現象的另一向度 (Dimension)，那就是歐洲的政治衝突論，因而往往導致對於後者的不解或誤解。本人有鑒於此，乃基於下列的動機與目的，毅然出版這本小書，但願臺灣政治學界的先進與同仁，能夠多多給我批評與指教。

(1) 企圖比較出兩派對於各種政治現象在了解上與詮釋上的優劣性。

(2) 期望站在純粹科學園地的嚴正立場，解開政治渲染文化的錯誤認知，使政治現象的優美面與醜陋面，毫無偽裝地凸顯在讀者面前。

(3) 從兩派的對照分析下，希望能夠喚起開發中國家知識份子的時代良知與歷史使命感。

本書寫作的特殊方式與內容結構之介紹

所謂寫作的特殊方式，是指我們所採用的寫作方法與編排方式，完全有別於一般出版的政治社會學。因此，本書的內容結構，也就全然以嶄新的面貌出現在讀者的面前，茲簡單扼要地介紹於后：

我們的寫作方法

本書所採用的寫作方法與操作過程如下：

(1) 首先採用「歸納法」，儘量去收集有關政治社會學的著作，研究報告，歷史文獻與經驗資料等等。

(2) 其次就運用「分類法」，進行內容性質之分類，分為「抽象層次之理論探討」與「事實層次之實證研究」兩大部分。

(3) 再其次就運用「比較法」，把同一類的理論探討與實證研究，分別做一種比較研究。同時，為了使理論探討與實證研究能夠發揮互補性功能，我們又採用「內容分析法」與比較法相配合，單就政治社會學的核心問題——政治權力——進行分析與比較。

(4) 最後，基於上述歸納，分類，比較與分析等等過程所得的結果與基本認知，我們才進行主觀的詮釋與批判，而成為本書的總結論。

本書的內容結構

依照上述的特殊寫作方式與操作過程，就產生下述的主要內容結構：

第一篇：抽象層次之理論探討

第二篇：事實層次的實證研究

第三篇：政治權力的社會學分析

總結論篇：從政治權力結構與政治溝通之基礎理論，試探知識份子在社會變遷中所扮演的角色。

政治社會學　目次

自　序

本書寫作的特殊方式與內容結構之介紹

緒　論

總結論篇：從政治權力結構與政治溝通之基礎理論，
　　　　試探知識份子在社會變遷中所扮演的角色

緒　　論

在緒論裏，我們選擇了以下四大主題，開門見山地，來向讀者做詳細的介紹與交代，因為我們認為:

(1) 對於政治社會學有研讀志趣的人，必先了解其過去歷史的演變過程。因此，在緒論的第一章裏，我們將不厭其詳地介紹政治社會學的歷史回顧。

(2) 其次，對於政治社會學的研究對象、領域、內涵、以及研究趨勢等等問題，亦應該有相當清楚與正確的認識，否則，在研究上很容易落在人後而趕不上時代的研究潮流。因此，在緒論的第二章與第三章裏，我們將分別介紹政治社會學有關的下列諸面向；研究對象、領域、內涵、派別、以及研究新趨勢等等。

(3) 在任何社會科學的研究領域裏，除了一般共同接受的研究方法或技術外，都有其獨特的研究方法論，政治社會學當然也不例外。對於政治社會學有志趣研究的人，對它所擁有的獨特研究方法論，如果沒有相當程度的了解與認知，跟本就談不上如何去思考、研究與了解。因此，在緒論的第四章裏，我們將詳細地介紹有關政治社會學的研究方法

論，藉以增進讀者在這方面的知識。

(4) 本書寫作的方式與結構，都有別於一般政治社會學。同時，對於政治社會學的獨特研究方法論，我們也有自己的相異論點。因此，在緒論的第五章裏，我們將分別介紹本書寫作的獨特方式與其結構內容，並詳細介紹我們自己的研究方法論，藉以幫助讀者對於本書的了解與研讀。

第一章　政治社會學的歷史回顧

　　就人文與社會科學而言，歷史的回顧，總是佔有極其重要的意義與地位。尤其對於政治社會學來說，更是不可或缺的了。因為從其過去歷史的回顧裏，一方面，我們可以看出它是一門旣古老而又新穎的社會科學，他方面，我們亦可以覺察到，它在社會科學領域裏所扮演的重要角色。

　　在社會科學的研究領域裏，往往由於許多舊有傳統主義與新名詞之間的矛盾與爭議，而在無意之間就導致了一種新生科學的誕生。政治社會學的產生，從其歷史發展的回顧裏，也可以看出這種情形。它在人文科學之中，雖然是較為晚起的一門，不過，就社會科學而言，要算是最早的一門，甚至於比社會學本身還早，因為它可以遠溯於希臘亞里斯德的時代。

　　十九世紀的工業主義，導致了傳統農業社會的解組與現代工業社會的君臨，一些對於社會抱有憂心忡忡的社會科學家，起而創造了一門新的社會科學；社會學，專門以社會本身為研究對象。就在這個時候，我們從歷史的回顧裏可以看出，傳統政治社會學並沒有被社會學所兼併。

因此，到了二十世紀初期，它又逐漸形成一門相當活躍的獨立社會科學。現在，我們就來回顧一下，它的歷史演變過程。

第一節　十九世紀以前的政治社會學

在人文或社會科學的研究領域裏，實踐 (pratique) 往往先理論而存在。因此，許多理論尤其是早期的產物，都是從經驗事實中，去探求抽象理論，回過頭來解釋事實之存在。這正是傳統希臘哲學所關注的課題。因此，我們從古代希臘哲人的著作中，不難找到許多所謂政治哲學的思想與言論。這種政治哲學的思想與言論，隨着整個歐洲封建體系之建立與沒落，而有其深遠的影響與變化。

一八三九年，孔德 (Auguste Comte) 在其所著「實證哲學講義」 (*Cours de philosophie positive*) 的第四册裏，❶ 正式創立社會學 (Sociologie) 這個名詞，藉以表示專門以社會為研究對象的特殊科學；社會現象的科學研究。不過，遠在社會學正式誕生的十九世紀以前，政治社會學早已存在。所謂早已存在，並非名詞本身之確定，而是單指實質意義與思想的存在；對於政治社會學的研究對象，方法，以及各種法則的提出。

在過去那段漫長的歲月裏，把這種實質意義與思想的政治社會學，逐漸發展成為後來的正式政治社會學，這不但是歷史演變的產物，依照我們的看法，其最大的貢獻者，應該歸功於下列三大先驅思想者：亞里斯德(Aristote)、馬凱維里(N. Machiavelli)與孟德斯鳩(Montesqieu)。茲依照時間發展的秩序，並以思想家為中心，介紹於下：

---

❶ 參考 A. Cuvillier: *Manuel de Sociologie, Thome 1*, P. U. F. pp. 3-19.

(一) 柏拉圖 (Platon)：

整個柏氏的政治思想，完全跟其哲學體系相結合在一起。他認為社會秩序與政治理念，應該完全以人類的理性 (Raison) 為判準與依歸。也正因為如此，他在其所著共和國一書裏，認為哲學家最適合於統治希臘城邦。同時，共和國一書所描述的社會等級，正確地反應出理性社會秩序與社會功能之要求。

此外，就研究方法與領域而言，他對於社會與經濟事實的思考與研究，已經跳出哲學思考的範疇，而抱有科學態度與精神。譬如對於希臘理想城邦的建構，他已經考慮到地理條件❷與人口因素在內。他也是人類歷史上最早提出社會分工與社會規範道德的人。

他對於當時希臘城邦內社會事實，最先本着客觀的科學態度去觀察，而體驗到人類經濟生活的重要性與階級對立的嚴重性。在他的哲學體系裏，柏拉圖是一位道道地地的意念主義者 (Idealisme)，然而，在探討社會事實的一邊，他又處處表現為物質主義者 (Materialisme)。他對於社會階級的對立觀，經濟事實的重要性，以及他所謂人是需要的動物，再再都影響到後來的物質主義者馬克斯 (K. Marx)。也正因為如此，在哲學方面，有人奉稱他為意念主義之父，而在社會科學方面，相對地有人稱他為歷史物質主義的先驅思想者。依照何鵬 (L. Robin) 的看法❸，孔德的社會學思想，正是融合柏氏的意念主義與物質主義之產物。

(二) 亞里斯德 (Aristote)：

在上面我們已經說過，亞里斯德是建立政治社會學最有功而且又是

---

❷ 參考 Roger-Gerard Schwartzenberg: *Sociologie Politique*, Ed. *Montchrestien*), Paris. pp. 207-209.

❸ Cf. A. Cuvillier; op. cit. pp. 16-19.

最早的一位先驅思想家。他是柏拉圖的得意門生，以政治哲學家而聞名後代。透過他對於政治哲學的研究方法、態度與內容，早就創立了我們所謂實質意義的政治社會學。

他對於哲學思考的基礎，實際上已經有別於他的老師柏拉圖，雖然仍然以意念主義為出發，然而確是以社會事實與有效行為的驗證為基礎。換言之，他對於政治哲學的思考，實際上，也就等於實質政治社會學的內涵，包括了對於複雜社會事實的具體研究與對於人類社會行為的科學觀察。

就研究方法而言，他跟許多先驅者不同，尤其是他的老師柏拉圖，拋棄了傳統意念主義的抽象（Abstrait）與演譯（Deductive）法，而創新地採用比較法與歸納法。他所有政治學說，就建立在當時實際政權的系統分析與研究之上；對於當時希臘 158 個城邦憲法的條文，進行系統分析與比較研究所得的結論。同樣地，他採用比較與歸納法，基於實際經濟事實的觀察與分析，對於人類由物物交換的集市行為，如何轉換為金錢經濟的過程，做了相當獨到的說明。

對於社會事實的直接與實際觀察，這是一項偉大而重要的發展，只是可惜，他在做學問的出發點上，往往把重點放在哲學意義的思考層次上。也正因為如此，對於倫理與政治的分野，就顯得不夠明顯。這一點說明了一個事實；他為實質意義的政治社會學，奠定了研究方法與科學態度上的重要基礎，但是仍然無法把政治社會學拉出哲學意義的倫理範疇。

（三）中世紀的基督教思想家：

歐洲的中世紀是鼎鼎有名的封建社會之時代，就封建體系的本質與基督教宗教思想而言，都是反科學的，而且不注重社會事實的。因此，

對於實質政治社會學的發展，幾乎沒有什麼貢獻可言。雖然如此，有兩點重要事實，我們必須向讀者提出：

其一，希臘時代所發展的實質政治社會學，透過中世紀修道院的保存，得以完整無缺地流傳到後代，尤其透過文藝復興而得以重新開花結果。

其二，在許多神學家之中，奧古斯丁 (S. Augustin) 透過他的名著「上帝之城」 (Cité de Dieu)，對於實質政治社會學有了相當大的貢獻。他最先從社會規範與道德的觀點，去研究並比較各種不同歷史時代的社會事實。

(四) 馬凱維里(N. Machiavelli)：

生於公元一四六九年，卒於公元一五二七年。他的時代背景，正是封建社會從登峯造極而轉向衰退與近代民族國家開始要崛起的轉變時期。他有兩本最重要的著作❹，啓開了近代意義的政治學。同時，也奠定了近代政治學的科學與學術之地位。所以有人恭稱他為近代政治學之父。他為近代政治學界定了研究對象、內涵、方法與法則等等面向。茲擇其要點分述於下：

(a) 政治學的研究法：從研究方法的觀點而言，馬氏把政治學的研究對象與出發點，都給予現代化，正式把政治學帶出了傳統政治哲學的領域。這種創意性的突破，要完全歸功於馬氏的治學方法論。

一直到中世紀末葉為止，人文科學的研究方法，都陷於以下兩大矛盾之中；其一，存在於『客觀事實之分析與規範原理之肯定』間的混淆不清，如果套用涂爾幹 (E. Durkheim) 的話，就成為『事實判斷與價

---

❹ Cf. R.—G. Schwartzenberg. op. cit. pp. 213-216.

值判斷』之間的矛盾；其二，在理性主義的優越支配下，過份重視邏輯的演繹推理，而忽視了觀察與歸納的重要性。換言之，這是一個如何去結合實證主義與客觀主義的重大問題。就方法論而言，馬氏首先打破了這個難關，爲近代政治學奠定了現實主義的基礎，這一點不得不歸功於他的創意性方法。

在中世紀的時候，由於政教結合，甚至於我們可以說是「以教領政」的封建社會，神學發達的結果，從傳統社會哲學的領域，引出了極盛一時的道德學與宗教學。因此，所謂文藝復興，首先就是指批判精神的復活；知識界的自求解放，人文與上帝的分野。人們正式走出了『上帝之城』與政治上的奧古斯丁主義。就馬凱維里而言，他正式把政治學從形而上學與道德學的領域裏拉出來，而成爲獨立的一門新社會科學。

依照孔德的界限，馬氏治學的出發點是實證的 (Positive)；先把政治學從神學範疇拉出來，再與形而上學和宗教相抗衡。他的爲學態度，並不像傳統哲學家，着重於事物的研判，相反地，他是以觀察家的身份來爲時代做見證。因此，他所描述的政治人物，並不是理想中的典型，而是實際存在的典範。

霸道或王子 (*Le Prince*) 一書，正是一部典型的實證政治學的代表著。由於它的君臨，政治學正式脫離了傳統的政治哲學的領域；只描述事實的存在而不給予任何主觀的價值判斷。

他方面，中世紀盛行的政治研究法之一，就是對於事實的觀察過份注重理性的演繹。換言之，過份偏向於抽象的邏輯主義，純觀念的玩弄與理性至上主義。相反地，他首先以事實學派的姿態出現，用直接觀察法取代了傳統的純理性演繹法。

他對於社會事實直接進行客觀的觀察與研究，因爲不帶有任何宗教或形而上學的先入爲主觀念，也沒有邏輯和抽象意念的優先主義之色彩。

在他的名著「霸道」一書裏，他曾經寫道：『我認爲探求事物的事實眞相，遠比想像事物應該如何來得適切』。❺

政治研究不能脫離事實而存在，因此，他特別強調對於事實的直接觀察，歸納與比較。這是亞里斯德所創見的，不過，馬氏與亞氏不同，他已經完全把政治學從哲學的範疇裏拉了出來。

(b) **政治學的研究對象**：什麼是政治學的研究對象？對馬氏而言，政治學乃是以國家爲研究對象的科學，或者稱之爲權力的科學 (Science du Pouvoir)。他生逢歐洲歷史的重大轉捩點；一方面，教權與傳統形式的帝國，已經開始沒落，封建社會本身亦趨向瓦解；他一方面，以英國、法國、西班牙等爲首的近代民族國家，亦逐漸正在形成當中。近代意義的民族國家，順理成章地就成爲他研究的主要對象。

在其名著霸道一書裏，就非常明顯地爲「國家」(Etat) 一詞界定了近代意義。政治學雖然以國家爲主要研究對象，事實上，不外是在於分析與思考有關國家權力之取得與執行。馬氏站在政治現實主義的觀點，以實證主義爲出發，對於權力的取得、保持、擴大與消失等問題，都有相當深入而獨到的分析。霸道這一本書，可以說是一本有關政治權力的病理學與解剖學，對於政治權力的研究，在政治學上，一直佔有崇高的學術地位。

(c) **政治現實主義的內涵**：他的政治現實主義之色彩，可以從下列各點表現出來：

(1) 人性是惡的，自私自利乃是人類一切行爲的動機，政治行爲自然也不例外。人性本惡，爲了維護社會秩序，所以才有建立政府與制定法律之必要。

(2) 人的能力等差論：人生來就是不平等的，其聰明才智都有等

---

❺　Cf. R.—G. Schwartzenberg. op. cit. p. 215.

差，因此，在政治權力的運用上，站在現實主義的觀點，如何領導人與如何運用人，就成為極其重要的政治研究的課題。從這個角度來看，馬氏是一位「主術」學派的代表。

(3) 強權就是公理論：我們上面已經指出，馬氏生逢歐洲歷史的大變動轉捩時期，政治現實主義與實證主義的方法論，使他得到強權就是公理的結論。因此，他極力主張擴大領土，增進財富，一切以國家利益為前提，為達到目的而不擇手段。

(4) 政治是超道德的與非倫理的：這一點充分表現了馬氏的政治現實主義之色彩；政治所關注只是它的目標或目的，一切以現實目的為判準，為達成目的，一切道德與倫理的考慮都應予排除，進而可以不擇手段地去追求體現。

(5) 國家至上主義：這是以上各點的必然結論，不過，我們應該注意下列三點的特殊意義；其一，馬氏以近代民族國家的先驅思想者，預感到它的既將君臨；其二，在封建君主的政治體系下，他仍然以君主來做為近代意義的國家之象徵；其三，它的國家至上主義，似乎成為後來國家絕對主權論的先河。

(d) **政治學的法則問題**：從政治現象中各種錯綜複雜事物之觀察、比較、歸納與分析，他獲得了許多有意義的現象，足以解釋事物間的不變性，相關性與因果關係。他又把這些有意義的現象，進一步地綴合而成為一種法則或律則，藉以解釋或反射事件之本身。換言之，他創立了一種支配社會事實的社會學法則之概念。

(五) 十六與十七世紀百家齊鳴的社會思想與比較研究法的確立：

自從文藝復興以來，一方面由於柏拉圖主義的復活，處處充滿了烏托邦思想的作品，其中以莫爾(Thomas More) 的「烏托邦」(*L'utopie*)

與崁巴內拉 (Campanella) 的「大陽之城」(*Cité du Soleil*)，可以說是最爲典型的代表作。他一方面，又有與之相對抗的現實主義之作品，其中要以馬凱維里爲典型代表人物，我們已經剛剛介紹過。此外還有波埃地 (Boetie) 的「志願服務論」(*discours sur la servitude volontaire*) 與布丹 (Jean Bodin) 的「共和國」(*Republique*)，雖然都仍然帶有封建君主思想的色彩，但是都充滿着現實主義的精神。

　純粹就政治思想的內涵而言，一方面有嚮往封建傳統君主思想的波斯維 (Bossuet) 與斯比諾乍 (Spinoza)，前者著有「古聖政治論文選」(*Politique tirée de l'Ecriture sainte*)，後者有兩本代表著，分別爲「神學政治論」(*Traité théologico-politique*) 與「政治論」(*Traité politique*)。他方面又有經驗主義與現實主義的作品，其中要以霍布斯 (Hobbes) 的「巨靈」(*Léviathan*) 爲典型代表著，該書充滿了國家極權主義的色彩。剛好跟霍氏相對抗的思想，又有陸克 (Locke) 的自由主義之民主思想。陸氏著有「容忍論」(*Lettres sur la tolérance*) 與「政府的條約論」(*Treatises of Government*)。

　就社會與人文科學的方法論而言，由於海陸交通的頻繁與接觸，對於各地獨特文物與風俗的比較研究，一時蔚爲風尙，也正因爲如此，早期亞里斯得所創意的比較研究法，廣泛地被人文與社會科學所採用。

（六）孟德斯鳩 (Montesqieu)：

　就政治思想而言，十八世紀充滿了自由放任的民主思想，也是各種社會思想最爲燦爛的時代。不過，從實質意義的政治社會學來看，孟德斯鳩被公認爲重要先驅思想者之一，因此，我們選擇他來做介紹。

　孟氏最重要的著作是「法意」(*L'esprit des lois-1748*)。這也是一本社會事實的研究結果；對於許多國家的政治體制與司法制度，進行直

接觀察，比較與分析所得的法則。孟氏所謂的法則，絕不是偶發的，也非人類的奇幻產物，更不是上帝的傑作或意旨。它的存在，一定有它的道理。他認為通常可以從一個國家的政治體制、宗教、氣候、人口等等因素，去找到它的原因，或者，也可以從其他旣存法則去獲得其存在的原因。

他說：「所謂法則，就其最深廣的意義而言，乃指來自事物本性的必要相關性」。❻又說：「我發現每一種特別法都與其他的法有關，或者依賴其他較為普遍的法則而存在」。❼有關實質政治學的內涵部份，我們可以分成以下兩點提出來討論：

(a) 視國家為整體（Totalité）：　依照法國政治社會學家阿陸度查 (Louis Althusser)在其名著「孟德斯鳩，政治與歷史」(Montesquieu, la politique et l'histoire) ❽一書的看法，孟氏把國家看成一種結構 (Structure)。換言之，視國家為整體而加以研究。

對孟氏而言，國家是一種實際存在的整體，所有立法、制度、組織、風俗習慣等等複雜社會現象，都不外是來自這個整體內部統一體的必然表象或反射而已。因此，他認為與其個別分析一個社會的不同事件，倒不如應該從綜合 (ensemble) 的觀點出發，以整體來解釋與說明其部份，反而來得更為恰當。因為從個別部份的分析所得到的各種因素，跟本就無法透視整體的廬山眞面目。因此，他主張應該從綜合的觀點去研究整體所分離出來的個別因素。他這種整體與部份之間的相關性看法，似乎對後期社會學家孔德的社會學思想，發生了極大的影響。簡

---

❻ Cf. R.—G. Schwartzenberg. op. cit. pp. 212-213. 和 A. Cuvillier, op. cit. pp. 7-9.

❼ Cf. 同❻之註。

❽ 參考 L. Althusser: Pour Marx. 1965；(*Raponse à John Lewis*, 1973.

言之，孔德在方法論上所主張的原則之一；「整體優先於部份」，應該
可以說是孟氏思想的結晶化產物。

　　把社會與政治實體看成一種整體，孟氏已經提出了近代意義的社會
結構與社會體系之觀念。就此觀點而言，孔德社會學思想中的體系
(Systeme)，整體 (Totalité) 與共契 (Consensus) 等主要概念，似乎
也都受到孟氏深刻的影響。同樣地，美國現代政治社會學的體系分析學
派，其思想的源流，似亦應該遠溯於孟氏的整體思想。

　　(b) 法則思想的提出：從整體、相關性與關係的綜合等等觀念，孟
氏又進而發展出主要的推論；所有社會事實都透過客觀的相關性而互相
發生連帶關係。這個觀點具有相當的重要性，因為唯有如此，社會科學
才能夠眞正成為一門獨立的科學。也唯有如斯，社會科學才能把社會當
成研究的客觀對象，去尋求各種足以解釋不同趨勢與現象的法則。換一
句話說，孟氏認為只要能夠求得這種「原因法則」(Lois causale)，就
足以解釋各種不同社會事實之間的相關性。他的法則思想，似乎也深深
地影響到後來法國社會學古典作家，如孔德與涂爾幹等人，表現為實證
主義的「因果律則」之思想。

　　他確信我們一定可以發現，引導和驗證這種社會法則。要想體現這
種信念，他提出了兩大要件：

　　(1) 放棄理性優先主義，而直接進行社會事實的觀察；他說：「我
一向都從事物的性質去尋求原理或原則，絕對禁忌從自己的先入為主的
觀念去着手」❾ 由此可見，孟氏已經從歐洲傳統的理性主義與意念主
義 (Idealisme) 踏出，而進入實質意義政治社會學所要求的現實主義
(Realisme) 與實證主義 (Positisme) 的領域。

---

❾　Cf. Montesquieu; L'Esprit des Lois(1748). P. U. F. 1960. pp. 98.

(2) 要做社會事實的驗證人，而不做價值判斷的道德人；他又說：「本書（指法意一書）所說的只是什麼就是什麼，而不是什麼應該是什麼」。換一句話說，孟氏所探討的是實然層次的社會事實，而不是應然層次的價值問題。前者是屬於事實判斷的社會學研究，相反地，後者是屬於價值判斷的哲學思考。由此可見，孟氏對於社會事實的研究，已經完全脫離歐洲傳統的哲學思考之層次，特別重視事實。

第二節　十九世紀的社會學時代

依照我們自己的看法，十九世紀之所以成為社會學時代，似乎可以歸因於下列兩大時代背景：其一是學術研究的新潮流，其二是工業主義的君臨。茲簡單扼要地分析如下。

(1) **就學術研究的趨勢而言：**人文與社會科學的研究，已經逐漸走出歐洲傳統的意念主義與理性主義，而開始重視經驗主義與實證主義。我們只說「走出」而不說「拋棄」，因為他們仍然以前者為治學的基礎，並接受其邏輯推理與思考的形式，只是把他們研究與思考的對象，落實在客觀存在的社會事實本身。

經霍布斯與斯比諾乍的社會物理學 (Physique Sociale)，萊布尼兹 (Leibniz) 與陸克等人的大作之後，孟德斯鳩的相對主義 (Relativisme) 與經驗主義，對於當時歐洲的學術研究，曾經引起了相當大的震撼，終於為社會科學的研究，開拓了一條嶄新的康莊大道。不過，能夠為社會科學奠定客觀研究的真正趨勢，仍然還要等到十九世紀工業主義的君臨。

此外，自從十八世紀末葉以來，對於這種科學研究的新趨勢，已經陸續表現在各種社會科學的研究上。早在十八世紀的後半期，法國重農

學派與英國的斯密士 (Adam Smith)，就首先把政治經濟學引入這條客觀研究的大道。接着又有十九世紀初期的馬爾薩斯 (Malthus) 和李加圖 (Ricardo) 的推展，終於配合工業主義的君臨，而出現了嶄新的社會學。

(2) 工業主義的君臨： 引發了傳統農業結構的解組與社會秩序的紊亂。這種社會事實的大變動與衝激，剛好為當時的社會科學提供了最佳的客觀研究對象，最後，終於促成了社會學的出現。

所謂十九世紀的社會學時代，從其歷史的發展過程來看，我們似乎可以把它分成下列幾個重大面向來探討：

（一）社會學的先驅思想家：

指孔德正式創立社會學之前或同時的先驅思想家。就其思想的內涵與性質而言，可以分為三大類；整合觀 (Integration)，衝突論與社會主義者。整合觀以托克畢勒 (Tocquville) 為代表人物，衝突論則以馬克斯為創始人，社會主義者包括聖西門 (C.—H. Saint-Simon) 與傅葉 (C. Fourier) 等人為主，茲分別介紹於下：

(1) 托克畢勒(1805～1859)：他所寫的「民主政治在美國」(*De la Democratie en Amerique*) 一書本身，就充分足以代表社會學的偉大作品。從作品的精神與筆調，他很像是孟德斯鳩的繼承人。由於他得天獨厚的觀察力，對於美國社會有了極深入而獨到的分析與解釋。在這本不朽巨著裏，他已經注意到最富時代意義的問題；探討經濟與社會發展對於政治體系所發生的影響。

在他的另一本巨作裏——「古代政權與革命」(*L'Ancien Regime et la Revolution*)——，他集中於思考以下兩大問題：其一是貴族政治的沒落，其二是集權政治。時至今日，這些問題都是政治社會學所要探討的

主要課題之一，可見他是一位深具遠見的社會學先驅思想家。

(2) 馬克斯(K. Marx)：因為在本書的第一部份裏，我們將用很大的篇幅來介紹馬氏的理論，因此，在這裏只做幾句簡單的交代。馬克斯主義本身，就稱呼馬氏是一位烏托邦社會主義者(Socialime utopique)，而不是一位科學社會主義者 (Socialisme Scientifique)。他本人也承認想要創造比較現實主義的理論。他的那本巨著「資本論」(*Le Capital*)，對於社會事實與社會歷史的發展，都有極為獨到的見解與分析，尤其對於近代資本主義社會，帶來了空前的震撼。

此外，馬氏跟恩格爾 (F. Engels) 所合著的幾本書：「神聖家庭」(*La Sainte famille*-1844)，「德國的意識型態」(*L'ideologie allemande*-1844-1846)，「共產宣言」 (*Manifeste du Parti-Communiste*-1848)，以及「國家，私有財產制與家庭的起源論」 (*Origine de la famille, de la propriété privée et de l'Etat*-1884)，都可以算是社會學研究領域的巨著，尤其是最後的一本書。

(3) 社會主義學派：社會主義者的思考，往往從不同於上述整合與衝突觀的另一種理念為出發，因此，對於社會學的發展，曾經發生了極大的衝激。被當代法國社會學家居畢士 (G. Gurvitch) 尊稱為「當代社會學的精神鼻祖」的聖西門 (Claude-Henri de Saint-Simon)，他首創「社會生理學」 (Physiologie sociale) 或「社會物理學」 (Physique sociale) 之名詞。尤其對於工業力與社會階級等問題之思考，更有其獨到而深入的見解，馬克斯的階級觀念，就是受到他的影響。另外一位法國社會主義者傅葉 (Charles Fourier)， 也從社會主義的理念為出發，曾經預言式斷言，經由他所謂的「吸引法則」 (Loi d'attraction)， 必能體現一個社會的文化和協(harmonie culturelle)。另一位無政府思想的社會主義者甫魯東 (pierre-joseph proudhon) 認為，社會科學的最大

任務，在於能夠發掘每一個社會隨時可能產生的新矛盾與新問題。

　　這些社會主義者，各由完全不同的角度與理念，去思考當時正處於轉型期的歐洲社會，爲社會學日後的發展，提供了相當大的貢獻。

（二）社會學的誕生：

　　早先偶而被霍布斯與聖西門所適用過的「社會物理學」之名詞，孔德在其早期的著作裏 (Cours de philosophie positive)❿，最先也用它來稱乎專門以社會爲研究對象的社會科學。不過，後來比利時數理學家貴德烈 (Quételet) 在其名著裏⓫，用這個名詞專門來做社會道德現象的統計研究，從此貴氏似乎就獨佔了這個名詞。孔德乃於一八三九年，從拉丁文與希臘文裏，重新又創造了「社會學」這個名詞。

　　顧名思義，社會學這個名詞，具有極深的科學研究精神；要以自然科學的研究精神，去研討社會事實。社會學要成爲一門獨立科學，必先要體現它的客觀性與實證性。它將以科學的技術與方法，非常客觀地去觀察與研究社會現象，藉以尋求有關社會現象的最主要法則。

　　以上這種野心，自始就使社會學成爲各種特殊社會科學的綜合科學。換言之，社會學以實證主義爲基礎，抱着自然科學的研究精神爲出發，想達到科技整合的野心，藉以爲社會現象找到重要的法則。孔德曾經說過：「社會現象也受到自然法則的支配，因此，必能求得支配其變化的法則，進而可做爲科學性的預測」。⓬

　　孔德不但創設了「社會學」這個名詞，還爲它界定了研究的對象與

---

❿　Cf. A. Comtc: (*Cours de Philosophie* Positive, P. U. F. 1962. Paris. pp. 19-21.

⓫　Cf. A. Cuvillier op. pp. 16-19.

⓬　Cf. R.—G. Schwartzenberg. op. cit. p. 20.

任務，並且提出了科學性的研究精神。因此，一般人都公認他爲社會學的鼻祖。

他把社會學的研究分成兩大部份：其一曰靜態社會學 (Sociologie statique)，從靜態的觀點，去分析社會體系內各部份間的互動與行動之關係，以實證主義爲基礎，進行經驗與理性並重的探討。他把社會視爲一個整體與體系，企圖尋求他所謂的「社會共契」(Consensus social)，藉以建立「社會秩序」的理論。其二曰動態社會學 (Sociologie dynamique)，從動態的觀點，去探求社會演化的動力與過程，藉以建立「社會進步的理論」。他那有名的「知識進步與社會發展」的三段法則，深深地影響了國父 孫中山先生的政治與社會思想。

(三) 社會學的起飛:

社會學自從誕生之後，到了十九世紀的後半期，相續在法國、英國、德國、意大利與美國等地方，都有了突飛猛進的可喜現象。茲簡單扼要地介紹於下:

(1) 法國: 以文獻的敍述與統計爲研究基礎，有羅普雷 (Frederic Le Play) 及其門徒，逐漸成爲社會學經驗主義的先驅者。不過，對於這門新興社會科學貢獻最大的人，仍然要算涂爾幹(Emile Durkheim)。他可以算是孔德實證主義的同路人。他寫道: 「所有社會現象都是事物 (Chose)，都應該以事物來對待它，……所有客觀存在而得以成爲觀察對象的，都稱之爲事物」。⑬ 他的「社會分工論」(*De la division du travail social*)，正是這種實證主義的代表作。

此外，他的 「社會學研究方法論」（*Les Régles de la methode*

---

⑬ 參考 E. Durkheim; Les règles de la methode Sociologique, P. U. F. 1968. Paris. pp. 26~27.

sociologique)，　爲社會學研究提供了獨特的方法，尤其以涂氏的「社會總體觀與集體主義方法論」而馳名於世。他的「自殺論」 (Le suicide) 一書，足以稱爲「科學研究的模式」。它充分表現了「經驗方法」 (methodes empiriques) 的奇效；從客觀所得質量上與數量上的文獻資料與統計數字，足以顯示出社會現象間的相關性，並透過完整觀念與理論架構的運用，終於可以進行社會現象的因果研究。

從涂氏又導引出許多獨立學派。許多涂氏的門生，分別把他的研究法，運用到不同社會學知識的特殊領域，而逐漸形成個別獨立的科學，其中比較有名的有：莫斯 (Marcel Mauss) 的「現代文化人類學」，希米安(François Simiand) 的「經濟社會學」，載米 (Georges Davy) 的「政治社會學」，以及羅米普魯 (Henri Levy-Bruhl) 的「司法社會學」等等。

涂氏本人及其門徒學派，都特別強調社會事實的特殊性，並付予獨特的屬性。社會本身就具有超越其組成員的獨立屬性。因此，社會並不是一個綜合體 (Addition)，相反地，它是一個整體 (Totalité)，甚至於有人賦予特殊歷史、良知與利益的生命體。這是社會總體觀與集體主義方法論的必然結果。

(2) 英國：有英國社會學之父尊稱的斯賓塞 (Herbert Spencer)，於一八七六——一八九〇年間出版了其名著「社會學原理」(Principles of Sociology)，代表着社會學最早的自然主義之趨向，完全借用生物學上的結構與功能觀念，對社會進行組織層次的分析。

深受生物學家拉瑪克 (Lamarck) 與達爾文 (Darwin) 的影響，他創設了一個「普遍法則」：他認爲所有有機體的演進過程，必經由原始階段而進入比較進化的階段，而成爲新的有機整合體。原始階段表現在結構上的簡單與同質，進化階段則表現在其複雜與異質上。社會應該被

視爲一種有機生命體，也受到此種有機演進法則所支配。換言之，社會的組織與功能，也由原始階段的簡單與同質，逐漸地複雜化與異質化，而進入比較進化的另一階段，並以嶄新的整合體而存在。他的有機進化論，在當時並沒有引起很大的回響，一直等到當代的美國，才有派克森 (T. Parsons) 的新演進主義 (Neo-evolutionalisme) 之出現。

在斯氏之後，對於社會學的研究，並沒有像法國那樣，掀起熱潮。不過，我們仍然可以舉出幾位代表人物如：奇洛 (Benjamin kidd)，著有「社會演化論」(*Social evolution*)，深受達爾文主義的影響；華拉斯 (Graham Wallas)，布斯 (Charles Booth)，哥得 (Patrick Geddes) 以及布蘭荷 (Victor Branford) 等，先後把羅普雷的經驗主義應用到英國，終於發展成自己的社會調查法 (Social surveys)。

(3) 德國：也許由於傳統歷史哲學的文化淵源與地理條件的影響，跟英國的情形可以說是完全兩樣，社會學的研究，在德國掀起了極大的熱潮，其中以得陸蒂 (Wilhelm Dilthey)、森穆爾 (Georg Simmel)、雪勒 (Max Scheler)，以及杜尼士 (Ferdinand Tonnies) 等人最爲有名。

雪勒是德國現象學派的創始人，對知識社會學也有極大的貢獻。杜尼士則以「社會兩分法」而受到世人的注目。他認爲社會有兩種類型：其一曰「Gemeinschaft」，以有機意願爲基礎，其二曰 (Gesellschaft)，以思考意願爲基礎。前者是一種自然結合與全部奉獻的團體，後者則純粹以利益爲中心的結合。家庭、村莊、小鎮與朋友團體等社會關係，都屬於前者。都市、國家與大社會，都屬於後者。依照杜氏的看法，我們的社會發展，正是由前者的形式而趨向於後者的形式。

雖然如此，在德國社會學家之中，享譽盛名最大的，還是要算韋柏 (Max Weber)。他是「瞭悟社會學」的創始人，也是「主觀社會行動

論」的先驅者。他認爲以人類爲研究對象的各種科學，遠比自然科學更能瞭解各種社會現象的內部情形。因此，做爲一個社會學家，一定要能夠從思想型態上，去站在行爲者的立場，並配合他們的感性(Sentiment)與表像 (Representation)，再去瞭解社會行動的主觀意義。

就方法論而言，他又有創意性的「理想型」(Types ideaux) 之提出。所謂理想型，並不只是經驗所得的一切反射，尤有進者，它是社會學家用來研討社會現象的最有效「邏輯性工具」(Instruments logiques)。

韋柏最主要的著作有：「經濟與社會」 (*Economie et Société*)，「資本主義之精神與清教徒之倫理」 (*L'ethique protestante et l'esprit du Capitalisme*)，「知識份子與政治」(*Le savant et la politique*)。他的作品，不但在德國本土，甚至於整個世界各地，都引起了極大的震撼！

(4) 意大利：就社會學的發展而言，意大利並沒有什麼特殊的貢獻。不過，有兩個人值得提出來介紹。最享盛名的是法國人歸化意大利的柏雷圖 (*Vilfredo Pareto*)，他也是鼎鼎大名的經濟學家。他跟古諾 (Cournot) 與華拉斯 (Walras) 兩人，共同創設了「數理經濟學」 (*l'economie mathématique*)。在社會學的著作方面，他以「社會學典範」(Traité de Sociologie)一書而聞名。在理論方面，他提出所謂「精英循環論」 (Théorie de la circulation des élites)，藉以跟莫斯卡 (Gaetano Mosca) 的「領導階級論」相對抗。不過，他們兩人所共同關注的主題，乃是反對馬克斯學派的經濟決定論，而特別強調政治因素在社會生活中所佔的重要角色。

(5) 美國：歐洲社會學因爲深受歷史哲學的影響，自始就帶有邏輯演繹與理性推理的濃厚色彩。相反地，美國社會學，確是以心理學爲根基。隨着以下幾位社會學家的出現，美國社會學與社會心理學，可謂盛

極一時，其中有：孫末楠 (W. G. Sumner)、斯莫爾 (A. Small)、基陵(F. H. Giddings)、顧里 (C. H. Cooley)，以及米勒 (G. H. Mead) 等人。

不過，就在這個突飛猛進的社會學大時代裏，一般社會學家，尤其是美國的社會學家，已經深深地體會到：窮個人一己的能力與努力，實在很難瞭解廣而雜的社會實體。因此，從社會學本身，就逐漸產生所謂「百科全書型的社會學」(Sociologie encyclopedique) 的趨勢。面對着廣而雜的社會現象，社會學家開始集中於某種特殊單位現象的研究。政治社會學的確立，正是這種轉變趨勢下的產物。

第二章 政治學的出現與政治
社會學的新趨勢

正如邊立刻(R. Bendix)和立普塞特(S. Lipset)所說，政治社會學以嶄新專門科學的姿態出現，乃是晚近的事。華爾道 (D. Waldo) 也認為，在二十世紀初期，政治學才以科學的新姿勢出現。這兩種相似的看法，證實了一件最重要的轉捩點：自從二十世紀初葉，政治社會學或政治學，已經逐漸脫離一般社會學而獨立發展。它已不再附屬於一般社會學，在相當獨立的特殊領域裏，有其專有的任務與角色。正因為如此，二十世紀以來，才開始有所謂政治科學家與政治科學的稱呼。同時，我們應該知道，所謂近代政治社會學的歷史，其實都以美國的政治社會學為主，而其中有許多學者，都是被德國納粹與意大利法西斯所驅逐出境的歐洲移民。

第一節 政治學之出現與行為科學之興衰

回溯二十世紀初期，大約在 1890～1914 年間，美國有許多大學，相繼創設了政治學系。一九〇三年又設立美國政治學會(American Political Science Association)，分別由陸腦(Goodnow)、布萊斯(Brice)、羅維爾 (Lowell)，以及威爾遜 (Wilson) 等人出任主席。他們對於早期政治學或政治社會學的建樹與發展，都有極大的貢獻。

其後，在 1930 年前後到 1950 年代，美國出現了所謂行為科學的時代。為使觀察更具預期的效果，行為科學涉及相當多層面的知識，其中包括：心理學、社會心理學、一般社會學、文化人類學、經濟學等等。應用在政治現象的研究上，就成為一般所謂的政治行為之研究。

就政治社會學而言，一九五〇年代是行為科學的登峯造極時代。政治行為的系統觀察，一時蔚為風尚。同時，在聯邦政府的大力贊助下，尤其是來自福特基金會的銀彈攻勢，更受到了極大的鼓勵，各大學出現了一連串的實證與經驗性研究。這是一個科學家對抗哲學家，行為主義者對抗傳統主義者的大時代！

一方面，有些人希望透過事實的觀察、假設與驗證的審慎過程，以及運用數理與量化的研究技術，使政治研究能夠成為一門真正的科學，完全把形而上學與先入為主的道德感給予驅逐出境。

另一方面，又有許多人，對於把社會科學與自然科學相提並論的可能性，發生極大的懷疑，尤其對於「什麼是什麼」與「什麼應該是什麼」的嚴格區分，也表示難以接受❶。

不過，好景無常，行為科學的巔峯時代，也正是它走向下坡的時期。從各角落，甚至於行為科學的圈內本身，也都逐漸有人出來攻擊行為主義的走火入魔。後期行為科學的研究，時常遭受到的攻擊與批判，可以歸納為如下的三大層面：研究方法、研究精神與研究結果。

(1) 對研究方法的批判：行為科學者所採用的量化研究法與經驗研究法，所以越來越受到強烈攻擊的原因之一，乃是它本身的走入「套公

❶ Cf. R.—G. Schwartzenberg. op. cit. p. 146.

式化」。研究者常常從其他相關科學，借用一些專有名詞或觀念，再予套在一定的公式上。同時又借用數學的名義，創設了許多玩弄花樣的研究法。由於研究技術的走火入魔，往往受到一針見血的批判；依照行為科學者的作風，往往變成問題在牽就方法，而不是方法在牽就問題。換言之，方法幾乎變成研究本身的主要對象，好像只有能夠量化的事物才是社會事實，只能量化的或能夠用數字表示的，才具有重要性。這是一種非常不幸的錯誤。

這種量化癖與經驗癮，逐漸忽略了政治社會學的主要問題，而集中於一些無關痛癢的瑣碎問題之探討，玩弄一些所謂新研究技術，藉以獲得金錢上的補助。杜魯門(David B. Truman)把這種走火入魔的趨勢，譬喻成一個醉漢，在黑暗小街上掉了手錶，却堅持要去大街的路燈下尋找，理由是那邊比較看得清楚。⓯

(2) 對研究精神的批判： 行為科學者一再強調，把事實與價值分開，使自己的研究成為完全中立與客觀的科學。這是可能嗎？事實上，脫離了價值，幾乎不可能有社會科學的存在。任何觀察者與被觀察的社會之間，必然會有參與的關係存在，不管觀察者是否有認識，必然與該社會價值體系發生相當程度的關係。因此，事實與價值的分離，理論上如果可以假定，實際上是無法體現的。後期行為科學者之中，就有人諷刺味道地說：「說也奇怪，這些中立與客觀科學的開創者，當他們的事業成熟到某種階段，尤其是當客觀環境的壓力特別強烈時，都會自然而然地變成美國民主政治──主觀價值判斷──的歌頌者與維護者」。⓰

⓯　Cf. B. Moore Jr.: *The New Scholasticism and Study of Politics*, World Politics, oct. 1953.

⓰　Cf. D. Easton; Harold Lasswell; *Policy Scientist for a Democratic Society*, Journal of Politics, vol. XIII, No. 3, Aòut, 1956.

事實上，不管行爲科學者承認與否，一個國家或民族所建立的社會價值體系，必然也是他們每一個個人的價值觀之一。國家民族的經驗，隨時隨地形成社會的價值觀，而個人則於不知不覺之中，受其潛移默化。也許有見於此，行爲科學的大師拉斯維爾 (Harold Lasswell)，也很明顯地從早期致力於「中立科學」的努力，轉爲晚期的「應用政治學」之建樹。

(3) 對研究結果的批判： 通常用來批評行爲科學的最後一點，乃是長期與細心的調查結果，往往只是一大堆事實與資料的累積。因爲缺乏研究的觀念基礎與體系化，相當可觀的事實與資料之累積，並表現不出什麼意義來！其結果也，研究的主要結果，僅僅在於表現其觀察的客觀性與科學性，竟然拋棄了研究結果的解釋與理論化。對於這一方面的攻擊與批判，最爲利害而且最有份量的，可能要算美魯斯 (C. W. Mills) 的「社會學的相像」(L'imagination sociologique)。●

第二節　政治社會學的新趨勢之一：理論與模式的探求

經過一段相當長時期的攻擊與批判之動盪之後，社會科學界已逐漸產生一種共同的認知；行爲科學主義者所強調的事實，一定要配合理論上的解釋，才能使研究結果發生實質的意義。換一句話說，如何建立一套理論與模式，藉以貫穿科學觀察所得的瑣碎事實，已成爲大家所共同關注的主要問題。

在政治社會學方面，大家也有同樣的感覺。雖然有許許多多零碎的

● C. Wright Mill; The Sociological Imagination, New York, Oxford U. P. 1959.

描述性研究，但是都缺乏整體性與統一性的說明與解釋。事實的系統觀察與科學技術的收集資料，雖然是不可或缺的先決條件，然而我們必須知道，它並不是研究社會與政治現象的最終目的，它本身只是一種必要的研究手段、工具與過程而已。如果沒有理論上的假設或預設與之相配合，用來引導研究，區分或辨別現象，整理與解釋這些零碎的資料事實等等，那麼，研究最後所得的結果，要不是毫無意義的資料事實之堆積，也只是作者所給予的主觀意義而已。因此，爲了維持研究的客觀科學性，事實與理論就應該保持永久的互動關係。

對於研究者所要進行研究的問題，自始就應該有假設性的理論，做爲引導並幫助事實的觀察與資料收集，其次，再依照假定的理論，對累積的事實進行系統分析與解釋。一方面拿事實來印證假設性理論的有效性與準確性，他方面，也要靠事實來修正假設性理論的偏差。最後才依據驗證或修正的研究結果，提出一般性的驗證性理論。這就形成了政治社會學的研究新趨勢：抽象理論與模式的創設。茲簡單扼要地說明如下：

(1) 從一般社會學到政治社會學的理論化需求：在一般社會學的領域裏，對於重新回到抽象理論的建構之需求，顯得特別格外地強烈。早在一九三〇年代，對於美國社會學過份強調經驗主義，而完全忽略了理論的重要性，派克森（T. Parsons）就曾經表示強烈的反對。他堅信只限於「純事實」的研究是不夠的，應該創設更深一層的假設、邏輯關係與解釋現象的理論思想。因此，他成爲美國社會學對理論建樹最有貢獻的人。他爲社會學提出了一套具有整合性、協調性與邏輯性的理論模式。

由於一般社會學的研究新趨勢與行爲科學所遭受到的嚴厲攻擊，在一九五〇年代的初期，政治社會學也同樣地產生了一陣熱潮，由純事實

的研究重新轉入抽象理論與事實並重的探求時期。

(2) **政治社會學的理論化**(Theorisation)：其實早在二十世紀初期，當政治學重新興起的時候，政治理論就以專門學術的面貌出現，並與哲學、價值或觀念等等研究，具有非常密切的關係。也正因為如此，政治學所擁有的客觀科學性，逐漸消失而被諷刺為「政治理論家」。

不過，到了一九五〇年代，政治學者開始覺察到這種不正常的發展，有許多人借用因果理論 (Théorie causale)，把政治學與一般社會學重新結合在--起，重建政治社會學的系統化工作。其中最有名的政治社會學家之一，要算是加拿大籍在芝加哥大學執教的伊斯倫 (David Easton) 教授，他對於當代政治社會學的理論化，具有最為深刻的影響力。

在一九五三年，他發表了其名著「政治體系」(*Political System*)一書。該書對於當時政治學過份借用物理科學與拋棄價值觀的作風，給予毫無保留的嚴厲攻擊。他認為政治學之所以未能有令人滿意的發展，最主要的原因應該歸咎於：有關政治學的功能理論，在行為科學主義的壓制下，完全被疏忽之故。換言之，倫理理論與因果理論，都顯得太過份衰弱而紊亂，又因為事實與價值的兩極分法，使得事實與理論無法結合，藉以發生相輔相成的功能，而用以解釋政治現象之故。

面對着這種情境，政治學者應該怎麼辦？他主張發展所謂「因果理論」(Théorie causale)。我們應該知道，所謂因果理論，完全有別於所謂價值理論 (Théorie du Valeur)。後者偏向於政治哲學所探求的理想型或幸福之城的研究，前者則在於探討許多主要變數，而形成一種足以解釋政治現象的系統理論。

換言之，有關政治哲學的傳統意念型理論，應該加入基於系統觀察所得的經驗理論 (Théorie émpirique)。因此，他放棄了當時過份誇張

的經驗主義，重新爲政治社會學創造了分析性新理論。跟他具有異曲同工之妙的創作，要算勒及（Deutsch）與阿羅曼（Almond）兩位教授，分別爲政治社會學提供了發展的新理論。不久之後，這些新理論就逐漸地成爲研究政治事實的指導觀念與研究結果的有效解釋。這種政治現象的體系分析與整合解釋，到了一九六〇年代，就進入了它的登峯時代。

(3) 從理論化到模式化（Modélisation）：上述理論化的最終結果，在於企圖建立一種政治生活的模式，藉以引導研究，並得以解釋研究的結果。其實，早就有許多社會觀察家認爲，透過模式或足以代表社會實體的形狀，去研究政治現象，應該是最有效的方式。爲了研究的方便起見，應該對於政治體系或社會本身，進行比較與分類。對於他們所創造的模式，我們可以把它分成下列兩大部份來探討：

(a) 物質模式(Model matériel)：所謂物質模式，是借用相類似的兩種實體、圖樣、形狀，或是共同意義的比較，藉以表達所研究的社會現象。譬如利用「權力的金字塔」(Pyramide du Pouvoir) 之構造形式，藉以表達政治權力結構，或是借用「年齡的金字塔」（Pyramide des Ages）之結構形式，藉以說明一個社會的人口結構。物質模式的好處，在於它能夠透過具體的實體形式，做爲可以感覺得到的出發點，而去創造更爲抽象化的表象 (Representation plus abstraite)。

因此，在社會學的研究領域裏，出現了不少機械模式 (Model mécanique)，把社會譬喻成機械，用樓梯的圖樣來譬喻社會等級的狀態，以時鐘爲模式，來表達社會組織的複雜性與協調性等等。他方面，又有人借用有機模式 (model organique)，把社會譬喻成有生命的組織體。從亞里斯德，經斯賓塞，再到涂爾幹，都相續應用這種有機模式，來表達社會組織與組成員間的相關性、複雜性與依賴性。

雖然如此，物質模式的應用，具有相當大的缺點；因爲它是利用兩

種實體的比較，因此，非常容易使觀察者只注意到相類似的部份，而完全忽略了其他更爲重要的相關因素。

（b）形式模式（model formel）：跟物質模式相對立的，有所謂形式模式，它的性質完全跟物質模式不一樣。它不是建立在實體的「相類似」之上，也不是直接與事實的性質或秩序去做比較。相反地，它是依照不同形式的象徵，把事實重新整理出來的思考物，正如社會學家荷謝（G. Rocher）所說：它是道地的抽象物，透過觀念與符號，把被研究的社會事實之特徵給予抽取出來所建立的抽象模式，足以對社會事實做一種邏輯性的解釋與說明。何森普魯（A. Rosenblueth）與維也寧（N. Weiner）對形式模式所下的定義，最能代表其特性：「所謂形式模式，是透過思考的方式，把原來結構體系的特質給予簡化而成的一種邏輯性與象徵性之產物」。**⑱**

換言之，所謂形式模式，是借用觀念間的相關性與觀念的形式來描述社會事實的一種模式。它是社會事實的一種抽象化與觀念化，足以把社會事實給予簡單化或做一種普遍性的表象，它是一種對於社會事實的主觀理解或感覺。因此，形式模式的最後目的，不在於解釋或說明社會事實本身而已，相反地，它是把社會事實給予昇華而達到具有邏輯性與抽象性的知識層次。就其性質而言，形式模式又可以分爲下列兩種。

其一曰數學模式（model mathématique）：它是最典型的形式模式。在社會科學的研究領域裏，譬如在人口學、文化人類學、社會學與社會心理學等等，早就被廣泛地應用過，只是意義相當容易引起爭議而已。不過，應用得最普遍而且效果最好的，還是要算經濟學，它已經建立了一套相當完整而有效的數學模式。對於政治現象的有關經濟層次的分

---

⑱ A. Rosenblueth, N. Wiener; The role of models in Science. Philosophy of Science, vol. 12. oct. 1954. p. 317

析， 也已經有不少人把它運用到政治社會學的研究領 域。 譬 如 唐 恩 (Anthony Down) 在其名著： 「民主政治的經濟論」（*An Economic theory of Democracy*），就借用經濟市場的供需交替之形式模式， 去建立相類似的政黨策略理論。❶另外， 像里卡(William H. Riker)所著： 「政治凝聚理論」(*The theory of political coalitions*)， 也是利用所謂遊戲理論 (Théorie des jéux)，在政黨策略的研究上，完全把政治關係給予數理公式化，企圖爲政治社會學建立一種理性原則。❷

其二曰非數學形式模式(model formel non-mathematique)：一般說來，因爲反對行爲科學主義的走火入魔與幾何圖形(Sociographie) 之研究，一九六〇年代的政治社會學，顯得非常熱衷於非數學形式模式的追求。因此，在美國創造了不少形式模式。派克森(T. Parsons) 透過他的「行動一般理論」(Théorie Général de l'Action)， 首先爲社會學開創了一種足以適用於社會整體現象的一般模式。在政治社會學的方面，伊斯倫與勒及兩人，也分別創設了政治體系與政治溝通的非數學形式模式。

這些社會學的或是政治社會學的非數學形式模式，都顯得相當巨大，往往含蓋整個社會體系或全部政治體系。同時，這些非數學形式模式的絕大部份，都只能說是一種「類比模式」(model analogique)，而不是屬於「原理模式」 (model axiomatique)。因爲它們並不是用數學來表示，而只是利用圖表來說明。譬如伊斯倫與勒及兩人的模式，就完全建立在自動調整的形式圖表上。像這一類形式模式，或多或少，都受到經濟交替體系的自動控制圖表之影響。

---

❶ Cf. R.—G. Schwartzenberg, op. cit. p. 485.

❷ W. H. Riker: *The theory of political coalitions new haven*, 1962.

第三節 政治社會學的新趨勢之二：理論與模式之驗證

從一九五〇年代到六〇年代之間，上述理論化、形式化與模式化的努力，終於產生了相當可觀的成就。如果我們把行為科學的經驗主義時期稱為第一階段，理論與模式的追求時期，則成為第二階段，那麼，七〇年代以來，就政治社會學的發展而言，又重新進入了理論與模式的驗證之第三階段。

第一階段相當於研究事實的經驗主義，利用行為科學的種種研究技術或技巧，集中於選舉、政黨或利益團體等政治現象之研究。到了五〇年代後期，這股行為科學的經驗主義，已逐漸衰退，而在一九五五至一九六五年間，又進入了理論化與模式化的追求。不過，到了七〇年代，這種純形式模式的理論追求，又有了新的變化。雖然不是回到原來第一期的純事實之研究，確是利用這些具體事實的研究結果，企圖去驗證觀念或理論的形式模式，所以我們稱之為驗證的第三時期。

其實這種新轉變，對於早期創造模式的人而言，乃是預料中之事。譬如伊斯倫早在一九六五年就曾經寫過：「我的第一本書（指政治體系），只要目的在於創造一套足以解釋政治原因的一般理論。第二本書（指政治分析的架構），其宗旨乃在於限定上述理論的範疇。至於現在這一本書（指政治生活的體系分析），就企圖把這些觀念結構與事實做一次驗證性的工作」。[21]

同樣地，在「比較政治」(*Comparative politics*-1966) 一書的緒論中，阿羅曼 (Almond) 與波維爾 (Powell) 也曾經寫道：「這本緒論

---

[21] 參考 D. Easton: *A Systems Analysis of Political life*, New York. John Wiley.

性的作品，其主要目的在於界定一個觀念的範疇，將來再透過事實的分
析，再給予修正或驗證」。❷ 這正是我們所謂的「理論與模式的驗證」
工作。經過他們的努力，後來爲比較政治學與政治發展創造了所謂「功
能化觀念」 (Concepts fonctionnels) 的操作性研究方法，而廣爲政治
社會學之研究者所採用。

　　不過，也有不少學者，譬如拉莫 (G. Lavau)， 把這種第三期的轉
變視爲「衰退、懷疑，與批判」的時期；對於第一期行爲科學所創建的
研究技術或技巧，已經覺得無法獲得令人滿足的研究結果；對於第二期
理論化與模式化的追求，也充分帶有返回傳統政治哲學的味道。受到這
種懷疑主義的影響，政治社會學也引起了一場重新檢討的浪潮。

---

❷ G. Almond: *Comparative Politics* —A development approach,
Boston, Little Brown.

第三章 政治社會學的範疇與問題

　　政治社會學所要研究的對象是什麼？其目標爲何？其內容包括那些？這些都屬於政治社會學的範疇，我們將分別探討於下。其次，就社會事實的研究深度而言，它又涉及批判、理論、行動與知識的不同層次。爲了要回答這一連串的問題，就造成了當代政治社會學的爭議高潮，我們也將一一做回溯式的探討與反省。

第一節　政治社會學的目標及其研究對象

　　社會科學的種類相當繁多，但是都以社會或社會現象爲研究對象。因此，政治社會學好像比政治學更能表現出研究政治現象的社會性。其實大多數的學者如：邊立斯 (R. Bendix)、立普塞特 (S. M. Lipset)、杜齊格 (M. Duverger)、亞橫 (R. Aron) 等人，都認爲兩者的研究目標與內涵是一樣的。不過，我們認爲兩者仍然有其不同，政治學往往把政治現象獨立起來研究與解釋。相反地，政治社會學的研究，一定要把政治現象放在整個社會現象的層面去探討，同時，要盡量打破社會科學

間的分界線，希望成爲共同研究社會現象的聯合體。

顧名思義，政治社會學是社會學的一支生力軍，它結合了政治學與社會學而成立的一門特殊社會科學。它的主要目標有二：其一，把傳統政治哲學的演繹與抽象理性，跟現代科學研究的事實相結合在一起；其二，把政治現象跟社會整體互相扣緊在一起，再去探討其互動關係，並解釋其因果可能性之存在。

跟上述目標相牽連在一起的問題：什麼是政治現象？古今爭論紛紛，莫衷一是。就爭議的主要焦點看來，似乎可以分成下列兩種潮流：

(1) **政治社會學是以國家爲研究對象的科學**：這是最古老的觀念。就字源學看來，"Polis" 代表古希臘的城邦，相當於今天意義的國家。在歐洲持這種看法的人有：戴米 (G. Davy)、培樂 (M. Prélot)、拉敏 (Jean Dabin)、布利落 (Marcel Bridd)。一般說來，東歐及蘇聯的政治學者，也都持有這種看法。在美英國家中，持這種觀點的人比較少數。

持有上述傳統觀念的政治學者，都不願意用政治社會學來替代政治學。極端的人，還建議把政治學改稱爲「國家學」(Statologie)。許久以來，持這種傳統觀念的許多人之中，已有不少人主張把研究範圍擴大，不必局限於狹義的國家爲研究對象。

(2) **政治社會學是以權力爲研究對象的科學**：雖然上述傳統觀念派，已經逐漸把研究對象的國家之定義，儘量給予擴大，但是今天絕大部份的政治學者，仍然喜歡以「權力」的觀念來替代國家，因爲它比較現代化，又有實質意義，而少有形式味道的觀念。所謂權力，包括了權威 (Autorité)、統治 (Commandement) 與政府等三個不同層次的權力。範圍包括了任何形式的社會，不局限於「國家的社會」 (Société etatique)。

　　從整個人類羣體的觀點而言, 都普遍存在着法國名法學家留吉(Léon Duguit)所謂「統治者與被統治者」的關係。所謂權力或權威的現象, 並不是國家所特有的專利品, 只要有社會結合的現象存在, 不管其形式的大小（企業組織、大學組織、政黨組織、工會組織等等）, 就會有權力或權威的現象之存在。

　　這種比較現代化而具有實質意義的新觀念, 在一次大戰與二次大戰之間, 經過幾位大師的努力, 其中包括: 美卡夢(Charles Merrcam)、拉斯威爾(Harold Lasswell)與加特林(Georges Gatlin)等人, 「權力」已經替代「國家」而成為政治學或政治社會學的主要研究對象。

　　其實這兩派爭議的根本問題, 在於國家本身的性質上; 對持有傳統觀的人來說, 民族國家是具有特殊本質的社羣, 身為公共力量與主權持有者的國家, 自然而然地成為人類的完整社會; 相反地, 對持有新觀念的人而言, 國家所持有的權力, 就其本質而言, 跟其他任何社會組織中所擁有的權力, 並無二致。換言之, 傳統派把權力給予神秘化與理想化, 而昇華在擁有主權並代表完整社會的國家內, 相反地, 現代派則把權力給予世俗化與現實化, 讓權力的持有者, 重新回到原先產生權力的人羣組織中。現代派的作法, 可以避免傳統派所犯的毛病: 過份誇張形式主義與司法主義。

　　我們並無意過份誇張這種爭議的價值, 不過, 爭議本身確實為政治社會學帶來了相當有價值的啟示; 我們雖然應該以存在於人羣組織中的權力為研究對象, 然而千萬不要忘記, 國家結構中的權力, 仍然是研究對象的中心。

第二節 政治社會學的類別及其定義

有了以上的認知，我們似乎就可以把政治社會學分爲兩大類別：其一曰總體政治社會學或巨視政治社會學 (Macro-sociologie politique)，以普遍社會中所存在的權力結構爲研究對象；其二曰個體政治社會學或微視政治社會學 (Micro-sociologie poltique)，以特殊社會組織所擁有的權力結構爲研究對象，譬如國家的政治權力結構。

總而言之，政治社會學是以權力現象爲研究對象的科學：一方面承認權力最主要的表現，在於國家組織中，特別注重這一層次的傳統觀念之研究，他方面，也特別強調各種人類社羣組織中的權力之研究。

爲了使讀者能有更進一層的了解，並方便讀者在思考層次的參考起見，我們就列述幾種定義如下，以供大家參考：

陸古羅 (P. Duclos) 在其「政治緒論」一書中(*L'introduction aux sciences politiques*)，所下的定義是：「以研究政治關係爲對象的科學」⑳。

伊斯登 (D. Easton) 在「政治體系」(Political system) 一書中的定義是：「以社會價值的權威配置爲研究對象的科學」。㉔

布希果 (F. Bourricaud) 在其所著「政治學與社會學」一書中所下的定義如下：以社會共契(Consensus Social) 之形成（或不形成）過程爲研究對象的科學。㉕

㉓ Cf. R.—G. Schwartzenberg, op. cit. p. 41.

㉔ 參考 D. Easton: *Political System*, New York Knopf. 1953.

㉕ Cf. R.—G. Schwartzenberg, op. cit. p. 40.

第三節　政治社會學的內容

在理論層次上，很難求得大家共同一致的判準，藉以界定政治社會學的研究對象。不過，就實用主義的觀點，來列述政治社會學所共同研討的主要內容，則比較容易爲大家所接受。基於這一點認知，國際文教組織 (UNESCO) 的一些專家，在一九五〇年提出了一篇報告，把政治社會學的主要研究內容，分爲以下四大類別：

(1) 政治理論：包括政治理論與觀念演變之歷史等研究。

(2) 政治制度：包括憲法、中央政府、地方政府、公共行政、政府的社會與經濟功能，比較政治制度等等之研究。

(3) 政黨、社羣與公意：包括政黨、社羣與結社、人民對政府與行政的參與、民意等等之研究。

(4) 國際關係：包括國際政治、國際組織、國際法等等之研究。

同樣地，在一九五九年，邊立斯 (R. Bendix) 與立普塞特 (S. M. Lipset) 在其名著「政治社會學」 (Political Sociology) 一書中，也提出了比較具體化的內容表，他們認爲政治社會學應該包括以下的五大項目：

(1) 選舉行爲：投票意見與行爲之研究。

(2) 政治決策的形成過程之研究。

(3) 政治理念的運動與壓力團體之研究。

(4) 政黨、自願團體、寡頭問題等等之研究。

(5) 政府與行政問題之研究。

以上所列述的內容，充分顯示出第一期行爲科學後期的政治社會學之思想。其後，從六〇年代到七〇年代，已經漸漸地往以下的方向去加

深其研究內容:

(1) 儘量收集並分析所有有關社會科學的不同資料與知識。

(2) 從心理學與社會心理學的基礎,極力擴大對於政治行爲之研究;包括政治態度、政治文化與政治社會化之研究。

(3) 隨着教育的普及與科學的進步,特別注重政治決策的形成過程之研究。

(4) 數學模式與遊戲模式理論特別盛行。

(5) 政治溝通之研究,特別受到普遍的重視與發展。

(6) 社會羣體在政治層面的功能研究: 包括政黨、壓力團體、家庭、教會、企業組織等等。

(7) 提出各種研究架構之新理論或模式: 體系分析、功能分析、自動控制理論等等。

(8) 有關比較政治與國際政治的特殊研究。

(9) 對於非西方政治體系之研究: 集權政治體系、開發中國家之政治體系、原始社會的政治體系、古今政治體系之比較研究。

(10)現代化與政治發展的探討。

第四節　政治社會學的爭議問題

從上面的歷史回顧裏,我們不難看出一個事實: 政治社會學是一門既古老又新穎的社會科學。它的古老歷史面,留下了許多爭議不休的問題。它的新穎面,不但延續了這些爭議,而且也增添了不少新問題。僅就我們所知道的,列舉一些比較重要的爭論問題,分別探討於下。

（一）**共識性社會秩序** (Social order through consensus) **與衝突性社**

　　會秩序 (Social order through conflict) **之爭：**

　　在西方社會學的傳統中，對於社會秩序的建立、社會結構的性質，以及組成員間的互動關係等等之看法，有所謂整合論與衝突論之爭。兩派同屬於所謂結構內在命定論❷，整個變遷過程，還是在內部既存的結構型態的限定下進行，只是兩派各站在不同的角度去分析其變化，因而乃朝兩個完全相反的方向去發展；站在整合的觀點，就成爲結構功能學派的共識觀；站在衝突的觀點，就變成衝突學派的衝突觀。

　　衝突論者認爲，社會的本質是衝突的，衝突才是結構性之約制力 (Constraint) 的內在命定論，社會秩序之所以能夠建立，並不在於新條件的共識，而是仰賴人與人之間具有強制性的協調 (imperatively co-ordinated) 的緣故。換言之，衝突論者認爲，所有人類社會中之種種人際關係所形成之結構與制度，其型態與變遷的方向，乃繫於生產關係與生產力型態之上。就拿今天的資本主義社會來說，體現在勞資之間的生產關係模式，已經註定了西方社會中其他制度的體現型態。因此，只要生產關係一直維持着「剝削與被剝削」的矛盾對立，其他社會結構與制度，亦必然有矛盾與對立的衝突存在，而社會秩序的建立，也只能是一種強制性的協調。要想建立整合派所謂的共識性社會秩序，只有打破現狀，進行被壓迫階級的政治革命，取消現存的社會制度與私有財產制，而建立一種共產與共消的社會主義社會。

　　相反地，整合派認爲，任何體系結構的內部，其各部份元素之間都是互賴互動的，它們必然要相互調整，以維持其整體來完成共同目標。

---

❷　Cf. Gay Rocher: *L'organisation Sociale* Ed. HMH. Paris. 1968.
　　p. 96.

因此，結構變遷是有一定的規律，乃循着一定軌跡在運作，而分化（differenciation）與整合（Integration），正是其中最爲突顯的變遷軌跡與過程。換言之，分化是結構內衍性的動態轉移力量，結構變遷在本質上是內在命定的，其變遷的目的又是在整合與均衡（equillibrium）。這也就是說，整合派認爲，結構本身必然具有自我調整的功能，藉以體現均衡的社會秩序：穩定。

此外，我們從整合派的所謂穩定之觀念來看，它至少包括以下三個層次：(a) 指規範模式（normative pattern）本身之穩定。(b) 行動主體具有最起碼的認同（Commitment）之水準，它可以根據有關之期望來完成其社會行動，並運用有關之義務規範來約束行動主體間的互動關係。(c) 穩定乃必須制度化，而制度化則意味着，接受某種具有經驗而相互可了解的情境定義（definition of the situation），並以此來了解所指涉的體系是什麼。❷

這三種含義很明顯地指出社會秩序的成立過程：任何社會體系內，必有 Hobbes 所謂「相容性」（Compatibility）之存在，它是產生社會規範與價值的酵素。制度化的規範與價值，乃是社會體系在變遷中，能夠保持穩定之自我調整的基本動力。同時，各行動主體在此共同規範與價值之約束下，具有相容性的共識，相互之間是可以協調而均衡的，社會秩序也因此而建立。

對於這個爭議，我們也想提出下列的幾點批判，以供讀者作參考：

(1) 衝突理論與整合理論之爭：其最根本的問題來自對於人性的看法不同。而且更令人感到遺憾的，一般人又常常誤解了他們的相異看法，使得爭議更形複雜化。常人往往認爲，衝突論者必然把人性看成是

---

❷ Cf. T. Parsons: *Structure and Process in modern society*, New York, Free press. 1961.

惡的，才會有衝突與鬥爭的社會現象存在。相反地，整合論者一定把人性當做性本善，才能有均衡與協調的餘地。其實這是一種不可原諒的錯誤。我們必須知道，正因為衝突論者把人性看成是好的與善的，愛好和平的，所以才能生活在共產與共消的社會裏，這也正是 marx 所謂的「全人」(Total man)。他們所強調的衝突性與鬥爭性，那是人類歷史的不幸發展，也是社會結構所帶來「疏離化」的惡果。換言之，那不是人之本性，而是人在制度中，經過疏離化而導致的人性變態。同樣地，正因為整合論者把人性看成是惡的、壞的、好戰爭的，所以特別強調社會規範與價值的權威與約束力，藉以維護相互容忍下的共識。

(2) 整合論者認為，社會的行動主體，透過彼此的相容性，產生了制度化的規範與價值之後，社會體系或結構本身，就會自我調整而體現共識所追求的均衡與穩定，使生活在制度內的行動主體，得到所需要的自由與安全。基本上這是屬於 E. Durkheim 所謂集體表象的過程。相反地，衝突論者認為，行動主體與社會制度（或結構）之間，必然存在着所謂「疏離化」的過程存在，因此，行動主體不但無法從制度或結構獲得所需之自由與安全，反而受制於制度而失了真正的自由與安全。因此，兩者的基本不同之二：在於對於社會制度（或結構）與行動主體間所可能產生之互動過程，各有其絕然相異的看法。假如我們承認兩種互動過程都可能存在的話，那麼，當代政治社會學的最重要主題，應該在於如何發揚整合論的結構功能，並能設法阻止疏離化的惡化。唯有如此，才能使行動主體獲得真正的自由與安全。

(3) 整合論者在接受既存社會制度或結構之前提下，思考與探討改良結構功能，藉以體現更高層次的穩定。相反地，衝突論者在於否定既存社會體制之前提下，思考並研究如何打破現狀，藉以體現人類的完全解放。

（二）一般理論(Théorie Generale)（或巨型理論）、中型理論(Middle range theory) 與小型理論 (Little theory) 之爭：

在社會科學的研究領域裏——尤其是具有統治與服從關係的政治現象，研究者是人，被研究者也都是人。同時，人不但具有高度的個別性(Individualité)，而且表現爲多面性：生物層面的人、心理層面的人、社羣層面的人等等。因此，在研究方法論上，社會學與政治社會學都一樣，面臨了一種見仁見智的爭端：從概括性觀念的一般理論到特殊社會或政治現象之研究？抑或從特定事實之研究再到概括性一般理論之建立？這就形成了一般理論、中型理論與小型理論的三國鼎立之局面。不過，由於社會現象的複雜性極高，所謂小型理論，事實上很難達到說明與解釋社會事實的功效。因此，大家都有拋棄它的共同認識。所剩的就是一般理論與中型理論之爭。

(1) 一般理論：主張從概括性觀念的一般理論之建樹，再到特殊政治或社會現象之研究，以美國社會學家 T. Parsons 爲代表。他認爲人文現象既然那麼複雜，又是人研究人的特殊科學，而人所具有的個別性又特別高，同時，人文現象往往具有整體性 (Totalité)，彼此具有互相密切的關係。因此，任何特定社會事實之孤立研究，不免會有偏差之慮。所以，他主張先從概括性的觀念着手，去建立一套一般性理論，再依照它去進行各種特定社會事實之研究。他本人以身作則，完成了一套「行動體系與次體系」的一般理論，我們將在本書第一篇裏再做詳細的介紹。

總而言之，以這一套完整的概括性理論爲架構（社會行動的 總 體系），各特殊部門再分別負責研究總體系下的次體系，政治社會學就是研究特定政治事實的專門學問。每一種體系下，都包括四種主要 次 體

系：價值體系、規範體系、集體體系與角色體系。有關這些次體系的研究，一定要把它歸在總體系下去探討，否則，就會有偏差與失誤之慮。換言之，任何特定社會事實之研究，唯有在兼顧「整體性」的情形下，才能達到有效而正確的答案。

(2) 中型理論：這一派的觀點剛好跟一般理論相反，認為社會科學的研究，尤其是社會學或政治社會學，應該從特定社會事實之研究，去建立正確而有效的特定理論，再慢慢地，結合許多具有相關性質的特定理論，而成為概括性的一般理論。不過，這一派的人，也反對把特定社會事實的研究，界限於過份狹窄與微小的範圍，而成為微型理論，所以自稱是中型理論。在當代社會學理論裏，參考團體理論 （Theory of Reference Groups）、社會流動理論 (Theory of social mobility)、角色衝突理論 (Role conflict theory) 等等，都被認為最具有中型理論的特色。

這一派的代表人物是美國社會學家 R. K. Merton。他認為：(1)個人的能力有限，時間也有限，要想建立一套完整的一般理論，似乎值得懷疑。(2) 脫離社會事實的一套概括性觀念，靠着純理性的邏輯運作而成的抽象理論，未免太過於富有「形而上學」的色彩。(3) 他抨擊 T. Parsons 的一般行動理論，太過於空乏，很難有實際可驗證的經驗資料之支持。

其實，依照我們的看法，一般理論與中型理論之爭，在本質上涉及意念主義 (idealisme) 與物質主義 (materialisme) 的傳統爭端。在政治社會學的研究領域裏，重視物質主義者，又發展為「存在決定意識」，終於認定政治結構不外是經濟結構的反射而已，此乃所謂經濟決定論。相反地，注重意念主義者則認為，政治結構有其獨特的屬性，而且得以獨立運作。這就形成「政治獨立運作論與政治依賴經驗論」之爭。

（三）政治獨立運作論與政治依賴經濟論之爭：

主張政治結構具有其獨特的屬性，而能獨立運作的人，對於政治現象的研究，特別重視政治權力結構的分析。同時，因為他們都屬於維持現狀的整合論者，因此，特別重視政治體系的溝通功能。廣義的政治溝通，等於政治體系對其內外環境的自我調整能力。狹義的政治溝通，單指統治者與被統治者之間的雙向溝通。屬於這一派的理論，我們將在本書第一篇裏，做非常詳盡的分析與探討。

相反地，主張政治依賴經濟論者，對於政治現象的研究重點，完全放在經濟下層結構之分析上。因為政治是依賴經濟結構而存在與變遷，因此，任何政治結構的變化，都可以從下層經濟結構去找到合理 的 解釋。譬如傳統馬克斯主義認為，社會危機與政治革命之所以會發生，乃是種因於下層經濟結構之改變，而導致上下結構的分裂所致。又如新馬克斯主義者，對於消費社會的政治變遷之解釋，也是由生產型態之改變去尋找其解釋理由。因為我們將在第一篇裏詳做介紹，就此從略。

（四）經驗主義的實質理論與理性主義的工具理論之爭：

所謂實質理論 (Théorie substantive)，是指研究者依照既定工作計劃與操作方式，進行社會事實之經驗研究後，將有關所得之一組相關概念，透過理性與邏輯之運作而成的建構，藉以解釋或說明被研究之社會事實。所以，實質理論也就是具體理論 (Théorie concrete)，因為它是在研究具體社會事實之後所獲得的理論建構。也正因為如此，實質理論是經驗主義者的成果。這是美國所謂具體研究 (Research concrete) 的主張；研究者應該走出室外，從事實地工作之研究，再依照具體的社會事實去創造理論。最典型的例子，莫過於法國社會學家 E. Durkheim

的自殺理論，與我國韓非子的社會階級論。兩者都排斥抽象理性主義之演繹推理，主張靠着感官知覺，直接把客觀觀察所得的事實資料，進行歸納或社會學統計工作，再進行分類與比較分析，形成許多來自社會事實的抽象觀念，最後再透過理性與邏輯的運作，就形成解釋或說明自殺與社會階級的實質理論。

我國韓非子的治學方法，跟這一派有異曲同工之妙。他也排斥孔老夫子的純粹理性主義，強調對於歷史事實的驗證主義與對於社會事實的具體客觀之觀察。因此，韓非子對於春秋戰國的社會階級論，並不是概括性觀念的邏輯運作所得到的理論。相反地，它是依據當時社會具體事實的觀察、歸納與分類而來的實質理論，活生生地反應出春秋戰國社會的文化病態；就功用主義而言，應該被輕視的所謂五蠹（儒者、說客、游俠、請托者、商工）與六反（貴生之士、文學之士、有能之士、辯智之士、磏勇之士、信譽之士），反而都是當時最出風頭的社會階級，受到社會的重視。相反地，韓非子所謂耕戰之民（包括：失記之民、樸陋之士、寡能之士、愚贛之民、怯懾之民、讕讒之民），其實對當時社會最有功勞的老百姓，反而被社會所輕視。

跟上述經驗主義者持相反意見的，就是所謂工具理論學派，也稱為抽象理論 (Théorie abstraite)。這是理性主義的產物。他們認為理論之成立，不必來自特定社會事實之研究，而得以根據一般普遍性的觀念，透過純理性的邏輯運作所產生的意構，藉以幫助工作計劃之順利完成。譬如 T. Parsons 的行動理論 (Theorie Generale de l'action)，尤其是它的 AGIL 模式，更是典型的工具理論。任何研究者，得以把它當成一種研究工具，去進行特定有關社會現象之研究。在這一方面，我國孔子也是屬於理性主義的工具理論派。孔子在看到許多造成社會紊亂的「臣弒其君」與「子弒其父」等等社會事實之後，他並沒有着手去做

進一步的詳細觀察，歸納與分類，再進行最後的分析與說明。相反地，基於理性的主觀判斷，認定「臣弒其君」與「子弒其父」爲最嚴重的社會事實，將它孤立起來而抽象化，則成爲概括性的「不忠」與「不孝」的觀念，再依照理性與邏輯的純理性運作，就成爲肩負挽救春秋戰國社會的「正名主義」或「正名理論」。

總而言之，經驗主義者認爲，所有社會現象之研究，應該先由事實的觀察、歸納、分類與分析，再給予概化而去創造說明或解釋社會事實的實質理論。相反地，理性主義者認爲，對於所有特定社會事實之研究，應該先有抽象化一般性工具理論做爲引導，在工具理論的幫助下，研究者始能正確而有效地去進行特定社會事實之觀察、歸納分類、分析與說明。

第四章　政治社會學的方法論

政治社會學既然是社會科學的一環，一般社會科學所共同接受的研究方法，當然也能適用於它。然而我們已經說過，所有社會科學，都有其獨特的研究方法。本章所要探討的主題，僅限於政治社會學所特有獨特研究方法論。就政治社會學所涉及的獨特研究方法論而言，它包括了以下的主要面向 (Aspects)：政治理念或主義 (ideologie politique)，探研法 (Approche)，具體方法 (Methode concrete)，研究技術 (technique du research)，以及研究深度 (Profondeux du research) 等等，茲分別探討於下。

第一節　政治理念或主義

涉及政治社會學之研究並決定其導向的最主要因素，乃是政治理念或主義所擁有的三大向度 (dimension)：無政府主義 (Anarchie)，自由主義 (Liberalisme)，社會主義 (Socialisme) (包括共產主義)。對於政治現象的研究，隨着研究者所擁有的不同向度，而會有相異的研究導

向與結果說明。我們將在本書的第一篇裏做深入的探討，請讀者自行參考，就此從略。

第二節　探研法（Approche）

所謂探研法，乃指研究者對於政治現象的研究，到底是從那一層次爲出發點，去着手觀察、歸納、分類與分析。綜合政治社會學者所採用的探研法，我們可以把它分爲下列幾類來探討：

(1) 心理探研法（Approche psychologique）：所謂心理探研法,是指研究者以政治行爲者的個人心理層次爲出發點，着手去觀察、歸納、分類與分析政治現象。這是經驗主義的最典型產物，也是美國行爲科學主義的特產。不過，對於特定政治現象的研究，歐洲理性主義者，有時候也會從心理探研法着手，譬如 V. Pareto 的「精英循環論」（Circulations des élites），就完全採用這種心理探研法，我們將會做詳盡的分析與介紹。

(2) 相關性探研法（Approche du correlation）：所謂相關性探研法，是指研究者以政治現象必然具有其互動相關性爲出發點，去着手觀察、歸納、分類與分析所研究的政治特定事實。所謂相關性的存在，包含以下的意義：

（甲）任何社會事實或政治事實，必然由許多具有互動相關性的要素所組成。

（乙）由這些相關性要素所構成的整體（Totalité），必然有異於各部份單獨因素的總和（Somme）。

（丙）這些相關性要素與其所構成的整體之間，必然具有一定邏輯規則之存在。

在政治社會學的研究領域裏，我們發現有下列三種相關性探研法：

(a) 體系分析法 (Analyse Systematique) 是最典型的相關性探研法。以 D. Easton 的「輸入與輸出」理論最爲出色。我們將在後面做詳細的介紹。

(b) 制度探研法 (Approche Institutionaliste) 是反對歐洲早期政治哲學與傳統意念主義而產生的探研法，並以政治現實主義而自居。他們主張直接由政治事實着手去觀察、分析、說明，絕不與事實脫節，並特別注重制度與人民間的相關事實，絕不帶有先入爲主的臆測或價值判斷。因此，制度探研法，特別重視相關性政治事實的描述，以美國政治學者 Lord Bryce 所寫：「The American Commonwealth」乙書最爲典型。

(c) 政治過程探研法(Approche du processus politique)：對於政治過程探研法的人而言，研究者應該以公共制度與社羣之間的互動相關性爲出發點，去着手觀察、歸納、分類與分析政治現象。採用這種探研法的人，要以 Arthus Fishes Bentley 所寫的「The Process of Government」一書爲代表。他借用了許多社會達爾文主義者與生物學家的專有名詞；發展過程、功能、調適、環境等等。在政治發展過程裏，他特別強調社會羣體的重要角色。他認爲政治生活不外是社會羣體間互動關係的產物。

(3) **演進探研法 (Approche evolutionaliste)**：對採用演進探研法的人而言，政治結構本身具有演進的屬性，以英國社會學家 H. Spencer 的社會有機說最爲典型。 T. Parsons 被稱爲新演進主義者，因爲他以「異化 (differenciation) 與整合」(Integration) 的觀念，來解釋社會或政治結構的自我調整性。從另外一個衝突的角度來解釋政治結構的演進現象，就是馬克斯主義者。跟整合論者所不同的地方，乃是他們用衝

突的辯證過程去解釋而已。我們將在第一篇裏，再做詳細的介紹。

(4) **發展探研法**（**Approche developpementaliste**）： 這是從動態政治的觀點爲出發點，去探討政治制度或體系的變遷。換言之，從動態與發展的觀點，去探討傳統政治體系或制度，如何轉變或發展成現代化的政治體系。依照 Lucian W. Pye 的定義，所謂政治發展， 包括下列三大面向（Aspects）：

(a) 結構異化（differenciation structurelle）

(b) 體系的能力（capacité du système）

(c) 平等的趨勢（tendance à l'égalité）

也就是說，政治體系或制度的結構越異化，體系的能力越強，平等的趨勢越明顯，表示政治越是現代化。

第三節　具體研究方法（Methode concrete）

隨着研究者所採取的着點與出發點之不同，他們各自所適用的具體研究方法也完全不同。所謂具體研究方法，是指研究者根據他所採用的探研法，選擇了何種操作性的運作方式去分析，說明與解釋所研究的特定政治現象。我們約略地可以把它們分爲以下幾種類型：

（一）個體論的心理研究法：

採用這種具體研究法的人，都是屬於我們所謂心理探研法學派的人。其根本出發點認爲： 政治現象有個根本的原理，即政治現象是由人類的行動所構成，也是人類行爲的結果。因此，一切政治現象，都可以化約爲個人行爲，而從個體心理因素或動機去加以研究。這是屬於我們所謂個人主義方法論。研究政治現象的個體研究法，比較重要的有三種：

(1) 專門致力於研究人類行為「習性」的特徵。所謂習性，在政治行為的研究領域裏，包括了態度、意見與人格特質。以此為基礎，再透過研究技術的幫助，着手收集資料，再從習性的觀點去分析、說明與解釋政治現象。

其實，習性研究法，可以追溯到 Platon, Aristote, Hobbes 等人，他們都花了許多時間在探討習性與政治現象之關係。只是他們過份偏重於意念主義之思考。真正啓開現代習性研究法的人，應該歸功於英國政治學家 Graham Wallas, 他特別強調習性在政治分析上的重要性。

所謂習性就是在特定情境下以某種方式反應的傾向。政治分析所常用的習性概念包括意見、態度、意識型態、價值與信仰等等。採用習性研究法是假定；要明確地提出假設，把習性和政治現象的關係表達出來是可能的，而且，這些通則又能替有用的政治模式打下基礎，也有希望為解釋性的政治理論奠定基礎。最典型的代表著，似乎可以舉「美國選民」(The American Voter) 這一本書。[28]

同樣屬於習性研究法的，還有所謂學習理論。又可以分為兩派：第一派稱為「關聯論」(Association theory)，認為人是從觀察或經驗各種不同的關聯或關係而學習的。譬如子女看到自己父母對各種情境的行為或反應，因此學會了同樣的行為方式；第二派稱為「增強論」(reinforcement theory)，這一派的人認為，如果要確立刺激與反應間的聯結，還需要增強的作用因素，僅有關聯是不夠的。譬如我們得到獎賞（增強因素）時，就學會了把某種反應與刺激聯合起來，受到懲罰（增加因素）時，才學會不把某種反應與刺激聯結起來。

其實，學習理論只不過從另外一個角度，去解釋習性，並根據關聯作用和增強作用來說明態度與意見之形成或改變。因此，學習理論比習

---

[28]　Angus Cambell: *The American Voter.*

性研究來得動態性，更能注意到來自環境條件的增強動因 (reinforcing agents)。因此，在研究政治社會化 (Political socialization) 方面，可能是最好而最有效的具體研究法。

最後，還有所謂人格理論。上述習性研究法與行爲主義有密切關係，而人格理論則來自 S. Freud 的心理分析之傳統。他們以人格特徵（質）(Personality traits) 爲中心，認爲政治行爲是由根深蒂固的人格特質所造成的，而這個特質通常是在幼年期就已形成。多數人格理論者，都認爲人各有基本需求 (need) 或驅力 (drive) 做爲其人格發展的原動力。早期所受到的正面或負面之影響，都可能因而反應在後來的政治行爲上。這種典型的代表人物，可能要算 Lasswell，他根據 freud 學說的傳統，主張政治行爲是以公共標的代替人格本身，然後使人格的活動合理化的結果。㉙

(2) 意向研究法之一：理性研究法。是以意向行爲作爲探究政治現象的基礎。所謂意向行爲，乃指政治行動者有意識的追求目標之行爲。主張意向行動具有理性的特徵，盡可能用最有效的方法去達成其目標。傳統政治學者，也有不少人持這種觀念去分析政治行爲。譬如 Hobbes 的政治哲學，有許多是以人類自我中心（egoistic）的意向做爲研究基礎。Locke 主張人類脫離自然狀態，是爲了發現更好的方法來保障自然

㉙ 有關人格理論，請參考：
　(a) M. B. Smith 等著：*Opinions and Personality.*
　(b) T. W. Adorno 等著：*The Authoritarian Personality.*
　(c) H. McClosky: *Conservatism and Personality*, A. P. S. R. vol. 52.
　(d) A. Lasswell: *Psychology and Politics.*
　(e) R. Christie 等著：*Study in the Scope and Method of the Authoritarian Personality.*

權利。　Benthem 的功利主義，尤其他所強調的功利計算 (utilitarian calculus)，他假定政治行為根本是針對需求 (needs and wants)，精打細算的結果，同時也是滿足這些需求的必要手段。總之，此所謂意向相等於動機。

政治家 H. W. Bruck, B. Sapin, 與 R. W. Snyder 三人，曾經把動機分為：其一曰「目的動機」(In order to "motives")，包括所有的意向，指行為者所要面對的最後事態；其二曰「原因動機」(because of "motives")，包括所有上述的習性，指行動者過去的經驗，也就是指行動者過去的生活裏，所有能決定他選擇特定計劃來達成目標的因素之總和。由此可見，現代理性研究法，所指的目的動機，其意義可以引伸為：意向行為都是針對目標而發的 (Goal-directed)。套用社會學家 M. Weber 的話，就是「目標理性」的行為。

運用意向研究法，可以有很大的啟示，並能有效掌握政治現象的意義，從而進行一貫的分析。雖然很多政治行為，似乎可以用意向與目標來解釋，不過，也有許多限制，譬如 (a) 並不是所有意向都付諸行動，(b) 付諸行動的意向，也未必都能順利完成或體現，(c) 意向行為的後果或許與本意不合，(d) 還有許多政治行為是由不自覺的習性所造成的，根本無意向可言。

雖然如此，在政治現象的研究上，「政治決定」往往是最富有意向的政治行為，因此，有所謂「決策理論」的模式。他們認為決策者 (decision-maker) 是政治分析的基本單元。他們並不主張所有的政治行動都是有意的或有目標的，只是假定政治總離不開決策，而所謂決策事實上是判斷如何在既定的場所達到特定的目標。因此，決策是最具目的理性的行為。同時，決策理論者也非常重視決策者的四周環境因素，也就是他覺得自己應該何去何從的情境，是個很重要的因素。換言之，他

們重視決策者有意的追求目標，但也不忽略其環境因素，即情境因素的影響力。

理性研究法的前提假定：所有採取政治行動的人，或至少有某一類採取政治行動的人是理性的。由此再推論出個人或政治體系的其他特徵。不過，在理論和解釋裏運用理性概念時，應具備兩種知識：其一曰通則，使理性與其他的變項發生關連；其二曰證據，指出有關的政治行動者是理性的，以證明這些通則和理論適用於這些政治行動者。

(3) 意向研究法之二：博奕理論 (Game Theory)。它是最進步的理性政治模式。T. Schelling 把它界限爲：正式研究參與競賽者，對於自己和其他與賽者的抉擇，所能有之理性的與一貫的預期學問。❸⓪

他們認爲所有競賽都有一套共同特徵；所有參與者，每個人都有目標與本錢 (Resources)。許多政治現象，也都同樣屬於這一類的行動。他們認爲在一場政治競賽中，每一個參與者，依據自己的目標與所能運用的本錢，釐定出打勝戰的策略 (Strategy)。所謂策略，特指理性的參與者所想出來的行動計劃，使他在知道了對手可能採取的行動以後，知道如何去處置，以求最後的勝利。由此可見，博奕理論可能是研究政治競賽現象（選舉行爲）的最有效具體方法。

根據參與競賽的人數和競賽得失的種類，博奕理論可分爲三種類型：其一曰兩人制互銷性競賽 (two-person zero-sum game)：有兩位參與者在一場競賽裏競爭，根據規則，雙方策略造成的結果，要不是全部囊

---

❸⓪ 有關博奕理論，請參考：

(a) Thomas Schelling: *The Strategy of Conflict.*

(b) R. C. Snyder: *Game Theory and the Analysis of Political behavior, in Research Frontiers in Politics and Government.*

(c) Matin Shubik 編著: *Game Theory and Related approaches to Social behavior.*

括，就是全部盡輸。換言之，甲所贏的與乙所輸的總是互相抵銷。其二曰兩人制非互銷性競賽 (two-persons nonzero-sum game)：在一場競賽中，甲的收益與乙的損失，並不互相抵銷，相加不等於零。這就造成了兩方皆各有所贏， 或兩造盡輸。譬如美蘇核子競賽， 就屬於這一類型的政治現象。 其三曰多人制非互銷性競賽 (n-person nonzero-sum game)：參與者在兩造以上，同時輸贏也不相互抵銷，一般政治現象的競賽，都屬於這一複雜類型。譬如對於臺灣自由貿易區的設置，有許多縣市在爭取， 就屬於這一類型。 進一步推論， 如果競爭的各造有若干一致的利益， 也有若干的利益相衝突， 這就成爲混合動機的競賽 (the mixed-motive game)， 這是政治現象中最多的一類。 運用博奕理論去研究政黨政治， 最成功的例子可能要算 W. Riker 的「政治聯合論」(theory of political coalition)[31]。

(二)互動論的角色研究法：

上述個體論的心理研究法，專門注重於行爲者個人的心理層次，這裏所強調的， 正是個人互動中所各自扮演的角色。 H. Eulau 曾說：「政治行爲……始終是扮演政治角色時所表現的行爲方式」[32]。政治角色理論者認爲，如果政治行動者正巧擔任某一角色或一組角色，則大家對該角色的要求與期待，多半會決定了他的政治行爲。換言之，個人的政治行動視他人的期望與行爲而定，並且對別人的行爲產生反應。這已經把政治活動放在社會的系統裏去研究了。因此，它最能用行爲來描述制度。照角色理論家看來， 政治制度是一套由若干角色連接起來的行爲

---

[31]　參考朱堅章主譯：政治學的範圍與方法，幼獅，臺北，67 年， 239-248 頁。

[32]　Cf. H. Eulau: *The behavioral Persuation in* Politics, p. 40.

模式。因此，這是屬於相關性探研法的範疇。

角色研究法是假定：政治行動者會發現自己有不同的身份，就有某些不同的行為模式跟着他。大家對一個人處於某特定身份時，就應該怎麼做，都有某些固定的期望，這些期望就構成了一個角色或一組角色。期望的來源有二：其一是來自「局外人」(outsiders)，其二是來自「局內人」(insiders)。所謂局外人是指存在於「社會上的觀念」如何期待於該角色之扮演。所謂局內人乃指扮演角色者本身，對外來期望的覺察與了解。因此，在角色研究者的眼裏，影響政治行為的最大兩個因素乃是：外在於社會上對該角色扮演的期望與擔任該角色局內人本身對該角色的認知與了解，也就是扮演者自己的工作責任感與職權範圍的期望。

（三）團體研究法：

就研究政治現象的具體研究方法而言，有許多都是從其他科學借用而來的。團體研究法，算是政治科學獨創的特殊研究法，所以晚近分析政治學方法論者常常認為，強調團體使他們觸及政治科學的中心。

在團體研究者的眼裏，所謂政治團體，乃是指多數人基於共同利益，並同意經由政治過程去追尋其目標，而交互行為的組織體。一般說來，他們雖然不否定個體行為在政治現象中的重要性，不過，他們都強調政治的基本要素都是團體。

要採用團體研究法，必須特別注意，一個團體之所以成為政治團體，乃是經由它的政治過程，跟政府有所接觸。同時，政府制度本身就是一種政治團體，然而確是一種特殊的政治團體，因為它在政治過程中的地位和角色，完全不同於其他壓力團體或政黨。

團體理論者認為，每一個政治團體的基本目標，都是順利達成自己的目的，亦即滿足要求。因此，要以團體理論來說明政治過程的結果，

就必須能夠認識團體利益之所在。所有的政治團體都想達成其目標，或獲取權力，藉以影響決策以符合其利益。為了實現其目的，除非利益團體能夠接近(Access)政府的決策重點或中央，不然是無法影響其決策。因此，團體研究法，必須找到足以影響「接近」的先決條件(Antecedent Condition) 與獨立變項 (indepent variable)， 藉以說明或解釋，為什麼甲團體能夠比乙團體更能發生影響力。 其中要以組織、 團結、 地位 (status)、領導、財富與地理上分布 (Geographical distribution) 等等因素為最重要。

(四) 結構或體系研究法：

對於政治現象的研究，既不從個體心理層次，亦不由團體的共同利益去分析，而改由政治結構或體系本身着手去分析，說明或解釋，就成為我們所謂的結構或體系研究法。這是上述演進探研法與發展探研法所採用的具體研究方法。其中主要的有: 比較法(Methode comparative)，歷史法 (Methode historique)、功能法 (Methode fonctionnelle)、體系分析法(Analyse systematique)，與辯證法(Methode Dialectique)。除了比較法與歷史法，我們都分別將在本書裏，做非常詳細的介紹與批判，所以就此從略，請讀者自己去參考。

(1) 比較法: 對於演進探研法的人而言，經驗主義無法了解或解釋社會事實與政治現象；一方面，因為社會的各種因素都有連帶關係，改變或抽取部份，就已危害了原有的均衡。他一方面，社會現象與領域，都相當龐雜，抽樣調查或經驗法，都無法做到全盤性的觀察。唯有比較法才能了解和說明社會事實與政治現象。 法國社會學家 E. Durkheim 曾經說過，比較法就等於一種真正的間接經驗 (Veritable experimentation indirecte)。傳統歸納法正是比較法的基礎。許多政治社會學家也

都承認，它具有極大的重要性，比較政治學之研究，就是採用比較法的成果。所謂理想型或模式，也都是在事實的歸納與比較後，經過研究者主觀的選擇與強調，所建立的理論建構。

比較法有許多特點：(a) 它並不具有什麼特殊技術的過程，在研究過程中，隨時可以適用。換言之，不管研究者採用什麼具體研究法，都可以隨時應用比較法，去處理其資料，並說明所研究的對象事實。(b) 既可以成為觀察的主要部份，也可以提供或修正假設。(c) 它可以適用於各類問題之研究上。敘述法可以用它來確定部份的異同。結構功能的研究法，也可以用它來分析結構上的要因。(d) 它是分類法不可或缺的幫手。換言之，沒有比較法，就不能分類。(e) 解釋學派的各種不同方法，都可以用比較法來尋找存在或不存在因素間的原因或關係。

(2) 歷史法：Hegel 曾經說過：歷史的問題，不外是問題的歷史。因此，在研究整體社會現象與政治體系的變動上，歷史是政治與社會資料的保存者與見證者。歷史提供給政治社會學各種相關的具體資料。歷史法的基本觀念是：我們現在的生活形式、風俗、生活方式，在過去有其社會根源，返本溯源，便能獲得最好的解釋。從歷史上去研究以往文明的事跡、過程、制度，正足以發現當代社會生活的起源或先例，進而了解其性質與作用。因此，採用發展探研法的人，必須配合歷史法的研究，以便了解其政治發展之根源與過程。

第四節　研究技術 (Technique du recherche)

所謂研究技術（或稱為技巧），是指研究者採用何種方式或工具藉以取得所需資料。這是經驗主義，尤其是行為科學主義所特別重視的，也正因為如此，他們在這一方面，有了相當多的建樹與貢獻，同樣地，

也把他們帶入了走火入魔的境界。在政治社會學的研究領域裏，最常用的方式或工具有：意見調查（問卷調查），Interview, Tests，內容分析法、標度法、社會關係計量法、個案研究法、選樣法、投射測驗法等等。採用何種研究技術最能發揮其功效，端視研究者的研究對象與其所想收集的資料內容而定。換言之，各種研究技術都有其特殊功能與適用的對象，研究者在選定研究對象，探研法與具體研究法之後，再配合所需去選擇研究技術。[33]

[33] Cf. M. Grawitz: *Methodes des Sciences Sociales Dalloz*, Paris, 1976, pp. 499-500.

第五章　政治社會學的研究深度及其學派

對於政治現象的研究，分析與說明，應該達到什麼樣的深度，也因學者所持的相異觀點而有所不同。經過我們的整理與比較的結果，依照歷史發展的時間過程，約略得以分成下列各大派別，茲說明如下：

第一節　價值判斷的「應然」論

正如大家所知道，政治哲學家對於政治現象的研究，在歷史上可謂最早，其所關注的重心，並不在於「實然」的研究，而是「應然」的思考與說明。因此，其研究深度，不但超越事實，而且往往由於理性演繹與推理的結果，成爲典型理性主義的烏托邦政治理論。這一派的學者，以早期政治哲學家 Aristote 與 Platon 爲代表，尤其以後者的「共和國」一書，最爲典型的代表作品。其後，整個歐洲中世紀的政治思想，都屬於這一派的延續。

他們認爲對於政治現象的研究，不應該局限於事實的分析，比較與說明，更重要的是如何去超越它，提出研究者對於現象研判的所謂價值

判斷，為現實政治提出更高層次的理想與目標，這是屬於政治目的論的理性主義者。後來由於科學主義發達的結果，對於政治現象的研究，都紛紛主張要脫離傳統哲學思考的領域，因此，自從政治現實主義抬頭之後，此派已趨衰退。

依照其研究深度，我們又可以把價值判斷的應然論，分為三種不同的層次：其一曰烏托邦型：這是最抽象化與最理性化的價值判斷，不但超越了政治現象與事實，而且完全是一種純理性的主觀演繹，以 Platon 的政治作品為代表；其二曰理想型：研究者基於客觀政治現象或事實的研究與分析，再透過主觀的理性選擇，而提出一種來自事實而又超越事實的理想型，M. Weber 對於政治社會學的論述，就是屬於這一類型；其三曰價值型：研究者基於客觀政治現象或事實之研究與分析，再依照主觀的價值判斷，提出一種應然的判準，做為實然政治所應努力的方針或目標，譬如 Aristote 所提出的判準：以全國人民之利益為優先的，就是好的政治，相反地，以執政者之利益為優先的，就是壞的政治。

第二節　事實判斷的「實然」論

剛剛好跟上述價值判斷持相反意見的，有所謂事實判斷的實然論。這是近代政治現實主義的產品，尤其是現代科學主義的寵兒。他們認為對於政治社會學之研究，應該僅僅限於政治現象或事實的描述，分析與說明，其目的在於了解「什麼是什麼」，而不應該有研究者主觀的價值判斷。就時間發展的過程，又可以分成下列三大派別：

(1) 政治現實主義者 (Realistes politiques)：這一派的人認為，應該直接由社會事實或政治現象去着手，從觀察與分析到結論，絕不與社會事實相脫節，並與爭論的事實具有嚴密的關連，絕對不帶有先入為主

的臆測或既成的定理。對他們來說，科學的本質，並不在於創立或修正
一般理論，它的主要工作應該在於描述現實的事實。當所有事實都被收
集在一起之後，偶然或可以導致一種理論的出現，那是例外。屬於這一派
的政治學家有：James Bryce, Charles A. Beard, Frank J. Goodnow,
Lawrence Lewell, Woodrow Wilson, A. B. Hart, W. B. Munro 等
人。尤其以制度探究法 (Institutional Approch) 著名的 Lord Bryce
爲代表，他所著的「The American Commenwealth」一書，僅僅在描
述美國人民與制度間的實際狀況。這本書對於美國政治學界，發生了巨
大的影響，把政治學的研究，帶向更爲具體的一面；超越了司法形式主
義，直接注意到政治關係的實際內容。

(2) **政治過程 (Processus politique) 學派**：隨着政治現實主義的制
度探研法，很快地又產生了超越的新觀念，一般稱之爲政治過程。重點
已經不再是事實的描述，而完全放在公共制度與社會羣體間互動關係之
探討與分析。以一九〇八年 Arthus Fisher Bentley 所寫：「The
process of government」 一書最爲典型之代表。他借用了許多社會達
爾文主義者與生物學的專用名詞；譬如發展過程、功能、調適、環境等
等。在政治發展過程中，他特別強調社會羣體的重要角色。他認爲政治
生活不外是社會羣體之間互動關係的產物。他的作品對於後來有關利益
團體 (Groupes d'Intérèts) 之研究，發生了極大的影響力。

(3) **行爲科學主義**：繼上述政治過程之研究後，有所謂行爲科學主
義之出現。自 1920 年前後，一直到 1960 年左右極盛一時。爲反抗傳統
憲法學派與制度探研法，政治行爲之研究者，通常都用「觀察所得之行
爲與得以觀察之行爲」 兩個名詞， 來代表或象徵所有政治問題。 換言
之，這兩種行爲足以解釋所有政治問題的前因後果。行爲科學者特別注
重行爲的系統觀察，不過，就研究方法而言，其重心仍然集中於「得以

觀察的行爲」之分析上。首先發挖實際行爲的一致性與規則性 (unifor-mites et regularités), 接着再提出一種行爲的模式, 最後才創設一種理論。

其最主要的宗旨, 在於透過一連串科學的分析、調查以及工具與技術的運用, 使政治學本身更爲科學化。因此, 對於政治現象或事實的描述與說明, 往往偏重於量化與心理說明。其所運用的研究技術, 包括民意調查、意見調查、個別訪問、內容分析、統計分析等等。一般說來, 越有數字統計資料或能以量化的政治現象, 越能適用這種研究方法; 投票行爲、選舉參與、公意等等。對於政黨、壓力團體, 以及決策過程等等問題之研究, 也有相當廣泛之運用。總而言之, 行爲科學主義者, 希望透過事實的觀察, 假設與謹慎的驗證, 數理與量化的運用, 使政治學之研究, 能夠成爲一門眞正的科學, 而把形而上學或先入爲主的道德感, 完全驅逐出境。

(4) **批判學派**: 這一派的思想與理論, 溯源於十九世紀傳統馬克斯理論, 而極盛於一九六〇年代。左派政治社會學家, 不從社會本身着眼, 完全由國家與政黨的政治權力着手, 去自我發展成另一套政治衝突論。依照他們的看法, 整合論的政治社會學者, 已經失去了它應有的批判功能; 已不再尋求社會與政治的反功能, 它的不穩定性與它的缺點。尤其是以 H. Marcuse 爲代表與整個法蘭克福批判學派, 都批評西方整合學派過於保守, 只限於研究既存的社會或政治事實是什麼, 從來不去探討更高層次的「能夠是什麼」。他們認爲西方整合派的形式主義與模式主義, 都套用外形相當客觀的理念來僞裝自己, 把政治體系當做現狀維持的一個總和, 強調體系的自我調整與穩定性, 充分代表着保守性。就像體系分析與功能分析, 其實骨子裏都有相似的神秘性假設: 把社會當做一個均衡的體系。其實, 更重要的社會事實或政治現象, 是不

平等，鬥爭緊張與不穩定的另一面。

　　譬如 1968 年在美國 Boston 舉行的美國社會學年會❸，就有許多青年的左派政治社會學者，提出下述批評：如果我們把今天社會學的主要特性與19世紀做一個比較，我們就會發現下列各點的不同：(1) 早期社會學的批判精神已經完全消失，(2) 近代社會學，包括政治學、政治經濟學、社會心理學，都已成爲「反歷史」(Ahistorique) 的科學，(3) 當代社會科學，已經過份趨向於抽象化與形式主義。

　　持這種批判精神的政治社會學者當中，我們可以舉出，Herbert Marcuse, T. W. Andorno, 以及 Lucien Goldmann 等人爲代表。他們不但極力反對經驗主義的片斷研究與局限於事實的說明，而且也不贊成以 T. Parsons 爲首的那種反歷史和形式的理論，而一致主張要對既存社會或政治事實給予全面性的批判。

　　(5) **實用主義 (Pragmatisme) 的行動論**：這一派的人認爲，政治社會學的研究，不但要探討本身與政治行動的關係，而且還要對於具體的政治問題，能夠提出有效的解決辦法。套用 H. Lasswell 的話，政治社會學應該是一門「政策科學」(Policy Sciences)。換言之，政治科學的研究，已逐漸重新回到 A. Comte 的時代精神，希望科學本身能夠成爲引導社會，服務社會的社會指南針。

　　這一派的典型代表人物，要算 C. Wright Mills。他著有「L'Imagination Sociologique」，「Les clos blancs; Essai sur les classes moyennes」，「L'elite du pouvoir」等等，很明顯地企圖把社會學或政治社會學跟社會行動相連結在一起，希望把社會學或政治社會學變成一門應用科學，能夠爲實際存在的社會或政治問題，提出有效的解決辦法。此外，晚期的 H. Lasswell. 與 David Easton 都屬於這一派的政

❸　Cf. R.—G. Schwartzenberg, op. cit. pp. 28-29.

治學者。

總而言之，他們認為政治研究不應該再熱衷於純形式或抽象化模式之探討，相反地，應該集中精神去探討現實而迫切的實際問題，並且對於亟待解決的社會與政治問題，應當提出有效的解決辦法，藉以進一步改善人民的社會生活。換言之，政治社會學的研究重心與深度，不應該是事實的描述，也不是原理原則的形式探討，而應該成為解決社會或政治問題的應用研究。

第一篇：抽象層次之理論探討

在一般社會科學的方法論裏，有所謂工具理論（Théorie Instrumentale）與實質理論（Theorie substantive）之別。前者是理性主義與意念主義的產品，理論之形成，並非來自特定社會事實之研究，而是根據一般普遍性的概念，透過純理智的邏輯運作後，所產生的抽象意構，藉以幫助工作計劃之順利完成。任何研究者，都可以把它當成一種工具，去進行特定社會事實之研究。相反地，後者是經驗主義的產品，也是美國所謂具體研究（Researche concrete）的產物，研究者應該先走出室外，從事實的經驗工作與研究，再依照具體事實之驗證去創造理論。

本篇所要探討的，就是工具理論的部份。依照工具理論之內容性質，我們又把它分成下列兩大部份來進行研究；整合論與衝突論。所謂整合論，泛指所有以維護社會秩序與政治現狀爲目標而形成的抽象意構。相反地，以打破社會秩序與政治現狀爲目的而產生的抽象意構，就稱之爲衝突論。這兩種工具理論之觀點與性質，可以說絕然不同。其主

要原因是他們對於下列問題的看法有所不同所導致的：人性，社會秩序之性質，政治理念，以及政權型態等等問題。因此，在正式探討抽象理論之前，我們必需對這些問題的面向，有基本上的認知，才能更深一層地去瞭悟整合派與衝突派的相異理論。也唯有如此，才能運用它們的抽象理論，來進行經驗事實的研究。

　　不過，抽象理論之建構，其首先所面臨的問題，仍然是所謂的「理論方法論」：如何才能建立一個既有邏輯性結構又有經驗性基礎的抽象理論？因此，本篇所要事先探討的主題是；理論方法論。其次，才進行上述各種問題的分析與說明。最後，再分別比較整合論與衝突論的詳細內容與性質。

第一章 政治社會學的理論方法論 (Methodologie de la théorie) 及其模式之問題

政治社會學旣然是一般社會科學的一環，後者所探討的理論方法論，當然也適用於特殊政治社會學。因此，在本章裏，我們將首先介紹一般社會科學的理論方法論，再論述有關理論與模式的問題。最後才提出我們自己對於建構抽象理論的獨特見解。

第一節 社會科學的理論方法論
(Methodologie de la theorie)

所謂社會科學的理論方法論，是指在於探討社會科學的理論建造過程，其主題着重於理論的可驗性或實驗性與邏輯性。如何達成這兩大特徵，學者的意見也就是顯得相當不一樣，我們想轉引三種最具有特色的見解，以供讀者參考。並將於綜合批判時，提出我們自己的綜合意見。

（一）金拉克教授所提出的「金字塔建造過程」如下： ㉟

㉟ 請參考蔡文輝教授著：社會學理論，三民，臺北。

(1) 範例的選擇——任何理論的建造的第一步驟是將受觀察研究的現象加以概念化與抽象化,用以描述現象的假想因果關係或相關性。其次再把抽象化的概念給予濃縮成具體的範例(Paradigm)或模式(Model)。

(2) 操作定義——每一個範例或模式,都涵蓋了許多社會現象的抽象化概念。研究者必須依據範例或模式的特質,給予臨時性的操作定義,以限定研究對象的範圍。

(3) 確定邏輯關係 (Logical Relationship)——旣然是一些抽象概念,那麼,當然是不具體又不特定,因此,它所涵蓋的層次 (Level) 與型態 (Form) 也就是顯得相當不同而複雜。因此,研究者必須依照範例所假想的因果關係,確定各抽象概念間的邏輯關係,因爲,唯有具有邏輯關係的假設,才能進行變數與指數的確定。

(4) 確定變數與指數——依據邏輯關係的假設,去選擇那些因素是必要條件,那些可能是充分條件。換言之,確定自變數與中間變數。這時候,由抽象概念與範例出發的理論假設,就成爲可用變數與指數來說明的具體理論架構。因爲變數與指數是可以測量和驗證的。所以早先預設的抽象理論,就可以透過它而得到驗證。

(5) 運用方法論 —— 其實金拉克所謂的方法論,是指我們所謂的「研究技術」。社會科學所普遍適用的有: 訪問法、問卷法、實際觀察法、實驗法、內容分析法等等。換言之,以上四步驟是屬於假設階段,研究者有了假設的理論架構之後,就依照所選定的研究對象之特性,選用適當的研究技術,正式從事於資料之搜集。

(6) 資料分析——將研究技術所獲得的有關資料加以分析,以測驗資料的準確性,並確定各變數間的因果關係。社會科學最常用的是統計法。

(7) 資料解釋——一方面資料的可信度旣已確立,他方面變數間的

因果關係或相關性也已排定。研究者就依據原有預設理論架構，進行合理性的解釋，並設法說明其分配特徵。

(8) 理論驗證——最後我們再把 理論與 研究所得 結論重新 加以對照，重新檢討理論的邏輯結構及其準確度。很可能，原有的理論必須放棄，重造新理論，或只需稍加修正。

我們可以將上述的步驟簡單地列成如圖1：

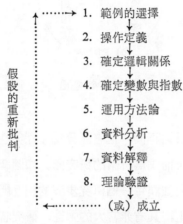

圖 1 *理論建造過程步驟表*

(二) **葛立爾教授夫婦**（Ann Scott Greer）**所提出的所謂研究圈**
(Research Cycle)⑯ **:**

我們已經看到金字塔式建造過程，似乎顯得過份呆板而不切合實際需要，尤其社會科學研究的對象，又是複雜性極高的科學，更需要比較富有彈性的建造過程。最能符合此一要求的，莫過於葛立爾教授夫婦所提出的所謂「研究圈」之概念。

---

⑯　請參考陳秉璋編著：社會學方法論，環球，臺北。

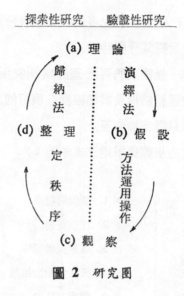

圖 2　研究圈

　　他們依照研究性質之不同，把它區分為「探索性研究」與「驗證性研究」，再由二者結合而成為所謂的研究圈。如圖 2 所示：這種「研究圈」概念的特色，在於強調每一個研究步驟的相互關聯性和持續性。因此在理論的建造過程上，具有非常大的彈性，研究者可以基於實際客觀的需要任擇一點，做為其理論建造的始點，而不必被侷限於一定的起點或終點。

　　如果研究者的理論建造過程是由 (a) 開始，經過 (b) 的假設，而到 (c) 的觀察與搜集資料，則屬於演繹法。相反的，如果他選擇了(c)為起點，先從觀察與收集資料着手，經過(d)的整理、分析、比較，再到(a)的理論，則其方式為歸納法。

（三）柏亨斯基（I. M. Bochenski）所提出的還原法（Reduktion）的思考方式：

在理論的建造過程，這是最富抽象化與自由形式的一種。它包括以下兩種主要過程[37]：

(1) 心理過程：研究者從現象的觀察，引起認知的意圖，經過假設的提高與驗證，一直到最後理論的建立，這是完全隸屬於心理過程的一連串思維活動。換言之，所有經驗科學的理論建構，必先經過這一層次的思維過程，始能成立，茲以圖 3 說明如下：

(A)　箭頭表示思維活動的方向。

(B)　P 代表觀察或實驗後，對事實紀錄的陳述。換言之，由觀察或實驗所得的概念。

(C)　由 P_1^1 與 P_2^1 的陳述，獲得 H_1 的假設，再依據 H_1 去驗證是否能應用到 P_3^1，如果獲得證實，卽表示 H_1 的假設成立。

(D)　同理，亦可由 P_1^2 與 P_2^2 獲得 H_2 的假設，再據以驗證。

(E)　有了 H_1 與 H_2 初步成立的假設，就可以建立一個理論 T_1。理論 T_1 是否正確無誤，有待我們把 T_1 還原到 H_3 之假設上，並進一步由 H_3 來證實其可適用到 P_1^3 的陳述上。如果一切證實無誤，我們便可以確定理論 T_1 的正確

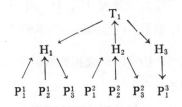

圖 3　思維的過程

---

[37]　請參考洪鎌德教授著：思想與方法，牧童，臺北。

性與可適用性。

(2) 邏輯的結構：靠着心理過程的思維活動，由描述事實的概念，提出臆構的假設，再由假設與事實的驗證，建立抽象化理論並證實理論的正確性。相反地，所謂邏輯的結構，是指一項原理或理論，可以演繹或推論到其假設之上，甚至於應用到某一具體事實的陳述上。換言之，心理過程的思維活動，在於求得理論的客觀性、可靠性與適性。基於這三點特性理論才能透過它的邏輯結構，回過頭來產生有效說明或解釋社會事實的功能。爲方便起見，我們也用圖 4 來說明如下：

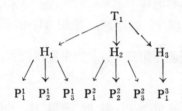

圖 4 理論的邏輯結構

（A） 邏輯結構顯示邏輯演繹的方向箭頭，一律向下，這是與心理過程的「循環」不同。

（B） 依據心理過程所成立的理論T_1，依其邏輯結構的演繹或推論，可以推論到所有 H_1、H_2 與 H_3 的假設之上。

（C） 經由 H_1 假設，再推論到個別具體事實的 P_1^1，P_2^1 與 P_3^1 之上。同理，由 H_2 假設推理和引申到 P_1^2、P_2^2 與 P_3^2 之上。依此類推……。

由此觀之，柏亨斯基教授的理論建造過程，首先包括了心理思維活動的「循環式驗證過程」，最後必須還有邏輯性結構的「回饋式推論過程」。

第二節　理論與模式

在早期的社會科學方法論裏，其目標往往僅止於分類，調查或解釋被研究的社會事實而已。然而，自從韋伯提出所謂「理想型」以來，又有所謂「模式」的追求，尤其在美國的社會科學界，更是一時蔚成風尚。

何謂模式？它與理論的關係又如何？模式的類型又是什麼？建構模式的準據又是什麼？模式的用途又是為何？這一連串的問題，不但引起各社會科學家的爭論，也使得「模式」的含義，益形曖昧不清。

（一）模式與理論的關係：

米爾士 (C. W. Mills) 在其名著「人的意象」(Images of Man) 的導論中指出，古典社會學者的「偉大理念」，構成了「模式」。換言之，他們建構了社會的模式，並利用它來發展社會科學的理論，藉以說明或解釋社會。就此意義而言，模式是尚未成熟的理論。所以說模式是走向理論之途上緊跟的腳步 (Intermediate steps along the road to theory)。

然而，也有人把社會科學的理論建構，視為該科學的模式建構。目前執教於新加坡南洋大學的洪鎌德教授，就持這種看法。

就「實質理論」的建構而言，我們是同意洪教授的看法。然而，如果就「工具理論」的建構而言，我們認為模式是理論的簡化形象。關於這一點，我們將在本節的最後面，以派克森「A.G.I.L」模式來加以說明。

(二) 衡量模式的判準:

社會科學的模式,既然是人類思考的產品,也是分析社會現象的工具,究竟它與事象要配稱(correspondance)到何種程度,才能稱得上模式?換言之,一種模式應具備何種特徵或標準,才是理想的模式?美國喬治亞大學三位教授 (R. T. Golemhiewski, W. A. Wols, 與 W. J. Crotty),提出以下的數種判準,茲簡述於下:

(1) 效準有效性: 它又包括以下的三個層次:

(a) 與實在配稱(Correspondance): 模式的要素與模式所要代表的事物或實在之間,應當有配稱的關係。換言之模式只是將經驗事象的關係,加以抽象形式化而取得的公準或定理,它應當能夠應用於同一情況的個案中。就此意義而言,模式有如數學公式,只具形式而不論內涵。喬治 (F. H. George) 視模式爲「合理的結構……記號的組合,而供人解釋,如同語文一樣,只要符合解釋的要求,皆可應用於各種目的上」,正是這種意思。❸

(b) 運作可能性: 指模式的運用,以及命題之檢證,使模式能回歸到經驗現象裏去。換言之,一個模式所衍生的命題,應該可以經得起檢驗,證明它與事實的符合,而不是烏托邦。

(c) 結構錯誤之避免: 理想的模式應該能夠避免以下兩種的結構錯誤。其一,應爲而不爲的錯誤 (errors of structural omission),指模式所包含的變項不週全(對重要變項有所脫漏),以致變項與變項間的關係無從確定,其結果也,模式無法發揮解釋或預測的效用。其二,不應爲而爲的錯誤 (errors of structural commission),指模式建構過程中,把無關連或根本不必要的變項加以採納,以致造成變項與變項之

---

❸ 洪鎌德,同上,pp. 261-268.

間的關係，過份趨於複雜，而無法產生運作的功能。

(2) 伸縮性 (Flexibility)：是指模式被當做研究的引導工具而加以使用時；它對於變項的數目、性質，以及變項彼此關連所產生的變化，都能夠產生相當程度的敏感反應 (susceptibility)。

(3) 概括性：是指模式適用的廣度，或適用範圍的大小。換言之，概括性所涉及的是模式可資應用的經驗現象之數目多寡而言。

(4) 計測的營構 (Measurement sophistication)：是指一般的所謂量化，也就是說，把數目投置於觀察中。計測不但是指數量的計算，也涉及性質的區分。我們雖然不認為模式非採用計測不可，然而，一般認為模式含有計測驗證的程度越高，越具有科學的價值。

(5) 重要性：是指模式可以適用於一連串現象之上。而這些現象又是學者們所關心的重大問題。換言之，學者在建構模式之前，應事先選擇具有社會積極意義，社會重大關連的問題來為研究的對象。

(6) 內在邏輯性：指模式所包含的各種命題之間，應該依照邏輯的規則去建構與排列，而彼此間不容有矛盾之存在。而且，從模式的結構中，我們應當能夠邏輯地演繹出其他經驗命題來。

（三）模式的類型：

依照模式建構的方式，我們可以把模式分為以下兩種類型：

(1) 簡單準據型：(Simplicity criterion)，簡單準據的方式，強調準據的直截了當與方便運用。換言之，只問模式是否容易使用與便利操作，模型是否省事省時，而不論模式是否複雜完整。

(2) 相互依賴設準型 (Interdependence postulate)：所謂相互依賴設準的方式，特別強調並講求模式的可信性，要求模式與資料的連貫，因此，傾向於建構複雜妥當的模式。因此，也可以稱為複雜型。

由上述模式建構的方式，我們得以知道，這兩種類型彼此不同，甚至於是對立的方式，使我們在建構模式時，倚重倚輕，知所遵循。

（四）模式的用途：

模式具有描述、解釋、預測與證實現象的四大功能。

（1）描述功能：大多數的模式都是屬於描述性的，它可以幫助我們去將某些特殊問題給予觀念化。越能夠描述實在的模式，其概括性越低，也只能適用於具體特定的事象。

（2）解釋功能：具解釋性功能的模式，能夠指陳某些特殊變項間的特殊關係。它強調現象何以或怎樣變化，並且詳細說明事件之間的相關性。它可以協助我們理解某些確定關係的過程。解釋性模式，通常具有廣泛複雜的結構，屬於上述相互依賴設準型。

（3）預測功能：預測性模式，一般都應用於比較普遍的現象中，較少應用於特殊與個別現象上。它的預測性功能，在於便利我們去了解確定關係所形成之程序，特別是對這一理解的投射與預期。它可以對實在加以預斷，或是為實在指陳接近的方略。

（4）證實功能：透過模式，我們可以證實一個理論中的經驗命題，或一個理論概括化的過程。換言之，模式可以幫助去驗證理論的內涵是否具有真值。同時也可以確定研究對象之範圍。

（五）何謂模式？

基於以上的認知，我們想從理論與模式的關係上，提出自己的看法。

從上面的分析比較，很明顯的可以看出來，理論是一組相關概念或觀念的邏輯組合，又是一種純理智的邏輯運作結果。所以，理論往往犯

有過份抽象與複雜的感覺，尤其是工具理論，如何使其更趨於具體化與簡單化，就成爲研究者努力的方向。在社會科學之中，受到數學的影響，經濟學最先創造出許多模式，隨後各科才跟進。

由此可見，我們可以爲「模式」下一個暫時操作性定義如下：「理論的簡化形象謂之模式」。

一種模式，必然包含三種要件：

(1) 理論之先有條件：必先有理論之形成，而後才有模式之出現。換言之，沒有理論就不可能有模式，因爲模式是由理論簡化而來的。

(2) 簡單化的過程：理論既然是抽象觀念的組合與純理智的邏輯推演，因此，表現爲「抽象的複雜體」。如果說，理論是從許多與社會事實相關的概念或觀念中抽取具有相關性觀念的組合與推演；那麼，模式就是透過簡化的過程，最主要相關性觀念或概念再重新抽出來組合。因此，簡單化也可以說是「精化」。太過於複雜的模式就失去了它的真正意義。一種理論的完成，必需有說服力，所謂「自圓其說」，所以往往顯得較爲複雜。相反地，模式的提出已有理論的依據，所以可以顯得很簡單，這一點說明了爲什麼簡化可以成立的理由。

(3) 形象：所謂之形象是指它的「容易被瞭解性」。一種模式，不必透過任何文字的解說，只要從它的形式（圖樣）與象徵，就能夠瞭解其內容。

總之，模式是理論被簡化而成的形式象徵，它是抽象理論的具體骨架。我們就以派克森的「一般行動理論」之模式爲例，分析如下：

說明：

(1) 這個模式是以派克森一般行動理論爲依據。

(2) 它已相當簡化了。

(3) 就具體形象而言，也相當容易瞭解，人類所牽涉的行動有四大

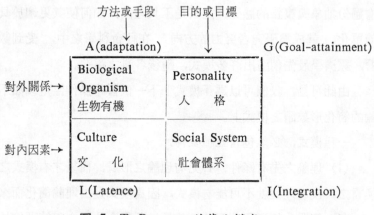

方法或手段　　目的或目標

A(adaptation)　　　　　　　　G(Goal-attainment)

對外關係→ Biological Organism 生物有機	Personality 人　格
對內因素→ Culture 文　化	Social System 社會體系

L(Latence)　　　　　　　　　　I(Integration)

圖 5 T. Parsons 的簡化模式

層面: 生物、人格、社會、文化。每一層次都有圖表, 各角所代表的功能, 所以它是「結構功能」的理論。縱看, 左邊 A 與 L 代表手段與方法, 爲達到右邊 G 與 I 的目標。橫看, 上層代表對外關係, 下層象徵內部因素。

第三節　建構抽象理論應有的基本認知

我們從許多不同社會科學理論家的觀點, 分別整理出有關建造社會科學理論——尤其是政治社會學, 在方法論上所面臨的幾個重大問題之面向, 其中包括有: 疑義 (Problemmatique), 預設 (Postulate, ou Assumption), 對象或起點 (Objet ou depart), 概念工具 (Instrument conceptuel), 假設 (Hypothese), 以及過程 (Processus)。茲分析與說明如下:

（甲）疑義: 所謂疑義是指對於旣存理論的觀點或一般旣存通俗觀念, 基於批判的科學精神, 提出一種質疑的問題存在。它往往是所有新

理論的起點。就拿牛頓的地球萬有引力說爲例，如果牛頓對於「水果一旦成熟，就自然會掉落」的一般通俗概念，不提出質疑的問題存在，他就無法建立此種創意性的新理論。因此，疑義可以說扮演着二種最要功能。一方面，它消極的否定、修正，超越旣存理論或一般通俗觀念，他方面，它又積極地成爲新理論建造的起點。

疑義所扮演的上述兩種角色，在社會科學的研究領域裏，更顯得特別重要。因爲不但社會科學理論本身，並不是一成不變的原理原則，而且社會現象本身，又是千變萬化。因此，在不同時間與特定空間下，更應該有這種疑義的提出，對於旣存理論或概念的適用，應該透過研究者的批判性科學精神，加以研判其適用性，或進而加以否定、修正或超越。

我們就拿幾個社會科學理論的實例來研討。首先以涂爾幹的自殺理論與道德理論爲例。❸ 在涂爾幹以前，大家都接受自殺的個人心理解釋理論與特殊個別因素（遺傳、個人環境……）之決定論。然而，他對於這些傳統理論與觀念的解釋，提出了疑義，並以批判性的科學精神，從社會的實際經驗資料中，得到否定旣存理論的證據，並進而建立其有名的新理論：無規範自殺論。其次，對於當時大家所習慣的道德先驗觀，他也提出疑義，卽使道德有它先驗的一面，道德之所以爲道德，而能社會所接受，變成具有約束社會行爲的道德權威，應該還有他所謂「社會期望與社會義務」（Desirabilité soùciale et obligation soùciale)❹。換言之，他基於新康德學派的批判性科學精神，對於傳統康德主義的先驗道德論，提出一種質疑；先驗道德眞的擁有其固有義務優越性而使人

❸　Cf. E. Durpheim: *Les regles de la methode sociologique*, 以及 *Suicide*, 兩書, Paris, P. U. F.

❹　Cf. E. Durkheim: *Sociologie et philosophie*, P. U. F. Paris, 1967.

人接受它嗎？基於這一點質疑，他開始從科學理性主義的立場，就道德
的經驗事實着手觀察與分析，他發現道德所擁有的義務感，並非道德的
固有屬性，而是一種社會集體表象所塑造的社會期待與社會義務。換言
之，他基於上述疑義，把傳統道德理論給予修正與超越，而提出一種新
的道德理論，把道德分為四種：強制性道德 (moralité imperative)，
傳統性道德 (moralité traditionnelle)，後驗判斷道德 (moralité de
jugements apres coup)，以及嚮往性道德 (moralite d' aspiration)。

其次，我們再舉社會學衝突理論的出現為例。在馬克斯以前，由於
封建社會的沒落與近代民族國家之興起，社會契約說的理論風行一時，
雖然以保障個人財產安全與個人自由為出發，然而由於過份強調國家主
權的神聖性，其結果也，在工業革命來臨時，國家已經變成壓迫人民的
笨機器。在經濟學方面，極力鼓吹自由放任主義的古典經濟學理論也已
經把資本主義的社會帶入「資本家的天堂與勞工的地獄」的對立局面。
傳統整合學派所追求的現狀維持，似乎只是在為極少數資本家做辯護，
絕大多數的老百姓，已經成了這種理論的犧牲。

因此，馬克斯乃從衝突的觀點，提出一種疑義；認為也許在整合理
論所追求生命與財產之安全與自由之外，還有什麼更為重要而被整合論
所遺忘，那就是馬克斯所謂的「政治理念與意識型態」。人類歷史的一
連串悲局，都是這種政治理念與意識型態作怪的惡果。因此，只要它一
天不被除去，人類社會就永遠沒有安寧的日子好過。以上述這一種疑義
為起點，馬克斯才建立了他的一套社會衝突理論。

最後，我們再以派克森 (T. Parsons) 的新演進主義 (Neo-evolut-
ionnoisme) 之理論為例[41]。他雖然接受斯賓塞 (H. Spencer) 的傳統社

---

[41] Cf. T. Parsons: *The Structure of Social Action*, New York. Free
Press, 1949.

會有機說，但是，對於其演化的律則：由簡單到複雜與由同質到異質，則提出一種疑義，認為社會如果能夠被視為有機的演化，其過程似乎不是上述的律則，而是社會結構與功能上的一種「分化與整合」的過程 (differenciation et Integration)。換言之，派克森並沒有完全否定斯賓塞的傳統社會有機演化的理論，不過，從社會的結構與功能，重新提出一種疑義，而加以修正並超越原有演進律則，並以此疑義為起點而建立其一般體系的結構功能理論。

（乙）預設(Postulate 或 Assumption)：所謂的預設，是指研究者透過其感官知覺或其他經驗，對於客體事物所事先提出的主觀認定，藉以結合客觀經驗事實之研究與主觀理性之推理。

由此可見，預設雖然是一種主觀的認定，但是它是以客體事物為對象，而且是經過研究者的感官知覺或其他經驗而得到的，所以完全有別於臆測或猜想。也正因為它具有經驗基礎，所以才能夠扮演結合事實研究與理性推理的角色。譬如古典經濟學家，基於一般經驗事實，獲得一種主觀認定的預設；人是理性的動物。基於這種預設古典經濟學派始能進行經濟活動之分析與理性之邏輯推理工作,而建立其供需平衡之理論。因此，我們可以說，疑義是否定，修正或超越既存理論或通俗觀念的起點，而預設則可以視為新理論的第一步。有了它，新理論的嘗試者，才能夠針對着疑義所帶來的問題，做更深一層的預先觀察，藉以提出回答疑義的假設，最後再依照假設而設立研究計劃的內容與過程。我們再以幾個實際例子來說明之。

先以馬克斯衝突理論為例，他從經驗事實中，獲得一種主觀的認定，認為人類為了滿足其物質需要，起先有如動物一樣，受制於大自然，這一類活動他把它稱之為客觀活動(Activité objective)。其後，由於人類能夠透過其技術的改進，得以支配並控制大自然環境，這一類活

動，他稱之爲主觀活動 (Activité subjective)。人類整部的歷史，不外是這種主觀活動的寫照。因此，他提出所謂的技術興趣(Interests Techniques) 的預設，做爲研究人類衝突的出發點。技術一旦改變，生產組織、生產關係與生產力都因之而改變，隨之而產生不同階級與不同形式的衝突。不同時代與相異社會所產生的政治理念與意識型態，正是那種衝突的產物。換言之，基於這種人類的技術興趣之預設，馬克斯才能夠把歷史事實與正反合辯證推理互相結合在一起，而建立其社會學的衝突理論。❷

其次我們再以整合論的派克森所提出的社會行動一般理論爲例。社會行動一般理論的分析，預設一種體系的存在。所謂體系，是指互爲依賴並有互動關係的因子共同體而言。它具有以下主要重要特徵：❸

(1) 構成體系的因素，都具有互相互賴與互動關係之存在。因此，任何部份之變動，必然引起體系內其餘部份之互動影響。

(2) 各相關部份因素所形成的共同體，已超越其原有組成因素而成爲不可化約的整體 (Totalité)。換言之，體系雖然由各相關部份因素所組成，然而，它是以獨立的整體性，對來自環境的壓力與結構內部的緊張直接做全面性的調適反應。

(3) 各相關因素之間的互賴關係以及部份與整體的關係，都具有一定可尋的邏輯規則之存在。換言之，依照理性的邏輯推理，我們可以尋找到各相關因素之間，以及跟其整體之間的關係規則。

派克森的社會行動一般理論 (Theorie Generale de l'Action soùal)，就是以上述所謂體系之預設爲前提所建立的。體系並不是無中生有的臆測概念，它是從生物學的概念而引進社會學的。早在 1920 年

---

❷ Cf. M. Grawitz, op. cit. pp. 9-21.

❸ Cf. G. Rocher, op. cit. pp. 71-79.

代，生物學家 Ludwig Von Bertalanffy 就以實際經驗爲基礎，提出所謂體系的概念，藉以說明生物細胞與其環境變化的互動關係。在 1950 年代左右，一般體系分析，盛行於社會科學的研究領域。❹

　　最後，我們再來談談涂爾幹社會科學理論的預設。他在「宗教生活的基本形式」一書裏，對於宗教問題的研究，提出一種如下的預設；所有宗教思想與宗教生活的主要因素，都可以從原始宗教裏尋找它的根源。換言之，他從經驗事實的觀察與感覺，認爲古今中外的宗教思想與生活，其構成的基本要素都是一樣，所不同的只是其表達的方式而已。他所謂的基本要素，就是指「神聖與凡俗」區分的概念，只要人們有了此種觀念，宗教思想與生活就會出現。基於這一種經驗事實爲基礎的預設，就能夠研究在什麼樣的社會條件下，宗教思想與生活就以什麼樣的形式出現。同樣地，社會環境與社會條件一旦改變了，原有的宗教思想與生活的表達方式也會隨之而改變。

　　涂爾幹的一般社會學，也有一種最基本的預設；社會雖然來自個人，然而已超越個人而獨存，同時，影響並支配着個人。譬如他的「社會分工論」一書，就是以此種預設爲方法上的起點，着手人類經濟活動的分析，藉以了解整個社會生活的基礎。結果，他從西方社會的經驗事實發現，所謂經濟的個人主義，決非完全依據純粹個人利益而行爲，相反地，它是倚賴一組社會規則與章程，或是大家所共同接受的標準而行爲，而這些社會規則章程和共同標準，在性質上是社會的，或是非契約的，而不是個人的，也不是經濟的。換言之，個人在其種種經濟活動中，由所屬團的道德標準來指導，來限制，如果缺少這些公共的社會標準，則經濟利益的正當追求也就成爲不可能。❹

---

❹　Cf. R.—G. Schwartzenberg. op. cit. pp. 99-104.

❹　請參考陳秉璋著。

（丙）**對象或起點**(objet ou depart)：社會科學的研究或是政治社會學理論的建構，有了上述疑義與預設之後，必須選定着手的實際對象，以便做為實際觀察與經驗研究的出發。

譬如涂爾幹的社會學，就提出所謂「社會事實」，做為社會學的研究對象，並且為社會事實提出以下幾點的詮釋：

（1）社會事實是可以用感官與知覺去體會或觀察得到的，因為它是外在於個人的實在。因此，所有主觀的想像、內省與情感，都是社會學研究所摒棄的對象。

（2）應該把社會事實當作事物（choses）來看時，這一點在於強調社會事實的客觀存在實在性，它不受主觀個人意願之影響，研究者必須把它當作經驗資料，從外面去觀察，進而去掌握事物的內蘊屬性。

（3）社會事實具備有「外在性」（Externalité）與「強制性」（Constraint）。換言之，並不是所有社會中發生的現象都是社會事實，所謂社會事實，特指那些對於個人具有外在強制性的現象，譬如法律、道德、宗教信仰、財政制度等等。

其次，對派克森的社會行動一般理論而言，其理論建構的對象或起點，乃是所謂社會行動。他對於社會行動的詮釋，有其相當獨到的見解。一種社會行動，必須包括下列四種要素：

（1）行動主體(Subjet-Acteur)：所謂行動的主體，可以是個人，也可以是團體，或是一種組織。因此，對派克森而言，社會學研究對象的行為者，就顯得比涂爾幹來得更廣泛，而且包括非人格的組織與羣體在內。

（2）情境(Situation)：泛指行動主體在行為時所發生關係的所有對象，也就是一般所謂的環境對象。它不但包括物理對象：譬如氣候、地理、物質條件，個人的生物結構等等，而且還包括與行動主體有關的

其他行為者。對派克森而言，所有社會行動必然是在情境中進行，行動主體從其環境中獲得行為的信誌與象徵，然後才開始做回答式的行為。換言之，行動主體依據來自環境的信誌或象徵，才跟情境中其他因素發生互動的關係。

(3) 意義 (Signification)：透過上述來自環境的信誌或象徵，行為者開始跟情境中的各種因素發生互動關係，並且賦予行動者主觀的行動意義。

(4) 規則 (Regles)、規範 (Norms) 與價值 (Valeurs)：任何社會必然存在着大家所共同接受的行為規則、規範與價值，它們不但是引導社會行動的方向，並且提供行動的最終目標。換言之，社會行動的導向與目標，都受制於社會既存的行為規則、規範與價值。

派克森以上述社會行動為界限，做為社會學研究的對象或起點，再把它放在預設的體系內，就成為社會行動的一般體系分析；所有人類行動，必然擁有體系的上述特徵。任何社會行動，絕不可能是孤立的簡單行為，它必然是複雜情境中一連串互動行為的結果。為了解這種複雜關係與行動者主觀意義，他又由結構功能的觀點，提出所謂的「A. G. I. L」的概念工具，做為體系分析的研究工具。我們將在下面做進一步的說明。

最後，我們再以馬克斯衝突理論為例來說明。馬克斯之所以被稱為歷史的唯物主義者，因為他認為人類的經濟活動乃是所有其他社會活動的根源，唯有從人類歷史上的經濟活動去探討，才能真正了解其他的社會活動。人類為了滿足其需要，本着他所謂的技術興趣，展開一連串支配與控制自然環境的主觀活動，他把它統稱之為下層結構 (Infrà-Structure)，其主要因素包括：生產力、生產技術、生產組織與生產關係。再由下層結構所反射出來的一切人類活動，就構成他所謂的上層結構

(Super-Structure), 包括宗教、歷史、哲學、文學、政治……等等活動，其中以政治活動最為重要。

由此可見，物質主義者認為，要想了解社會制度，必先從經濟活動着手研究，（涂爾幹亦有此看法，所以被誤認為物質主義者），這就是馬克斯所謂「存在決定意識」之所由。至於經濟活動的主要內容，又以他所謂「階級鬥爭」的形式而進行。我們將在下面概念工具的討論裏重新詳加論述。

（丁）**概念工具**(Instrument Conceptuel)：每一種社會科學，或是每一種社會科學的特殊理論，都擁有其特殊意義的獨特概念，藉以建立其學說或理論，我們把這種特殊意義的獨特概念，稱之為概念工具。

每一門社會科學都是相當複雜的人文科學，在研究方法上，並沒有物質器具或工具可以使用，它所能使用的工具，不外是一組相關性的概念。不過，這些概念工具的來源，並不是研究者憑空設定或臆測的產物。相反地，它必須是研究者透過感官知覺，或是依據其他實際經驗，從不同的角度，把客觀社會現象給予概化與抽象化的結果。譬如對於社會功能的現象，Malinowski 從文化人類學的觀點，給予概化與抽象化而成為所謂絕對功能的概念工具[46]；R. K. Merton 另從社會學的角色與功能的角度，給予概化與抽象化而成為所謂相對功能的概念工具[47]；T. Parsons 則從結構功能的角度，給予概化與抽象化而成為所謂「A. G. I. L」的四大功能之概念工具[48]。

總而言之，概念工具必須具有可驗證性與相關性。所謂可驗證性，

---

[46] Cf. Guy. Rocher, op. cit. pp. 160-167.

[47] Cf. R. K. Merton: *Social theory and social structure*, 1968, 臺北，虹橋書店。

[48] Cf. Guy Rocher, op. cit. pp. 71-80.

是指概念本身是從外界具體事物經過抽象化與概化而得的，不是憑空或幻想而來的。所謂相關性，是指一組概念工具間彼此間所擁有的關係。譬如說，假定社會是可以化約的，那麼，「集體表象與社會唯名」的兩種概念，就是成為毫無相關性的矛盾概念。相反地，「集體表象與社會唯實」兩種概念，很明顯地就擁有我們所謂的相關性。我們再以涂爾幹、馬克斯與派克森三人為例，說明如下：

馬克斯的社會衝突理論，乃是由以下主要概念工具所組成：❹

(1) 意識型態：這個概念是由疑義而來的，政治統治者為了維護其既得利益，往往創造一套有利於其統治利益的社會價值，藉以麻醉被統治者。如何揭開躲在事實背後的這種政治意識，就是衝突論最主要的努力。

(2) 技術興趣：這是馬克斯衝突論的預設。

(3) 下層結構與上層結構：這是馬克斯用來說明經濟活動與其他社會活動的兩種基礎概念工具。再由上下結構所產生的所謂「結構鴻溝」，進而說明社會危機與政治革命之循環性。

(4) 階級鬥爭：人類的各種活動，乃是透過各種階級鬥爭的方式在進行。而階級的形成，主要決定於生產工具之擁有與否。同時，擁有生產工具者，必然與政治統治者結合在一起，因為兩者都有維護既得利益的欲望。也正因為如此，階級鬥爭更為激烈化，而政治組織成為被利用來壓迫被統治者的工具。

(5) 疏離感：馬克斯從人類歷史的演進事實，提出所謂疏離感的概念工具，藉以說明人類社會的矛盾與衝突。這個概念包括以下三個主要層次的不同意義：其一是指勞動情境的意義而言，由傳統農業或工藝的勞動情境，轉入現代工業機械式勞動情境所產生的工作疏離感。其二

---

❹ Cf. Guy Rocher, op. cit. pp. 33-47.

是指資本主義經濟結構本身的矛盾而言，馬克斯認為資本主義的生產結構充滿了矛盾與對立，必然導致勞動者對其工作與地位的疏離感。其三泛指人類所創設的任何制度而言，人類為滿足某種欲望而創設了某種制度結果，不但沒有從制度上獲得好處，相反地被該制度所奴役。

(6) 解放 (Emancipation)： 由此可見，人類一直生活在矛盾與被自己所創設的制度所奴役，馬克斯的衝突理論認為，在此情況下，任何整合理論，只是朝向另一階段衝突的開始。為了求得永久的和平和安定，必須消除既存的社會制度，這就是他所謂的人類永久解放，也是社會主義的終極目標。

由上述各點可見，馬克斯的概念工具，其可驗證性完全建立在歷史事實上。同時，各種概念的相關性，也都一直透過衝突的觀點而互相扣緊在一起。

其次，我們再探討一下派克森的概念工具，得簡單地歸納如下：

(1) 分化與整合：這是他修正與超越傳統有機演化主義所提出的疑義，也是他用來解釋社會變遷的過程。

(2) 體系與次體系：這是他的預設，他接受體系分析所提出的上述三點特點，再把他的社會行動與結構功能的概念工具，放在體系與次體系內加以分析。

(3) 社會行動：我們在介紹其理論對象或起點，業已介紹過。派克森的社會行動之觀念。是修正並結合韋伯主觀社會行動與涂爾幹客觀社會行動而成的。

(4) 「A.G.I.L」結構功能：派克森的理論是社會行動，放置在體系分析的上述三種設特徵上，再透過結構功能的觀點，認為所有社會行動，必然具備所謂ＡＧＩＬ的結構功能；Ａ乃是調適，Ｇ乃是目標，Ｉ乃是整合，Ｌ乃是維持文化規範模式。

(5) 結構壓抑 (Structural Stress) 與結構緊張 (Structural St-rain)：這兩種概念工具是用來解釋體系內各結構之間與整個體系跟其環境之間的關係。他認為構成體系的各部份結構之間，以及整個體系與其環境之間，永遠存在着他所謂的結構壓抑與結構緊張，為了回答這種挑戰，並維持其結構本身的秩序與存在，社會行動就透過 AGIL 的功能運作，依着分化與整合的過程，產生所謂的社會演化的現象。

從上述派克森與馬克斯的概念工具之比較，我們不難發現一個事實；前者的概念工具完全建立在社會現象的主觀觀察與感官知覺的基礎上，而後者的概念工具則建立在客觀的歷史事實上。因此，派克森的社會行動論被稱為工具性理論。換言之，這種工具性理論的可驗證性，完全依賴應用該理論的研究者，從經驗事實的分析中去獲得證實。

跟工具性理論相對待的，有所謂實質性理論，以涂爾幹的自殺理論為代表。它的實質概念，並不是建立在對於社會現象的主觀觀察與感官知覺的基礎上，而是建立在客觀社會事實的經驗統計與分析上。涂爾幹經由實際資料的統計與分析比較之後，才給予概化與抽象化，而得到他所謂三種型態的自殺概念。這種理論的可驗證性最高，所以被稱為實質性理論。

總而言之，任何理論之建構，必先對於上述幾種重大面向有了謹慎而正確的抉擇之後，始能進行一般所謂科學方法的過程；假設、觀察與驗證，或是提出邏輯推理的工具性理論。因此，我們可以把上述重大面向的工作，視為建造社會科學理論的必要條件與過程，茲以下列圖表說明之。

說明：

(1) 與 (2)：社會事實在經過研究與驗證之前，對研究者而言，仍是未知數，研究者所能看到或感覺到的，只是一種社會現象而已。

(1)
社 會 事 實

(2)
社 會 現 象

(3)
預 先 觀 察

(4)
概 念 工 具

(5)
提 出 疑 義

(6)
設 定 預 設

(7)
選 擇 對 象

(8)
提 出 假 設

(9)

歸 納 法 路 線　　　　演 繹 法 路 線

圖 6　建構社會科學理論的過程表

(3) 與 (4)：研究者採用感官知覺，或其他經驗，對社會現象進行預先觀察 （因爲假設提出之後，如果採用歸納法，就有所謂觀察的過程，所以，這裏稱之爲預先觀察），其目的在於進行社會現象的抽象化與概化，進而提出研究用的概念工具，並給予操作性的定義。

(5) 與 (6)：經過上述過程之後，研究者必須依照預先觀察所得的概念工具，以及旣存的相關性理論或通俗概念，針對着所要研討的社會現象，提出個人的疑義，以便做爲問題思考的重心，同時，提出具有經驗基礎與主觀認定的預設，以便結合所研究的經驗事實與主觀的理性推理。

(7) 與 (8)：有了疑義與預設之後，研究者就應該選擇着手研究的確切對象，做爲研究取向與出發點的依據，再針對着所研究的問題，提出假設。

(9)：有了上述經驗基礎的假設之後，研究者就必須對葛立爾 (Ann Scott Greer) 所提出的「研究圈」(Research Cycle) 做一種選擇；或者選擇演繹法，基於假設，進行純粹理性的邏輯推演，提出所謂工具性理論，這是派克森所走的路線；或者採用歸納法，基於經驗性假設，進行觀察，收集資料，進行統計分析，再提出所謂實質性理論，這是涂爾幹所走的另一路線。

第二章 建構政治社會學抽象理論 所涉及的基礎哲學問題

我們在上面已經說過，一位政治社會學抽象理論的建構家，往往由於對下述各種基礎哲學問題，抱有相異的看法與態度，因而會導致在性質上絕然不同的理論：人性，社會秩序之基本性質，以及政治理念等等問題。茲分別比較分析如下：

第一節　人性與社會秩序之性質

古今中外，對於人性基本哲學問題的探討，不絕於史，所有政治學者——尤其是早期政治哲學的思想家，也都多少被捲入這場辯論的行列裏。就政治哲學的基本立場而言，由於對人性基本認知的不同，才導致對於人為社會制度在功能上的相異看法與態度，最後就形成對於整個社會秩序的不同詮釋。綜觀古今中外主要政治學者的論點，我們似乎可以把它歸為下列三大類來比較分析。

（1）**人性本善論**：依照這一派的看法，人性天生本來是好的。有人所以會變壞，那是後天的結果。不過，政治思想家對於這種人性轉變的

詮釋，又可分為下述三大派別：

　　(a) 王政思想派：基本上，這一派的人認為，人性不但天生是好的，而且人為的社會制度也是好的。有人所以會變壞，那是由於制度不完善；一方面未能發揮社教功能，使個人得以修身、齊家、治國、平天下，而發揮其性本善之一面，他一方面，由於制度的缺失或破壞，形成一種誘人犯罪的社會環境，個人由於學習或感染而變壞。為防止這種惡果的產生，創造一種完美的社會制度——尤其是政治制度，或是改善既有的制度，就成為這一派努力的主要目標。前者以 Locke 的民主學說為代表，後者以我國孟子為典型人物。由此可見，在這一派的眼裏，社會秩序的形成與維護，完全是基於所有每一份子的自由意願所形成的共契或共識而來的。因此，在本質上，社會秩序不但絲毫沒有強制性的味道，而且每一份子都有強烈的整合意願。Locke 的樂羣性社會契約說，算是最典型的說明。

　　(b) 解放 émancipation 思想派：基本上這一派也跟上述王道思想派一樣，認為人性是好的，愛好和平與互助的，其所以變壞而導致所謂社會階級的鬥爭惡果，乃由於社會結構——尤其是生產結構——命定的關係所致。換言之，依照這一派的看法，社會的運作，在本質上是內涵於既存結構之中，既有的結構型態註定了社會運作的方向和方式。所謂人類社會中之各種人際關係結構或制度，其型態與變遷的方向，都繫於生產關係與生產力型態之上。這就是 Marx 所謂的上下建構 (Super-Infra-Structure)，我們將以非常詳盡的篇幅去分析探討。

　　就拿資本主義社會來說，存在於勞資之間的生產關係模式，已經註定了社會中其他制度之體現型態。由於在生產過程中，資本家一直是居於優勢地位，他們不但控制了產品與生產工具，而且，整個宗教、政治、藝術與道德等制度，也都基於維護資本家既得利益而建造的。換言

之，資本主義社會的生產模式，不但命定了勞工與資本家的利益是具有潛勢衝突性，而且也肯定了其階級衝突的形式。因此，階級鬥爭必然要發生，最後將導致無產階級的專政，再進入共產社會的君臨，這就是人類的自求解放。

由此可見，在左派解放思想裏，人性本來都是善的，愛好和平的、互助的……相反地，所有社會制度，尤其是政治制度，都是一小撮旣得利益之份子，爲了維護其權益而強加於絕大多數的人之身上，因此而造成必然的社會階級鬥爭。除非完全取消所有旣存的強制性制度，人類才有眞正自由可言，否則，只是壓制性形式之改變而已。就此意義而言，在共產社會出現之前，也就是說人類在自求解放之前，所有社會秩序都屬於所謂衝突性的秩序，因爲社會秩序之所以能夠建立，並不是由於無條件或自由意志的共契或共識，而是仰賴人與人之間具有強制性的協調 (imperatively Co-ordinated) 之結果。

一般常人總以爲，左派思想是以階級鬥爭爲基礎，而誤認他們把人性看成極端的壞，這是一種不可原諒的錯誤想法，理由很簡單，假定人性是壞的，怎麼能夠生活在解放後毫無控制的共產社會裏？正因爲人性天生是善的，所以當旣存社會制度都取消之後，就能體現 Marx 所謂的「全人」(Totale man) 之理想。

(c) 返回自然思想派：這一派的基本思想，完全跟解放思想派一樣，認爲人性天生是好的、善的、愛好和平的。相反地，所有「意慾世界」的人爲制度，都是違反自然的常道，也是人性變壞與鬥爭之所由。因此，在這一派的眼裏，社會秩序的建立，也是仰賴上述所謂強制性的協調而成的。不過，對於如何始能解脫這種強制性的社會控制，他們則主張從個人心理層次着手，由去知無慾而達到無爲而治的自然生活。持這種政治思想的典型人物，要以老莊的政治思想爲代表。早期 J. J.

Rousseau 的社會契約說，也是這類型的產物。不過，他的晚期思想，對於人性的看法，已經逐漸偏向於 Hobbes 的性惡觀。

(2) **人性本無善惡論**：這一派的人認爲，人性天生本無善惡之別。其後之所以有善惡之分，完全是受到後天社會環境與社會化之影響。爲了防止個人的墮落與偏差，這一派的人特別重視禮教的社會化功能，積極地鼓勵個人去從善如流，萬一仍然有偏差，才以消極的法律去發揮社會控制的功能。屬於這一派政治思想的人物有：孔子, Platon, Aristote, montesquieu 等人。

依據 Aristote 的看法，家是男女自然結合的產物，社會也只是由家擴大的聯合產物而已。此外，Platon 亦認爲，社會之所以產生，乃是人類爲了滿足其三種層次的需要；物質的、安全的與精神的，而基於功能分工所造成的。由此可見，社會秩序之建立，並無任何強制性的性質存在。所以，這一派的政治理論，都趨向於「王道理想政治」的設計；譬如孔子的正名主義，Platon 的共和國。

(3) **人性本惡論**：把人性看成天生就是壞的，好戰的，自私自利的，在西方以 Hobbes 爲最典型人物，東方則有楊朱與荀子。楊子的名言是「拔一毛而利天下者不爲也」。荀子亦云：「人之性惡，其善者僞也」。❺⁰ Hobbes 在其社會契約論裏認爲，人本來是生活在他所謂的「自然狀態」裏，由於人性本惡的關係，整天生活在你爭我奪的恐懼狀態中，這是一種他稱之爲「全體對抗全體」（All against All）的不幸狀態。個人所擁有的天生權利無法獲得保障，亦毫無自由與安全可言。爲了尋求有保障與安全的生活，大家才不得不在相互容忍下，交出天生權利，在此共識或共契之前提下，透過社會契約，而建立所謂社會秩序，社會乃應運而生。在此意義下，社會秩序含有兩大要素：其一曰相容性（Compati-

---

❺⁰ 請參考「中國哲學史綱」，臺北。

bility)，其二曰共識或共契(National Consensus)。這個觀點，後來就成為政治整合論的出發點，主張在相容性與共契的原則下，社會或政治結構的變遷是有一定規律，循着一定軌跡在運作，而以分化現象最為突顯的變遷軌跡。由此可知，整合派認為分化是結構內衍性的動態轉移力量，其目的在於朝向新整合，並藉以維持新均衡(equilibrium)。

由此觀之，在整合論的眼裏，社會秩序的性質，並不是衝突論者所謂的「強制性」，相反地，它是一種相容性與共契的產物，社會或政治結構的變化，也是受其支配下的運作而已。因此，整合論者都趨向於現狀維持的取向，而特別強調社會規範與社會價值體系的重要性，因為它們都是相容性與共契的產物。我國荀子的看法，亦有異曲同工之妙。他說：

「今人之性，生而有好利焉，順是故爭奪生，而辭讓亡焉。生而有疾惡焉，順是故殘賊生，而忠信亡焉，生而有耳目之慾，有好聲好色焉，順是故淫亂生，而禮義文理亡焉。然則從人之性，順人之情，必出於爭奪，合於犯分亂理，而歸於暴。故必將有師法之化，禮義之道，然後出於辭讓，合於文理，而歸於治。用此觀之，然則人之性惡明矣，其善者偽也」。❺¹

總而觀之，持人性本惡的整合論著，其政治理論所關注的中心問題是：如何防止個人又回到人性本惡的狀態？社會契約論的創始人之一Hobbes，把這種權力交給君主，因此他主張君主不受契約之約束，使其擁有絕對權力，藉以防止人民違反自己所同意的社會秩序。不過，Hobbes的君主極權主義，帶有濃厚的封建色彩，同時無法防止權力的濫用。因此才有Montesquieu的三權分立之設計，到了晚近的整合論者如：T. Parsons, D. Easton, Al'mond, Coleman 等等，集中於結

❺¹ 請參考「中國哲學史綱」，349-373頁。

構與功能的分析，希望透過結構與功能的完善，藉以達到維護社會秩序的目的。

第二節　政治理念 (ideology politique)

我們所謂的政治理念，是指一般所謂的政治意識型態。政治學者 Eysenck 把它稱之爲「超態度」(Super-attitude)；由個人對於政治的看法、意見、信仰、認知價值與理想等因素所累積而成的習性態度。㊿因此，一個人對於政府扮演的經濟角色所抱的態度，可能是他整個保守的意識型態的一部分。在西方政治研究的領域裏，把主要的政治意識型態區分爲三類如下：

（一）無政府主義 (Anarchisme)：

所謂無政府主義，是指一種反對或拒絕政府權威的意識型態。依照它的不同性質，可以大約分爲下列幾種類型：

(a) 利己主義型(Egoiste)：這一派的無政府主義思想，源流自 Max Stirner (1806–1856)。他強調個人的存在本身，乃是唯一的價值與目標。因此，拒絕接受其他任何社會價值與規範，尤其是政治權威的價值分配與目標追求。這是一種純粹屬於哲學思想的個人主義，因此，在政治上並沒有引起什麼特殊的迴邊或影響。

(b) 道德主義型 (Moralisme)：這一種無政府主義的思想，以俄國大文豪 Leon Tolstoi 爲典型代表。認爲人類意慾所創造的人爲規章典制，只能引起更多的鬥爭與罪惡，因此，極力反對所有人爲的法律、規章、價值、權威等等，認爲唯有返回到基督世界，人類才能真正享受和

㊿　請參考朱堅章譯：政治學的範圍與方法。

平、自由與博愛的生活。

(c) 恐怖主義型 (Terroriste)： 這是搞垮沙皇政權的俄國革命先峯部隊，以 Bakounine, Kropotkine, Jean Grave 等人爲代表。認爲無政府主義才是唯一合乎宇宙的自然演進法則。反對私有財產制與其他經濟組織，也拒絕接受任何政治權威與宗教有神論。我們應該特別注意：恐怖主義的無政府主義思想，竟然是極端反對個人主義，而以普羅大衆 (Masse Populaire) 爲依歸。換言之，不以個人英雄主義來反抗政治權威，而是以大衆的名譽去否定一切典章制度與政治權威性之價值分配。他們極力讚揚大衆暴力行動 (Violence d'action populaire)，理由有二：一來它最合乎生活與自然的自由表現，二來它能夠取代中產階級的政治革命而直接體現無政府主義的所謂社會革命。

總而言之，不管是利己主義型、道德主義型，或是恐怖主義型的無政府主義，就其本質而言，都是極力反對政府權威之存在，而嚮往自然秩序的生活。因此，在政治思想史的發展上，曾經佔有相當重要的一席之地，然而，就政治理論而觀，並沒有什麼特殊的建樹，所以在本書裏，也沒有設立專章來討論它。

(二) 自由主義 (Liberalisme)：

所謂自由主義，是指靠着全體人民之共契 (Consensus) 而成的社會秩序與政府權威之保護，個人始能眞正享受其天賦人權與自由的一種意識型態。促成自由主義的歷史背景有二：一方面由於封建社會的逐漸崩潰與文藝復興的結果，個人不但得以從傳統封建社會的束縛裏解脫出來，而且又能獲得人道與價值的自我肯定；他方面，爲了迎接即將君臨的新興民族國家，藉以取代傳統君權神授的封建思想。

構成自由主義的最主要政治思想有：

(a) 個人主義：這裏所謂個人主義，是指涂爾幹所謂的純粹個人主義而言。在傳統社會裏，個人完全消失在傳統與封建的束縛裏，根本沒有個人的存在，價值與尊嚴等可言，這正是涂爾幹所謂機械連帶下的社會個人主義，相當於中國傳統社會裏的家族個人主義。在封建社會逐漸崩潰過程中，並受到文藝復興與宗教革命的洗禮後，個人的尊嚴，價值與存在，漸漸獲得了自我與社會的肯定，終於成為自由主義的基礎政治思想。

(b) 功利主義(utilitarisme)：功利主義的思想，早就存在於 Hobbes 與 Locke 的政治思想中，後來經過 Bentham 的宣揚，不但成為自由主義的主要中心思想之一，而且變成研判政治現象的 有效判準； 依照 Bentham 的功利計算 (utilitarian calculus)，他假定政治行為，根本是針對需求（輸入）而精打細算的結果（輸出），同時，也是滿足這些需求的必要手段。

在功利主義的影響下，個人對於政府權威的態度，有兩完全不同的取向；其一，認為在功利計算的原則下，唯有個人最清楚自己所需求的幸福是什麼？ 何種手段最為有效？ 因此， 要求政府權威的干涉越少越好，這就是一般所謂的「自由放任主義」； 最好的政府，就是干涉最小的政府；其二，主張在功利計算的原則下，政府應該做到：「最大多數人的最大幸福」。 就一般而言， 前一取向的思想， 活躍於和平與安定的時代，而後一取向的思想，則盛行於政治制度受到內外壓力過大的時期。

(c) 天賦人權觀：自由主義者皆認為，人天生就擁有其自然權利，只是在自然狀態下的生活，無法獲得安全與自由，才不得已透過社會契約的過程，把自然權利交出來，建立社會與政府權威，藉以換取有保障的安全與自由。這種天賦人權的思想，主要是針對着傳統封建的君權神

授論而發的，也是奠定現代民主思想的最主要基礎思想。

(d) 共契性社會秩序：自由主義者，不管是從人性本善論出發，以 Locke 爲代表，或是從人性本惡論爲起點，以 Hobbes 爲代表，都認爲社會秩序的建立基礎，乃是組成員的共契或共識(National Consensus)：前者認爲人天生都有愛好和平的樂羣性，爲了求得天賦人權與自然權利的更大保障之共識前提下，社會組成員乃自願地交出天生自然權利，而建立大家所共同接受的社會秩序。後者則主張，人因爲無法永遠活在你爭我奪的自然狀態下，所以才在相容性（Compatibility）的支配下，而建立所謂共契性社會秩序，藉以保障組成員的天賦人權與自然權利。因此，自由主義者所關注的主題，乃在於如何維持現有社會秩序與如何加強全國的共契。

(三) 社會主義 (Socialisme)：

所謂社會主義，其涵義相當廣泛而不清；從早期 Saint-Simon, Fourier, Louis blanc, Blanqui 等人的社會改良主義，到極端馬列共產主義，都包括在內。不過，就政治意識型態而言，社會主義擁有下列共同特徵：

(a) 物質主義的經濟決定論：社會主義者都反對歐洲歷史傳統的意念主義，特別強調物質主義的重要性，認爲「存在決定意識」，政治只不過是經濟結構的反射而已。因此，社會主義者都反對既存政治權威與制度，認爲它只爲既得利益的階級而存在。

(b) 社會結構的矛盾論與社會階級的鬥爭觀：在社會主義者的眼裏，所有上層結構，都是下層經濟結構的反射產品而已，因爲後者本身的生產組織與生產關係，就已經建立在矛盾與對立的態狀下，因此，所有社會結構，就其本質而言，乃存在於自相矛盾與對立的命定中，而產生永

無止的所謂疏離感（Alienation）的現象。另一方面，個人在社會結構中，就在疏離感的作用下，透過階級的形式而進行不停的鬥爭。就此意義而言，社會主義者認爲，只要人爲的現存社會制度存在一天，個人就無法享受眞正自由與幸福的平靜社會生活。

(c) 人道主義的人類解放思想：社會主義者旣然認爲，人不但受到來自人爲制度的限制與壓迫，而且生活在所謂強制性社會秩序中，其所享受的自由與平等，都是一種形式上的自由與平等，毫無實質意義可言。同時，由於社會制度與結構本身的矛盾與對立，在疏離感的作用與影響下，人類未來的命運就已註定越來越慘。爲了逃避或脫離這種「結構命定」的安排，爲了能夠享受眞正的實質自由與平等，社會主義者主張，應該打破旣存強制性的社會秩序，取消所有人爲的社會體制，尤其是私有財產制度，使人類能夠重新過着自由自在的生活，這正是社會主義者由人道主義爲出發點的人類解放思想。

探討過建構抽象政治理論所涉及的一些主要面向與問題之後，以下我們就來介紹比較重要的抽象政治理論，共分爲政治整合論與政治衝突論等兩大部份。

第三章　政治整合論的典範：
體系分析學派[53]

就理論層次之抽象探討而言，政治整合論比衝突論發跡得更早。後者奠基於十九世紀的傳統馬克斯思想，而前者則可遠溯於希臘時代的三大哲人，不過，因爲屬於政治哲學的範圍，所以略而不談。至於隨伴民族國家之興起而產生的一連串近代政治學說或理論，其特徵往往表現於相異歷史背景與社會學條件之反射上，因此，將納入政治現象的經驗研究範圍內，再做詳細的分析與比較。本章所選的政治整合論，將以現代政治社會學的體系分析學派爲範例。

第一節　體系分析的歷史淵源

體系分析學派的思想淵源，可以說是受到生物學與 (Cybernetique) 觀念的影響。早在一九二〇年代，生物學家 Ludwig Von Bertalanffy,

---

[53] 有關體系分析學派，請參考 T. Parsons, D. Easton, K. Deutsch, G. Almond, D. Apter 等人的重要著作，詳列在洋文主要政治社會學著作表上。

就特別注意到生物細胞與其外在環境條件間的互相交替關係，而提出所謂體系的概念，藉以說明兩者之間的互動關係。雖然如此，眞正體系分析的一般理論，仍然要等到一九五〇年代才正式出現。當時有許多相異部門的科學家，基於科際整合的構想與企圖，在 Chicago 等地，舉行過多次的研討會，終於爲體系分析的一般理論，界定了完整而具體的內涵與動向，其中貢獻最大的，可能要算 Nobert Wiener 的觀念。從此之後，體系分析的一般理論，就廣泛地被引進各種社會科學的研究領域。

在政治社會學的研究領域裏，體系分析的一般理論，可以分成以下兩大派系：（甲）以 T. Parsons 爲首的結構功能學派 (Structuro-fonctionnaliste)，包括其高徒 C. Almond 和 D. Apter 等人，他們對於體系分析的重點，着重於各部份與整體間的功能關係；（乙）以 K. Deutsch, D. Easton 和 L. Melh 爲首的統御學派 (La cybernétique)，就體系分析的理論建構而言，他們把體系與部份視爲一體的兩面。

第二節　體系的定義及其內涵

綜合政治社會學者對體系一詞的看法與用法，我們似乎可以爲它提出下述的定義：所謂體系者，乃指由具有互動與依賴關係的要素所組成的總體。此一定義包括以下各點的內涵與特徵：

(1) 構成所謂體系的各種要素之間，必然擁有相互依賴與互動的關係。

(2) 由各種要素所組成的總體，絕不可能化約成各種要素的總合 (Somme)。換言之，總體雖然由各種要素所組成，然而，它必然擁有超越各種要素的獨立特性。

(3) 各種要素之間的依賴與互動關係，以及由此而組成的總體，必

然有一定的邏輯規則可尋。換言之，各種要素如何組成總體，它們之間的依賴與互動關係如何，必然受到某種特定邏輯規則的支配。

由此可見，在體系分析者的眼裏，任何一種體系，對其內部各種要素的反應與來自外界的壓力，必須隨時做全面性的調整與回答。建構政治社會學所謂「體系的一般理論」，正是基於上述有關體系的概念格局之產物。

第三節　建構「體系的一般理論」之野心

只要我們回顧一下一九三○至五○年代的美國學術界，就不難了解體系理論家的野心所在。當時由於行為科學主義與經驗研究的風行結果，在人文與社會科學的研究領域裏，產生了兩種特殊現象：

（1）所有研究大都偏向於瑣碎與雜小的主題，只注重經驗事實的蒐集，對於一般性與抽象理論的思考，根本不予考慮或重視。偶而如果有抽象層次的理論提出，亦僅僅屬於所謂小型理論而已。

（2）各種部門的科學研究，都各自設立獨立門戶，互不相干地各說各話，對於同樣性質的社會現象：各自發展出互相不了解的特殊概念與知識。

其結果也，尤其就社會科學而言，表面上好像有了長足的進步；洋洋大觀的事實與資料累積，以及令人眼花撩亂的經驗研究報告，然而，事實上由於各說各話，不但無法幫助人們去了解本已相當複雜的社會現象，相反地，給大家一種印象：越弄越糟的感覺。

體系分析的一般理論建構者，正是撞着這種研究上的缺陷而挺身出來的，他們抱着科際整合的野心與觀念，企圖打破社會科學在研究上各自為政的局面，在抽象層次的理論建構上，提出一種可以適用於各種社

會科學的理想模式。

第四節　體系理論的主要工具概念

由此可見，體系分析的一般理論之建構者，都企圖想提出構想藍圖與共通概念，並且建造一些基礎原理原則，以便適用於各種不同的體系分析上，最後再轉而應用在各種不同的社會科學之研究範疇裏。綜合體系理論所發展出來的共通性概念與原則，似乎可以歸納成各別各種主要工具概念：

（一）同型主義（L'isomorphisme）的概念：

體系分析者所發展出來的最主要共同概念之重心，在於所謂同型主義。何謂同型主義，意指來自多種體系的內存特質（propriété）所外顯的共同（identique）或類似型態。更重要的是，同型主義可能表現在結構上，也可能存在於功能上，因此，體系分析者所關注的問題重心，已不再是各要素所顯出的外型，而是結構功能的分析。

（二）由這個重心概念：

體系分析者又推出許多工具概念，我們可以把它分成下列三大羣：

(1) 第一羣包括所有描述性概念（Concepts descriptifs），其中最主要的一些概念有：

(a) 用來區別體系的不同類型，比如所謂開放體系（Systemes ouverts）與封閉體系（Systèmes clos）。前者的特徵，表現在體系本身跟外界環境的互動上，相反地，後者的特性，在於它體系本身的自給自足上，跟外界環境少有互動關係的存在。

（b）用來劃分體系的等級性水準（Niveaux hierarchique），比如所謂次體系（Sous-Systeme）的概念。因為在體系分析者的眼裏，任何體系本身，都相對地可以擁有其次體系。換言之，構成體系的各種要素本身，亦得以組合為體系而成為上級體系的次體系。就拿政黨來說，它本身是政治體系的構成要素之一，然而，它本身亦能以體系的結合而成為政治體系的次體系。

（c）用以描述體系內部組織的面向：其中比較重要的概念有：整合、異化（differenciation）、互賴（Interdependance）、凝聚（Centralisation）等概念。

（d）用以描述體系與其外在環境間互動關係的概念，比如所謂輸入（Inputs）與輸出（Outputs）的概念。前者是用來描述所有來自外在環境的刺激或挑戰因素、過程，以及對體系本身所引起的作用。後者則在於描述體系受到外在刺激後，經過結構功能的自我調整與調適後，體系向其外在環境所投射出來的因素、過程以及所引起的反應。

（2）第二羣概念專門涉及體系本身的維持（maintin）與其規範（Regulation）：其中最主要的概念有穩定性（stabilité），均衡（equilibre），動力控制性（homeostasie），回饋（feedback），以及負面交織（Entropie negative）等概念。

所謂穩定性是指體系內的要素或變項，在受到外來因素之干擾或刺激時，尚能保持其內部原有固定狀態的趨勢。

所謂均衡是指兩種或兩種以上的相對力量，在互動之後，尚能在相互牽制之下而保持一定的靜止狀態。

所謂動力控制性，是任何體系在接受外來刺激之後，透過其動力性（dynamique）的自我調整與自我控制，而藉以維持其原有均衡的能力。

所謂負面交織是指一種趨向於結構複雜化與其錯綜複雜交織而成的

情形。

(3) 第三羣概念，專門跟動力 (dynamique) 此一概念有關，其中最主要的有調適 (adaptation)、成長 (croissance)、危機 (crise)、緊張 (tension)、超負荷 (surcharge)、崩潰 (declin)，以及正面交織 (entropie positive) 等等。

第四章 政治整合論的範例之一：T. Parsons 的「社會行動的一般理論」(La théorie Generale de l'Action Sociale)(54)

T. Parsons 是首先把體系分析的一般理論建構引入社會學研究領域的人，也是貢獻最大的人物之一。因爲政治體系正好構成其一般社會體系的一種次體系，所以研究政治社會學的人，都不能忽視它。然而，由於它的體系理論，是屬於一種「結構功能的社會體系分析」，把整個社會當做一種整體而成爲體系分析的對象，政治體系只不過是其中一種次體系而已，因此，其理論往往給人以一種浩瀚無邊而難以揣測的感覺。雖然如此，我們還是儘量收集其原著，並參考專家的評析意見，依照結構功能的基本精神，把 T. Parsons 的「社會行動的一般理論」，簡單扼要地介紹給讀者，我們的重心完全放在政治體系的解析上。爲了比較、分析與了解的方便起見，我們將依照下列各種面向，分別做詳細的探討。

---

(54) 參考 T. Parson 的主要著作，Cf. Guy Rocher op. cit. pp. 71–79, 160–178.

第一節 結構功能的體系分析法

就方法而論，T. Parsons 的「社會行動的一般理論」，是屬於一種結構功能 (Structuro-fonctionaliste) 的體系分析，換言之，他把社會本身當做一種整體，而從功能的觀點，進行體系分析。他首先把社會本身當做分析對象的主體系，再把組成社會的要素或變項分為下列四種次體系：生物體系(Systeme biologique)、精神體系(Systeme Psychique)、社會體系 (Systeme Social) （狹義的，專指行動者之間的互動面），以及文化體系 (Systeme Culturel) （包括規範、價值、理念等等層面）。

他認為具體的社會行動，都受到來自這四種次體系的力量之支配與干擾，各種相異的社會科學，都只不過是研究其中的一種專門科學而已。透過體系自我控制的結構性功能：資訊 (Information) 與能量 (Energie)，再把四種次體系分為上下不同的等級，就成為圖 7 的樣子。越是屬於上層的次體系，對社會行動所產生的資訊影響力，就顯得越強，然而，相對地在能量的影響力上，又屬於最薄弱的次體系。相反地，越是低層的次體系，其對於社會行動的影響力，以來自能量的力量最強大，而在資訊方面則特別微弱。

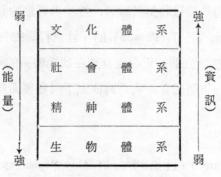

圖 7 行動次體系的等級性

其次，在他的體系分析上，社會組織包括了狹義的社會體系與文化體系，兩者既各自劃分爲廣義社會體系的次體系，又透過制度化而互相牽連在一起，成爲所謂社會制度。因此，所謂價值、規範、文化符號等等，都是狹義社會體系與文化體系在制度化之後，所產生而用以界定社會行動的產物。

他又把組成社會結構的要素或變項分爲下列四種：角色（個人在社會中所擁有的活動地位）、集體性（Collectivités）（指家庭、政黨等單位）、規範與價值等。最後這兩種要素，同時涉及狹義社會體系與文化體系，因此，在資訊方面的能力特別強。相反地，前兩者則在能量方面特別強。

最後，他又從功能的觀點，任何體系爲了其持續的成長，必然擁有下列四種功能，藉以應付來自體系外的刺激與挑戰：

(1) 規範穩定性的功能（fonction de stabilité normative）：這是屬於一種最沒有動力性的功能，T. Parsons 甚至於把它比喻爲機械性的惰性（Inertie en mecanique）。

(2) 整合的功能（fonction de Integration）：指整理、安排與聚合體系內各要素的能力與作用。

(3) 調適的功能（fonction d'adaptation）：包括體系本身爲體現其目標而所擁有的各種方法（moyens）

(4) 追求目標的功能（fonction de poursuite des buts）：任何體系都具有追求目標的功能，其所追求的目標，可能因環境的刺激或挑戰而有所改變。

這四種功能本身，亦隨着社會結構本身而成等級性的存在。規範穩定性的功能與整合的功能，相當於上述結構內的價值與規範，追求目標的功能與調適的功能，則相當於角色與集體性。

綜合以上的分析，我們可以把 T. Parsons 的分析架構，用下列圖 8 來表示。

行動的一般體系		對於行動控制的能力	社 會 次 體 系 (社 會)			對於行動控制的性能
功　能	次體系		功　能	結構因素	結構表象	
達成規範性的穩定	文化體系	情　報 (Infor- mation)	功　能	結構因素	結構表象	情　報
達成整合	社會體系	強　　弱	達成規範性的穩定	價　值	社會化	強　　弱
達成目標	人格體系		達成整合	規　範	法　律	
達成調適	生物體系	弱　　強 能　量 (Energy)	達成目標	集　體	政　治	弱　　強 能　量
			達成調適	角　色	經　濟	

圖 8　T. Parsons 的體系分析架構

第二節　社會行動(Action Sociale)的概念內涵

因為 T. Parsons 的體系理論，是建立在所謂社會行動的概念上，

所以我們必須對它的概念內涵有所了解。依照我們的研究，所謂行動的概念，早先被 M. Weber 所採用，後來 V. Pareto 亦經常使用。T. Parsons 的社會行動之概念，亦來自 M. Weber 的概念，不過，他站在結構功能與體系的觀點，更進一步地給予更爲豐富的意義。

一方面，他接受了韋伯的社會行動觀念，加以發揚光大而成爲他那有名的「一般行動理論」。他方面，他又拋棄了韋伯的社會唯名論，認爲社會是一種有機整體，具有「AGIL」的四大功能，依照「異化」(Differenciation) 與「整合」(Integration) 的社會辯證過程在演化，所以，他被稱爲「新演化主義者」(Neo-evolutionaliste)。因此，就方法論而言，他也是同樣屬於社會整體觀的個人主義方法論者。

他的研究出發點是「行動者」(Acteur)，但是並不是在於尋找其個人的行爲動機。相反地，是在發覺行動者所賦予社會行動的主觀意義。他認爲一種社會行動，都具有以下的四大要素:

(A)行動主體 (Sujet-Acteur): 包括個人、羣體、或組織等等。

(B)情境(Situation): 指環繞行動主體的對象。包括: 一般物理對象（氣候、地理、物質、自然環境……）與社會對象（與他發生互動關係的其他行動者）。

(C)主觀意義 (Signification): 行動主體對於特定情境所感受的一種回答 (Reponse)。

(D)規範準則(Regulation nonative) 與價值 (Valeure): 每一種行動主體的社會行動，都是規範引導下的價值取向。換言之，行動主體，必然依照社會價值去決擇行動目的，同時，依據社會規範在引導自己的行動。

總而言之，行動主體不是靠着自己的心理動機而單獨行動。相反的，除了行動者的動機，能力與精力外，更重要的是社會的價值取向與

社會規範，才是決定行動目的與方向的重大因素。同時，任何行動並非單獨產生運作。

一方面，它必然在情境中進行，情境會積極地帶給行動者有助於獲取目的的工具 (Instrument)，也可能有消極地產生某些阻礙的因素，這就是派克深所謂的條件 (Condition)。行動主體對於條件的感受而所做的回答，就是成為行動主體的主觀意義。這正是研究者所必須發覺的。

第三節　社會行動的體系
(Systeme de l'Action Sociale)

首先我們所要指出的是，T. Parsons認為：所有人類的行動都具有所謂體系的特徵，因為沒有任何人類的行動是孤立的、單純的，所以它是適合於做體系分析的對象。所有行動都必然是一個或數個行動者的多種行動之聯合體，再由此行動聯合體而擴大並影響到其餘的行動主體。因此一方面，我們可以把所有行動視為多種行動聯合體的整體，他方面，又可以把它看成更大整體的要素或變項。換言之，所謂社會行動的體系，主要是指社會行動者與其情境間所形成互動關係的組織而言。我們可以分成下列的幾個面向來分析：

(一) 行動體系的四大功能：

這裏所謂的功能，相當於體系本身的概念。為了生存與維持其成長，所有體系必然會組合與動員其必要的活動。因此，所謂體系的功能，也就是指為了滿足體系存在的所有活動的總合。

為了滿足體系的基本需求，所有的體系必然擁有下列四種不可或缺的功能：

　　(a) 調適: 所謂調適的功能，其活動在於建立外在環境與行動體系間的關係。透過調適的功能，行動體系從其外在環境，吸取必要的資源，並處理與轉換而藉以滿足體系內部的需求。

　　(b) 整合: 所謂整合功能，是指體系的穩定性向度 (dimension stabilisatrice)。它在於維持體系內各部份間的協調，凝固與連帶，藉以保護體系對抗外來重大的變故。

　　(c) 追求目標: 所有行動體系都擁有界定其目標的功能，並且會動員其所有能量 (energies) 與資源 (resources)，藉以體現其所追求的目標。

　　(d) 模式維持的功能 (fonction du maintien des modèles): 所謂模式維持的功能 T. Parsons 把它稱之為 Latence。也就是說，所有行動體系都能夠給予其行動者以必須的動機，它必須擁有動機的隱藏所，藉以提供必要的能量。更具體地說，社會行動者，是藉着模式維持的功能，而始終在社會規範與價值的支配下而活動。

　　同時，他又依照對外關係，內在要素，手段與目的等四種不同判準，而把上述四種功能，分別拼成圖 9 的關係，這就是他那馳名的「AGIL」模式。

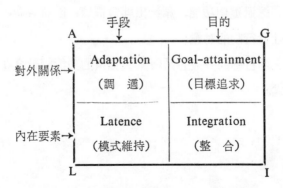

圖 9 T. Parsons 的原有 AGIL 模式

（二）行動的次體系 (Les sous-systemes de l'Action)：

依照 T. Parsons 的看法，行動的一般體系，是由下列四大次體系所造成的，分別是生物組織體 (Organisme biologique)，精神的人格體 (Personalité Psychique)，社會體系 (Systeme social)，以及文化體系。這四種行動次體系，分別相對於上述行動體系的四大功能，茲分述於下：

(1) 生物組織體，負責扮演調適的功能，行動體系是靠着其生物組織體，跟外界物理環境接觸，並從外界吸取所需能量與資源，使體系能夠持續成長。

(2) 精神的人格體，相當於目標追求的功能。靠着它，行動體系才能標定或選定其所要追求的目標，同時，運用所有可能動員的能量與資源，藉以實現所追求的目標。

(3) 社會體系（狹義），在社會結構中扮演整合的角色，它不但有創造社會連帶 (Solidarité Sociale) 與社會凝聚 (Coherence) 的功能，而且又是社會控制的負責人。

(4) 文化體系，相當於模式維持的功能，也就是 T. Parsons 所謂的 Latence。透過這個功能，創造出社會價值，社會規範，社會理想等等，而成為社會行動的動機。

如果把上述行動的一般體系與其次體系的功能相結合在一起，就成為圖10的形式。

```
A                               G
┌───────────────┬───────────────┐
│   生物組織體    │   精神人格體    │
│  （調適功能）   │ （追求目標之功能）│
├───────────────┼───────────────┤
│   文　　化     │   社會體系      │
│ （模式維持之功能）│  （整合功能）   │
└───────────────┴───────────────┘
L                               I
```

圖 10

（三）統御的等級性（La hierarchie cybernétique）：

　　深受當時風行的「統御」概念之影響，他特別強調所有的行動體系內，必然有資訊與能量的不斷循環現象之存在。依照統御的主要原理，體系內資訊特強的部門，必然對於能量特強的部門發生控制的作用。因此，在行動體系內，就形成重重疊疊的控制等級。在等級的最低層（生物體系），也就是最富有能量的部門，專門負責提供行動所需的條件與因素，相反地，位於最高層的文化體系，也是最富有資訊的部門，專司社會控制的功能。

　　這個統御的主要原理，也可以適用到「行動的一般體系」的四大次體系之上；生物組織體是次體系中最富有能量，而資訊最缺少的部門，位於行動一般體系的最低層，其次就是精神人格體，再上層是社會體系，在最上層則為文化體系，也是資訊最強而能量最弱的次體系。

第四節　社會體系與社會

　　在 T. Parsons 的「人類行動的一般理論」裏，社會體系是四大次

體系的一個，也是社會學所專門負責研究的對象，重點放在社會行動所造成的社會互動上。對社會體系而言，其餘三大次體系——生物組織體、精神人格體、文化——，就成爲它的所謂環境條件，彼此之間，就形成互動互賴的四種次體系：每一種次體系都以其餘三種次體系做爲其環境條件。

然而，體系分析者也可以改換分析的層次，把人類行動的一般體系中的社會次體系，不再把它當作次體系看，而直接把它當做單獨存在的行動體系看待，那麼，社會體系又擁有其本身的四大次體系，而每一次體系又各專司一種功能。在 T. Parsons 的分析上，他把這一層次所分析的社會體系，稱之爲社會。

就行動的一般體系而言，所謂社會體系，只是一種抽象化的分析類別 (Categorie analytique)，並非事實經驗的指涉。然而，T. Parsons 改以社會替代社會體系，而做爲單獨體系分析對象時，社會是一種經驗指涉的事實體；具體的人羣活在其中，並且從中得到需要的滿足。

因此，當 T. Parsons 用社會實體本身做爲分析對象，藉以替代抽象化分析類別的社會體系時，社會此一行動體系，又有其本身的下列四種次體系，茲分別分析如下：

(1) 經濟次體系：專司調適功能，負責生產與消費財的流通，也是社會體系中，最具有能量而資訊最爲缺乏的部門。

(2) 政治次體系：相當於 AGIL 內的目標追求之功能，專門負責標示或確定集體追求的目標，並動員所有可能的能量與資源，藉以體現此一集體目標。就此意義而言，T. Parsons 把政治的定義界限得相當廣泛；所有涉及社會體系內資源與人員之動員、組織、政策等等形式，皆可視爲政治次體系內的活動。由此觀之，不但國家本身有政治現象可研究，而且在工商企業內，亦有政治現象可以研討。

（3）模式維持的功能，就落在一系列跟社會化功能有關的制度與組織裏；比如家庭、教育、傳播機構。在行動的一般體系內的文化次體系（抽象化分析類別），就落實在社會化機構的層面上。

（4）同樣地，維持社會整合的功能，也落實在一系列社會性社區（Communauté societale）之上；所有法律、司法……等機關。

綜合以上的分析，我們可以看得出來，在 T. Parsons 的「行動的一般體系」裏，社會體系只是一種抽象化分析類別而已，真正成為他分析的對象，乃是具有經驗指涉的社會實體，而政治現象之研究，也就在此種實質分析的意義上，成為社會本身的一種次體系。其中的關係，就成為如圖11所示：

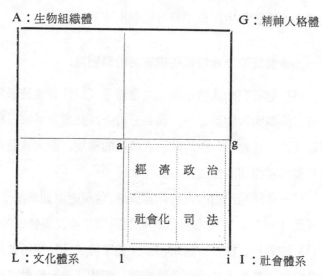

圖 11 總體系與次體系之關係

說明:

（1）A. G. I. L. 構成行動的一般體系

（2）agil 構成 AGIL 體系中的社會次體系，也相當於實體社會

(3) 政治乃構成實體社會中的次體系，專司目標追求的功能

(4) 對政治次體系而言，其餘三種次體系（經濟、社會化、司法），
就成爲其環境，這是直接環境，再透過 AGIL 的關係，政治
又擁有 A. G. L 的三大間接環境之影響。

第五節　政治次體系 (Sous-systeme politique)

分析過 T. Parsons 的「行動的一般理論」之後，我們專就政治次
體系本身，來做較爲深入一層的探討。要想了解他對於政治次體系的分
析，我們必先了解他對於政治所擁有特殊觀點與預設（Assumption）。
我們從他的著作中，似乎可以抽取出下列各點：

（一）他對於政治次體系所擁有的特殊觀點：

(1) 他把政治次體系視爲社會體系（以社會實體做爲分析的獨立對
象時）的四大次體系之一，而在分析上，必須把其餘三種次體系——經
濟、司法、社會化，視爲政治次體系的環境，四大次體系之間，彼此具
有互動的功能相關性之存在。

(2) 他所謂政治的意義非常廣泛，他反對歐洲政治學者的傳統定義，
尤其是 Hobbes 的權力觀念。他認爲舉凡涉及集體目的 (Buts colle-
ctifs) 的選擇、決定、追求，以及爲了體現此目標所做的決定與資源的
動員等等，都屬於政治行動的範疇。因此，政治活動或行動，並不局限
於政府或公共行政機構，而是包括所有社會組織的層面，比如政黨、企
業、公會、大學等等。

（二）他對於政治研究所提出的預設：

①他認爲所謂政治理論，並非一種直接在研究或解釋具體可觀察的政治現象：如政府、公共行政機關，或國家，而是應用具有經驗指涉的分析性概念，把政治現象有關的變項（Variables）或因素，放置在社會體系上，而加以分析其互動關係，尤其是跟其他三種次體系（構成政治次體系的環境）的互動關係。

②對於政治次體系的分析，應該從功能的觀點，去體察它跟其他三大次體系間的功能相關性。

③他認爲經驗理論的後果判準是「功利」（utilité），而政治理論的效果判準應該是「有效性」（effectiveness）。

④他把權力比喻成經濟學上的金錢，認爲權力本身並沒有任何價值，它只是具有一種交換性的價值。正如金錢一樣，權力只是交換的媒介體，因此，權力是永無止境地在增減與流轉。

⑤政治權力乃是一種被社會所接受，再給予合法化的一種象徵(Symbolic)，它擁有使人信服的概化能力（Capacité generalizée）。就此意義而言，某甲投票給乙，乃是表示信任的給予，透過它，乙才獲得來自甲的權力。

基於以上的認知，我們再做深入一層的分析。他對於政治次體系的分析，是從「權力」（Pouvoir）的概念着手。他認爲政治的基礎在於權力，它不但是體系內的交換之手段，也是價值的象徵，它所扮演的角色，正如金錢在經濟體系中所扮演的一模一樣。權威（Autorité）的擁有者，靠着其所具的權力，就能夠換取集體百姓所需求的財富與服務。

由此觀之，權力並不是一堆而固定的東西，正如金錢的數目，權力的多寡，也隨時在增減與流通中。在政治次體系中，隨時有權力的膨脹與萎縮的現象存在，就正如經濟體系中，隨時會發生通貨膨脹或緊縮一樣。換言之,政治權力的輕重，取決於人民對權力擁有者的信度(Credit)

上。

正如金錢一般，權力本身並不具任何價值，而其所擁有的交換價值
也只是一種象徵而已。換言之，其價值僅僅在於令人服從，它是界定、
追求與體現集體目標的一種手段。越是有效地體現集體目標，越是顯示
該權力的價值所在。就此意義而言，越是採用高壓手段的政府，越是沒
有能力的政府，其權力甚難得到人民的信服。

其次，T. Parsons 接受政治學家 C. I. Barnard 的觀點，把權力與
權威分開。權力所堆積的場所謂之權威，猶如銀行內的保管箱一樣，正
是金錢存放的地方。佔有該位置的人，就得以運用其權力而做各種不同
類型的決策：其一，迫使所屬成員，依照某種方式行為；其二，賦予所
屬成員以各種義務或責任，並管制其確實執行；其三，給予其所屬成員
以各種方便或便利。其次，在上述三種決策權當中，T. Parsons 又認
為存在着統御等級性權威；享有第一種決策權的權威，必然包括其餘兩
種，第二種只能包括第三種，而享有第三種的權威，則僅僅限於第三種
而已。

他認為環繞着權威的四周，乃是一組規則 (Regles) 與規範 (No-
rmes)，由此而造成所謂社會控制；其中包括組織規範或規則、程序、
職業技術性規範、地位、以及紀律等等。

由此可見，T. Parsons 認為一種政治次體系內，包括三種制度
(Institutions)：領導權(Leadership)、權威、規範。同時，我們可以看
出來，在他的分析角度裏，政治次體系是一種開放體系，跟其他三種體
系之間，隨時有輸入 (Inputs) 與輸出 (Outputs) 的關係存在，我們可
以引用下列兩種圖樣來顯示。

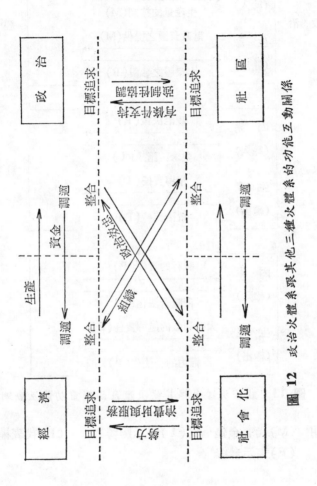

圖 12　政治次體系跟其他三種次體系的功能互動關係

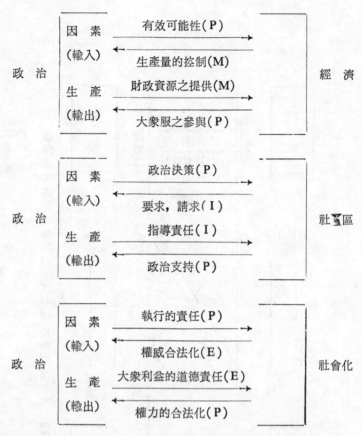

圖 13 政治次體系跟其他次體系的雙重功能互動網

說明：(M)代表金錢　　(I)表示影響力　　(P)代表權力
(E)表示參與

第六節　評　　論

在政治社會學的研究領域裏，體系分析都屬於抽象層次的理論性演繹，其目的在建構所謂形式模式 (Modèle formelle)。因此，他們都預設政治行爲，或是其他的社會行動，總是多少可以衡量或預知，進而假定某種程度的一致性與政治生活的普遍性。

然而，就實際政治現象或是其他社會現象而言，即使得以衡量或預知的現象誠然不少，實際上，社會現象——尤其是政治現象，變化萬千而且非常複雜，無規則的現象，總是比有規則性的來得多。因此，形式模式的建構，越是抽象化與槪化，其適用越是受到了限制。

其次，我們認爲人類的社會生活，尤其是政治生活，深深地受到歷史傳統的影響與決定，這是一種潛性與人類意識層次的因素，絕非形式模式的建構者所能估計的。就此觀點而言，形式模式的建構，即使有其價值在，其適用的範圍與對象，似乎要有嚴謹的選擇，否則，必然會有偏誤，尤其對於歷史與傳統文化具有高度影響力的政治現象之研究，更要小心。

最後，針對着 T. Parsons 的「行動的一般理論」，我們也想做幾點批評：

(1) T. Parsons 所提供的社會行動之一般理論，首先給人的印象是：過份槪化，所涉及的層面過廣，在具體政治現象的研究上，少有解釋或說明的功能。換言之，它只是提供了一種認知層次的抽象架構，研究者靠着它，可以把所觀察到的資料或要素，分別安插進去而已。這正是社會學家 Guy Rocher 所說的評語：「Parsonien 模式，只是一種缺乏內容的觀念空架子」。

(2) T. Parsons 的形式模式，過份擁有保守主義的色彩。它所關注的主題與面向，僅限於均衡、社會秩序、現狀的維持。這正是整合論的特色，然而也是它的缺點。因爲政治現象除此之外，還有更多的衝突面；顯性與潛性的衝突、緊張、鬥爭、危機，以及革命的變遷等等，這一切的政治衝突面，都是 Parsonien 模式所忽略的重大面向。

(3) 雖然如此，Parsonien 模式，對於美國社會學界與政治社會學界的貢獻與震撼，當爲社會科學界所肯定的事實。透過他的形式模式，特別強調理論研究層次的重要性與科際整合的不可或缺性，扭轉了當時瑣碎研究與各立門戶的惡習。他的形式模式，爲實證經驗的研究者，提供了一種整合性與邏輯性的概念架構，使研究者不會迷失在雜亂的事實資料中。同時，透過他的形式模式，也帶動了社會科學界的科際整合之研究新趨向。

(4) 就 Parsonien 形式模式的負面影響而言，由於其影響力之大與本身的缺點，竟然引起了反對勁敵的努力，因而發展出以 C. Wright Mills 爲首的所謂美國新社會學，特別強調社會衝突與利益鬥爭的一面，專門攻擊 Parson 理論的缺點，而出現了美國衝突派對美國整合派的局面，爲政治社會學的研究視野，擴大了不少。

第五章　政治整合論的範例之二：David Easton 的「政治理論」與其「部份模式」(modèle partiel) [55]

首先我們必須認清，就性質而言，T. Parsons 上述理論與 D. Easton 的政治理論，都同樣屬於形式模式的建構，然而，就其所涉及的內容範圍而言，前者屬於一般理論的一般模式，適用於整個人類行動的各種層次之研究，相反地，後者是局限於特殊政治現象的研究。因此，屬於特殊政治理論的部份模式，不能適用於其他性質的社會活動之研究。

在特殊政治現象之研究範疇裏，我們認為 D. Easton 的政治理論，可能在體系分析的建構上，要算是最為傑出之一，因此，我們特地在介紹過 Parson 的一般性形式模式之後，馬上介紹 D. Easton 的部份模式，藉以達到比較分析的目的。

雖然就整個人類行為的一般理論而言，Easton 的政治理論是屬於部份形式模式，但是，如果把政治體系視為獨立研究範疇，他的政治理論，又成為所謂一般理論的一般模式，其範圍包括整個政治現象，而不

---

[55]　有關 D. Easton 的理論，請參考洋文主要政治社會學著作表上，他自己的重要著作，同時 Cf. R.—G. Schwart zenberg op. cit. pp. 99-153.

以特定政治現象為研究或適用對象。他認為政治學一般理論的主要目標有三：其一，指出政治現象中重要的變項及其特質；其二，釐出變項間的關係；其三，經由邏輯一致性建立體系理論。

他認為政治學的單一概論 (Singular generalization)：以特定時空所發生行為型態或特定少數事件，做為研究與適用的對象，在整個政治網絡 (Political Context) 裏，是相對而孤立的。甚至於政治學的部份性理論 (Partial theories)，把政治行為中某些部份加以孤立，（比如政黨、利益團體、立法行為等政治制度的特別部份）做為研究對象，藉以建構適合解釋行為與邏輯一致性的相關命題。這種作法，不但把政治學造成支離破碎的悲局，也無法使政治學成為一門完整獨立的科學。他跟 T. Parsons 一樣，一方面抱着科際整合的野心，他方面，又企圖把政治學帶入嚴謹的獨立科學之領域，因而特別強調建構政治學一般理論之重要性。

第一節　D. Easton 對當代政治社會學的主張

綜合 Easton 一生的主要著作：(1) 政治體系：政治學現狀的探討 (The political system: an inquiry into the state of political science), (2) 政治分析的架構 (A framework of political analysis), (3) 政治生活的體系分析 (A systems analysis of political life), (4) 兒童在政治體系：政治合法性的起源 (Children in the political system; origins of political legitimacy), (5) 政治理論的類別 (Verieties of political theory), (6) 政治體系分析的研究途徑 (An approach to the analysis of political systems, in world politics, 1957), 我們似乎可以把他對於當代政治社會學所提出的革命性主張，

歸納成下列重要的幾點：

(a) 他反對 Hobbes 以來的傳統政治概念，而把政治學定義爲：研究社會性價值地權威分配之制定與執行。他特別強調，政治學之研究，必須特別關注下列三種主要變項：政策、權威與社會。政策是一種分配價值的決定與行動。換言之，政策具有實際施行的功能。權威是政治學與其他社會科學的重要區別處。權威是人民期望應用它，或是視爲必須遵守它，其心理因素大於道德因素，它是政治學所要了解的重心所在。個人爲何承認政策是一種權威的，它與眞正政策的權威性是有別的。前者係探討人民爲何接受權威，乃是一種因果關係之解釋，後者則爲政治學研究的主旨。價值之權威分配，是對社會上所有人或大部份人，發生束縛性，雖然或許實際分配，僅是影響少數人，但是，由於權威政策可以影響到所有的人，所以仍然視爲對所有社會發生權威性的影響力。至於社會，乃是一羣特殊人羣的結合，其組成員透過社會連帶關係，發展出一種共同的歸屬意識。Easton 認爲，任何社會爲了集體的生存，必然要對有限價值作權威性的制定與分配，而政治學的任務，正是要了解整個社會價值的權威性分配。

(b) 主張政治學者應該同時研究情境資料 (Situational data) 與行爲資料(behavioral data)。這是針對當時行爲科學研究，過份注重行爲資料而忽略了情境資料所提出的主張。這個主張，也是體系分析者的必然邏輯結果，因爲體系分析者非常強調客觀的社會學條件與體系本身的互動關係。

(c) 他一再強調，政治學應當及早發展出「一般理論」 (General theory)，也就是一般所謂的「巨型理論」。這是針對當時流行的小型理論 (little theory) 或部份理論 (partial theory) 而主張的。他所創造的「輸入與輸出」一般理論，正是這種信念與野心的結晶。他所創造的

政治體系模式，是一種具有經驗指涉的分析模式。政治體系是社會互動中，有關社會價值地權威分配與執行所構成的行為規則。政治體系與其環境之交流而持續或變遷；來自內外環境的輸入（包括支持與需要），經由政治體系的轉換(Conversion)，而作成輸出（包括決策與執行）。輸出經由回饋 (Feedback) 而再傳入政治體系，如此運轉不息，使政治體系得以持續。

他方面，他並不反對事實的收集，甚而肯定政治事實對政治研究之重要性。同時，他也不反對技術方法的移植到政治學研究領域。不過，他特別強調，如果沒有工具性體系分析的理論架構之存在，龐大的事實資料，畢竟只不過是一堆無用的廢紙，既不能做系統化的描述，亦無法做邏輯性的解釋或解析。

(d) Easton 特別強調，政治學必需確立其固定的研究對象，以別於其他社會科學。同時，他認為政治學的資料來源，不但要包括上述情境資料與行為資料，更重要的是：必須善加處理社會價值的分配與執行問題。

(e) 對於建構抽象化一般理論的過程，Easton 的主張跟其他方法論學者的看法，都大致一樣。他認為在建構體系分析的一般理論之先，必須製作有經驗意義的概念，然後再提出指涉架構 (frame of reference)；指涉架構應該包含研究內容，及其主要變項。最後再發展為體系分析的一般理論；它必須包括下列各項；重要政治變項的概念，以及這些概念的相關性。

(f) Easton 明白地指出，社會科學之研究，甚難做到 M. Weber 所謂的價值中立 (Value free)，但是，可以把價值視為可觀察的事實而加以研究。在態度上，研究者應該儘量保持客觀。至於在選擇問題，收集資料，研究者總是難免會有主觀價值的滲入。不過，為了向讀者交

代，Easton 特別強調「道德清晰」(moral clarity) 的重要性。所謂道德清晰，乃指建構理論者，應事先向讀者交代，其理論之道德基礎何在，其期待目標又是何在？

Easton 認爲，價值與事實向來是相對照的。事實是根據理論利益 (theoritical interest)，對於眞實的特殊安排，因此，價值與事實是緊密相關的。他又認爲，價值判斷與事實界定，都含有想像知識(Supposed knowledge) 的成份。事實判斷雖然討論實然的問題，價值判斷則在於討論應然的哲學思考問題，但是，價值判斷往往具有事實的基礎。

總而言之，Easton 對於研究者是否能體現價值中立的問題，他認爲研究者在分析事實與建構理論時，應儘量客觀分析，可是根據分析結果而提供選擇性問題時，就可以滲入研究者的主觀理想，只是他的主觀理想必須清晰地標明。

(g) Easton 亦自認是一位政治行爲主義者，主張社會科學應改稱爲行爲科學。他從人類歷史的發展過程，來論證自己的觀點。他認爲從希臘時代到十八世紀，人類的社會知識，統統包含在哲學研究的範疇內，至十八世紀開始，才有自然哲學與道德哲學之分，進而又有各種道德學科與自然學科之別。各種社會科學之出現，乃遲至十九世紀。而二十世紀初葉，社會科學家要用行爲科學去替代社會科學，乃是表示人類對社會知識的發展，又有了嶄新的突破。

就科學方法論而言，行爲主義包括嚴格的技術與廣泛的理論。同時，行爲主義的理論，在性質上，完全有別於傳統政治學的理論；前者是解析性的建構，後者則爲倫理性的說明。Easton 爲政治學行爲研究所下的定義是：政治研究中同時信奉新理論和驗證技術。將政治學與社會科學廣泛的行爲趨勢相聯接在一起，因此被稱爲行爲研究。

以行爲主義的信奉者而言，對於研究方法、內容與導向等面向，

Easton 跟其他政治行為主義者的觀點，可謂大同小異，其主要重點可歸納為：(1)以自然科學的原理原則，適用在政治現象的研究上，(2)以政治行為為分析基礎，(3)體系理論之建構與技術性經驗事實之研究並重，(4)強調科際整合之重要性與研究導向。

最能代表 Easton 的政治行為主義之色彩，莫過於他所列舉的八大行為信條 (behavioral credo)。他認為它是任何行為主義者，在研究上所應共同信仰與模仿的典範，其內容如下：

(1) 規則性 (regularities)：政治行為具有相同的規則性，而且得以用具有解釋和預測性價值的概述或理論來表達。

(2) 驗證 (Verification)：這些概述的正確與否，在原則上，必須經過相關的行為而加以驗證。

(3) 技術 (techniques)：用以獲得和解釋資料的工具，不能視為絕對正確，它們還需要有意識地進行自我檢查、改進，如此才能有利於研究者的觀察、記錄，以及對於行為之分析。

(4) 數量化 (quantification)：對於資料之記錄，以及陳述發現時，都必須力求其正確性。

(5) 價值 (values)：對於倫理評價與經驗解釋，因為各自涉及兩種不同的命題，為了清晰起見，必須把兩者嚴格區分。

(6) 體系化(Systemalization)：研究必須走向體系化，理論與研究是一致性知識之緊密結合的雙生部份。

(7) 純科學 (Pure science)：知識之應用，猶如理論之了解一樣，同為科學事業之一部份。然而，對於政治行為之了解與解釋，在邏輯上，應優先於利用知識去解決迫切及實際的社會問題，因前者乃是後者的必要基礎。

(8) 整合(Integration)：社會科學乃探討整個人類的情勢，政治

研究只有在削弱自己結果的眞實性及破壞自己結果的一般性時，才會忽視其他科學的成果；換言之，政治學應該囘到社會科學的大本營裏去。

（h）在政治學後期行爲主義時代，Easton 亦同意，政治學的研究方向，必須重新安排：（1）基礎性之研究，應該視爲對將來的一種投資，而繼續維持下去。然而，應該依照對其本身之價値假設的較佳了解，而做適當的改變。（2）應用或是行動取向的研究，應該給予比過去更多的鼓勵與支持。（3）政治學必須對本身的價値前提所加的種種限制，要有更大的反省與自覺。（4）行爲科學的研究，必須考慮到與現實的相關性。

Easton 參與後期行爲主義者對將來取向的革命，其結果也，使他漸漸成爲政治研究的實踐主義者。他曾經堅決地主張，一位卓越的專家，如果不能以其知識見諸行動，那顯然是不道德的。政治學者必須以其專門知識，造福其全體社會。唯有把全體社會利益都列入其知識與行動之考慮，才能算是克盡職責。

第二節　D. Easton 的「部份模式」之工具概念

對 D. Easton 的政治社會學主張有所了解之後，我們必須再進一步研討它的主要工具概念及其涵義，否則，很難眞正了解其理論與分析的內涵與精神。我們把他在政治體系分析中所使用的一些特殊概念，整理出來並說明如下：

（1）政治體系的定義：他把政治體系定義爲：在社會體系中與社會性價値之權威地分配有關之互動行爲。從這個政治體系的定義，我們可以很明顯地看出，他把政治體系視爲社會體系之一部份，而把它孤立起來，做爲獨立體系的分析單位，再把其餘相關體系視爲其環境的一部份。

它雖然是一個獨立性分析性體系，然而，具有它的經驗性基礎，因爲它是從整個社會行爲中抽離出來，僅限於與社會性價值之權威地分配有關的互動行爲。

(2) 從屬政治體系(Parapolitical system)與成員體系(membership system)：這個概念似乎受 T. Parsons 的次級體系 (Subsystem) 之影響而來的。他認爲政治體系內，包括許多從屬政治體系，比如壓力團體(Pressure Group)、政府、政黨等等，因爲它們的大部分行爲，都與社會性價值權威之分配有密切的關係，所以在政治體系裏，又被稱爲成員體系。然而，我們必須注意，這些成員體系的行爲，並不完全跟社會價值地權威分配有關。同樣地，不是成員體系的互動行爲，如果與社會價值地權威分配有關時，比如選民間的互相談論政治事務而影響到投票對象，公民的集體要求而改變政府的決策等等行爲，都完全納入政治體系內。

(3) 政治體系的四大基本命題：D. Easton 把政治生活視爲，受環境包圍的行爲體系。在其內外環境的包圍中，政治體系不僅暴露於來自環境的挑戰與壓力，同時也必須有所反應。因此，他的體系分析，包括了以前的四大基礎命題：

(a) 將政治生活視爲一套行爲體系。

(b) 政治體系，雖然是分析性體系，不能跟客觀事實完全符合，然而也並非完全存在於眞空中，而是受到物理的、生物的、社會的，以及心理的等等環境所包圍與影響。

(c) 每個政治體系對於來自外界環境的挑戰與壓力，有其適應的能力(Capacity)。

(d) 每一個政治體系，面對外來挑戰與壓力，爲了求取生存，必定要有回饋 (feedback) 各種資訊 (Information) 的功能 (function)。

(4) 內在社會性環境 (Intrasocietal Environment) 與外在社會性環境 (Extrasocietal Environment)：D. Easton 把政治體系的環境分為兩種：第一，凡是與政治體系屬於相同的社會，而不在政治體系範圍之內的社會和物理環境，皆稱之為內在社會體系，其中包括生態體系 (Ecological system)、生物體系 (biological system)、人格體系 (personality system) 與社會體系 (Social system) 等等，由此而構成政治體系的內在社會性環境。同時，生態體系又包括自然資源、氣候、地形、動植物等等。生物體系則包括人的身體與生理狀態等。人格體系包括人的動機、性向、情緒等等。社會體系又分為文化體系、社會結構、經濟體系、人口體系及其他次體系。總而言之，這些包羅萬象的內在社會性環境，一但有所變動，就常常影響到政治體系本身。

第二，所謂外在社會性環境，是指與政治體系屬於不同社會的國際社會。它又包括國際生態體系 (International ecological system)、國際政治體系 (International political system)，以及國際社會體系 (International social system)。國際政治體系包括北大西洋公約組織，東南亞公約組織、聯合國等次級體系。國際生態體系，則指全球的自然資源、氣候、地形等等而言。國際社會體系，又可細分為：國際文化體系、國際社會結構、國際經濟體系、國際人口體系，以及其他國際次級體系。以上種種體系，乃構成所謂國內政治體系的外在社會性環境。只要它們任何一部份有所變動，或多或少，間接或直接，就會影響到國內政治體系本身的運作。

(5) 輸入 (Input)、輸出 (Output) 與回饋 (feedback) 過程：D. Easton 的體系分析理論，借用了來自經濟學廣泛使用的輸入、輸出與回饋過程的三大概念，而各自給予新的操作性定義。

（甲）輸入：政治體系為了作成權威性決策，除了內部建立起制度

化的機構之外，它還必須仰賴其環境所提供的原料(material)與資訊，藉以推展其活動過程，此乃所謂輸入。就其性質而言，輸入可分爲兩大類：

第一類：需要，它又可以細分爲：來自周圍環境的外在需要與發自體系內部的內在需要。前者與該社會的文化規範有密切的關係，後者則指發生在政治體系本身，比如政治體系的成員，因不滿意現存的政治關係而提出新的要求或改革；又如政治領袖選擇程序之改變要求，修定改憲手續等等，都屬於內部需要，D. Easton 稱之爲內部投入 (with-inputs)。

進入政治體系的需要，乃是提供政治體系的原料，信息與動力，藉着它而推動各種政治活動。如果沒有輸入的需要之投入，政治體系便沒有加上運作的原料與轉換的工作，因而也就可能趨向於瓦解，再也沒有繼續存在的理由。然而，需要也是政治體系受到壓力的主要來源之一，它往往迫使政治體系必須採取有利的政策，否則，政治體系將會遭到各種可能的困擾。

第二類：支持，D. Easton 對於政治行爲的支持，給予相當特殊的內涵與對象之界定；就內涵而言，當某甲的行爲有利地取向於某乙的目標、利益、行動，或是甚至於代表某乙時，則表示某甲支持某乙。就支持的對象某乙而觀，它可能只是某種觀念、目標、制度，或是特定團體。就此意義而言，對政治體系的支持行爲，又可以分爲兩大類：其一是屬於外在可觀察的行爲，如公然贊同政府的目標與政策，或公開贊成執政者的行動；其二是行爲的內在形式，或是內在心理取向，比如人民的愛國心，或熱愛祖國的意識型態。

對於政治體系所投入的支持，就其對象而言，又有政治社區 (poli-tical community)，政權 (regime) 與當局 (Authorities) 之別，玆分

別說明如下：

　　(a) 對政治社區之支持：政治社區是政治體系的一部份，其組成員是因政治分工而結合在一起的一羣人。原則上，人民對政治體系所投入的支持，都以中央政治體系為對象。然而，當政治共識發生問題，或是出現政局分裂時，就會出現此處所謂的對政治社區之支持，因而導致中央政治體系不能完整地持續下去。

　　(b) 對於政權的支持：一種政治行為的支持，其對象可能是指向政權。所謂政權，包括三種基素：其一是由若干政治價值與原理所組成，往往以不同主義或政治理念而出現，由於政治價值與理念之不同，乃有民主、共產或極權等不同的政權出現；其二是包括一組政治規範，藉以規約或控制該政治體系內政治生活方式的具體內容，如成文憲法、法律規章、組織法、司法判決、行政命令或慣例等等；其三就是所謂權威結構 (The authority)，它是指政治權力的分配、執行，以及角色安排等正式或非正式的模式而言。就此意義而言，美國的權威結構屬於所謂總統制，英國則屬於君主立憲的內閣制。

　　(c) 政治行為的支持，也可能針對當局而言：權威結構內的權威擁有人，就稱之為當局(Authorities)。由此可見，權威結構是指制度而言，當局則指人而言，兩者不能混合在一起。就一般而言，政治行為對於兩者的支持，往往是一致的，然而，也會有例外；比如對於法國第四共和體制的支持者，就有許多人反對其權威擁有者背當 (Petin) 總統，同樣地，支持戴高樂總統（當局）的人，也有許多反對第四共和的體制，因而導致第五共和體制的出現。

　　(乙) 輸出：所謂輸出是指政治體系將上述來自外在環境的輸入，給予變化的結果而傳達於環境的一種方式。當局就是輸出的生產代理人。通常可以把輸出分成兩大類：決策與行動。政治輸出除了制定政策與發

佈命令之外，更重要的，還是要有效去執行。政治體系透過輸出，去迎合或滿足成員的需求，進而獲得它們的支持；也得以透過輸出而控制或指導體系中其他成員，並進而組織、動員或集中其他各種資源與能力，藉以達成政治體系所共同追求的目標。

就政治輸出的性質而言，如果其輸出僅與政治體系本身有關，而未傳達於其外在環境者，稱之為「體系內部的輸出」（Intra system outputs）；比如提名官員或官員之間的對調，乃是體系內本身的輸出，並未傳達於其外在環境。此外，就輸出的而言，又可以把它分成：積極的輸出與消極的輸出；權威性輸出（Authoritative output）與聯合性輸出（Associated output）。

(a) 積極的輸出與消極的輸出：所謂積極的輸出，乃是指當局以各種獎勵的方法，鼓勵其成員多做有利於政治體系的支持，而少做不利於政治體系的需求。相反地，所謂消極的輸出，是指當局透過各種控制與懲罰的方式，藉以達到限制或制裁其成員對於政治體系的反抗，不合作或過份苛求。由此可見，兩者是相輔相成的，前者效果越大，則後者的輸出越無必要，同樣地，後者的作用，也促成前者的有效功能發揮。

(b) 權威性輸出與聯合性輸出：所謂權威性輸出，是指各種具有絕對性權威的輸出，比如法律、命令、規章，或是元首的意見等等，在通常情形下，人民必須服從。所謂聯合性輸出，是指當局利用主義的陳述，去解釋和辯護上述權威性的輸出，比如政治當局要求全民一致對抗外來威脅，而限制人民的通信與行動自由。

（丙）回饋：所謂回饋是指各種情報傳達當局的過程而言；它是一種週而復始的循環過程，當局依照輸入的情報回饋，制定再輸出的決策，又形成對成員的回饋刺激作用，政治體系內成員對回饋產生反應，重新提出需求或支持對當局又形成一種情報回饋。

　　回饋在政治體系內所扮演的角色甚為重要，因為政治體系唯有經由回饋的過程，始能知道環境和體系本身的各種互動關係與變化。也只有透過回饋的過程，才能真正了解政治體系內成員的心理狀態與社會精英份子的動態，並且進一步了解已經輸出的決策與行動，是否獲得政治體系內成員的支持或反抗？其程度又如何？

　　(6) 政治體系的持續與壓力 (Persistence and Stress)：D. Easton 在體系分析所採用的重要工具概念，還有來自社會學功能學派的持續與壓力等兩大概念。

　　持續，此一概念來自社會學的功能學派，他把政治體系假設為特定的整體活動，當外在環境的挑戰或干擾，使政治體系察覺壓力的威脅時，政治體系內的部份活動（成員、結構、過程、目標與行為規範等等），立即發生變化，以期對整個活動產生正功能的整合作用。這種整合與結構功能學派所強調的整合，稍有不同的含義：前者是指適度變遷，後則乃指自我維持。

　　他認為政治體系的完全穩定是不可能的，因此，他反對使用 T. Parsons 有關均衡的觀念，改以持續的概念來替代。持續與自我維持 (Self-maintenance) 的含義稍有不同。後者是指體系一但稍有變遷，就馬上把它移回原來的均衡狀態，或移入另一均衡狀態。前者則指一種適度的變遷，除非政治體系完全崩潰或消失，否則，政治體系中社會價值地權威分配之制定與執行功能，只要存在一天，政治體系就持續一天。

　　他又認為政治體系有如生物體系一般，在受到外來壓力或內在衝突時，得以自動產生適應能力，然而，如果外來壓力或內在衝突過份強烈時，政治體系的持續性，可能發生問題，其可能產生的狀況有：其一，繼續生存，它又包括兩種情況：或是十分穩定，或是適度變化；其二，消失或不持續。

此外，他認爲政治體系的持續性，其所以受到威脅，主要是來自外在環境的壓力與內在衝突的壓力。強烈的壓力有：戰爭、革命；輕微的壓力有如每日生活的不舒適等等。總而言之，壓力的主要來源有二：其一，內部因素，這種壓力來自政治體系本身，如政治體系內部成員對於價值權威分配表示懷疑，而不再遵從當局或典章的指示，或體系內成員對於政治文化的共識失去了其信心等等；其二，外部因素，此種壓力來自政治體系的環境，包括內在社會環境或是外在社會環境，比如工業化所引起社會結構的變遷，文化價值觀念的變化，以及成員對政治體系要求的增加等等。

動亂 (disturbance) 是壓力的主因。所謂動亂是指足以干擾體系正常操作的行動。D. Easton 認爲政治體系都有正規操作的範圍：如民主政治的公開選舉、言論自由、人身自由等運行範圍，凡是妨害了這些操作的行動，就是構成壓力的來源。

構成壓力的因素相當多，比如政治體系內成員所提出的需求過多，或是需求內容無法爲當局所接受，當局又無法加以制裁。同時，如果成員對當局的支持不夠，輸出無法滿足成員的需求，產生對當局的不滿，對典則的反抗，以及回饋過程的阻塞等等，都會構成壓力的來源。而且，這些因素都是互相影響的，亦可能相併而發生。

壓力依其強度的差異，對政治體系的操作功能所產生的影響力則有異：有的壓力根本是稍縱卽逝，所發生的影響力極微；相反地，有的壓力對政治體系的操作功能，甚至於產生有利的影響；有的只是潛性的存在，必須等到某一時期才開始明顯化；有的強烈得使政治體系發生持續的問題，甚至於迫使政治體系歸於消失。

總而言之，他認爲政治體系的持續與壓力，其所牽涉的問題相當廣，顯示性的需求壓力、支持的壓力，以及回饋的壓力等等主要因素之

外，尚有許多要因。因此，他建議研究者不妨從下列各種層面去探討：

(a) 探討輸入的性質。

(b) 檢視在何種情況下，構成對政治體系的環境性壓力。

(c) 環境對政治體系產生何種壓力。

(d) 政治體系對於壓力的一般反應如何？

(e) 研究並探討情報回饋的角色。

(f) 探討輸出對壓力減低的功效。

第三節　D. Easton 的「部份模式」之內容分析

基於上述主要工具性概念，D. Easton 建構了政治體系的部份模式，屬於「輸入與輸出」的一種體系分析，茲將其主要理論內容分析於下：

(一) 政治體系及其環境：

對 D. Easton 而言，政治是一種社會性價值的權威分配，因此，政治體系乃是由一組涉及社會性價值分配的政治互動所組成。D. Easton 曾說：「在一個社會裏，政治互動就構成行為體系。我們必須把政治生活當做環境中的行為體系而加以研討，找出外在環境對體系的影響力，以及體系的適應能力。……所謂政治生活的體系分析，必須強調體系與其環境間的互動概念，尤其是環境所產生的影響力與體系的適應能力」。

他曾經建議把政治體系本身當做一種「黑盒子」 (boître noire)，暫且不要去理它裏面所發生的情形，而把體系分析的重心，完全放在體系本身與其環境之間的互動關係。

D. Easton 所謂的環境，包括下列兩大層面：內在社會性環境 (In-

trasocietal) 與外在社會性環境 (Extrasocietal)。如上所述，內在社會
性環境，乃指政治體系本身所屬社會的其他相關社會次體系，包括生態
體系、生物體系、心理體系、社會體系等等。所謂外在社會體系，包括
所有外在和內在社會性環境的國際性體系。

　　依照 D. Easton 的看法，政治體系隨時隨地都跟整個環境在發生互
動關係，因為政治體系本身的性質是開放的，它並不是一種封閉性體
系。兩者之間的互動關係，就形成 D. Easton 建構「輸入與輸出」理論
的基礎。

(二) 輸入與輸出的體系分析：

　　在上面我們已經交代過，D. Easton 的輸入與輸出理論，是受到經
濟學者的影響，尤其是 Wassili Leontieff，而把政治體系當做一部政
治機器，一方面去承受來自外在環境的挑戰與壓力，他方面也製造適應
性的輸出，藉以維持體系本身的持續生存。我們可以把 D. Easton 的
部份模式，簡化為圖14的模樣，而加以說明與分析如下：

　　(甲) 輸入：有關輸入部份，可以分成需求與支持兩大部份來探討與
分析。

　　(A)需求：就需求而言，它是屬於一種回饋反應。當需求過多而且
性質過於繁雜時，往往造成政治體系的過份負荷 (Surcharge)。它又可
以分成兩大類：如果來自人民的需求，在數量上過多而超過政治體系
所能負擔的程度，就稱之為「量的負荷」 (Surcharge quantitative)；
相反地，如果是需求的質過於繁雜，就稱之為「質的負荷」(Surcharge
qualitative)。前者又稱為容量壓力 (Volume stress)，後者則稱為內容
壓力 (Content stress)。譬如議會收到民間過多的請求事件而無法一一
處理時，就產生容量壓力的情形，D. Easton 把這種容量壓力比成航空

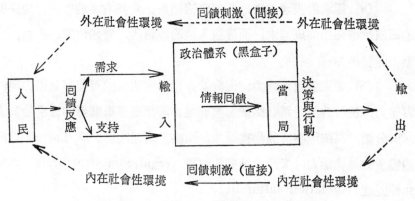

圖 14　D. Easton 部份模式的簡化圖

說明：

(1) 實線矢頭所指方向，乃政治體系在其所屬社會內產生的輸入與輸出之全部過程：包括回饋刺激，回饋反應與情報回饋等三大部份，只要政治體系存在一天，這種輸入與輸出的回饋過程，就會週而復始。我們可以把它稱之為直接回饋過程。

(2) 虛線矢頭所指方向，乃政治體系對其外在社會性環境所產生的輸入與輸出之全部過程，在時間與過程上，完全跟直接回饋過程一樣，只是因為它是經由外在社會性環境而發生，對政治體系內的人民與當局之影響力，當然較為間接性質而微小，因此我們把它稱之為間接回饋過程。

管制站；當要求降落的飛機過多時，航空站無法安排一一下降的情形一樣，就有容量壓力的感覺發生。內容壓力的發生，往往來自需求問題內容性質的微妙與困難，譬如少數民族問題就是一種典型例子。

面對着來自人民回饋反應的需求，依照 D. Easton 的看法，政治體系具有下列三大能力 (Capacité)，使情報回饋得以順利傳送到當局：

(a) 需求的表達能力: 任何政治體系必然擁有某種管道，使民間的回饋反應得以形成需求，而傳送入政治體系內，譬如政黨、公會，或壓力團體等等。

(b) 需求的處理能力: 面對着來自民間需求的可能容量壓力與內容壓力，任何政治體系必須擁有處理能力，把過量與繁雜的需求給於過濾與分類，再依照事情的輕重緩急，而給於處理回答。D. Easton 把政治體系的這種能力，又分成結構性處理 (regulation structurale) 與文化性處理(regulation culturelle)。

所謂結構性處理，是指來自民間的需求，在尚未傳達當局之前，先由政治體系的守門機構 (Gatekeepers)，譬如政黨、地方仕紳組織、議會委員會等等，事先把需求給予過濾與歸類，再送入政治體系內的當局。上述扮演需求的表達能力之機構，往往就相當於結構性處理的機構，比如工會，不但在傳達勞工的需求，也在隨時過濾勞工的需求，以便統一而整體地向政府提出有力的要求。

一個有能力而具有先見的政府，也可以在需求尚未成熟前，事先提早做決策，並付之執行，藉以滿足人民的要求，而建立政府的信譽。

所謂文化性處理，是指透過社會規範、社會價值，以及文化信仰，藉以禁止或控制某些民間的需求而言。文化性處理所禁止或管制的，可能是需求的內容: 譬如某些需求被認爲是無理的或不道德的，也可能是需求的形式: 譬如不得以暴力的形式提出需求。就文化性處理而言，任何需求，不得違反善良風俗習慣，算是典型的例子之一。

政治體系雖然具有上述減輕需求負荷的能力，然而，隨着經濟發展與社會變遷的結果，仍然會有應接不暇的危機。爲了儘量減少容量壓力與內容壓力，D. Easton 認爲，現代的政治體系，應該儘量朝兩個方向發展: 其一，增強政治溝通的能力; 其二，科層化與專業化政治體系內

的機構。

(c) 需求的減少能力: 經過處理過程之後的需求，最後才依照事情的輕重緩急， 以及其內容性質之差異， 而被統一歸納爲整合性的需求， 而傳送到當局，這就是 D. Easton 所謂的「需求的綜合」(Combinaison des demandes)， 相當於政治學家 Almond 所謂的 「利益凝固」(Agrégation des intérets)。政黨在製造其政綱內容的過程，就相當於需求的綜合，因爲在歐美民主政治的國度內，政黨正是扮演着這種角色；執政黨儘量把人民的需求給予綜合，傳送到當局，藉着輸出而去滿足民間需求，而獲取人民對執政黨更多的信心與支持， 同樣地， 在野黨也儘量想辦法去凝聚人民的利益，向執政黨提出需求，藉以滿足人民的需求，而換取人民在選舉中的大力支持。

(B)支持: 我們在上面已經指出，輸入除了需求之外，還有所謂支持。如果把需求的輸入看成專找政治體系的麻煩，並給予壓力，那麼，支持的輸入，對政治體系而言，正如營養與強心劑的來源。任何政治體系，如果沒有支持的輸入， 即使沒有任何外來的壓力， 它也會自我消失！

所謂支持，包括所有有利於政治體系的態度，行爲與信仰: 譬如愛國主義，對制度的尊敬、愛國旗，對當局的仰慕，有利於政治體系的示威遊行、服兵役、納稅等等。

D. Easton 把支持的對象分爲下列三種: 其一，以整個政治社區爲支持對象。我們已經指出， 當內戰發生或其他政治社區割據局面發生時，社會產生支持對象的分裂危機；其二，以政權爲對象的支持，包括所有的典章規範價值與主義；其三，對當局的支持，就一般而言，因爲當局是在憲政體制內享有其權力，因此，對當局的支持，當然不能超越憲政體制之規定與要求。然而， 在開發中國家，由於當局的人格化與神

格化，往往造成個人的盲目崇拜，而導致對當局的支持，竟然超越對憲制的支持。

這三種支持的對象，並不一定必然是同時存在的。譬如波蘭的人民，非常熱愛自己的國家，但是，多數的工人都表示，反對其共產政權與執政者。同樣地，當美國水門案件發生之後，許多美國人，對於美國及其民主政治，仍然非常熱愛，然而，對當局的尼克森，不但不給予支持，甚至於輕視他。

（乙）輸出：所謂輸出，是指政治體系的生產結果，也是對於輸入的一種回答，藉以滿足人民的需求，而換取更多的支持。就其實質內容而言，輸出可能是：新法律的制定、福利設施、救濟金、資訊的供給、公共設施……等等。就其形式而言，D. Easton 把輸出分為兩大類：其一是決策，其二是行動。前者包括法的權威性決定與選擇，對人民具有約束力，後者是指決策的執行，兩者是相輔相成的。輸出透過內外社會性環境，再直接或間接地形成一種回饋刺激而影響人民的政治生活。

（丙）回饋過程：由此可見，政治體系與其內外社會性環境間的互動關係，就成為體系分析者最為關注的主題，這就形成輸入與輸出之間週而復始的回饋過程；受到來自內外社會性環境的壓力與影響，更具體地說，接獲來自人民的需求與支持的情報回饋之後，當局會依據情報回饋的內容，透過決策與行動，經由輸出的管道而形成所謂回饋刺激，人民在接受刺激之後，又有新的回饋反應，而形成新的需求與支持（或是反對），再輸入政治體系。

就上述回饋過程而觀，當局的決策，不只是對於需求與支持的一種回答而已，而且也是新需求與新支持的一種來源與根據。因此，我們對於一種決策的分析，不能把它當做一種靜態的內容分析，而應該把它安放在整個回饋過程中去做動力分析。D. Easton 把這種週而復始的回饋

過程，簡化爲圖表15如下：

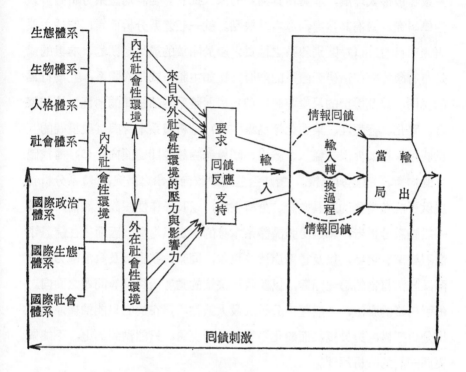

圖 15 D. Easton 的「政治體系的動力回饋過程」

第四節　對 D. Easton 的部份模式之評論及其貢獻

在探討並分析過 D. Easton 的部份模式之後，我們再來看看它所遭受的評價，接着再提出我們的看法，並評述它的貢獻所在。

（A）學者對體系理論以及 D. Easton 部份模式的評論：學者從各種角度所提出的評論，可謂相當多，我們僅舉出幾位比較代表性的深入評論如下：

(a) 楊洛 (O. R. Young) 的批評: 政治學者楊洛, 對於一般體系或部份形式理論, 有過極具獨到的深入批判。他認為體系分析對於政治學研究, 旣有其益處, 亦有其缺點。就一般體系分析而言, 它的主要研究項目有: (1) 區別體系之性質: 屬於開放的或是封閉的、有機的或是非有機的; (2) 研究體系的階層: 比如主體系或是次體系, 互動行為的規則, 以及影響的尺度等等; (3) 研討體系內部組織的情況: 比如整合、異化、互賴性、集中化等現象; (4) 分析體系本身與其環境間的互動關係; 比如界限、輸入、輸出、回饋過程等等問題面向; (5) 尋找體系的均衡、穩定與持續。對於這些主要政治現象之研究, 體系分析者提供了許多有益的工具概念、分析架構, 以及操作性假設。然而, 由於一般體系分析者, 都過份強調體系本身的穩定與均衡, 因而往往疏忽了激烈變革、更替, 以及體系崩潰等現象, 同時, 甚少涉及政治權力的分配, 政治行為的心理因素, 以及政治決策的動態過程等等問題之面向。依照楊洛的看法, 一般體系分析的最大缺點, 還在於它只能抽樣性地提出分析架構, 對於複雜而變化多端的政治現象, 只能點到為止, 不能做更深一層的分析解釋。

雖然如此, 楊洛對於 D. Easton 的模式, 有極高的評價, 他認為 D. Easton 的體系理論, 適合於各組政治體系的分析, 已經突破一般體系的靜態模式, 而具有非常成功的動態分析之能力。他方面, 他認為 D. Easton 的模式, 已經不是自然性而是屬於建構性模式, 以一貫邏輯之演繹法, 配合事實資料之運作, 使其體系理論具有極大的分析功能。

雖然如此, 他認為 D. Easton 的模式, 仍然具有下列缺點: (1) 它忽略了控制, 權力與影響力等政治現象; (2) 體系目標, 除了持續之維持外, 根本沒有研究體系的理想與方向; (3) 對於體系內外的衝突面, 比如革命或是外國侵略等現象, 根本無法解釋; (4) 體系持續的起碼標

準，無法以正確數量標明；(5) 投票行爲，政治態度之形成，政治權力結構等等，根本無法用輸入與輸出之模式來加以分析；(6) 缺乏對於體系內部組織的分類與比較；(7) 偏向於體系現狀的維持，不適合於國際政治之分析，並且以理性主義爲先驗條件，有待商榷。

(b) 奧斯丁 (John Astin) 的評語：政治學者奧斯丁認爲，美國政治學行爲主義者，可以分成兩股互不相容的陣容：機械主義者與有機主義者。前者重視數理應用與因果解釋，後者則否定分析與化約的方法論，而着重在目的論上。他認爲 D. Easton 的部份模式，剛好具有這兩種主義的性質，因此，其體系理論顯得格外具有矛盾性。他特別指出，在 D. Easton 的體系分析中，輸入正如原因，輸出有如效果，輸入與輸出的模式，滲有極濃厚的機械主義之因果分析色彩。體系理論很明顯地偏向於有機主義。D. Easton 所言政治體系，完全跟生命體系一樣，具有自我調整之能力。同時，D. Easton 改變以往的主張；均衡必須能夠量化的態度，提出持續的最低生存限度，以及體系內變項相互影響等等概念，完全趨向於有機論者的說法。依照奧氏的看法，D. Easton 在發表「政治科學的新革命」一文之後，已擺脫了有機主義，而進入以個人爲主的人道主義。

(c) 面漢 (E. J. Meehan) 對 D. Easton 的評語：他認爲 D. Easton 是政治學界的 T. Parsons。兩人都具有下列相似點：兩人都希望建立一種統一性質的理論，研究在轉變及壓力之下體系的持續或均衡，對於理論的解釋亦同。他承認 D. Easton 的部份模式，具有其解釋性與建議性。然而，其中的缺點仍然相當多：(1) 它缺乏經驗指涉，即使有，也顯得相當脆弱；(2) 對於政治體系的操作性定義，顯得相當不一致，有時以抽象的社會價值地權威分配之互動行爲而界限，有時則以個人成員之互動行爲視之；(3) 它幾乎是西方國家的一種民主模式，是否

可以作爲非西方民主政治的分析架構，實在值得懷疑；（4）它只是一種抽象分析架構，缺乏解釋與預測政治事實之功能。

（B）我們對於 D. Easton 部份模式的評論：我們認爲 D. Easton 的部份模式，由於其分析架構過份抽象化與概化，對於分析實際變化萬千的政治現象，是否能夠完全適合而有效，實在令人懷疑。就政治現象的實際決策過程而言，需求與支持進入政治體系之後，其轉換過程相當重要，然而，D. Easton 把它當成黑盒子，而不加以深入探討，我們認爲這是它最大的弱點。再就 D. Easton 所謂的社會性環境而言，它也忽視了生產與互動過程中所形成的社會階級影響力。同時，由於過份重視整合與持續的探討，完全漠視了政治現象的衝突面。

雖然如此，D. Easton 的部份模式，爲政治現象之研究，提供了不少貢獻，其中最值得大寫特寫的，要算是下列幾點：（1）它扭轉了政治學界經驗主義趨向走火入魔的局勢，爲政治現象的經驗研究，提供了一種抽象的分析架構，因而帶動了比較政治學的分析研究；（2）它的模式具有動力性的分析功能，完全推翻了傳統的靜態分析，使傳統的政治制度之研究，落實在政治生活的互動研究上；（3）它的動力性體系分析，完全解開了傳統政治學的神秘取向。傳統政治學把政治權力與國家主權都蒙上了一層相當神秘的色彩。相反地，D. Easton 的體系分析，將政治現象之研究，落實在其環境的互動上，而特別強調實質政治生活的分析，使政治學的研究，能夠完全擺脫了傳統政治哲學的陰影，而正式邁入當代科學研究之領域，這不得不要算 D. Easton 對政治學的最大貢獻之一。

第六章 政治衝突論的典範：傳統馬克斯 (K. Marx) 對社會結構的一般理論[56]

在政治學抽象理論的研究範疇裏，跟上述整合論剛好站在對立立場的，就是傳統馬克斯的政治衝突論。K. Marx (1818-1883) 剛好生長在歐洲整個歷史的大變動時代，尤其是歐洲工業革命所帶來的極大衝激，引發了農業社會之解體與工業社會之君臨，處於這種 E. Durkheim 所謂的「脫序」社會裏，政治學者所感受到的，當然跟 T. Parsons 所體會到的「美哉！美利堅」(America, the beautiful) 時代，有着天壤之別。因此，在介紹過整合論的體系分析之後，我們選擇了 K. Marx 的政治衝突論，正好可以做個尖銳的對比，藉以增廣讀者對於政治現象之思考範圍。

K. Marx 的思想體系，相當雜亂，所涉及的層面，既廣且深。因此，要想介紹他的理論，並不是一件容易的事，不過，我們仍然站在政

---

[56] 有關 K. Marx 的理論，請參考洋文主要政治社會學著作中所列 K. Marx 本人及有關著作，同時 Cf. K. Marx 與 F. Engels 的原著：*L'ideologie Allemande* (1845-1846) *Manifeste du parti communiste* (1848), *Les manuscrits de* 1844 等等。

治社會學的立場，儘可能去追踪其精神之所在，再依照其政治思想之脈絡與發展過程，詳盡地介紹給讀者。我們將分成下列幾個層次去着手研討：方法論的問題、基礎思想的淵源追踪、思想體系的內容解析、政治衝突論的面面觀。

第一節　方法論的問題

要想了解 K. Marx 的思想體系，尤其是政治衝突論，我們必須從其特殊的方法論着眼，否則，不但不容易了解其精神所在，可能還會導致誤解的悲局。就方法論而言，K. Marx的思想體系，可以從下面兩個不同層次去了解：知識論的層次與具體研究方法論的層次。前者屬於哲學思考的層次，後者則屬於社會科學的思考層次，茲分別介紹如下：

（一）知識論的層次：

就此一層次而言，　K. Marx 是一位道道地地的「歷史物質主義」(Materialisme historique)者，他排斥歐洲歷史哲學的傳統形式邏輯，而特別強調人類在經濟、社會、人文以及歷史等活動所造成的事實。他一再強調：沒有經驗事實的存在，辯證是無法產生的。他的辯證思想是來自德國哲學家 Hegel，不過，在思考邏輯的過程上，K. Marx 的立場又剛好跟 Hegel 完全相反。他自己在「資本論」(Capital)一書裏寫道：「就方法的基礎而言，我的辯證法不但跟 Hegel 有所不同，甚至於可以說剛剛好相反」。

一方面，他採用了 Hegel 有關矛盾與對立的辯證概念，認爲客觀世界的各種矛盾與對立之關係，並非是一種靜態的關係，亦非無形地寄存於事實 (realité) 之中，而是一種動力性 (Dynamique) 的認知關係

(rapports veçus)。

他方面，對於思想與行動之間的關係，他的立場又完全跟 Hegel 相反。對於 Hegel 而言，人類基於來自外界事物的觀念 (idées)，透過其行動，才能創造各種清晰的概念思想 (Pensée conceptuelle) 與意識，進而體現 Hegel 所謂的絕對精神 (esprit absolu)。因此，行動本身就是一種價值，人類唯有透過其思想與意識，始能真正了解客體世界，進而體現所謂絕對精神。相反地，K. Marx 認為，唯有藉着清晰的概念思想，始能產生有效的行動，去改造現存的世界，因此，思想才是一種價值，行動只是一種手段而已。基於這種認知，K. Marx 才致力於其思想體系的建造，希望喚起後人的行動，藉以體現其改造世界的幻想。

他的辯證物質主義，並不認為個人都有內在普遍性的理性在，而認為所謂理性，不外是人類在其自然環境生活下的社會產物。我們從外在事物所得來的觀念，只不過是外在物質真實世界，經過人類頭腦之思考而投射的東西而已。換言之，所謂觀念，不外是人類基於外在經驗事實，透過其思考而給予複雜化的一種文化產物。因此，在 K. Marx 的眼中，我們所認識的世界，不一定是真實的世界，而是經過人類思想處理過的文化世界。尤其不幸的是，這個文化世界所體現的，又是一個枷鎖的世界，為了解放人類而回到真實世界，就成為他的思想重心。政治就是這種人類文化世界的罪魁，因此，在他的整個思想體系裏，從頭到尾，都表現為極端的反政治論，我們將在政治衝突論的面面觀裏，做詳略的解析。

（二）具體研究方法論的層次：

上面所探討的主題是歷史物質主義的辯證觀。在這裏所要研討的是，他如何運用辯證思想，把它當做一種研究方法，而去建構他的理論。

辯證法的基本出發點是：環繞吾人的一切都處於矛盾與對立中。接着就追問：是真實世界本身的矛盾與對立呢？還是人類思想在認知能力上的不足所造成？抑或某種意慾或企圖所造成的文化世界？使用辯證法的人，都認為很難釐清這個問題。不過，他們都認為人類的思想，應該思考兩個重大問題：其一，人類思想本身的極限與其矛盾性，其二，外在事物本身的不協調性。K. Marx 在使用辯證法去建構其理論時，也充分表現了這種努力。

就 K. Marx 所使用的辯證法而言，它具有兩大特點如下：第一，針對着研究客體的外在事物，辯證法就相當於一種態度 (Attitude)：特別強調研究過程的經驗性與實在性，非常重視客體事實 (包括歷史事實與社會事實)；第二，對於社會事實，具有一種強烈的解釋意圖，而把社會當做一種整體 (Totalité) 來加以研究。因此，他對於政治現象的解釋，都完全排放在其他社會結構之關係上，尤其是所謂下層經濟結構之關係上，而把政治視為不能獨立運作的現象。

此外，他把研究過程分為兩大階段：第一階段叫分析 (Analyse)，對於研究對象的觀察與分析，越詳細越好，特別重視歷史事實，儘可能找出其內部各種因素間的相關性；第二階段叫展示 (Exposition)，在分析之後，應該把瑣碎而具有相關性的資料給予綜合 (Syntheses) 在一起，經過主觀邏輯的運作，得以成為整體性的建構，藉以用來做整體性的解釋 (Explication)。

第二節　基本思想的源流追踪及其發展過程

依照研究傳統馬克斯主義的一般看法，K. Marx的基本思想包括了下列三大源流的思想，他本人再給予綜合而成為其思想體系，茲簡略地

分述於下：

（一）歐洲傳統的歷史哲學：

尤其是 Hegel 的歷史辯證哲學思想。歐洲傳統所爭議的歷史哲學之問題：意念主義（idealisme）對物質主義（Materialisme）之爭，影響 K. Marx 的思想，至深且鉅。也正爲如此，他在接受 Hegel 的辯證思想之同時，又結合了歐洲歷史傳統的物質主義，而採取跟 Hegel 完全相反的出發點，乃成爲「歷史的辯證物質主義」（Le materialisme dialectique-historique）：從物質主義的觀點，依照歷史的辯證過程，去解釋人類社會的活動與變遷。更具體地來追踪，他的物質主義思想，是一種歐洲傳統物質主義的改良；原先是一種機械物質主義，而 K. Marx 把它跟辯證思想結合在一起，乃成爲「存在決定意識與社會結構的內在命定論」。在這一方面，他不但採用了 Hegel 辯證思想（雖然立場相反），而且借用了來自 Hegel 而被 Feuerbach 所發揮的疏離（Alienation）思想。當我們在解析其思想體系時，讀者就不難會覺察到，而且一直用它來解釋人類歷史的辯證過程。其次，我們要特別指出的另一點，就是他的歷史觀，深深受到當時歷史學家 Guizot 和 A. Thierry 等人的歷史作品之影響。

（二）法國社會主義（Socialisme français）思潮的影響：

在 K. Marx 之前，社會主義之思想，正風行於英國與法國，而影響其思想的主要源流，正是法國社會主義者的階級鬥爭之思想。當時法國的社會主義思想，可以分成兩大派別：其一，以 Cabet, Buchez, P. Leroux, L. Blanc, 和 Blanqui 爲代表，企圖結合社會主義與西方民主政治；其二，以 Saint-Simon, Fourier, Proudhon 等人爲代表，基於社

會主義的思想，否定當時西方民主政治的旣存秩序。影響 K. Marx 的，正是後者。尤其 Saint-Simon 的工業社會內之新階級觀， 他認爲隨着工業社會之君臨，新的社會力量在形成，工業本身就是一股力量，傳統社會力已被打破，新的社會階級正在形成，而且由工業社會的動力性，新社會階級亦完全有別於舊社會階級的靜態性。這種新社會階級的動力性，經過 Proudhon 的解釋，而產生了對立意識的鬥爭。 K. Marx 就是採用 Saint-Simon 與 Proudhon 的新社會階級觀，配合歷史辯證法，而發展出社會階級的鬥爭說。

(三) 英國政治經濟學 (Economie Politique) 的影響:

十七與十八世紀以來，歐洲除了傳統的歷史哲學之思潮外，要算是自然科學的研究潮，而在社會科學的研究範疇裏，當時英國的政治經濟學， 在應用自然科學的研究法上， 算是最爲成功的傑作，尤其以 A. Smith 與 Ricardo 爲代表。 他們的科學精神，客觀態度與重視事實等等，完全擺脫了歐洲傳統哲學思考的層面，而落實在客觀事實的科學研究上。這種科學研究的精神，傳入歐洲大陸之後，經過德國政治經濟學家 F. List (1789-1846), J. K. Rodbertus (1805-1875) 與 F. Lassalle (1825-1864) 等人的介紹與批判之後，深深影響到 K. Marx 的思想，尤其是經濟活動的觀察與分析上。換言之，由於這種科學精神的影響，K. Marx 在研究與分析人類經濟活動上， 已經完全擺脫哲學理性的思考與推理，而落實在人類歷史的事實上。

在上述三大思潮的影響下， K. Marx 再給予綜合而成爲自己的思想體系。就時間的過程及其所發表的作品來看，比較突顯的轉變階段包括:

(1) 在一八四四年之前，年輕的 K. Marx 是一位溫和的改革主義

者。就在這一年，其思想轉變爲相當激進，大力攻擊 Hegel 的法律哲學思想。

(2) 到了一八四五年，發表「Thèses sur Feuerbach」(論 feuerbach) 論文，確立其「歷史物質主義」的原理原則，行動革命觀，以及改造世界的使命感。同年，跟 Engels 合作出版「神聖家庭」(La Sainte Famille)，完全跟當時的「批判哲學」脫離關係。

(3) 一八四六年再跟 Engels 共同發表「德意志意識型態」(L'ide-ologie allemande)，表明參與年輕黑格爾左派運動的立場，並聲稱採取 feuerbach 的批判路線。

(4) 一八四七年又發表了「哲學的悲哀」(Misère de la philosop-hie)，不但攻擊無政府主義者 Proudhon，而且反對所有不科學的社會主義(Socialisme non scientifique)。共產宣言 (Manifeste) 的第三部份，也極力抨擊當時的社會主義者與共產主義者。

(5) 一八五〇年之後，K. Marx 跟 F. Engels 一樣，兩人完全熱衷於無產階級 (Prolétarien) 革命運動的理論與實踐之探討。除了全力書寫其名著「資本論」(Le capital) 之外，他非常熱心於當時的社會主義運動，尤其在一八六四年建立「第一國際共產」，藉以對抗當時的無政府運動與 Bakounine 運動。由此可見，K. Marx 不但是一位思想家與理論建構家，而且是一位實踐家。

第三節　K. Marx 思想體系的內容解析：科學知識的基礎

我們已經說過，K. Marx 的思想體系，因爲是綜合歐洲傳統歷史哲學、法國社會主義與英國政治經濟學而成的，所以顯得非常博大精深。雖然如此，爲了方便了解，並配合本書內容的實際需求，我們將依照辯

證思想的邏輯，分別理出其思想體系的脈絡，再把有關政治衝突論的部份，特別抽取出來而加以論述。因爲所涉範圍相當廣，而且內容太多，爲了達到寫作結構的均衡，我們僅在本節探討其思想體系的基礎，其餘各部份包括：上層結構與下層結構的理論、社會型態的分類、無產階級革命與政治福音等等，則另立主題繼續探討。

從上述方法論中的知識論，我們得以知道，K. Marx 非常強調其社會主義的科學特徵，同時特別重視其科學內容與其方法之間的聯合。任何科學的存在與內容，絕不是從天上掉下來的，也不可能是人類唯心論的產物，而是人類透過其感官與知覺，從實際經驗與活動中，首先獲得來自外界事物的感覺意識(Conscience sensible)，再透過其思考而整理出抽象層次的概念知識。因此，所有的知識都具有批判性，因爲其內容旣不是絕對的，亦非固定的，同時，創造知識的人類思想本身，旣然能夠創造它，亦能夠再改變它。

由此可見，在人類知識的發展過程上，思想永遠扮演着一種工具性的角色；隨着人類與自然環境間的不同關係所形成的條件與限制，思想就會改變知識而藉以調整兩者之間的關係。存在、思想與認知(Savoir)之間，永遠進行着辯證的過程。基於以上的認知，K. Marx 乃以「歷史——辯證的物質主義」(Materialisme historique-dialectique)，建樹了其思想體系的基礎：批判性科學知識，玆將其內容分析如下：

(一) 物質主義 (Materialisme) 與人道主義 (Humanisme)：

K. Marx 的所謂批判性科學知識，乃是以物質主義與人道主義爲出發點所發展出來的知識，包括了下列兩大辯證的過程：

(甲) 自然界 (La Nature) 與人類 (l'homme)：在一八四四年，K. Marx 所發表的「哲學與政治經濟學」(Economie politique et philosophie) 一書裏，有如下的這麼一段話：「把自然抽象化而抽離人類而孤立存在的話，對人類而言，它的存在乃是空（Neánt）」。然而，物質主義的 K. Marx 所強調的確是：要是沒有自然的存在，以及人類與自然間的交替關係在，就沒有人類，更無人類意識與思想可言。

在最原始的時期，人來自自然而且也是自然的一部份，兩者之間的關係，旣結合又分離：一方面，人有一連串的需要（besoins），要靠自然界給予滿足；他方面，人又朝人道主義的方向在遠離自然。基於人類的生物需要(besoin biologique) 與依賴自然的滿足，乃形成早期人類與自然的自然關係(rapport naturel)。K. Marx 把人類依賴自然或受制於自然的活動，稱之爲客觀活動（Activité objective）。所以他認爲：人類歷史與社會的基礎，應該是「需求」。這種觀念的來源，似乎取自希臘 Platon 的思想，因爲 Platon 是以「需求」爲基礎而談社會分工的第一人。所不同的只是 K. Marx 把這種概念跟物質主義結合在一起而已。

（乙）人與自然的中介者：工作。改變上述人與自然間自然關係的中介者，就是工作（Travail）。不再單純地依賴自然來滿足其需求，人類起先開始最簡單的工作，慢慢地隨着經驗的累積，一方面，會利用自然界的東西來製造工作所需的工具，他方面，又會透過思想而改進工作的技術。換言之，由於「人類──自然界」間工作的介入，人類開始會利用自然、控制自然、改造自然，藉以滿足自己的需求，而產生 K. Marx 所謂的技術興趣（Intérêt technique），把人類原先的客觀活動，帶入他所謂的主觀活動（Activité subjective）。也正因爲如此，原先「人類──自然」的自然關係，乃變爲「人──人」之間的社會關係。

自從人類的技術興趣出現之後，自然就劃分爲兩大部份：其一是自然本身（La nature en soi），其二是爲人類而存在的自然（La nature

---

❺ Cf. R.—G. Schwartzenberg, op. cit. p. 62.

pour l'homme)。直接跟人類社會發生關係的，乃是爲人類而存在的自然。人類透過其主觀活動，乃產生社會關係中的一連串思想層次的產物：社會價值、社會規範、社會道德、社會制度等等。而很不幸地，在 Marx 的物質主義之眼裏，這些人類意慾世界的產物，不但無法使人類獲得更大的快樂或幸福，反而帶來了更大的痛苦，而且阻礙了人道主義本身的發展。

(二) 歷史物質主義 (Materialisme historique)：

對 K. Marx 而言，人類社會的歷史，不外是由「人——自然——人」之關係所造成。人類社會的出現與發展，始自工作的出現，工作改變了原先人依賴自然的關係，而創造了人與自然的關係之外，又帶來了人與人的社會關係。由此可見，人類歷史的基礎，在於生產力 (forces productives)。不過，我們必須注意：歷史的基礎雖然是生產力，然而，歷史的本質確是由生產力所創生的事物所組成；主要有人類的文化過程 (processus culturel) 與所有疏離 (Alienation) 的產物。因此，社會關係與生產力之間，永遠具有互動的影響關係：生產力的改變，必然影響新的社會關係，而帶來新的社會需求與滿足新需求的新方法，進而又改換了原有的生產力。阻礙這種歷史發展的過程，並改換了歷史本質的原因，來自生產力透過疏離所創生的兩大事物：私有財產制與政治理念 (ideologie politique)。我們將在後面做詳細的討論。

第四節 K. Marx 的「上下結構」(Super- Infra Structure) 之理論

基於上述批判性科學知識的基礎，K. Marx 首先建構了他那轟動社

會科學界的「上下結構」理論。茲將其主要內容解析如下。

(一) 兩篇重要原作的引述：

有關 K. Marx 的「上下結構」之理論，有兩篇重要原作，經常被學者所引用。為了方便研探，並且儘可能返真於 K. Marx 的原意，我們在此先引述原文的節錄，再進行我們的分析與詮釋。

K. Marx 在上述「政治經濟的批判」(Critique de l'economie politique) 一書裏，有如下的一段文章：「在人類賴以維持其生存的社會生產裏，人們經常被一些命定的 (determinés)、必要的 (nécessaires) 與獨立於其意志之外的關係所結合在一起；這些社會生產的關係，跟物質生產力的發展程度，具有密不可分的相關性。所有這些生產力與生產關係的總和，就構成該社會的經濟結構，再由這個實質基層反射出政治與司法機構，並產生與之相對待的社會意識。由此可見，所有知識的、政治的、以及社會的生活，都完全決定於物質生活的生產方式。因此，我們可以說，並不是人類的意識在決定其存在，相反地，是人類的社會存在在決定其意識。

在人類社會的發展過程中，在某種程度上，一個社會的物質生產力，會跟既有的生產關係，以及既存司法制度所保護的財產制度與社會關係等等，發生嚴重的衝突。……這就表示社會革命的來臨！……經濟實質基層的變化，乃隨件引發了相當快速的其他結構的更換。……就人類歷史發展的主要脈絡來看，人類社會的經濟結構之發展，就其生產方式 (modes de production) 而言，已經經過了亞洲型 (Asiatique)、古代型 (Antique)、封建型 (feodal) 與現代資產型 (bourgeois moderne) 等階段」。㊹

㊹ Cf. Guy Rocher, op. cit. pp. 39-45.

基於上述著作的原意，並給予發揮而寫成一八四九年所發表的「報酬性勞力與資本」（Travail salarié et capital）一文裏，K. Marx 又有如下的一段文章：「在生產過程中，人不只要跟自然發生關係，也必然透過各種方式而跟他人發生合作關係，而且在其活動上彼此發生交換的行為關係。為了生產，人與人之間，必然建立某種特定的連帶與結合之關係；所謂生產關係，其實也只能在這種社會關係與社會連帶中去體現。……結合這種生產者之間的社會關係，以及界限彼此交換活動與參與生產的條件，很顯然地，都會隨着生產工具的特徵而有所不同。換言之，戰爭使用的武器與軍火一旦有了改變，軍隊內部的組織亦必然隨之而改組，個人在軍中所能扮演的角色與條件，亦隨之而有所不同，同樣地，各種軍種之間的關係，也必然會引起新的調整。……這也就是說，只要生產力與生產的物質工具有了演進或發展，生產的社會關係與個人賴以生產的社會關係，亦必然發生變化或轉化。……就整體而言，生產關係就構成社會關係，而在特定歷史發展的階段上，也就形成該特殊社會的特徵。所謂古代型社會、封建型社會與資產型社會，只不過代表着某種特殊的生產關係，而各自象徵着人類歷史發展的特殊階段」。⑲

（二）人與自然的關係：

從上面所引述的原文，以及 K. Marx 上述批判性科學知識的基礎，我們不難發現物質主義者 K. Marx 的基本態度；他傳承了 Platon 的觀念，把人看成是一種「需要的動物」，他方面又放棄了 Platon 的意念主義，而改以歷史辯證的方法，去建構他的理論。所謂需要的動物，就是把人看成有與生俱來的各種基本需求：求飽、取暖、逃避來自大自

---

⑲ Cf. K. Marx: *Travail Salarié et Capital*, 1849, P. U. F. Paris, 1962.

然的災害等等。爲了滿足這些動物性的需求，人不但依賴大自然，而且受制於大自然，必須時時跟大自然搏鬥，這一連串的活動，就構成 K. Marx 所謂的客觀活動 (Activité objective)。這也就是 K. Marx 所謂人與自然界的自然關係 (rapport naturel)。

（三）工作與技術興趣 (Interêt technique)：

由於時間與經驗的累積，以及實際上跟大自然搏鬥的需要，在人與自然之間，又介入了工作與技術興趣，而把原先人與自然的關係，改變成「人──自然──人」的關係。透過技術興趣與工作，人不但不再依賴大自然，再也不必跟它搏鬥，而且想要支配它、控制它，並且改造它。人類靠着其技術、興趣與工作，想支配、控制與改造大自然而有利於其生活的一連串活動，K. Marx 就把它稱之爲主觀活動 (Activité subjective)。由於人類主觀活動的結果，自然被分割爲二：其一是沒有受到影響的部份，稱之爲「自然本身」 (Nature in itself)；其二指受到影響的部份，稱之爲「爲人類而存在的自然」 (Nature for human being)。人類在爲人類而存在的自然裏所發生主觀活動的關係之總和，又成爲 K. Marx 所謂的下層結構 (Infra-structure)，也就是我們今天所謂的經濟活動與經濟結構。總而言之，在物質主義者 K. Marx 的眼裏，工作與技術興趣是改變上述所謂自然關係（人與自然）的兩大要素，進而把它改換成「人──自然──人」的社會關係。因爲 K. Marx 認爲，人與人之間的社會關係，仍然決定於外界存在的物質條件。

（四）生產力 (Forces productives) 與生產關係 (Rapports de production)：

人類經由工作與技術興趣而產生主觀活動之後，把原先受制於自然的人與自然之關係，改變成「人──自然──人」之關係。然而，依照

K. Marx 的看法，決定這種新關係的重要因素，存在於他所謂的生產力與生產關係。我們從上述他的兩篇原作裏，不難看出 K. Marx 拋棄歐洲傳統哲學的意念主義 (idealisme) 與唯智主義 (Intellectualisme)，而落實到人類社會與歷史的現實面 (Realiste)，企圖爲人類社會與歷史尋求更爲客觀的現實主義之解釋。

人類畢竟是一種「需要的存在」(être de besoins)：自我養活的基本需要，包括吃得飽、穿得暖、住得安；亦有層次較爲精緻的文化與精神需求。爲了求得這些需求的滿足，人被迫跟大自然抗衡，並進而發展出上述的工作與技術，以及集體工作的組織方式。像這類人類生存的基本需求，過去往往被傳統意念主義與唯智主義所忽略，而在 K. Marx 的眼裏，確是決定人類社會與歷史發展的最基本要素。

基於人類的上述基本需求，經由工作與技術興趣，以及集體工作的組織方式，才逐漸產生人類的意識、知識，以及世界觀 (Vision du monde)，最後才建構出各種經濟、社會與政治組織。依照 K. Marx 的看法，爲滿足人類基本需求的生產活動，不但是所有社會生活的基礎，而且也是人類的最基本活動。因此，構成生產的客觀條件就會決定該社會的組織形式與其歷史的發展。

消費財的生產，最主要決定於 K. Marx 所謂的生產力；包括自然財 (Richesses naturelles)，生產有關的技術與知識，以及工作的組織方式。其實 K. Marx 所謂的生產力，相當於工業社會所謂的生產能力 (Capacité de produire)；隨着人類歷史的發展，尤其科技與知識的進步，生產能力亦有長足的進步。同時，在生產力的發展階段中，往往相當於某種特殊類型的生產關係。所謂生產關係，乃泛指人類爲了生產所建立的關係之總和。換言之，依照 K. Marx 的看法，人類的生產關係，也就相當於人類的財產關係；擁有生產工具與出賣勞力的工作關

係，壓迫者與被壓迫者的工作關係，統治階級與被統治階級的工作關係。像這一類的生產關係，旣不是某種個人的意願所造成的，也絕不是社會契約的產物。相反地，它是生產的物質條件爲基礎的必然產物。

(五) 階級鬥爭與下層結構 (Infra-structure)：

以物質條件爲基礎的生產，透過其自然財、生產知識、生產技術與生產組織方式等等，必然形成與之相對待的生產關係，這正是該社會的經濟結構，也就是 K. Marx 所謂的「下層結構」。因爲它是人類社會活動的基礎，其他的各種人類活動：包括政治、司法、歷史、哲學、文學、藝術等等，都不外是以經濟活動爲基礎的反射性活動而已，其所構成的社會性結構，K. Marx 統統把它稱之爲「上層結構」(Super-structure)，我們將在後面做更詳盡的探討。

正如 K. Marx 所指出，人類的財產關係或是生產關係本身，都建立在利益的矛盾與對立之上，因此，它是一種內在結構的命定論。換言之，下層結構本身，就其生產關係的本質而言，就已註定會永遠不停地發生衝突。而且，這種利益的矛盾與對立之衝突，並不以個人爲單位，而是以階級的形式在進行；擁有生產工具的階級對出賣勞力的階級。換言之，只要財產制度存在一天，這種階級鬥爭的生產關係或工作關係，也就必然會持續不停。爲了確保其經濟利益與旣有財產，財產擁有者或擁有生產工具者，乃建構所謂政治組織或是司法制度，並塑造各種有利於統治階級的意識型態與社會價值觀念，藉以維護其生產關係。就此意義而言，K. Marx 才稱呼政治結構不外是其經濟結構的反射物而已。換言之，政治結構本身是無法獨立運作，它是決定於其下層經濟結構。因此，在衝突論者的眼裏，政治統治者，必然跟擁有生產工具的階級互相結合在一起，而有保守主義的取向。

（六）疏離 （Alienation） 與上層結構 （Super-structure）：

我們在上面已經指出,在下層結構中擁有生產工具者或財產所有者,爲了確保其既得利益, 才建構與之相對待的上層結構; 包括政治、 司法、宗教、文學……等等。其中以政治結構爲重心,而且發生了反客爲主的疏離現象。依照 K. Marx 的人類基本需求觀的推論,本來政治結構只是下層經濟結構的反射物,用來確保擁有生產工具的階級利益而已,然而, 歷史發展的事實證明, 政治結構不但無需聽命於下層經濟結構,事實上, 往往高高在上控制着它。爲了解釋這種轉變, K. Marx 採用了 Alienation 的觀念。

疏離的觀念, 首先來自 Hegel, 經過 feuerbach 的運用到無神論裏, 再經 K. Marx 賦予社會學的新含義, 乃成爲衝突論者的重要工具概念, 包括下列三種不同層次的意義:

（1）工作情境本身的疏離: 人與自然的關係, 本來是屬於所謂自然關係。當工作介入人與自然的關係之後, 人與工作的關係, 仍然相當地和諧、自然, 而具有情感。後來, 由於人類對於生產知識與生產技術的改進, 尤其是工業革命之後, 人與工作的關係, 就發生了所謂工作情境的疏離現象。 人類最先靠着工作, 藉以控制或支配大自然、創造生產財, 用以滿足人類的需求。然而, 由於生產知識與生產技術的增進, 尤其是機械的君臨, 爲了增加生產, 人類反而成爲機械的從屬。在早期農業社會的勞動與手工藝時代的工作, 勞動者得以從工作本身獲得成就感與滿足感。等到工業革命之後, 工作情境完全改變了, 由於機械化與分工的關係, 不但工作本身越來越單調與孤立, 而且勞動者也無法從工作本身獲得任何成就感與滿足感。這種工作情境本身的疏離, 在機械化與科層化的時代, 達到了登峯狀態。

（2）經濟生活的內在疏離：K. Marx 所謂疏離的另一種含義，存在於經濟生活本身。一方面指勞動本身與其產品間的異化過程而言。勞工在工作市場出賣勞力，然而，它所生產的商品，確不屬於工作者所有，也不依賴工作者而存在。他方面是指生產工具與其交換價值的異化過程而言。譬如資本，是由實在物質（金、銀或紙）所抽象化而成的金錢，然而資本的交換價值與其生產工具之性質，已經完全脫離原先物質之性質而獨立存在。不僅如此，這種經濟生活的內在疏離之結果，勞動者與資本家的意識也逐漸變了質，而增強了原先業已矛盾與對立的情勢。

（3）人為社會制度的疏離：依照上述 K. Marx 的分析，唯有下層經濟結構才是自然性產物，其餘各種所謂上層結構，都屬於人類意慾的人為產物，而且，某種發展階段的下層經濟結構，必然反射出與之相對待的上層結構。這種所謂人為社會制度的疏離，乃指兩者之間的異化過程而言。就拿上層結構的政治制度來做例子：擁有生產工具的資本家，為了確保其經濟活動所得的私有財產，才建構出與之相對待的政治與司法制度，藉以達到保護其既得利益的目的。就此意義而言，上層結構的政治制度與司法制度，乃是下層經濟結構的反射性產物。然而，在其角色的扮演與功能的運作過程中，會逐漸產生一種反客為主的異化現象。也就是說，屬於上層的人為社會制度，已經不再依賴下層結構而存在，它不但開始會獨立運作，而且不再是滿足人類慾望的工具。相反地，成為控制人類行動的枷鎖。尤有進者，政治統治階級，更是變本加厲，利用着上層結構來壓迫一般勞動者。

（七）**結構鴻溝**（Structural Gap）**與社會危機**（Social crisis）：

由於人為社會制度的疏離作用，上層結構的所有制度，尤其以政治制度為重心，從過去的依賴性格，不但逐漸脫離下層經濟結構而獨立運

作，而且，在維護其本身的既得利益需求下，產生保守主義的取向。相反地，在下層經濟結構中，由於生產關係或組織的矛盾與對立所產生的疏離，不但隨時在擴大中，而且隨着生產技術的改變，整個下層結構，就會發生激進向前推展的取向。就在這個時候，擁有生產工具的既得經濟利益者，必然會跟上層結構的保守主義者互相配合，設法阻止下層經濟結構的向前推展；以政治與司法制度為主，透過各種政策與立法，直接阻止下層經濟結構的激進取向，再以上層結構的其他制度，鼓吹各種有利於既得利益者的社會保守性觀念與價值。然而，依照 K. Marx 的看法，保守主義的阻碍，只能使下層經濟結構的向前推展，在速度上減慢而已，並無法有效地阻止它。正因為如此，上層結構與下層結構之間，逐漸會形成 K. Marx 所謂的「結構鴻溝」(Structural Gap)；指上層結構的保守主義與下層結構的激進主義之間，在觀念、價值與行為等層面的差距。

結構鴻溝的擴大，也正是 K. Marx 所謂社會危機 (Social crisis) 的來臨。由於社會危機的加深，必然會暴露出保守主義者的政治偽意識，而使勞動者逐漸覺醒，體認到其階級的真意識。K. Marx 堅信存在決定意識，因此，所謂勞動真意識的體認，也就是被壓迫與被剝削情境的自我覺醒。所以，勞動者必然起來反抗既存生產組織與保守取向的上層結構，而重新建立適合於新生產技術的新下層結構，以及與之相對待的上層結構，這就是 K. Marx 所謂的政治革命 (Political revolution)。

第五節　歷史發展的階段與社會的類型

由上面的分析，我們可以很明顯地看出，K. Marx 是依照「生產力與生產關係的發展，必然產生經濟危機，進而形成上下結構間的社會

危機，最後才導致政治革命」的三段辯證過程，藉以說明人類歷史的發展。依照 K. Marx 與 Engels 的研究，在上述三段辯證過程的歷史發展中，人類曾經體驗過下列各種不同的社會型態。依照時間的早晚，分別是：

（一）部落社區 (Communauté tribale)：

這是人類社會所體驗過最早的型態。依照 K. Marx 的看法，它是家庭的一種延伸結果。家庭是部落社區的最基本單位，經過婚姻或其他血緣關係而形成部落社區。在部落社區中，分工現象雖然比家庭來得發達，然而畢竟非常有限。生產技術與生產力都很古老 (archaique)。工作目的還談不上所謂增產，而僅止於維持社區組成員的基本需求。

私有產財權的觀念幾乎不存在，共有財產制的觀念非常濃厚。社會組織也非常簡單，幾乎沒有社會等級 (hiérarchie sociale) 的存在。相當於 K. Marx 所謂的原始共產主義。

就其起源而言，在定居從事農耕前，部落社區是一種遊牧的型態。由於定居的結果，隨件而來的是商業的興起，交易與戰爭的到來。對外為了打勝戰，對內又為了增加其生產量，乃有奴隸制度的形成。這就是「人剝削人」的最原始形式，然而，我們必須注意，奴隸仍然被視為一種共有財產。所以，原始共產主義的社會，仍然是一種沒有階級的社會。這種部落社區，在人類歷史的發展過程中，佔有極其重要的地位，因為它是以後各種社會型態的原始種子。

（二）亞洲型社會 (Société asiatique)：

部落社區的演變結果，緊接着就是所謂亞洲型社會的出現。亞洲型社會的特徵有下列幾點：(1) 生產工具尚未私有化；(2) 名義上，所有

耕地屬於最高權威者所擁有，實際上，由家庭或地方社羣來承租耕作；
(3) 除了各家庭與地方社羣所需的生產量之外，都歸屬於最高權威者或
地方社區，做爲公共財產；(4) 就上層結構的政治組織而言，已出現了
所謂東方開明專制(despotisme oriental)；(5) 就下層經濟結構而觀，
仍然是屬於地方自治性社區與鄉村的聯合而已，不過，爲了滿足社區內
在交易的需求，已有小型都市與商業行爲的出現；(6) 它仍然是一種沒
有階級存在的社會（如果有，也是非常原始的型態）；(7) 由於過份的
穩定而趨向於保守，幾乎不適合於演進或變遷。

這種亞洲型社會，仍然存在於印度的某些地區，以及墨西哥與秘魯
等某些地區。

（三）古代城邦(La cité antique)：

所謂古代城邦，乃是由多數部落的聯合而成的產物，最典型的例
子，莫過於希臘與羅馬的古代城邦。構成該社會的重心與發展軌心，已
經由鄉村轉向都市。絕大部份的財富與權力，也都集中在城邦的中心。
鄉村不但失去了往日的重要性，而且已成爲都市的附庸。

由於戰爭是取得土地與保障內部安全的唯一方式，因此，城邦的社
會組織，絕大部份都以軍事性質爲主。土地屬於城邦社區或國家所有。
唯有公民才享有共有財產權，奴隸仍然被視爲「共有的勞力財產」。不
過，已經逐漸出現所謂動產與不動產的私有財產觀念。

由此可見，城邦是一種有社會階級存在的社會。雖然以共有財產制
爲主，但是，由於分工的逐漸發達，私有財產制有漸漸壯大的趨勢。

此外，矛盾與對立，可能是古代城邦最大的特徵；公民對奴隸、國
家間的戰爭、城市與鄉村的對立、商業與工業的競爭、城市富豪與鄉村
貧民的對比。

（四）日爾曼型社會（Société germanique）：

在古代城邦漸趨消失，時間上比歐洲封建型社會較早出現的，有所謂日爾曼型社會。這種日爾曼型社會出現在中世紀的德國，也可以在其他地區找到，其主要特徵如下：

（1）跟古代城邦剛好相反，是以鄉村爲主的社會。如果有都市的存在，亦只是國王的住所或法庭的所在地而已，根本沒有任何經濟活動的重要性存在。

（2）每一個單位的家庭聯合體，都各自獨立而享有小農場的私有財產權，自給自主。這是小型財產與勞力聯合的典型例子。

（3）日爾曼型社會是以個人主義與自治思想爲基礎的社會。以私有財產制爲中心。如果爲了某種特殊公共目的，而有共同財產或共有土地之存在，也是由小農家共同來耕作，其性質很像中國古代的井田制。

（4）對於社區的歸宿，完全經由共同的語言、血緣的連帶與共同的宗教信仰等等，跟財產的共有完全無關。因此，社區的連帶關係，可以說相當鬆懈。

（五）封建社會（Société feodale）：

上述城邦消失後，歐洲經過黑暗時代的野蠻人入侵，緊接着日爾曼型社會與小型鄉村社會的被發現之後，出現了所謂封建社會。起先是以鄉村爲基礎，後來又出現以都市爲中心的封建社會。其共同特徵如下：
（1）土地已經慢慢兼併，出現了大地主。由領主僱用大批農奴來耕作，並給予安全的保障；（2）它是一種社會階級相當森嚴的等級性社會，農奴被綁在土地上；（3）在都市裏，在手工藝與商業的領域裏，亦存在着階級森嚴的等級性社會，這就是聞名古今的主人與學徒制；（4）社會分

工的現象，仍然不太發達。相反地，合作性組織(organization corporative) 確是相當發達，這是資金累積的最古老型態，也是近代資本主義的先驅。

（六）資產型社會 (Société capitaliste bourgeoise)：

緊接着封建社會而來的是資產型社會。依照 K. Marx 的看法，它又可以分爲前後兩期：前期屬於所謂商業資本主義 (Capitalisme commercial)，經由商業之發達與市場之擴大，財富慢慢增加與集中，而出現了資產階級；後期屬於所謂工業與製造業資本主義 (Capitalisme industriel et manufacturier)，機械化生產的結果，不但資產階級的財富大增，在都市形成了大批勞動無產階級。此外，依照 Lenine 的看法，在 K. Marx 之後，資本主義已經逐漸進入所謂財政與殖民資本主義 (Capitalisme financier et colonialiste)的第三階段。

綜合資產型社會的特徵，可以分爲下列幾點來說明：(1) 生產技術非常發達，生產力也大大增強，社會分工相當發達；(2) 社會階級的壁壘非常清楚，資產階級對勞動階級；(3) 財富分配的不均，也越來越大。

分析過上述人類歷史發展的幾種社會類型之後，依照 K. Marx 的資本主義的結構內在命定論，資產階級與無產階級間的矛盾與對立，必然日趨惡化，經過經濟結構的內在鬥爭，引發上下結構間的鴻溝而導致社會危機之來臨，最後，經由無產階級的政治革命而使資產型社會趨於崩潰，這正是沒有階級存在的共產社會來臨之時刻！ K. Marx 這種福音式的政治論調，完全建立在下述特殊政治見解之上。

第六節　政治革命與人類解放

綜合上述 K. Marx 的思想體系，我們不難看出他對於政治所持有的特殊個人見解如下：

(1) 跟歐洲歷史哲學的政治傳統完全相反：自從Platon 與 Aristote 以來，歐洲傳統政治學都把人當做政治性動物看待，進而去觀察和研究人類社會的政治現象。相反地，K. Marx 把人當做社會性的動物來研究，因此，人類最主要的基礎活動，應該是經濟活動而不是政治活動。

(2) 年輕馬克斯所處的時代，一方面就政治哲學思想而言，正是 Hegel 所謂「國家道德精神」理論呈現高峯的時刻，他方面就實際政治而觀，也正逢普魯士王國 (Etat prussien) 興起，而勵行所謂鐵血政策的年代 (1820-1847)。在那種政治至上主義的雙重壓迫下，更造成他對於政治的深惡痛絕。他嚴厲地批判 Hegel：把國家當成一種實體 (essence)，是國民的道德精神之產物。這是犯了一種本末倒置的錯誤思想。正確的看法應該是：社會關係(Rapports sociaux) 造成了階級的對立與鬥爭，因而有了政治現象的出現。因此，國家只是一種人為的幻象而已。

(3) 依照上述 K. Marx 的上下結構之理論，政治結構只是一種下層經濟結構的反射物，因此，政治本身並不能獨立運作，其變化完全取決於下層結構的經濟活動。不過，K. Marx 又發現，由於疏離作用的結果，政治常常有效地控制着實際經濟活動，而使下層結構的變化趨於緩慢，以便維持政治保守主義者的既得利益。

(4) 就資產社會而言，擁有生產工具的資本家，必然跟上層政治保守主義者相結合；一方面製造有利於它們的社會價值與觀念（所謂僞意

識），藉以維持社會秩序與政治關係，他方面制訂有利於它們的社會道德規範，賴以持續既存的生產關係。然而，由於 K. Marx 所謂內在結構的矛盾與階級鬥爭的必然性，再加以長期生產技術的改變與生產關係本身所產生的疏離，使得下層結構必然向前推進，造成第一階段的所謂經濟危機。當經濟危機發生後，資本家和政治保守主義者，為了維護其本身之利益，必然採取高壓手段，因而擴大了階級間的鬥爭層面，而形成第二階段的所謂社會危機。當第一危機加深，並引發第二危機擴大之後，一方面會引發勞動階級的意識覺醒，他方面也會暴露出政治偽意識的破綻，這就是所謂第三政治危機的來臨。K. Marx 就是適用這種特殊政治理論，去解釋 1789 的法國大革命。我們現在就來分析一下他所謂政治革命的過程。

K. Marx 把政治革命分成兩類：其一曰政治革命(Les revolutions politiques)，其二曰全面性革命(La revolution totale)，茲分述於下：

（一）政治革命：

當經濟危機加深，並引發社會危機擴大之後，社會就會產生混亂與不安的現象，而處於上層結構的許多社會羣體（宗教的、文藝的、歷史的，……包括政治結構內的一些不滿份子等等），就會有人出來搞政治革命，企圖推翻既存的政治權力。然而，在 K. Marx 的眼裏，這種政治革命，仍然屬於社會性革命 (Revolution sociale)，是社會危機擴大與經濟危機加深的必然結果而已。因為這種政治革命，不成功則變成所謂造反或叛亂（如中國的太平天國），即使成功了，也只限於改朝換代而已。

（二）全面性革命：

就傳統馬克斯主義的意義而言，唯有被壓迫的勞動者或無產階級，眞正有了自我意識的覺醒，並揭開了政治統治者的僞意識，而起來擔負革命任務時，　始能稱爲政治革命。K. Marx 把它稱之爲全面性革命，因爲由無產階級所負起的政治革命，將要取消所有人類歷史辯證運動所締造的一切人爲制度；私有財產制不復存在，國家已告消失，社會成爲自然的一部份，歷史辯證運動所產生的壓迫與社會制度的控制，也都煙消雲散。這正是 K. Marx 所謂共產社會的人類解放。

從上述全面性革命之爆發，到眞正共產社會的體現與全體人類的解放，旣然不是人類歷史辯證運動的必然結果，甚至於可以說是反辯證的革命運動，那麼，如何始能體現？其方法與過程又是如何？就成爲 K. Marx 政治理論最後必須回答的重心。

第七節　走向共產社會的路徑與方法

K. Marx 對於走向共產社會的明天，　並沒有抱着樂觀的態度，　相反地，本着他對於旣存政治保守主義者的痛恨，　他抱着懷疑與謹愼的態度，去探研走向共產社會的路徑與方法。我們可以把它分成下列主要重點來分析。

（一）無產階級的過渡專政 (La dictature transitoire du prolotariat)：

K. Marx 預料，　當無產階級取得政權之後，　必然隨時會遭遇到來自反動保守勢力的反抗與挑戰，因此，爲了確保明日共產社會的順利體現，唯有靠無產階級的過渡獨裁，藉以消滅任何可能或潛在的反動勢力。K. Marx 與 Engel 兩人，都非常強調它的必要性，⑥ 把這種過渡時期

---

⑥　參考㊱解註中所列兩人的原著。

的獨裁稱之爲「開明專制的獨裁」(dictature despotique)。不過，對於過渡時期的長短，權力掌握者的組成人員或形式，如何行使其獨裁權等等問題，他們並沒有提供明確的回答。㊣

(二) 確認鬥爭的必然性:

K. Marx 一再提醒其信徒，在走向明日共產社會的路中，必然會遭遇到許多挫折與反抗，因此，無產階級在設法取得政權與過渡專政的任何時間，都必須隨時武裝自己，隨地準備跟反動勢力鬥爭。鬥爭的方式，在取得政權之前，一方面可以利用民主資產階級，進行議會內的鬥爭，或是議會外的文化與思想鬥爭，他方面，結合其他社會階層的勢力，藉以擴大無產階級的本身力量，尤其是工會的勢力。不過，在過渡時期的專政，K. Marx 特別強調黨組織的必要性。他特別聲明，無產階級應該本着共產主義的信念，去組織一個屬於自己的政黨，使主義與組織相結合，才能發揮實際的力量。㊢

(三) 永久革命 (La revolution permanente):

在明日共產社會完全體現之前，無產階級還必須認清: 革命必須是永久的，一直到所有可能或潛性存在的勢力或階級，都完全被消滅爲止，不只是在其本國之內，甚至於所有世界各地的反動勢力。從這個角度去看馬克斯主義，就充分顯示出其國際性的色彩: 人類一家的共產社會、全體人類的自求解放，以及全人 (Total man) 的出現。

㊣ Cf. Guy Rocher, op. cit. pp. 31-58.

㊢ Cf. R.—G. Schwartzenberg, op. cit. pp. 65-71.

第二篇 事實層次的實證研究

在第一篇裏我們所介紹的理論，都是屬於所謂抽象層次的理論探討。研究者基於有限的特殊政治現象，經過概化與抽象化之後，獲得了某些基本概念，進而去做理性的主觀邏輯推演，最後才建立起解釋政治現象的一般性抽象理論。跟它完全相反的政治理論，就是本篇所要探討的實證研究。研究者所特別重視的，乃是對於政治現象本身的觀察、比較、分析與歸納。這一類理論，我們把它稱之為實證性經驗理論，它往往是屬於所謂小型理論或中型理論。❻當美國政治科學行為主義特別發達時，這一類的小型理論，層出不窮。不過，它們都不屬於我們所要介紹的範疇。本篇所要探討的實證研究，乃是一般政治學者所謂的「政治發展理論」。套用 R. K. Merton 的話，它是介於小型理論與一般巨型理論之間的所謂中型理論。

因為這一類政治發展理論，都屬於我們所謂的事實層次之實證研究，因此，對於每一個理論的瞭解，務必追溯其時代的歷史、社會、經濟與

❻ 請參考陳秉璋編著：社會學方法論，臺北，環球，Cf. R. K. Merton: *Social theory and social structure.*

政治背景。所以，我們並不單獨地介紹各種不同的理論。相反地，在介紹各種相異的理論之前，我們將應用相當長的篇幅，去分析其產生的歷史背景與經社條件。

第一章　政治發展 (developpement politique) 的意義及其內涵

政治發展一詞的觀念本身，旣非清晰又易生誤解，自從政治學者使用該一名詞以來，其所涵蓋的意義相當曖昧，這也難怪政治學者 Samuel Huntington 說：「政治發展的意義具有傳奇性」❻ 雖然如此，他強調政治發展的意義界定，應該包括下列兩大主要內涵：其一曰概念的功能屬性，以便做爲政治分析之用；其二曰本身的必要普遍性特質，那就是一般所謂的現代性 (modernité)。現代化 (modernisation) 一詞，旣有概念上的功能屬性，亦有其普遍性特質，因此，現代化就成爲政治發展的代名詞。同時，由於工業化是現代化之母，所以，工業化常常被視爲政治發展的相對名詞。

綜合一般政治學者的見解，政治發展所探討的主要內涵有：

(1) 政治體系本身的能力發展 (developpement des capacités)。

(2) 政治體系對於整個社會體系發展所能產生的貢獻。

(3) 政治體系的回答能力之發展，指其服務能力，代表性與合法性

---

❻　Cf. S. Huntington: *Political order in changing societies*, Newhaven, Conn. Y. U. P.

等等在質與量的增減而言。

S. Huntington 站在歐美政治整合論的立場指出，把政治發展視為政治現代化，則涵蓋有下列四大特性： (1) 理性化 (Rationalisation)， (2) 全國性整合 (Integration nationale)， (3) 民主化 (democratisation)， (4) 參與 (Participation)。

另外一位對於政治發展具有精深研究的美國政治學者 L. Pye， 曾經不厭其煩地詳列政治發展的意義與內涵，為了保持作者的原意，我們把原文表引用在圖16，以便讀者參考。

圖 16 *Pye's major meanings of political development*

Political development is understood as:

1. the political prerequisite of economic development.

   (Pye's comment: The view is insufficient, since economic growth has taken place in distinct political systems and regimes.)

2. the politics of industrial societies.

   (P.: The view is inappropriate as a political criterion.)

3. political modernization.

   (P.: Political modernization is considered as being equal to Westernization. Pye opposes the view in the name of cultural relativism.)

4. the operation of the nation-state.

   (P.: This is the view attributed to Kalman Silvert. Pye agrees in part but considers it insufficient. In addition to nationalism, citizenship is required.)

5. administrative and legal development.

   (P.: This is the colonialist view. Citizenship training and popular participation are missing.)

6. mass mobilization and participation.

   (P.: This is a partial view. Public order is not considered.)

7. democracy building.

(P.: This view is a value concept. Pye objects on methodological grounds.)

8. stability and orderly change.

(P.: This is a middle-class view. Order is less important than getting things done.)

9. mobilization and power.

(P.: This is understood in the sense of increasing political capability. Pye agrees in large part.)

10. one aspect of a multidimensional process of social change.

(P.: This is Millikan's view. Pye basically agrees; political development is intimately associated with the other aspects of social and economic change.)

　　由以上這些政治學者的意見，我們不難看出一件事實：政治發展與現代化或工業化有其密不可分的關係在，而後者的中心議題，乃是所謂的經社發展問題。因此，政治發展的主要課題就在於：經社發展對於政治發展會有什麼影響？政治發展能否獨立運作而帶給經社發展什麼樣的影響效果？

第二章　經社發展對於政治
　　發展的影響

經社發展 (developpement socio-économique) 到底會帶給政治體系什麼樣的影響？或者更確切地追問：經社發展到達某一程度或水準時，才能體現歐美傳統民主政治嗎？這是西方社會的老問題，自從20世紀初葉以來，有不少西方政治學者認為，要想體現歐美傳統民主政治，必先該社會的經社發展已經到達某一水準時始有可能。因此，有一種論調，企圖為西方民主政治或政治自由主義建立一套其必備的經社條件。

第一節　三種事實

其實，我們如果更深一層去觀察，這種論調的根源，乃出自傳統馬克斯主義的看法；政治結構不外是下層經濟結構的反射物而已。持這種論調的人，往往會舉出下列三種事實為自己做辯護：

(一) 地理事實(fait Geographique)：

我們如果詳細看一下地球上的兩張地圖，其一是已開發國家與開發

中國家，其二是自由政治體系與獨裁政治體系之國家，就不難發現一種絕對的巧合存在。工業化所造成的大區域（北美洲、西歐、日本等等），剛好都是所謂自由政治體系的國家。相對地，經濟尚處於開發中的地區（拉丁美洲、亞洲、非洲等等），正好都屬於獨裁主義的國家。

如果把這一觀察再深入一點去分析，即使在所謂已開發的工業國家之中，北方與美英的民主政治，也遠比南方義大利或法國的民主政治來得更為穩健，因為前者的經社發展遠比後者來得強。同樣地，在所謂開發中國家之中，同樣認同於馬克斯政治意識型態，亦有不同的發展差異；經社發展越落伍的中國大陸與阿爾巴尼亞，其社會主義的獨裁性質，就比蘇聯與東歐國家來得強。

以上這個地理事實，似乎使人不得不相信：西方自由主義的政治體制（代議選舉、多黨政治、議會辯論制……）只能適合於已開發國家。同樣地，在開發中國家之中，即使有人移殖自由政治體系，其效果不但不彰，反而常常招致政治的動亂。這也難怪有人要說：貧窮與落伍是獨裁政治的恩人，富有與開發正是獨裁政治的剋星。

（二）歷史事實(fait historique)：

上面地理事實所顯示的啟示，如果再配合人類歷史事實的引證，又更能使人深信不疑。研究民主政治發展史的人經常指出：議會政治首先出現在工業化的第一個國家——英國，這絕對不是巧合吧？其次，隨着工業化的影響潮，法國也在 1815 年後才出現議會政治，接着工業化又感染到義大利，於 1850 年左右才出現議會制。北歐各國的工業化，遲至 20 世紀初葉才開始，而其議會政治的出現，也是第一次大戰前後的事情。因此，我們似乎可以引證歷史事實來說：西方民主政治的擴張，正好跟工業資本主義的君臨相一致。

　　尤有進者，在歐洲大陸本身，屬於經社落伍的地區，根本亦不見議會政治的踪影。就拿中歐與東歐來講，在第一次大戰之後，有不少國家也採用了議會制度。然而，不久又返回到獨裁政治的懷抱裏。西班牙與葡萄牙的情形也一樣，只要經社發展沒有突破傳統與落伍的階段，移殖的民主政治似乎命定會夭折的！因此，政治學者 Harold Laski 說：「爲使民主政治趨於穩健，經社發展是必要的」。❻❺ 他的說法，也可以從下列統計事實得到佐證。

（三）統計事實 (fait statistique)：

　　有許多實證研究，針對着經社發展對於政治發展的影響，做了不少經驗事實的統計研究（如 Alker, Dahl, Deutsch, Russett 等等）❻❻。其中又以 Bruce M. Russett 跟 Alker, Deutsch, Lasswell 等人所合著的 World Handbook of political and social Indicators (2ed. New Haven, 1972)最爲有名。他們的研究對象包括全世界 133 個國家，總共選用了75種變項，實在稱得上旣深且廣的實證性比較研究。該書第一版於 1964 年問世，曾轟動一時。B. M. Russett 又於 1965，以同樣的類型與資料，區分爲經社指標 (Indices Socio-economique) 與政治指標 (Indices politiques)兩種。前者包括：個人所得、教育普及度、識字程度、工業化、都市化、訂報率等等。後者包括：選舉參與、軍隊數量、公共支出等等。他把這兩種指標做比較性分析之後，得到一種結論：經社發展程度越是落伍，其政治發展越停留於傳統形式。依照經社發展與政治發展的不同階段，他區分出五種不同發展階段的社會類型，分別稱

---

❻❺　Cf. R.—G. Schwartzenberg, op. cit. p. 180.

❻❻　Cf. C. L. Taylor 指導合著: *Aggregate Data Analysis, Political and Social Indicators in Cross-National Research*, 1968.

之爲: 第一階段叫原始傳統型社會 (Traditional Primitive Societies), 第二階段叫傳統文明 (Traditional Civilization), 第三階段叫轉型期社會 (Transitional Societies), 第四階段叫工業革命社會 (Industrial Revolution Societies), 第五階段叫高消費社會 (High Mass-Consomation Societies)。

隨後另一位政治學者 Robert A. Dahl 又出版一本書, 叫現代政治分析 (L'Analyse politique contemporaine)⑰, 重新加強了 Russett 的論調; 經社發展越邁向工業化, 其政治發展就越趨向於民主化或現代化。

此外, 不少政治學者又從實證研究得到另一種佐證: 經社發展越工業化或現代化, 則政黨政治的競爭性越是強烈。 其中常常被人家引用的研究包括: (1) Seymour Martin Lipset; Some Social Requisites of Democracy; Economic Development and Political Legitimacy, (2) Arthur S. Banks and Robert B. Textor; A Cross-polity Survey, Cambridge, Mass.

第二節 三 點 論 調

上面我們已經透過三種事實, 藉以說明經社發展對於政治發展所產生的影響。 換一句話說, 貧窮與落伍是獨裁政治的溫床, 富有與進步才是民主政治的良伴。 爲了加強這種信念與看法, 除了上述實證研究與事實舉證外, 政治學者又提出了下列三點論調, 茲分別說明如下。

---

⑰ 請參考朱堅章教授主譯中文本。

（一）經社發展的結果，會使得一個社會的衝突性減少，而有利於民主
　　政治的推行：

　　因為民主政治是一種妥協的政治，社會性的衝突越高，政治的妥協
性越是不可能體現。相反地，社會性的衝突越減少，越有利於政治上的
妥協，在妥協過程中，即使有衝突，也是屬於政黨的公開性競爭，而不
是社會性的衝突。這一點論調，也有不少學者提出實證研究的報告，其
中要以 IVO K. Feieraband, Rosalind L. Feieraband and Betty A.
Nesvold: Social Change and Political Violence; Cross-National
Patterns. 以及 Hugh Davis Graham and Ted R. Gurr: The history
of Violence in America 等的研究最為有名。前者分別研究1948-1965
年間，世界各國84個國家的政治衝突，獲得跟後者相同的共同結論是：
社會越是現代化（經社越是發展），其社會性衝突越低於傳統型社會，
然而，轉型期社會的社會性衝突則屬最高。

　　一般政治學者對於這種現象的解釋理由是：傳統社會的貧窮與不平
等現象，已經逐漸隨着經社發展而消失，在富有與平等的社會裏，大家
對於公開而和平的政治妥協與競爭有了信心。至於轉型期社會的情形，
那是因為社會本身的解組與脫序的結果，所以社會性衝突才會突然升高。
不過，當工業結構與現代社會的新秩序重建之時，也正是社會性衝突下
降的時刻。

　　總而言之，依照這一點論調，經社發展在突破轉型期之後，社會階
級的對立與衝突，以及其餘性質的社會緊張，都會逐漸減弱，而把不同
的意見，價值與立場，都投入公開而和平的政黨競爭裏去尋找解決。

（二）經社發展的第二種結果，會使一個社會的政治資源之分配，越趨
向於公平、合理而有效：

這一點論調是 Robert A. Dahl 所特別強調的。他借用經濟學上的
經濟資源之概念，首先創意了這個名詞，意指所有得以影響他人行為的
所有方式，包括金錢、時間、知識、諮詢、關係、社會地位、投票權等
等。他特別強調，如果上述這類政治資源的分配過於不均，則民主政治
的體現必然受到阻礙。依照他的研究，經社發展剛好能夠促進這種政治
資源的分配更趨向於公平、合理而有效。譬如經社發展，不但得以帶來
教育的普及，又能打破傳統社會地位的不平等現象，進而使知識的分配
與社會關係，更趨於平等與合理。

（三）經社發展的結果，會形成一種有利於推行民主政治的新文化：

這裏所謂的新文化，包括下列幾點涵義：

(1) 打破文盲的社會死角，使更多的人擁有最起碼的文化，這是推
行民主政治不可或缺的基礎條件。其次，經社發展的結果，人們會有更
多的時間，從事於文化活動，進而促成對於政治活動的參與和關懷。

(2) 打破傳統社會帶有迷信、非理性或傳奇性等等色彩的政治文化，
而轉入分析性、經驗性與理性的政治文化。就此意義而言，所謂新文
化，也就是政治學者 Almond 與 Powell 所謂的「政治文化的世俗
化」。傳統政治文化，或多或少都帶有迷信與神聖的色彩。經社發展的
結果，透過教育的普及、科學與經驗的重視，得以建立世俗化的政治新
文化。

第三節　例外: 社會學的獨裁 (dictatures sociologiques) 與技術的獨裁 (dictatures techniques)

以上所列舉的事實與論調，是用來證明經社發展與政治發展所必然發生的通則。然而，有通則就會有例外，尤其是社會科學，我們幾乎可以說，絕對不可能會有永恒的律則存在。因此，我們對於通則的研究之外，也要特別注意例外的存在。

(一) 未開發社會中的民主體制:

在一些我們所稱尚未開發社會(Les Sociétés non developpées) 中，往往有小型民主 (micro-democratie) 政治的存在: 譬如早期希臘的民主政體， 義大利和北歐中世紀末葉的都市共和國等等。 依照學者 的 研究，這種小單位民主政治 (Democratie de petites unités)， 也曾經出現在北非洲一帶。❸ 這類小型民主體制已經成為歷史的陳跡，不復在現代社會出現。 政治權力是一種特權， 不屬於奴隸所有。 依照 W. W. Rostow 的分類，這種小型民主出現在傳統社會，屬於自給自足的經濟，尚沒有發展與流動的現象。而當經濟發展與社會流動發生時，這種小型民主體制就會趨於消失， 代之而起乃是巨型的帝國或專制體制。羅馬共和國變成羅馬帝國，就是一個歷史的見證。

此外， 依照 Dahl 的研究， 在十九世紀初葉， 當民主政治在美國生根時， 其經社發展的程度仍然相當偏低。 換言之，上面所舉的經社指標都相當落後， 然而， 民主政治竟然也能夠開花結果， 這也不得不算是一

---

❸ Cf. P.—F. Gonidec: *Les Systems Politiques Africains*, T. XXIII. L. G D. J. Paris.

種例外。依照我們自己的解釋，其原因大約可以歸納爲二點：其一，歸因於美國先民追求自由的傳統信念；其二，歸因於美國新大陸的沒有歷史與文化的包袱。

(二) 已開發國家中的獨裁體制：

跟上述特例剛好相反的，我們發現在某些已開發的國度裏，曾經出現過獨裁體制，依照巴黎大學教授 M. Duverger 的分類法，可以區分爲下列兩種：社會學的獨裁與技術的獨裁。⑩

所謂社會學的獨裁，就其本質而言，它是屬於一種結構性(Structurelle) 的產物。換言之，由於社會客觀情境的變化，導致信仰與結構的危機，因而促成獨裁政治的出現。依照獨裁政治出現之後，如果其努力的方針，在於設法囘復危機前的社會秩序，就稱爲保守主義的獨裁，如果在於建立另一種新社會秩序，則稱之爲革命性的獨裁。

相反地，所謂技術的獨裁，就其本質而言，它是屬於一種際遇性(Conjoncturelle) 的產物。導致獨裁政治的出現，並非由於社會結構或信仰的危機，相反地，它是來自個人或一羣個人的野心與權力慾，因而冒險去奪取政權所致。因此，技術的獨裁政治，除了滿足奪取政權者的私慾外，往往違背民心的需求與期待。

一九三三年在德國出現的納粹獨裁政治，算得上最典型的社會學的獨裁，因爲它的出現，乃是由於當時第一次大戰後，德國社會危機與信仰危機所促成的。第一次大戰前，德國已經是一個極度工業化的國家，然而，由於大戰的失敗，首先導致經濟的困境與治安的紛亂，接着是道德的墮落與信仰的危機，而最後由於大量失業勞工的激增，很可能導致

---

⑩ Cf. M. Duverger: *Sociologie de la Politique*, P. U. F. Paris, 1973.

社會主義革命的來臨。爲了防止革命的產生，並保持既得的利益，中產
階級與資本家才轉而支持希特勒的政權。所以政治學家 S. M. Lipset 才
說：「中產階級的法西斯主義 (fascisme des classes moyennes) 與萊
茵河區大工業巨子的支持(Soutien des grands industriels de la Rhur)
乃形成納粹主義到來的最佳際遇或機會」。**⑩** 由此可見，德國納粹主義
是屬於一種保守主義的社會學的獨裁；一方面必需設法防止社會主義的
君臨，他方面又極力去維護舊有的社會秩序。

　　相對地，在已開發國度裏，並非由於社會危機之存在，而是來自個
人或一羣個人權力慾或野心所導致的政變，就稱之爲技術的獨裁。因爲
依照許多學者的研究，冒險奪取政權的野心家，他們都有一套適用的共
通技術或方式。**⑪** 一般說來，技術的獨裁很容易出現在開發中國家，尤
其是軍人政變的方式，以南美洲與非洲的國家爲最多。至於在已開發國
家中，配合社會的某個階段的景氣性危機，也會出現這個技術的獨裁。
然而，一般學者認爲，它絕對不可能維持得太久，因爲一個極度開發與
異化的經濟，很不可能長期接受獨裁政治的控制。雖然如此，如果一
個國家的經濟開發，是由於政治掛帥而推動的結果。譬如蘇聯的經濟發
展，又似乎造成一種例外；極度開發與異化的經濟，似乎也很難排脫長
期獨裁政治的控制，雖然有持續掙扎的排脫現象之存在。

---

⑩　Cf. R.—G. Schwartzenberg, op. cit. p. 310.

⑪　Cf. M. Duverger, op. cit. pp. 183-184.

第三章 政治的自主性或依賴性

談到政治發展的問題，首先必須思考到另一相關問題：政治本身的自主性格或是依賴性格？換言之，政治發展能夠獨立運作嗎？抑或它的發展，必然依賴其他經社發展始有可能？這是一個已經相當古老的政治問題。我們似乎可以把政治學者的看法，約略地區分成三大派：其一曰自主主義學派，其二曰依賴主義學派，其三曰互動主義學派。茲簡單分述如下：

第一節 自主主義學派

依照這一派的看法，政治具有其獨立運作的自主性，不但不受制於其他經社的因素，甚至於能夠決定其他社會層面的發展。早期的政治思想，大部份都屬於這一派。茲選擇代表性的重要學說介紹於下：

（一）Aristote：

他曾經說過，人是政治性動物。因此，在他的政治思想裏，非常強

調政治的自主性。他方面，他又承續傳統的政治循環觀，因而創立了他
的政治變遷理論。他對於政治變遷與循環的判準有二：其一是數量上的
判準，指掌握政治權力的人數而言，其二是屬質的判準，指權力使用的
受益對象而言，為統治者本身的利益而使用權力呢？還是為了全體人民
利益而使用權力？依照上述兩大判準，可以區分出下列圖表的政 權 類
別：

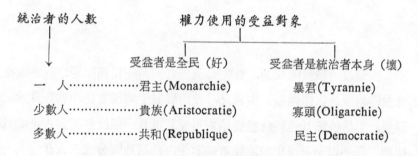

圖 17　*政治變遷與政治循環之判準*

這是一種傳統的政治分類法，具有相當主觀的個人喜好與價值判斷
之成份在內。他解釋政治變遷或循環的動力：統治者的墮落。這是一種
心理說明，跟以後的許多政治學家如 Montesquieu 與 Pareto 都一樣，
認為「有權必濫，極權極濫」。因而就造成如下圖的政治變遷或循環現
象：

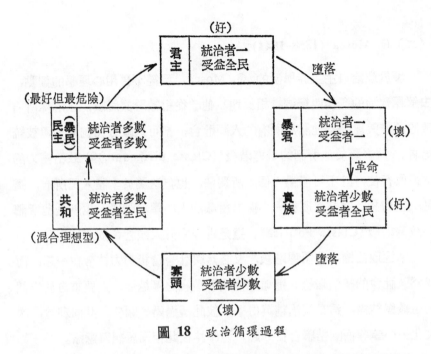

圖 18　政治循環過程

　　君主、貴族與共和三種政體，儘管在統治者的數量上有所差別，因爲它們對於權力的使用，都以全國人民的利益爲對象，所以都是屬於好的或理想的政治純粹型（Types Purs）。相反地，當統治者發生墮落而濫用權力，所有決策都以自己的利益爲前提時，就會分別轉變成壞的政治類型，分別是暴君、寡頭與暴民。

　　此外，我們必須特別注意，Aristote 是一位相對主義的政治思想家，他認爲君主、貴族與共和三種政體，雖然都是屬於好的類型，但是對於特定社會而言，一個好的政治體制，必須能夠配合其地理、文化、經濟、宗教……等等社會學條件的需求。同時，他受到其師 Platon 的影響，認爲溫合的共和政體，應該是最理想的。雖然就純理論而言，民主是最好的。然而，因爲就循環的觀點而言，它已接近暴民政治，所以 Aristote 把民主與暴民視爲同義，而特別強調共和的溫合政體。

（二）G. Mosca (1858-1941)：

　　屬於政治自主主義學派的 G. Mosca，已經不再用心理學的觀點，去解釋政治的運作與變遷。相反地，他改從組織層次着眼，來解釋所有政治運作與變遷。他認為所有的人類社會，都可以區分為統治者與被統治者。前者屬於他所謂的領導階級 (Classe dirigeante)❼ 政治權力的掌握與行使，旣不可能為一個人所獨佔，也無法屬於全體人民所有，這是一種幻想。它必然屬於一小撮有組織的人；領導階級，也就是他所謂的政治階級 (Classe Politica)。這是古今中外人類社會的普同現象。

　　掌握政治權力的領導階級，又必然與社會階級勢力結合在一起，而成為該社會的統治階級。這種政治領導階級之優越性，主要來自於它們的組織與結構；這羣統治精英份子，彼此透過婚姻關係，共同利益，次文化……等等而團結聯合在一起，並保持彼此相同思想與意識。

　　國家與政權雖然有形式的不同，然而其政治領導階級的存在與性質，則完全一樣。只是在不同時代與相異政權下，各以不同的主義或意念，去合法化或理性化它們的統治地位而已。

　　這種政治領導階級本身，通常又分成兩大階層：其一曰高層領導人物 (Chefs supérieurs)，也就是一般所謂權力結構的核心人物，其二曰次級領導人物(Chefs secondaires)，其構成人員遠比核心人物多得多。

　　依照上述 Mosca 的政治領導階級之理論，還有一個主要的課題是：在政治的獨立運作下，這些政治精英份子是如何產生的？換言之，怎樣才能參與政治領導階級？Mosca 認為政治領導階級的結構，可能是開放的，也就是民主式的 (Democratique)；也可能是封閉的，或是稱為貴族式的 (Aristocratique)。不過，我們特別要提醒讀者，Mosca 認為，

---

❼　Cf. G. Mosca: *The Ruling Class*, New York, 1939.

一般所謂自由體系 (Systemes Libéraux) 與專制體系 (Systemes auto-cratiques)的區別，並不必然與政治領導階級的結構性質之區分相對待。換言之，自由體系的政治領導階級之結構，其性質並不一定就是民主開放式的，同樣地，專制體系的政治領導階級之結構，其性質也未必是封閉貴族式的。

此外，他又把社會區分爲下述兩大類:其一曰非流動性社會(Sociétés immobiles)，在這種社會裏，精英份子的流動幾乎不存在，或是一種畸型的存在; 其二曰流動性社會 (Sociétés mobiles)，在這種社會裏，精英份子的循環表現得非常正常。依照他的看法，現代民主社會都屬於典型的流動性社會，代表各種不同社會類屬之間，彼此形成一種社會運動而使精英不斷地循環運作。

總而言之，Mosca 透過政治領導階級的結構理論，說明帶動人類社會進步的原動力，乃是來自政治權力掌握者的觀念與利益。因此，屬於道道地地的政治自主主義學派。

(三) Roberto Michels (1876-1936):

他原先是一位德國社會主義者，先後執教於 Bâle 與 Florence 大學。後來歸化於義大利。跟 Mussolini 有深交。自從 1911 開始，他陸續發行了其名著: Les partis politiques, Essai sur les tendances oligarchiques des democraties（政黨論; 民主政治的寡頭趨向）。

依照他的看法，由人民自動自發去管理與領導自己，那是不可能的事。這種所謂直接民主的構想，先天性就有技術性 (technique) 與機制性 (mecanique) 的困難存在。就理論上而言，民主政治的實際理想，在於由民眾自己來組成政府，然而事實上，政治權力總是旁落在一小撮政治野心家的手裏，他把它們稱之爲「寡頭集團」(Etat-major oligarchique)。所有的羣衆必然受到不同組織內部一小撮人的統治與管理，譬如社會黨或是工會皆然。

由此可見，他認爲沒有組織就沒有民主政治，有組織就有一小撮人獨佔權力，因爲所有的組織，都需要有角色的專業化，其結果也，必然導致羣衆與專業化少數寡頭的區分，這就是他所謂的「寡頭鐵律」(Loi d'Airain de oligarchie)。

何謂寡頭鐵律？ 他說：「只要有組織的存在，就會有寡頭的趨勢！在任何組織裏，不管是政黨，或是職業聯合體，很明顯地都會出現少數精英份子壟斷整個局面的趨向。組織本身的構造與其機制(mecanisme)，不但能夠產生堅強的結構體，而且使得參與組織的羣衆發生極大的變化；它把領導者從羣衆中拉到高高在上的特殊地位。換言之，所有的組織，必然會把政黨或工會劃分爲少數領導人物與多數被領導的羣衆」。[73]

因此，Michels 認爲，只要有組織的存在，就會有職業化領導集團的存在，它所壟斷整個組織，爲了維護其既得利益與權力，必然彼此聯合在一起，藉以抗拒任何的可能挑戰與威脅。他在研究德國的社會民主黨與工會之後，得到的簡單結論是：「當羣衆與領導者發生衝突時，只要後者能夠聯合在一起，勝利總是落在後者的身上」。[74] 所謂主權在羣衆的說法，只不過是一種響亮的幻想而已。

（四）James Burnham：

雖然從另一個角度着眼，然而跟 Mosca 的看法具有異曲同工之妙，那就是 J. Burnham 在 1940 所發表的「經理革命」(The Managerial Revolution)。[75]

---

[73] Cf. R. Michels: *Les Partis Politique*, 1914, Paris.

[74] Cf. R. Michels: op. cit. p. 14.

[75] Cf. J. Burnham: *The Managerial Revolution* New York, 1940.

在書中他特別強調，二十世紀初葉的資產家，已經逐漸被組織者 (Organisateur) 與經理者 (Managen) 所取代。眞正的權力已經旁落在管理部門的少數寡頭人物之手裏。在現代極其複雜與技術化的社會裏，唯有這些領導精英，才擁有足夠的能力與才幹，去領導並協調全國性的活動與生產。換言之，權力逐漸掌握在少數經理者的手裏，他們不但能夠組織與管理托拉斯 (Trust)，甚至於所有政黨，工會與公共行政，掌握所有經濟活動的層面。這就是他所謂的「技術專家」(Technocrates)。

更確切地說，一般說來，這些經理者並不是資本家。絕大多數的他們，旣不是所有權人，也非主要股東，亦非資金的提供者。他們的權力絕不是來自生產工具的擁有。相反地，是建立在知識與技術能力之上。雖然他們所得的報酬都相當高，但是，他們最感興趣的，還是權力的掌握與擴大。他們努力的動機，絕不是獲得更多的利益，而是滿足權力慾的野心。就此意義而言，他們的政治動機，強過於經濟動機。

因此，J. Burnham 認爲，資本主義已經註定要消失，而社會主義又無法取而代之。因爲兩者都遇到同樣的勁敵，不管在民主陣容或共產陣容裏，都出現了他所謂的「技術專家」，透過上述經理革命或管理革命的過程，不管私人企業或政府機構，其權力都一樣地掌握在這些擁有經營知識與技術的寡頭之手上。就此觀點而言，美國的經理者與蘇聯的，並無任何差異之存在。換言之，傳統上由於經濟差異所造成的政治差異，已經由於技術專家的相同權力動機，使資本主義與共產主義的對立逐漸消失，代之而起的是：相同的專家政治。這種政治獨立運作的新趨向與其產生的特殊結果，更爲法國當代政治社會學家Raymond Aron所強調。

（五）Raymond Aron：

上面所列述的政治自主主義者，或多或少，都傳承近代政治學之父 Machiaveilli 的政治現實主義之思想，他們所強調的是政治因素，跟馬克斯主義者所強調的經濟因素完全相反。Raymond Aron 也屬於這一派的人，然而，其論述的觀點，又有別於前面已述的學者。

他在「階級鬥爭」（La lutte des classes, 1964）一書裏寫道：「Machiaveilli 學派一再地強調指出，不但是處處而且是時時，政治權力必然為少數人所獨霸，而且政治權力對於人類的影響力，遠大過於經濟力。馬克斯主義者反對這種說法，因為它不適合於西方社會，竟然意外地足以解析蘇聯的社會……」**⑯** 又說：「Machiaveilli 學派的理論家也認為，一但掌握了政治權力的人，必然會利用機會取得經濟利益，然而，人類歷史與社會的運作重心，仍然以政治為主。然而，出乎意外的是，最合乎 Machiaveilli 學派的理論，而與馬克斯理論完全相違背的革命，竟然發生在蘇聯的社會裏。蘇聯大革命，很典型地由少數人所奪取政權，這些少數人既非生產工具之擁有者，也非人民大眾的代表，更不是反應什麼社會的任何優勢階級，他們之所以能夠奪取政權，只是靠着有組織的政黨而已！」**⑰**。換一句話說，蘇聯的大革命，證實了 Machiaveilli 學派的理論：政治能夠獨立運作於經濟因素之決定與作用之外。

依照 R. Aron 的看法，由於工業化的結果，蘇聯共產主義社會與美國資本主義社會，在表面形式上，雖然截然不同，然而，就實質而言，已經演變成相同的激進工業社會（Société industrielle progressive）。在這個形異而同質的兩個社會裏，我們發現有個共同的特徵：生產力特別強，並且支配着其他各方面的社會發展。換言之，這兩個社會的經濟

---

⑯ Cf. R. Aron: *La lutte des classes*, Paris, P. U. F. 1964.

⑰ Cf. R. Aron: op. cit. p. 172.

發展，已經漸趨相似，唯一的差異，乃是政治組織。因此，他在「民主與極權」(Democratie et Totalitarisme) 一書裏寫道：「現代工業社會，擁有極多的共同特徵：勞動力的分配，集體資源的增加等等。唯一最大的差異，在於其政治權力的組織。由於政治體制的不同，才導致經濟體系與其餘社會關係的各種差異。……就此意義而言，我們可以說政治第一 (Primat du politique)，因為政治現象優先於經濟現象」。**⑱**

雖然如此，我們絕對不要誤以為，R. Aron 所謂的政治第一，跟 K. Marx 所謂的經濟第一：經濟決定論，具有異曲同工之妙。因為 R. Aron 認為，社會的演變，既不像 K. Marx 所講，完全為其經濟所決定，也絕對不可能完全為其政治所決定。所以他又說：「把社會的演進，解釋成決定於某種特殊部份因素的學說，都是一種錯誤的想法」。**⑲**

第二節　依賴主義學派

以上所列述的學者及其學說，都是屬於政治自主主義學派，認為政治運作具有其自主性及其影響效果。剛好跟它持完全相反意見的，就是傳統馬克斯主義的政治衝突論。他們從物質主義的觀點出發，提出所謂經濟決定論，認為政治結構只不過是下層經濟結構的反射物而已，因此，政治的運作，完全依賴於其經濟結構，這就是我們所謂的政治依賴主義學派。因為我們在抽象層次的理論分析裏，已經非常詳盡地介紹過 K. Marx 的政治理論，就此從略，請讀者自己去參考。同時，在政治發展的後半部，我們將陸續介紹一些新馬克斯主義者及其理論，它們都帶極其深厚的政治依賴主義之思想，也請讀者特別注意。

---

⑱ Cf. R. Aron: *democratie et totalitarisme idées Nrf*, Paris, 1965.

⑲ Cf. R. Aron, op. cit. p. 98.

第三節　政治互動主義學派

　　跟上述兩大學派相對峙的第三派，就是所謂政治互動主義學派。依照這一派的看法，在人類歷史的發展過程中，政治本身的運作與發展，既不依賴於某種其他特殊因素，也未能優越地決定其他社會層面的發展。相反地，政治與其環境（所有其餘社會層面：文化、經濟、文學、歷史……都構成政治發展的環境）的關係，應該是屬於互動的彼此互相爲發展的條件，彼此影響對方的發展結果。這一派的典型代表，就是美國的功能學派與體系分析學派。在上一篇抽象層次的理論分析裏，我們已經介紹過 T. Parsons 與 D. Easton 的理論，請讀者自行參考。在本篇的下面幾章裏，我們也將陸續介紹這一派的其他理論，充分表現出政治互動主義的色彩，也請讀者特別注意參考。

第四章　當代政治發展理論的面面觀

自從五〇年代以來，政治發展理論的主流，都屬於我們上述的所謂政治互動主義學派。當然，與之相抗衡的，就是一般所謂的新馬克斯主義學派。首先，我們要介紹政治互動主義學派的主要觀念與其類型，其次，在經社發展與政治發展的關係裏，再介紹新馬克斯主義的觀念與理論。

第一節　政治發展理論的一些主要著作

傳統政治發展理論與古典馬克斯政治論，到了二十世紀的中葉，受到了兩大挑戰：其一是來自工業化的結果，傳統社會結構已完全解組，代之而起的是現代化的工業社會結構。傳統政治發展理論與古典馬克斯政治論，似乎都無法解釋這種現代化社會的政治現象及其發展；其二是來自第二次大戰之後，由於反殖民運動的結果，新興國家紛紛獨立，造成了各種奇特的政治發展與社會現象，各種不同類型的政治意識，已開發和開發中國家的政治發展差距等等，再再都引起了政治學者的新興

趣。因此，自從80年代以來，政治發展理論，有如雨後春筍般地出現。
依照時間的秩序，我們做簡單的追蹤介紹如下：

受到反殖民運動與新興國家的政治刺激，首先出現 1955 年 Roy
Macridis 的 The Study of Comparative Government (New York)。
他首先宣告傳統政治學的破產，並強調比較政治學的重要性。

1954年美國成立所謂 Social Science Research Council, 組織內設
有 Committee on Comparative Politics., 其中主要委員分別包括了下
列幾位聞名的政治學者： Gabriel Almond; Lucian Pye; James S.
Coleman; Roy Macridis; Guy Pauker; Leonard Binder; Herbert
Hyman; Joseph La Palombara; Sidney Verba; Myron Weiner 等
人。他們先後對於政治發展與政治現代化的理論，都有極大的貢獻。

1959年6月，首次舉行「政治現代化」的研討會，而上述比較政治
委員會提出「政治發展」的討論綱要。在會中政治學者 Edward Shils
提出極為重要的論文，其後以 「Political Development in the New
States」 (The Hague, 1960) 一書聞名於世。

1960年，在 Gabriel Almond 與 James Coleman的合著下，出版
了「The Politics of the Developing Areas」一書，其中也有 Lucian
Pye 與 Dankwart Rustow 的大作在內。

至此，比較政治之研究與政治現代的研討，一時蔚為風尚，有關政
治發展的研究，極盛一時。其中比較重要的著作有：

① David E. Apter： —*The Gold Coast,* Princeton, 1956.

　　　　　　　　　 —*The Political Kingdom in Uganda; A*
　　　　　　　　　 Study in Bureaucratic Nationalism,
　　　　　　　　　 Princeton, 1961.

　　　　　　　　　 —*Ghana in Transition,* New York, 1963.

② Leonard Binder: Iran; *Political Development in a Changing Society*, Berkeley, 1962.

③ Lucian Pye: *Politics, Personality and Nation Building; Burma's Search for Identity*, New Haven, 1962.

從 1961 到 1963 年間，上述比較政治委員會，又陸續舉辦了五次國際性政治發展的研討會，其中主要研討課題包括：溝通與政治發展（1961年9月）、科層制與政治發展（1961年12月）、教育與政治發展（1962年6月）、政治發展在土耳其與日本（1962年9月）、政黨與政治發展（1963年9月）。

在 1963—1966 年間，先後陸續把這五次開會的主要論文與討論結果，整理成五大本書，再以上述比較政治委員會的名義出版，書名叫 Studies in Political Development (Princeton University Press) 叢書。

第一本，Lucian, Pye 主編：書名叫 *Communication and Polotical Development*, 1963.

第二本，R. Ward 與 D. Rustow 合編：*Political Modernization in Japan and Turkey*, 1964.

第三本，J. Lapalombara 所著：*Bureaucracy and Political Development*, 1963.

第四本，J. S. Coleman 著：*Education and Political Development*, 1965.

第五本，M. Weiner 與 J. Lapalombara 合編：*Political Parties and Political Development*, 1966.

在比較政治委員會所出版的 Studies in political development 叢

書中，同樣地包括了下述有關政治發展的重要著作：

(1) L. Pye 與 S. Verba 合編：*Political Culture and Political Development* (Princeton, 1965). 重點放在政治社會化與文化的研究上。

(2) G. Almond 與 S. Verba 合著：*The Civic Culture, Political Attitudes and Democracy in Five Nations* (Princeton, 1963).

(3) G. Almond 與 G. B. Powell 合著：*Comparative Politics, A Developmental Approach* (Boston, 1966).

(4) G. Almond 編著：*Political Development, Essays in Heuristic Theory* (Boston, 1970).

經過上述期間的啓蒙研討之後，到了 1965-1970 年間，似乎可以說是政治發展理論的成熟時期。在這個期間，有下列比較重要的著作：

(1) D. E. Apter：*The Politics of Modernization*, (Chicago, 1965).

(2) L. Pye：*Aspect of Political Development; An analytic Study*, Boston, 1966.

(3) S. N. Eisenstadt：*Modernization; Protest and Change*, Englewood Cliff, 1966.

(4) Claude E. Welch：*Political Modernization*, Belment, 1967.

(5) Samuel P. Huntington：*Political Order in Changing Societies*, New Haven, 1968.

從上述這些大作裏，逐漸釐清了有關政治發展的新觀念與新看法，譬如 Lapalombara 所提出的「政治現代化的判準」，Ward 與 Rustow 所分析出來的「現代政治體系的八大特質」，Coleman 所倡導的「發

展的徵兆」，Pye 與 Welch 所強調的「政治現代化的三大特徵」等等，
乃逐漸形成當代政治發展學派的時潮，我們將在經濟發展與政治發展的
後面幾章裏，分別跟新馬克斯主義的理論，做對照式的分析與介紹。

第二節　政治發展的新觀念

　　所謂政治發展的新觀念，是指對於政治體系的轉變過程及其環境之
間的互動關係，已經由傳統的靜態研究 (Statique) 變成動態分析 (An-
alyse dynamique)。正如經濟學家在談經濟現代化與經濟發展，政治學
者也開始研討政治現代化與政治發展，藉以了解傳統政治體系轉換成現
代化政治體系的過程。從傳統政治體系轉變爲現代政治體系過程中，也
正如經濟體系一樣，出現了所謂轉型期社會 (Societé en transition) 時
期的「現代化聲中的政治體系」(systemes politiques en voie de mo-
dernisation) (modernizing political system)。

　　由此可見，政治發展首先遇到的課題是: 如何去衡量政治現代化的
程度? 什麼是構成現代化政治體系的最主要因素? 政治發展應該如何衡
量? 關於這些政治發展的主要議題，政治學者的意見與觀念，可謂見仁
見智。不過，我們似乎可以舉出美國政治學者 Lucian W. Pye 的見解，
做爲新觀念的典型代表人物。

　　在美國享有聲譽的政治雜誌 Annals of the American Academy
of Political and Social Science 裏，(Vol. 358, mars 1965, pp. 1-13)
L. W. Pye 發表過一篇文章叫The Concept of political development,
曾經爲政治發展提出過三大主要面向: 結構的分化、體系的能力與平等
趨向。茲分別介紹於下:

(一) 結構的分化 (La differenciation structurelle)：

所謂結構的分化，這個觀念早就出現在 Gabriel Almond 所寫 The Politics of the Developing Areas 一書的緒言裏。L. W. Pye 又把此觀念更發揚光大，所謂結構的分化，包括了下列的三大主要面向：

(1) 首先是指**政治結構的普同性** (universalité de la structure politique)，卽使是最簡單的體系，也必然有政治體系的存在。因此，在不同時期與相異地區的任何政治體系，都可以依照其結構專門化的形式與程度，彼此進行比較研究。

(2) 其次是指**政治功能的普同性** (universalité des fonctions politiques)：在所有的體系裏，必然會有社會生活所不可或缺的各種功能存在。雖然在不同結構的類型裏，或多或少會有性質與程度的差異，但是，所有政治體系所扮演的功能，則完全一樣。

(3) 最後是指**政治結構的多元功能性** (La multifonctionnalité de la structure politique)：在以往的歲月裏，政治學者常常過份強調西歐政治體系與其他地區政治體系的差異性。其實，自從60年代到70年代期間，有許多政治學者的研究報告指出，所有政治結構，不管是傳統的或是現代的，都擁有同樣的多元功能性。譬如司法機關，並不僅止於審判的功能，它在進行司法審判的過程中，也隨時在扮演立法的司法功能（判例的功能），又如行政機關，透過其行政命令，也能成為最主要的法律來源，這就是行政機構的立法功能。

依照上述政治結構的分化所涉及的三大面向來看，越是分化的程度越深，越表示其政治體系的現代性越高。換言之，結構分化後的下列各種機構：立法機關、行政機關、司法機構、政黨、壓力團體，以及傳播機構等等，各自扮演專門化的獨特功能。相反地，在原始或傳統政治體

系裏，常常缺乏這種專門化的結構分化，其結果也，有時候會有一個機構扮演許多屬於其他機構的功能，相反地，也會出現許多機構共同扮演同樣性質的功能。

因此，就政治發展的觀點而言，所謂結構的分化，並不在於性質的不同，而是指其分化的程度而言。換言之，是指結構的專門化與功能的分化程度。因此，政治發展的徵兆之一，乃是結構越分化，越有特別專業化的結構，專司獨特而確定的功能。所以 L. Pye 說；在一個尚無發展可言的政治體系裏，總是由少數的結構，去扮演許多尚未分化的功能。也就是說，由一小撮社會羣體或個人，扮演整個政治體系的所有功能。相反地，在已開發的政治體系裏，存在着極爲明顯的社會分工，結構不斷地分化而增多。然而，各種結構並不因而孤立獨存，彼此形成一種協調網式的存在。換言之，在整個政治體系之內，各種分化後的專門化結構，都彼此以「次體系的自主性」(Autonomie des sous systemes) 跟其他次體系保持協調的關係。唯有如此，才能夠避免「各部會的本位主義」之出現。

其實，政治發展理論者所思考的結構分化，也就是早年 M. Weber 在科層制問題上所談的課題：結構專業化與功能的分化，也就是政治角色的專業化與分化的程度問題。就實際政治現象而觀，所謂現代政治體系，必然擁有下列各種專業化的結構存在：行政、立法、司法、政黨、工會、傳播、壓力團體……等等，藉以回答來自其環境的任何挑戰與人民的需求。⑧

(二) 體系的能力(La Capacité du systeme)：

---

⑧ Cf. R. E. Dowse and J. A. Hughes: *Political Sociology*, J. Wiley & Sons, New York, 1972.

L. Pye 認為，所有政治體系必然擁有滿足其人民需求，排解糾紛，處理公共事務等等能力，而所謂政治發展，就是指這種能力的增加。如果依照 Almond 與 Powell 的看法，所謂政治體系的能力，應該包括下列主要四點：抽取能力 (Extractive)、規範能力 (Regulative)、分配能力 (Distributive)、回答能力 (Responsive)。我們將在後面做詳細的說明。至於 L. Pye 則認為，任何政治體系必然擁有下列三大能力：

(1) 創意能力 (La Capacité d'Innovation)： 所謂創意能力，是指對於新問題的調適能力。換言之，對於沒有預料而突如其來的新問題與新挑戰，政治體系都能夠應付自如的能力。依照 L. Pye 的看法，這種創意能力，對於開發中國家的政治體系而言，更為重要。因為這些開發中國家本身的社會問題特別多，來自國際間已開發國家的誘惑與挑戰也特別敏感，因此，開發中國家的政治體系，特別需要擁有這種創意能力，藉以應付新環境的新挑戰。因此，所謂創意能力，也正是某些社會學家所謂的期盼革命(Revolution des aspirations)：期盼環境衛生的改善、教育的改良、社會福祉的增強，以及政治參與的擴大……等等。

(2) 動員能力 (La Capacité de mobilisation)： 所謂動員能力，是指動員所有可用人力與物力資源，藉以體現社會大眾所共同追求的目標之能力。所謂政治發展，就表示其動員能力的提昇，能夠把可用的人力與物力資源，毫不浪費地動員起來，參與國家與社會的建設。L. Pye 認為，動員能力應該包括下列幾個層次的能力在內：

——動員所有國家與社會建設所必須的可用人力與物力資源。

——傳播社會大眾所共同期盼與追求的目標。

——把社會大眾的困惑問題與其相關利益，給於凝聚而成為明顯的固定目標，進而不但能夠代其解決問題，又能滿足其利益之追求。

——協調社會大衆的活動與行爲。

——維護社會公共秩序與安寧。

由此可見，他所謂廣義的動員能力，實際上已經包括了立法、司法與行政等政治權力在內的政治權威。這也正是政治學家 Samuel P. Huntington 所強調的：新政治秩序的建立與制度化。所以他認爲，一個成功的政治革命，必然緊跟着快速的政治總動員與快速的政治制度化。換言之，政治制度的穩定性與政治權威的深淺度，正可以衡量出革命的成功與否。㉛就此意義而言，社會秩序越穩定，政治權威越擴大，則政治越是發展！我們認爲，這種政治思想是屬於 Machiaveilli 學派的政治現實主義與政治超道德主義之範疇！㉜他特別強調制度化 (Institutionnalisation)，而把政治發展視爲是制度化的問題，而排除了其餘所有相關的變數：工業化、文化現代化等等。換言之，他所謂政治發展，已經跟經社發展或經社現代化毫無關係，純粹是一種政治組織與政治過程的制度化問題。所以像印度這個國家，就其經社發展或經社現代化而言，是非常落伍的，然而，就其政治過程與政治組織的制度化而言，其政治體系已經達到了相當高度的發展！

(3) **生存能力** (**La Capacité de survie**)：所謂生存能力，是指所有政治體系必然設法使其本身繼續存在下去，越是發展的政治體系，越有這種能力。這是社會學家所謂政治社會化 (Socialisation politique) 的問題。政治體系爲了維護其本身的續存，隨時隨地都會透過其結構，包括所有專門化或尚未專門化的結構，如學校、大學、教會、工會、政黨、教會、軍隊、警察……等等，傳授有利於政治體系的言論、思想與主義，使社會大衆產生並維持有利於政治體系的行爲與態度。政治體系

㉛ Cf. S. P. Huntington, op. cit. pp. 186-190.

㉜ Cf. G. Rocher: *Le Changement Social*, Ed. HMH. Paris, 1968.

不但要招募樂於加入其行列的支持者，藉以加強其穩定性，也更要吸收善於批評它的反對者，以便減弱來自其環境的威脅性與挑戰性。就此意義而言，政治發展的徵兆之一，乃是政治容忍度的擴大！

（三）平等趨向 (La tendance à l'egalité)：

依照 L. Pye 的看法，政治發展的第三向度，乃在於平等趨向之存在。一個社會的政治體系是否已經開始發展？其發展的程度如何？也就是說，是否有了平等趨向？其程度如何？可以由下列三大特徵來衡量：

（1）**政治活動的大眾參與** (Participation populaire aux activités politiques)：越是在傳統與封建的社會裏，政治活動越是屬於特定階級的專利品，人民對於政治的關懷也越少。相反地，政治越是發展，大眾參與的需求也越高，地方主義也就越趨向於全國主義，人民不但關懷全國性政治，也普遍地參與政治活動。

（2）**法律的普同性格** (Caractère universel des lois)：也就是我們一般所謂的法律之前，人人平等，絕無特權之存在。這一種平等趨向，不只是一種口號或理想，而是落實在實際人民的社會生活裏。否則，就像古代中國封建社會，雖然有「王子犯法，與庶民同罪」的理想，而表現在實際人民社會生活裏，又成為「刑不上大夫」的局面。也唯有在這種社會裏，才會出現包青天的偉大人物！

（3）**人事公開** (Recrutement aux postes publics)：對於全國人事的任用，一律本着公開、公平與公正的原則，唯才是用，排除過去傳承與階級的人際關係。

這三個層面的發展與進步，在政治發展過程中，並不一定會同時出現。相反地，在人類歷史的實際經驗中，對於這三種不同層面的平等趨向，往往會出現彼此對抗或不平衡的緊張局面，因而導致減弱政治體系

的能力。　正如在開發中國家，　為了經社發展與國家的整合，　獨裁者與一黨專制的領導者，往往理直氣壯地要求人民必須犧牲其自由與個人利益。

第三節　政治發展的測準
(La mesurabilité du development politique)

有關政治發展的另一問題，乃是其測準的問題。換言之，我們是否能夠像經濟發展那樣，去衡量政治發展？如果能夠，那麼，應該使用什麼判準？如何去衡量？如何把屬性的事物（譬如創意能力、人民團結力、社會整合度等等）給予量化？在各種變項中如何確定其相異的影響力？處處都顯得相當困難。雖然如此，也有不少政治學者企圖嘗試，其結果都不太理想。其中最被常人所引述的研究，要算是上述 Bruce M. Russett 的 Trends in Wored Politics。對於政治發展的測準，他混合了經社六大指標與政治三大指標。前者指：個人所得、識字程度、教育普及度、工業化、都市化、訂報普及度等六項而言，後者包括：投票率、整個人口中軍人所佔比例、公共費用的總數等三項指標。

第五章　政治發展的類型
(Les Typologies developpementalistes)

（B. M. Russett）用來做爲政治發展的測準，很明顯地是一種西歐民主政治的模式，充分代表了西方民主主義的優越感在內。依照這混合變數的測準，政治發展就等於西方化 (Occidentalisation)。然而，正如我們上面所分析過，政治發展的涵義及其向度，應該不僅止於西方化的偏狹道路上！我們這種看法，可以從許多實證研究中，所提出的政治發展之類型，得到印證。現在我們就來介紹一下政治發展的類型。

第一節　Edward Shils 的分類[83]

在上面我們已經介紹過，1959年 6 月，美國比較政治委員會，曾經舉辦過政治現代化的研討會。在會中 Edward Shils 有過一篇相當重要的論文。自從 1960 年開始，他分別把它發表在 Political Development in the New States。對於政治發展的類型，他提出下列的五大主要類型。

[83]　Cf. R.—G. Schwartzenberg, op. cit. pp. 234-235.

第一類型: 政治民主型 (Democraties Politiques): 這也就是我們一般所了解的西方民主政治之類型，其特徵表現在政治權力的區分，結構的專門化與功能的分化。各種專門化的結構 —— 立法機構、行政機關、司法機構、政黨、壓力團體、傳播機構——各自扮演着特定的角色。依照 Shils 的看法，在當時非西方世界的國度裏，唯有亞洲的日本、土耳其、以色列，以及南美洲的智利等國家，都屬於這一類型的政治體制。

第二類型: 頭衙民主型 (Democraties tutélaires): 在表面上，擁有一切上述政治民主型的一切機構與民主規範，領導者也口口聲聲掛着體現民主政治的響亮目標。然而，在實際上，一切大權都旁落在行政機構，而且集中在某特殊人物之手上，有所謂權力人格化或甚至於神格化的趨向。立法機關普遍沒有權力，司法獨立也只是一種口號而已。這種頭衙民主型，也正是巴黎大學名政治學家 M. Duverger 教授所謂的「偽裝民主型」，其特徵是: 實際權力結構凌駕於憲法權力結構之上。依照 E. Shils 的研究，當時西非洲海岸的 Ghana 最為典型。其實，在今日的亞洲，極多數的國家，也都屬於這一類型的民主體制。

第三類型: 現代化寡頭型 (Oligarchies en voie de modernisation): 望文生義，這是聞名的寡頭政治體系，根本沒有西方式憲法體制之存在，即使有，也被束之高閣。實際政治權力完全操在一小撮文人或軍人之手裏。政治領導階層可能以追求民主化為目標，也可能避而不談。一般說來，都沒有競爭性政黨的存在，如果有的話，它們的活動也受到極為嚴格的限制。很少有工會或其他類似的壓力團體之存在，如果有的話，也往往只是官方授意下的插花品而已。政治領導階層的主要目標，在於追求經濟發展，藉以排除所有傳統的阻礙。依照 E. Shils 的研究，Ataturk 時代的土耳其與當時的 Pakistan，都屬於這一類型的政治體

系。

第四類型: **集權寡頭型** (**Democraties totalitaires**): 這是一種集體主義的寡頭政治，依照 E. Shils 的看法，當時的北越與北韓，都屬於這一類型。它跟上述現代化寡頭型最大的差異，表現在下列的三點特徵上: (1) 一切以政治掛帥，政治干涉到社會生活的任何層面，(2) 政治領導階層，對於政治權力的集中，已經達到了極點，(3) 社會動員的速度極為快速。因此，依照 E. Shils 的看法，兩者的差異，並不在於性質，而是在於程度的深淺而已。他把集權寡頭型劃分為兩大類型: 其一是布而雪維克型(Type bolchevique)，其二是意大利法西斯或德國納粹所代表的類型。

第五類型: **傳統寡頭型** (**Oligarchies traditionnelles**): 這一類型大都屬於一般所謂的王朝 (dynastique) 與君主 (monarchique)。套用社會學家 M. Weber 的看法，則權力的來源或合法化，並不是來自理性產物的憲法，而是淵源於傳統的習俗。政治領導集團，都由特權階級與血姻親關係的人物所構成。換言之，這一類型的權力結構，其性質是完全封閉性的。領導階層的注意力，大都集中在如何維持權力的延續，很少注意到整個社會變遷與發展的問題上。E. Shils 列出當時的 Yemen, Nepal, Arabie Seoudite 等國家為典型代表。

不過，由於世界性潮流的影響與西方優勢文化的壓力，這些傳統寡頭型的政治體系，除了注意其權力本身的維護外，也不得不注意到現代化社會的建設。因此，依照 E. Shils 的看法，它們已經慢慢帶有現代化寡頭型的色彩，他把它稱之為 Traditionnalistic oligarchy，有別於原來的 Traditional oligarchies。

第二節　Gabriel Almond 與 G. B. Powell 的分類⑭

自從 1960 年 G. Almond 在出版 The Politics of the Developing
Areas 一書時，他就特別重視政治現代化或政治發展的過程問題，尤其
強調政治體系的文化複合性。(Caractère culturellement mixte des
systemes politiques)。從文化的觀點而言，所有的政治體系都是複合或
雙元 (dualistes) 體系：傳統與現代性的結合體。世界上既沒有完全現
代化的政治體系，也沒有完全傳統或原始的政治體系，如果現代化要素
強過傳統因素，就稱之為現代化政治體系，反之，則稱之為傳統政治體
系。就此意義而言，不管是已開發的西方政治體系，或是開發中非西方
政治體系，都是屬於文化變遷中的過渡體系 (Systemes transitoires)。
對所有社會來說，這是政治發展過程的普同性。基於這點認知與靈感，
G. Almond 在跟 G. B. Powell 合著 Comparative Politics; A deve-
lopment Approach 一書時，提出了一種創意性的政治發展類型。

(一) 政治發展的變數：

為了要依照「發展的水準」(niveaux de developpement) 來區分
政治體系，他們採用了三項相關的變數：角色的分化 (differenciation
des Rôles)、次體系的自主性 (Autonomie des sous-systemes)，以及
世俗化 (Secularisation)。由於他們對於「結構分化」所下的定義是：
次體系與新角色的發展 (developpement de nouveaux rôles et sous-
systemes)，所以藉以衡量政治發展的該三項相關變數，其實也就成為
區分政治體系的兩大水準：結構分化的程度與文化世俗化的程度。

---

⑭ 同上，pp. 236-238.

(1) 結構分化: 把結構當做角色的組合而加以分析，所以他們對於結構分化所下的定義是：使角色改變而成為更專門化或更自主化的過程；或足以產生新型角色或新結構和次體系的過程。[85] 因此，結構專門化包括了角色的分化與 Dahl 所謂的次體系之自主性。所以，在傳統政治體系轉變為現代化政治體系的發展過程中，角色越是分化，或是新型角色越多，或是新結構越多，而各種次體系——政黨、壓力團體、工會——的自主性越高，則政治發展的程度越高，該政治體系越是現代化。

(2) 文化世俗化(Secularisation Culturelle): 政治發展的第二種主要向度，除上述結構分化之外，就是 Almond 與 Powell 所謂的文化世俗化。他們對文化世俗化所下的定義是：能夠使個人在其政治行動上變得更理性，更分析性與更經驗性的過程。[86] 換言之，政治文化與個人政治態度的形成上，理性戰勝了情緒，認知性要素 (Composantes Cognitives)多過情感性因素，科學求證與分析的精神驅逐了傳統迷信的心態。政治競爭與辯論，不再是理念 (ideologiques) 與非理性行為的勾當，而是凡事求實與求真的科學行為。因此，這種政治文化的世俗化過程，會產生一種新風範的政治生活，具有下列兩大特徵：

其一，政治辯論所涉及的問題，其性質會越來越特定(Specifique)，不會像以往那樣，廣而無當，含糊不清。換言之，對於政治辯論主題的對象，解決方式或途徑，都非常地慎重而深入探討。

其二，政治辯論的性質，也由過去堅持原則與維護理念教條的死硬派作風，漸漸轉為注重實踐性與經驗性的妥協與協調的容忍作風。換言之，尋找實際可行的談判作風，取代了過去的價值理念之對抗。

---

[85] Cf. G. Almond and G. B. Powell: *Comparative Politics: Adevdopment approach.*

[86] 同上。

依照他們兩人的看法，政治文化的世俗化是各種新結構能夠發揮其功能的必要條件。雖然如此，也並不是說，所有傳統政治文化要素都成為廢物。在政治發展過程中，有些尚未世俗化的傳統政治文化要素，也曾經扮演過相當有貢獻的角色。譬如在英國與日本，傳統政治文化要素的忠誠、服從與謙遜等等，在政治發展或現代化的過程中，似乎扮演過穩定轉型的角色。❽ 相反地，也有一些傳統政治次文化，在政治現代化或發展過程中，不但沒有貢獻可言，反而扮演了一種阻礙轉型的 負 角色。譬如印度境內的宗教、方言與卡斯特 (caste) 等次文化，就是極為明顯的例子。這一點也是所有開發中國家所面臨的最大挑戰：如何消除傳統政治次文化的負角色？

（二）政治體系的類型：

依照上述政治發展的變數與水準，他們把政治體系區分為下列三種類型：

(1) 原始體系(Systemes primitifs)：這是指間歇性(intermittente)政治結構而言。原始體系雖然擁有最基礎單元的結構分化，然而，既沒有穩定性，也沒有持續性。其政治文化的特徵，在於其封閉性與散亂性(diffuse)，而自成一種獨特單元的存在。政治體系的組成員，很少注意到全國性政治事務上。他們所關懷的，僅限於其所屬村莊與部落的政治次體系。這就是他們所謂的 Parochial political culture。

(2) 傳統體系 (Systemes traditionnels)：已經擁有政府的政治結構，功能與角色也相當分化。就政治文化而言，人們的政治態度，也已經進入 Almond 與 Powell 所謂 Subject culture 的範疇：每一個個人

---

❽ Cf. D. Apter: *The politics of modernization Chicago*, U. C. P. Hannah, 1965.

都已經意識到全國性政治體系的存在，然而，尚無關懷和參與的意願。

(3) **現代體系**（Systemes modernes）：就結構與文化層次而言，都已經比傳統體系更上一層樓。一方面，現代體系不但擁有政府結構的各種分化機關——立法機構、司法機構、行政機構——，而且還有各種次體系的存在（政黨、壓力團體、大衆傳播機構等等）。他方面，隨着各種次體系的發展，政治文化與人們的政治態度，也已經由 Subject culture 而進入了所謂 Participation culture 的階段。人們不只是知道全國性政治體系之存在，而且有深厚參與的意願。

以往人們僅限於接受來自政府的輸出，如今他們不但提出消極的輸入，而且要積極地參與政府的決策，人們已經意識到其政治行動的影響力。這是現代體系的最大特色之一。

在上述政治體系的三大類型裏，Almond 與 Powell 又依照角色的分化，次體系的自主性與文化世俗化等三大變數，分別區分出許多次類型（Sous-catégories）。為了保持作者的原意，我們把分類表引述於後（如圖19），請讀者自行參考。

圖表 19： CLASSIFICATION OF POLITICAL SYSTEMS ACCORDING TO DEGREE OF STRUCTURAL DIFFERENTIATION AND CULTURAL SECU-LARIZATION

Ⅰ. PRIMITIVE SYSTEMS:

　INTERMITTENT POLITICAL STRUCTURES

　　A. Primitive Bands (*Bergdama*).

　　B. Segmentary Systems (*Nuer*).

　　C. Pyramidal Systems (*Ashanti*).

Ⅱ. TRADITIONAL SYSTEMS:

　DIFFERENTIATED GOVERNMENTAL-POLITICAL STRUCTURES

A. Patrimonial Systems (*Ouagadougou*).

B. Centralized Bureaucratic (*Inca, Tudor England, Ethiopia*).

C. Feudal Political Systems (*Twelfth-century France*).

Ⅲ. MODERN SYSTEMS:

DIFFERENTIATED POLITICAL INFRASTRUCTURES

A. Secularized City-States:
Limited Differentiation (*Athens*).

B. Mobilized Modern Systems:
High Differenciation and Secularization.

　1. Democratic Systems:
Subsystem Autonomy and Participant Culture.

　　(*a*) High Subsystem Autonomy (*Britain*).

　　(*b*) Limited Subsystem Autonomy (*Fourth Republic France*).

　　(*c*) Low Subsystem Autonomy (*Mexico*).

　2. Authoritarian Systems:
Subsystem Control and Subject-Participant Culture.

　　(*a*) *Radical Totalitarian* (*U. S. S. R.*).

　　(*b*) Conservative Totalitarian (*Nazi Germany*).

　　(*c*) Conservative Authoritarian (*Spain*).

　　(*d*) Modernizing Authoritarian (*Brazil*).

C. Premobilized Modern Systems:
Limited Differentiation and Secularization.

　1. Premobilized Authoritarian (*Ghana*).

　2. Premobilized Democratic (*Nigeria prior to January, 1966*).

第六章　經社發展之落後與政治權力之超強現象

　　從世界地圖上，單就感官經驗的觀察，我們已經不難注意到一個事實，而且，這是一個具有尖銳對比性與帶有諷刺性的事實，那就是：經社發展越是成功的地區，其政治權力越有衰微的趨向，相反地，經社發展越是落後的地區，其政治權力越有超強的跡象出現。前者留待下一章再來分析討論，本章僅就後者，做一種經驗觀察性的追踪，藉以進行經社發展與權力超強之間的相關性原因分析。

第一節　有關經社落後之相關概念之解析

　　社會科學之研究，必先對其相關概念有所釐清，否則，不但無法進行研究，更無法跟他人溝通。因此，我們先就一般相關概念，做一種意義釐清與經驗指涉的界定。

（一）落後 (Sous-developpement)：

　　所謂落後，是針對着已工業化，並擁有高度科技而言。因此，一方

面它帶有低等， 不足與停滯等諷刺意味， 他方面， 它帶有一種操作性 (Operatoire) 意義； 跟所謂先進國家或社會， 到底有什麼區別？ 為什麼？ 如何迎頭趕上？ 其實， 只要我們拋開價值判斷與高低等的問題面向， 落後的問題總是存在的。 然而， 世人常常面對着現代文化的優越性， 因而或多或少會有自卑感，所以就不喜歡這種概念，改用所謂開發中 (developing) 的概念。

(二) 開發中體系 (Systemes en developpement)：

基於落後的第二層操作性意義， 二次大戰後的許多新興國家， 都致力於迎頭趕上已開發國家，企圖從經濟與技術層面的發展，去趕上已工業化的國家。 就此意義而言， 所謂發展或成長， 仍然是一種主觀的意願， 因此， 為了避免上述落後的第一層次的諷刺性意味， 就改稱為開發中國家或社會。

此外， 這些所謂開發中國家或社會， 都有一種共同特徵， 那就是政治掛帥的普同現象。為了體現技術上與經濟上迎頭趕上已開發國家， 它們的政治體系， 也產生各式各樣的結構分化與專門化的現象。人們把它稱之為開發中體系。因此， 在政治掛帥與經濟發展的主觀意願上， 如何衡量經濟與技術發展， 就成為重要的課題之一。

(三) 落後的判準：

在統計上，人們常常以個人年所得與年生產量，做為衡量落後的判準。依照工業先進國家的組織 (O. C. D. E) 所列舉的數目， 約略地把世界區分為三個相異的經濟區域： ⑧

其一： 科技極為發達的區域與國家， 包括美國、 加拿大與西歐等

---

⑧ Cf. R.—G. Schwartzenberg, op. cit. pp. 250-253.

等，總人口數大約爲 5 億，個人每年平均所得約 4380～1000 美元之間。

其二：晚近才完成工業化的地區與國家，包括蘇聯、波蘭、捷克、日本、墨西哥、巴西等等，人口總數也大約在 5 億，而個人每年平均所得則在 600～300 美金之間。

其三，除上述之地區外，則爲第三地區，人口總數在20億以上，個人每年平均所得則在 200 美金以下。其中 475 百萬人的每年平均所得在 100 美元之下，650 百萬人在 50 美元之下。

面對着這個經驗事實，Sinco Mansholt 補充說：「今日世界，正區分爲25％的富裕地區與75％的貧困地區……在前者的國家，個人每年平均所得大約是 2500 美金，而在後者的國家，則只有180 美元」[89]。不但如此，已開發的國家，又比尚未開發的國家，越來越進步得快速，因此，有加深這條貧富鴻溝的跡象。

不過，在另一方面，由於稀有工業資源或是經濟發展的績效，在開發中國家之中，已經有兩羣國家克服了這種困境。靠石油起家的有：Algerie, Irak, Arabie Seoudite, Koweit, Iran, Libye, Nigeria, Colombia 等等。靠經濟發展而已漸突破困境的有：Hong Kong, Shingapour, Taiwan, Mexique, Bresil, Korea 等等。在這兩羣國家中，其人民所得，已經有極大的改善，尤其是盛產石油的國家。

(四) 第三世界 (Tiere-monde) 的三大類別：

過去歐洲與美洲的學者，喜歡把開發中國家合稱爲第三世界，它不但具有經濟貧困的意義，而且更有政治理念的對立意識之存在。如今由上述第三世界本身在經濟上改變，原先經濟意義已經發生了變化。依照 Les Nations Proletaires 的作者 Pierre Moussa 的看法，第三世界已

---

[89] 同上，p. 258.

經自我區分成下列三大類別: ⑨

其一, 爆發型國家 (Nations opulentes): 自從 1973 年國際石油風波以來, 一些盛產石油的國家, 一夜之間, 國家與人民的收入, 大爲增加。

其二, 起飛型國家(Nations emergentes): 指一些多年來經濟發展有績效的國家, 正在突破經濟困境而邁向工業社會的階段, 包括Hong-Kong, Singapour, Taiwan, Korea, Liban, Gabon, Panama, Iran, Algerie, Malasie, Côte-d'Ivoire, Bresil, Mexique, Colombia 等等。

其三, 貧困型國家 (Nations proletaires), 除了上述兩羣國家之外的第三世界國家。

因此, 有人說, 第三世界已經不再是一個, 而是有三種不同類型。這種經濟意義的改變, 也隨着影響到其原先的政治意義。換言之, 在國際政治的舞臺上, 第三世界的勢力, 已經不可能以單一的姿態出現。

(五) 經社落後的混合判準:

上面所看到的是經社落後的經濟判準。然而, 也有人說, 經社落後的表徵, 不只是經濟層面, 它涉及文化、社會、政治等等層面, 因而強調混合判準。玆引述 Yves Lacoste 教授的混合判準如下, 以便讀者參考。⑨ 依照他的看法, 經社落後的混合判準包括下列各點: (1) 營養不足, (2) 以農業爲主, 結構老化而利潤偏低, (3) 國民平均所得不高而生活水準偏低, (4) 工業化屬仍極其有限, (5) 其經濟狀況有依賴先進工業國家的跡象, (6) 商業部門過份膨脹, (7) 社會結構相當落伍,

---

⑨ Cf. P. Moussa 的原著: *Les nations proletaires*, Paris, P. U. F. 1968.

⑨ Cf. Yves Lacoste: *Les pays sous-developpés*, 2ᵉ ed. 1962, Paris, P. U. F.

(8) 中產階級不多，(9) 對於國家的整合度不深，(10) 勞動人口過剩，就業率偏低，(11) 教育水準偏低，(12) 生育率偏高，(13) 衛生環境極差，(14) 有落伍的自卑感與意識。

第二節　經社落後的原因及其面向（Aspects）

釐清了一些有關經社發展的概念，並界定了經驗指涉的事實狀況之後，我們就來探討經社落後的原因及其面向，以便進一步去追踪政治超權現象的原因及其相關性之分析。

（一）經社落後的原因：

社會科學界對於開發中國家經社落後的原因何在？由於研究立場、角度、性質等等之不同，見仁見智，各有不盡相同的解釋。雖然如此，大家都有下列兩點的共同認識：(1) 拋棄傳統上單因決定論：舉凡古典的單因決定論，譬如經濟決定論、人口決定論、地理決定論，甚至於晚近的科技決定論，都在拋棄之列。(2) 經社落後之原因，應該是多元 (Pluralité) 而複雜 (diversité) 的關係。所謂多元是指原因有很多，所謂複雜是說，各種原因之間的關係，必然相當錯綜複雜。

有了以上的基本認知之後，我們似乎可以把各家的看法，歸納成下列各種多元原因，並簡單說明其複雜關係如下：

(1) 人口因素：把人口因素視為經社落後的原因之一，早就出現在 Platon 與 Aristote 的觀念裏，尤其在一個生產不足的社會裏，如果人口過份膨脹，必然會造成經濟的壓力與緊張，進而形成政治與社會的危機，甚至於革命與戰爭的爆發。法國學者 Montaigne 就以「人口壓力」做為導致戰爭的主要原因而聞名。後來十八世紀 T.-R. Malthus 的人

口危機論，更是強調人口因素的可怕，他認為世界的物質生產財是以數學級數 (1. 2. 3. 4. 5……) 在增長，而世界人口則以幾何級數 (1. 2. 4. 8. 16……) 在增加，如此下去，必然造成經濟的壓力與緊張，進而形成社會危機與不安，甚而導致政治革命或戰爭。

雖然這個理論已經被工業革命給予否定了。然而，如果把它放置在現階段的開發中國家來看，雖然情況沒有 Malthus 所分析的那麼嚴重，確是能夠說明經社落後的原因。一方面，開發中國家的經濟發展，尚無法突破其困境，生產財顯得非常不足。他方面，開發中國家的生育率都普遍過高，人口壓力極大。這種情況很像當年 Malthus 所預言的，雖然沒有那麼嚴重。

我們已經說過，人口過剩的壓力，再加上生產財的不足，首先會造成經濟的壓力與緊張，進而形成社會危機與政治不安。同時，依照 Alfred Sauvy 的研究，人口年齡結構越老，其政治態度越趨向於保守、安全與穩定，相反地，人口年齡結構越年輕，其政治態度越趨向於激進與衝動。有趣的是，工業先進國家，由於醫學與科技的發達，因而其人口年齡結構偏老。相反地，一般開發中國家，則由於醫學落後與科技尚未發達，結果其人口年齡結構則較為年輕。年齡結構與其政治態度的關係，似乎可以幫助我們了解，為什麼開發中國家的政情比較不穩的原因之一。

(2) 地理因素：就世界實際地理位置來看，幾乎絕大多數的工業先進國家，都位於溫帶地區。相反地，開發中國家大都處於熱帶或亞熱帶地區。可見地理氣候因素是如何在影響一個社會的生活。

地理環境會影響社會生活的觀念，早就出現在希臘的哲人 Hippocrate, Platon 與 Aristote。[92] 不過，以它為主要思想而建構成理論，則

---

[92] Cf. M. Grawitz, op. cit. p. 97.

以法國政治學家 J. Bodin 爲第一人，其後經過 Montesquieu 的發揮，才確立地理因素影響社會生活的重要性。他們兩人都認爲，地理位置與氣候，會影響人民的性格，進而表現爲政治生活上的民族性格。

此外，自然資源的豐富與否，土地的肥瘠，國家的地理位置等等，都會影響其經社的發展。譬如中國大陸，跟好戰的蘇聯爲鄰，爲了國防安全，就得花上大批的國家預算在國防軍事上，因而無法投入大量資金在經社的建設上。又如歐洲的瑞士，由於地理位置特殊，走上國際中立國，因而得以全力建設其社會，而成爲世界花園之國。

(3) 科技因素：科技是工業化與現代化不可或缺的要件。只是可惜，一般開發中國家都缺少現代化的科技，因而生產落後。同時，先進工業國家，爲了避免被開發中國家迎頭趕上，一方面在加緊努力，改善其科技，一方面則在設法阻止科技的流入他國。因此，先進國家與開發中國家的科技差距，也就顯得越來越大。在這種情形下，面對着先進工業國家的科技優越性，開發中國家的經社發展，就更形困難了。

(4) 經濟因素：就經濟發展的觀點而言，資本是絕對的必要條件，只可惜，開發中國家都普遍短缺大量的資金。同時由於新興國家的國家意識不強，社會整合度不高，加上政治的不穩定，即使有某些資金的形成，也往往產生資金外流的惡劣現象，更造成一種惡性循環的結果。

此外，開發中國家的經濟大權，往往掌握在外國先進國家的資本家手中，國內的政客，爲了其本身旣得利益，也只好跟他們妥協，因而阻礙了國內經社的正常發展。這種情形，尤其以南美洲國家最爲嚴重。

(5) 文化與社會因素：首先就文化因素而言，開發中國家，往往存在着阻礙經社發展的宗教、信仰、迷信與傳統習俗等等因素。就拿中國的傳統家族主義來講，它深深危害了現代化企業的發展，這是大家有目共睹的事實。再就社會因素而言，古老社會結構的殘存，中產階級與企

業家的缺乏等等，都是阻礙經社發展的主要社會原因。

總而言之，影響並阻礙經社發展的原因很多，上面所歸納出來的，只不過是其中比較重要的因素。而且，我們要重新強調一下，就其多元原因的複雜性而觀，各種原因之間，都彼此具有互動與相關的影響力存在。

(二) 經社落後的主要面向：

分析過經社落後的原因之後，我們就來看看，經社落後的面向有那些？依照一般學者的共通看法，開發中國家的經社落後，表現爲下列三大主要面向：

（甲）經濟面向（Aspect economique）：在開發中國家裏，其經社落後所表現的經濟面向，我們可以從下面的主要各點來說明：

（1）就經濟發展的階段來看，經社落後表現在經濟面向的事實，極爲明顯。依照經濟學家 W. W. Rostow 的說法，經濟發展可以分爲下列五大階段：傳統社會，起飛前的準備，起飛，成熟，與大衆消費社會。美國（加拿大亦在內）已經進入所謂大衆消費社會，並有超越的跡象。西歐工業先進國家，日本、蘇聯等等，都已接近大衆消費社會。而在一般開發中國家，除了上述第三世界的經濟起飛國家羣之外，（已經有了經濟起飛，並接近成熟的階段），其餘絕大多數的開發中國家，都仍然留在傳統社會或是起飛前準備的階段。

（2）就工業基礎與經濟產品的性質而觀,開發中國家的經社落後,也極爲明顯。一般說來，面對着工業先進國家的科技，開發中國家只能提供農產品、原料與加工品而已。所有精密與進步的科技產品，完全操在先進工業國家的手中。因此，開發中國家少有工業基礎可言，尤其受過殖民的地區，其情形更爲嚴重。就拿今日的臺灣而言，工業升級的困

難，已經很明顯地阻礙着臺灣經社的發展。

（3）就資本主義的本質來看，也不難看出開發中國家經社落後的經濟面向。我們在分析經社落後的原因時已經說過，開發中國家普遍短缺資本，而且又有資金外流的嚴重現象。因此，除了短期有利潤可得的部門外，資本家都不願做長期性的投資，外國資本家的投資，更是如此，這是資本主義的本質。然而，就一個國家的經社發展而言，往往需要長期性的投資。因此，在開發中國家，往往出現兩種困境：其一，根本缺乏資金，經濟發展無法起飛。其二，有了短期投資，經濟發展是起飛了，然而沒有根，工業升不了級，或是非常困難升級。後者的情形，正是今日臺灣所面臨的困境。

（4）有些開發中國家，鑒於上述資本主義經濟路上的困境，又基於政治理念的基因，因而在經社發展上，改以採用所謂社會主義的路線，把社會主義當做迎頭追趕西方工業社會的有效工具：人力投資（investissement humain），強迫儲蓄，人力動員等等。最典型的例子，要算是中國大陸的大躍進與土法煉鋼，以及非洲社會主義的傳統部落社會之合作形式。

不過，社會主義在開發中國家的成功例子，可以說是微乎其微。如果說自由資本主義在開發中國家，有上述的困境，社會主義在開發中國家，則有政治上的下列兩大悲局之一：其一，由於社會主義在經社發展的失敗，加深了領導階層的內鬥與勝利者的加緊控制，這是中國大陸的情形。其二，社會主義的失敗，引起自由資本主義路線的政變，自由資本主義的困境，又成為社會主義路線的政變之因。頻繁的政變，更使得業已落後的社會，越走向自絕之路，這是許多非洲與中南美洲國家的情形，不但經社落後，而且可以說是經濟蕭條，民不聊生了！

（乙）社會面向：政治社會學家發現，上述經社落後所表現在經濟

層面的種種特徵，又造成開發中國家的特有社會結構，這就是我們這裏
所要研討的社會面向。經社落後表現在社會面向的特徵，總共有下列幾
點：

(1) 雙元性社會結構：所有開發中國家致力於經社發展的結果，
不但沒有把社會距離拉近或打消，反而有擴大的危機。換言之，在工業
化或現代化的努力過程中，不但無法使傳統社會結構脫變爲現代化社會
結構，而且常常造成一種雙元性社會結構：在同一個社會裏，有兩種絕
然不同性質的部門 (Secteur) 併存在一起；一方面是傳統部門，以鄉村
與農業爲主，過着相當原始與傳統的社會生活，另一方面是現代部門，
以都市和工業或商業爲主，過着浮華的現代西風之生活。

在這種雙元性社會結構裏，有兩種社會現象特別令人注目：一方
面，在傳統部門裏，貧富差距非常之大，他方面，在現代部門裏，普遍
缺乏現代企業家。兩者都不利於經社發展。因此，經社發展的重任，就
旁落在國家或政府的肩上，這一點給予政治領導階級許多方便的藉口。
相反地，我們如果回顧歐洲 18～19 世紀的經社發展，其主力是來自民
間的中產階級與現代資本家的努力，國家或政府反而常常扮演干擾的角
色，所以才會有自由放任思潮的出現，認爲干涉最少的政府就是最好的
政府。

(2) 政治領導階層的苛求：我們已經說過，雙元性社會結構，使
得經社發展的動力，不像 18～19 世紀的歐洲是來自民間，而是來自
Calvez 所謂的「現代化前鋒隊──國家」。只是可惜，絕大部份開發
中國家的政治權力，都掌握在傳統勢力或其代理人的手裏，尤其在受過
西方殖民的新興國度裏。因爲依照巴黎大學政治學教授 M. Duverger
的看法，在轉型期社會裏，爲了保持既得利益與其勢力的優勢，傳統勢
力往往採取下列方式之一：(a) 利用種種優勢與機會，使自己參與政治

領導階級，（b）仗其優勢，迫使或誘使政治領導階層跟他合作或聯合在一起，（c）積極培養其下一代，參與政治領導階層（尤其在受過殖民的地區）。

由此可見，開發中國家的政治領導階層，就其本質而言，大都屬於封閉性的保守勢力。然而，就整個國家與社會的情勢而觀，在工業化與現代化的時潮衝激下，他們又高舉着經社發展的現代化旗幟。這是一種內在性的自我矛盾，因爲眞正的經社發展，必然又會造成傳統勢力與政治旣得利益的犧牲，這又是他們所不願意的。因此，他們常常把這種矛盾，轉嫁在上述經社發展的困境上。換言之，不管走自由資本主義路線或社會主義路線，都會發生上述的困境，而政治領導階層則以突破困境爲藉口，苛求人民要犧牲東或犧牲西，其實是在維護其旣得利益而已！久而久之，這種保守主義的作風與藉口，就會引起來自現代部門新興勢力的不滿。

（3）新興勢力的不滿：儘管科技的落後與工業根基的脆弱，由於長期工業化與現代化的追求，從上述現代部門裏，逐漸形成各種社會力；都市的勞動大衆、工商界的新興中產階級與少數資本家。由於他們生活在都市裏，不管在觀念與態度上，都比較趨向於激進主義的色彩。因此，面對着長久毫無作爲的保守主義勢力，乃產生不滿與改革的要求。這一點足以說明開發中國家政治不穩的另一原因。

尤有進者，在轉型期社會裏，這種不滿與改革的要求，也可能來自農村的傳統社會力，因爲農業結構在解體過程當中，如果政治領導階層，無法適切地解決農業問題，脆弱的工業又無法完全吸收過剩的農村人口，則會形成大量失業的農民。這是社會危機的開始，在政治不穩定的國度裏，很容易被利用爲政治革命的本錢。

（4）移殖政治體制的失調：在工業化與現代化聲中，開發中國家

多半都由西方移殖政治體系：民主體系或共產體制。然而，民主體系的成功，在於遵守一套現代文明的遊戲規則（尊敬反對黨，容忍意見不同者，價值多元與自由溝通，思想言論自由，重視妥協，反對權威等等）。不幸的很，所有傳統文化的精神與民族性格，都跟它合不來，因此，很容易造成民主政治的失調，我們將在後面做更詳細的探討。至於共產體制的命運，雖然沒有失調的現象，然而，也由於不適合於傳統文化的精神與民族性格，統治者為了維護體制的存續，也只好把真正共產主義的理想拋置在腦後，進行獨裁與恐怖的統治，比起民主政治的失調，更為可怕。

（丙）國家面向：開發中國家的經社發展，都屬於 Levy 所謂外發型現代化，其追求動力都是來自外來的衝激或刺激。因此，在追求國家發展與社會建設的過程中，往往造成許多新舊社會勢力的相互衝突，因而形成經社落後的另一面向，那就是國家。就國家層次而言，經社落後，又表現在各別各點之上：

（1）共識危機：我們已經說過，開發中國家的工業化或現代化，都是屬於所謂外發型。因此，對於工業化或現代化的目標、手段、方式或路線，往往隨著個人或團體的不同觀念、態度與利益，而有不同的認知與需求。這就造成我們這裏所謂的共識危機，或者也可以稱為認同危機。換言之，由於傳統文化與外來文化的差距，由於地方性文化與全國性文化的衝突，由於小我精神與大我精神的不同需求，無法產生全國的文化一致性或文化國家主義(Nationalisme culturel)。為了克服這種危機，開發中國家都一致在尋找其國家的統一。

（2）國家統一的尋覓：一般說來，開發中國家的社會，都擁有下列各種阻礙國家統一的傳統因素，只有種類與程度的差異而已。種族衝突問題（譬如 Nigeria 的內戰，就導因於 Ibos 與 Hausas 的衝突），

宗教信仰問題（譬如印度、巴基斯坦、中東等地的宗教問題），語言問題（譬如印度就有 1,652 種方言，影響國家的統一），地方或地區的差異性問題（譬如東巴基斯坦與西巴基斯坦的對立，又如非洲許多海岸居民與內陸居民的對立問題）。爲了克服這些差異，並建立統一國家的形象與文化一致性，所有開發中國家的政治領導階層，隨時隨地都在進行政治社會化的工作。

第三節　政治發展的權力超强特徵

　　由於上述經社落後所造成的種種經濟困境與社會問題，再加上政治現代化本身所遭遇的困難，開發中國家的政治發展，也產生許多落後的變相特徵。最爲政治社會學家所詬病的，有下列主要兩大層面：

　　（甲）西方政治體制的變質：絕大部份的開發中國家，起初都採用議會制與內閣制。不過，除了極少數的國家，譬如印度，可以勉強稱得上成功之外，大部份都嚐到失敗的滋味，而且都很快地變了質。其中最主要的兩大趨向是：其一，走向獨裁或軍人執政的道路，這是 Syrie, Egypte, Soudan, Pakistan, Irak, Jordanie, Algerie, Zaie, Indonesie, Dahomey, Republique Centrafricaine, Nigeria, Ghana, Sierra-Leone, Togo, 以及許多中南美洲政變頻繁國家的情形；其二，修改憲法，改爲總統制，並加強總統的權力。這種情形多半產生在政治領導人物比較開明，而其國家政治、經濟、社會等層面，也比較進步的國家，譬如 Côte-d'Ivoire, Senegal, 以及拉丁美洲政情比較安定的國家等等。

　　其實，我們最常見的情形，是兩種方式的交替使用。在議會制與內閣制發生政治危機時，或者先採用政變方式，取得政權，再修改憲法爲總統制，集大權於一身，或者先修改憲法爲總統制，集大權於一身之

後，以解決政治危機或促進國家統一爲藉口，實行實質的政治獨裁。

以上所討論的，僅止於憲法體制上的變質，我們如果從實際政治生活的層次去分析，更能看出西方民主政治在開發中國家的變質情形。

（乙）實際政治生活的變質：政治社會學家常常發現，在開發中國度裏，往往有我們所謂政治雙元主義（Politique dualiste）的存在；憲政體系所規定的政治權力內容是一回事，而實際政治生活所表現的又是另一回事。如果用「僞裝的民主」與「撒謊的政治文化」去形容它，實在再恰當不過的了。這種變相的特徵，我們可以舉出下列主要幾點來探討：

（1）一黨專制或一黨優勢的局面：就憲法體制而言，所有採用西方民主體制的國家，都有自由組黨的條文在。然而，就實際政治生活而觀，則常常走向一黨專制或一黨優勢的局面。一黨專制的國家有： Republique Arabe Unie, Syrie, Algerie, Burundi, Congo-Brazzaville, Côte-d'Ivoire, Dahomey, Gabon, Guinée, Haute Volta, Mali, Senegal, Niger, Mauritanie, Republique Centrafricaine, Malawi, Ruanda, Tchad等等，不勝枚舉。一黨優勢的國家有： Inde, Birmanie, Philippines, Singapour, Gambie, Kenya, Liberia, Tanzanie, Republique Malgache, Somalie, Togo, 等等，比比皆是。⑨

所謂一黨專制的僞裝民主，是指憲法條文有自由組黨的存在，然而在實際政治生活上，只有一個政黨的存在。所謂一黨優勢的僞裝民主，這是 M. Duverger 教授所創意的名詞，是指憲法條文仍然有自由組黨的存在，然而在實際政治生活上，產生了唯我一黨獨大的情形，其他小黨或尾巴黨，根本無法與之抗衡，所以就形式而觀，是屬於多黨制，就

---

⑨ Cf. P.—F. Gonidec: *Les systemes politiques Africains*, Paris, L. G. D. J. 1974.

本質而言，是屬於一黨優勢。

依照 M. Duverger 的看法，一黨優勢具有下列兩大特徵: (a) 在某一時期的選舉上，唯我獨大黨必然以壓倒式勝利的姿態出現，使得各小黨無法或無能與之抗衡; (b) 唯我獨大黨，透過其有利情勢與政治社會化的努力，已經使其本身的主義、信仰與理念，都跟全國性政治文化發生了共契。

至於一黨專制或是一黨優勢爲什麼會盛行於開發中國家，其原因爲何? 綜合一般政治社會學者的看法，其理由不外是: (a) 在國家統一與國家整合的需求下，一黨專制或一黨優勢是最有效的工具。相反地，西方民主政治的多黨制，很容易助長已經四分五裂的惡劣局面。(b) 在經社發展的全國努力下，一黨專制或一黨優勢，最能有效地動員全國人力與財力，去參與國家建設的行列。因此，一黨專制或一黨優勢，被視爲經社發展的最有效工具。(c) 政黨旣然是社會階級利益的表達，一黨專制或一黨優勢正足以反射出社會的同質性 (homogeneite) 與整合性。所有開發中國家的政治領導人物，都否認他們社會中有相異階級之存在，所以根本不需要有多黨制存在的必要。

(2) 權力的人格化 (Personnalisation du pouvoir): 當實際政治生活上的政治大權，已經完全旁落在個人身上時，就被稱爲權力的人格化。其同義字或名詞有: 個人化 (Individualisation)，通俗化 (Popula-risation)或神格化。因此，權力的人格化，並不涉及憲制體系的權威問題，而是指實際政治權力所能發生的影響力 (Influence) 而言。對實際能夠發生極大影響力的個人而言，這是權力的個人化，對一般大衆而言，大家都願意承受其影響力，則該權力已成爲通俗化。當這種權力的影響力，已經大到有如神明的召示，所以有人把它稱之爲神格化。所以，人格化與神格化，並不是性質的不同，而是影響力強弱的差異而已。

開發中國家的普遍共同現象之一，就是政治權力的人格化。在一黨專政或一黨優勢的趨勢下，政治統治階層中的主要領導人物，逐漸成為黨、國家、民族、政府等等的象徵。

政治社會學家所感興趣的問題，在於追問為什麼？為什麼社會學原因或條件，特別有利於政治權力的人格化？綜合各家的一般見解，約略可以歸納成下列各點：

(a) 在社會迷亂(Anomie social) 與文化解體(Deculturation) 聲中，政治強人登高一呼，很容易得到社會大眾的支持。我們已經說過，開發中國家都處於轉型期社會，其現代化與工業化的追求，都是外發型的，因此，都有社會學家 E. Durkheim 所謂社會迷亂與文化解體的現象存在。個人也很容易走向人格解組、形成信仰與價值規範的危機。在此情形下，只要有政治強人以民族救星的姿態出現，很容易得到大眾的擁護，尤其在長期飽受外國殖民的地區。

(b) 從傳統社會脫變為現代化社會的過程中，尤其在起步的階段，依照社會學家 Saint-Simons 的看法，必然會引起社會力的重新分配。換言之，傳統保守勢力與新興激進勢力，必然會發生激盪與衝突，因而發生社會整合與團結的危機。如何遏阻這種社會危機的漫延，能夠共同去追求更和協與安和樂利的社會秩序，這是大家共同的心願與期盼！政治強人所扮演的民族救星之角色，正好能夠滿足社會大眾的這一點願望。因此，我們可以說，政治權力之人格化，乃由於集體主義的社會認同 (identité sociale du collectivisme) 之結果也。

(c) 最後，認為權力之人格化，只是政治社會化(Socialisation politique) 的必然過程。依照 Easton 與 Dennis 的研究，政治社會化必然要經過下列四大過程：政治化、人格化、政治權威的理想化與制度化。所有開發中國家，為了達成國家統一，體現社會建設，追求工業化

與現代化，都致力於政治社會化。因此，權力的人格化，可以表示它的進度，已經邁入了第二階段而已，距離權力的制度化尚遠。

(3) 權威主義 (Autoritarisme) 的膨脹：依照上述 Easton 與 Dennis 對政治社會化的四段說法，權力人格化是屬於第二階段必經的路程，那麼，權威主義的膨脹與擴張，又表示了什麼？依照我們的研究，這應該是屬於第三階段的負面發展之結果。

在政治發展與政治社會化的過程中，權力人格化是一種正面發展，擁有政治權力的人，其影響力越來越大，大衆也都樂於接受其影響力。其後，大衆開始主觀地去愛它或是恨它，這是第三階段的開始。不幸的是，在開發中國家，由於經社發展所遭遇的上述種種困難，長期權力人格化的結果，並沒有體現人民的共同期待，因此，大衆就逐漸把這種責任歸咎於政治領導階層，尤其是其中心人物，由過去的愛或期盼而慢慢轉變爲恨或失望。面對於這種轉變，爲了維護其地位與既得利益，政治領導者也轉而以專制與獨裁的方式來治理國家。所以我們說，這是一種負面的發展結果。

在分析促成政治權力人格化的原因時，我們曾經提出所謂集體主義的社會認同，做爲其理由之一。同樣地，跟它剛好相反，促成權威主義膨脹與擴張的原因之一，應該是特殊主義的社會反對 (Opposition sociale du particularisme) 之結果。這裏所謂的特殊主義，是針對上述社會大衆的集體主義而言，是指某些部份社會人士。所謂社會反對，也是針對上述社會認同而言，是指不再認同於過去所共同追求的目標。

從上面所謂負面發展的角度去看開發中國家的政治，我們就不難了解，爲什麼反對者一再強調一黨專制與統治者的無能，並要提出集體主義的新社會認同。相對地，統治者則一再強調原有社會認同的重要與可行性，其所以尚未能體現，完全是反對者從中搞鬼的結果。爲了消滅他

們，爲了體現原有社會認同，才不得已走向過渡時期的獨裁?!

就在過渡時期的長期獨裁下，原有集體主義的社會認同，也逐漸動搖，社會大衆對於政治權力人格化的接受意願，也就慢慢趨向淡泊，轉而同情或支持特殊主義的社會反對，因而造成一連串的政變流血事件，這是所有開發中國家的不幸。就以 1963～1974 年爲限，我們可以列舉頻繁的政變如下：

（A）拉丁美洲有 Republique Dominicaine (1963)，Honduras (1963)，Bresil (1964)，Bolivie (1964)，Argentine (1966)，Panama (1968)，Perou (1968)，Bolivie (1969)，Bresil (1969)，Bolivie (1970)，Bolivie (1971)，Equateur (1972)，Honduras (1972)，Chili (1973)。

（B）非洲大陸：Togo (1963)，Dahomey (1963)，Gabon (1964)，Congo-Kinshasa (1965)，Dahomey (1965)，Republique Centrafricaine (1966)，Haute-Volta (1966)，Nigeria (1966)，Ghana (1966)，Nigeria (1969)，Burundi (1966)，Togo (1967)，Sierra-Leone (1967)，Dahomey (1967)，Sierra-Leone (1968)，Congo-Brazzaville (1968)，Mali (1968)，Somalie (1969)，Dahomey (1969)，Ouganda (1971)，Ghana (1972)，Madagascar (1972)，Dahomey (1972)，Rwanda (1973)，Niger (1974)。[94]

總而言之，政變好像家常便飯，又好像會傳染似地，幾乎年年有，而且一年可以有好多個國家發生，也有一個國家連續發生好幾次。一般說來，拉丁美洲的政變，屬於保守主義的軍人政變較多，非洲則以激進主義的軍人政變較多，文人政變則非常少。權威主義擴張的結果，不但帶來了一黨專制的長期獨裁與政變的頻傳，而且也使國家建設落空，民主政治變成僞裝的工具而已！

[94] 同上，pp. 214-215.

第七章　經社發展之超前與政治權力之衰微現象

　　這一章的研討主題，剛好跟上一章相反。前一章我們已經看到，開發中國家在追求現代化與工業化的過程中，由於所遭遇的種種困境，使得經社發展受到阻礙，因而連帶地引發了政治發展的變質。正當這個時候，西方工業先進國家，也由於工業化與現代化的成就結果，導致了傳統民主政治的再調適問題。換言之，經社發展到達 Rostow 所謂的大衆消費社會之後，後期工業社會的科技革命，已經迫使原先的社會人際關係與組織，面臨重新調整的時刻，而傳統適合於初期工業革命的西方民主政治，在這種所謂未來的衝激下，也勢必有重新調整的必要。

　　到底這種經社發展的超前現象，帶給西方消費社會什麼樣的壓力？這種壓力如何影響社會的人際關係與社會組織？在這種變化下，政治生活有了什麼改變？政治社會學者又是如何去解釋它？這一連串的問題，就是本章所要研討的重心主題。

第一節 後期工業發展所帶來的社會壓力及其變化

歐美工業先進國家,自從十八至十九世紀進行工業化與現代化之後,
雖然也有過 E. Durkheim 所謂 Anomie 的困境, 然而, 由於它的現
代化與工業化, 是屬於 Levy 所謂的內發型,從傳統脫變為現代的過程
中, 不管在結構分化或是觀念價值的轉承上, 都會有 Almond 所謂持續
(Continuation) 現象的存在, 而不容易發生併存、重疊、衝突或斷層
等等現象。也正因為如此, 它很快地就渡過了轉型期社會的困境, 而邁
入已工業化與後期工業化的社會。

我們在分析開發中國家的社會時, 由於其經社發展的落後, 引發了
許多社會問題與困境, 進而導致政治發展的扭曲與變質。如今, 西方歐
美社會, 既然已經邁向已工業化與後期工業化時期, 是否在解決了轉型
期社會問題與困境之同時, 也已經建立了一個安和樂利的理想型社會?
抑是遭遇到了社會發展過程中另一階段的新問題與新困境? 如果答案是
後者, 這些新問題與新困境的性質與特徵又如何? 政治社會學家又做如
何解釋?

總而言之, 已工業化社會或後期工業化社會, 到底是屬於那一類型
的社會? 其性質與特徵如何? 它帶來什麼樣的社會壓力? 又如何導致政
治發展的變質? 我們將分成好幾節來討論。

(一) 大衆的消費社會 (Société de consommation de masse):

從 1958 年起, W. W. Rostow 在分析經濟發展時, 把它分為五大
階段, 而其最後階段就是所謂的大衆消費社會, 相當於已工業化與後期
工業化的社會。

他分析說：「現在我們已經進入了大衆消費的時代，消費品的生產源源不斷。經濟的主要部門，也逐漸轉變爲服務業。美國社會正要超越這個時期，而歐洲工業國家與日本才正要進入這個時期，蘇聯則不敢輕易嘗試」。

由此可見，所謂消費社會，其特徵在於生活水準與品質的提高，它不但能夠滿足人們的物質生活：營養、衣物、居住、衞生，而且能夠提供高度精神生活的享受：悠閒、文化、旅遊。這正是 J. K. Galbraith 所謂的「富裕社會」(Société d'abondance)❺，也正是 H. Marcuse 所極力批判的「先進工業社會」(Société industrielle avancée)。

(二) 後期工業社會 (Société post-industrielle)：

依照 Daniel Bell 的看法，他喜歡用後期工業社會來稱呼這個時期的社會。他認爲後期工業社會擁有下列五種向度 (dimensions)：(1)以服務業爲主的經濟發展，(2)技術人員與專家階級佔有優越的地位，(3)重視理論知識，成爲社會創意與政治發展的導向，(4)自動高級科技發展的可能性，(5)新知識科技的創造。換言之，後期工業社會在朝着上述五種向度去發展時，它會呈顯出下列的三大特徵：❻

(a) 第三服務業的優勢：在初期工業化的階段，我們發現大量的農業人口流向工業部門，一切經濟活動以工業爲主。不過，到了後期工業社會，所有農業部門與工業部門的經濟活動，又逐漸轉變爲第三服務業。後者不但發展快速，而且能夠吸收大量的勞動人口。譬如在 1971 年，美國就有 60.4% 的活動人口投入第三服務業，英國有 49.4%，而荷蘭亦有 48.7%。

---

❺　Cf. J. K. Galbraith: *Societe d'abondance*, Paris, 1973, P. U. F.

❻　Cf. D. Bell: *Toward the year 2000*, New York, Macmillan, 1967.

隨着自動化與科技的發達，典型的勞動者，已經不是傳統的藍領階級，而是現代化的白領階級（行政人員、工程師、技術人員）。因此，工業部門所吸收的傳統勞工，就大量減少而轉入第三服務業的行列。

(b) 悠閒文化的產生：隨着科技的發達與自動化的推展，工作時間逐漸減少，退休的年齡也提早，尤其在物質生活處處感到滿足時，人們對於精神生活與悠閒文化的需求，也就越為迫切。

(c) 教育的快速膨脹：在後期工業社會裏，另一種重要的特徵，乃是教育的快速膨脹。質量並進，學習時期延長，教育內容的新知識也日日新，尤其在科技與電腦方面的新知識。有一點我們必須特別提出來的，那就是對於傳統人生哲學與宇宙奧妙的思考，人們逐漸不感到興趣。各大學哲學院裏，學生數目的逐漸減少，是個最好的例證。

（三）科技社會 (Société technétronique)：

另外一位學者 Z. Brzezinski，也做了跟 D. Bell 相類似的分析，不過，他特別重視科技對現代化社會的衝力與影響。他認為所有已工業化的國家，正處於兩大時代的轉型時期：一方面正在步出工業時代，他方面又正在邁入科技時代。他認為由於科技的發達與介入，社會的生活方式，思維型態與生產方式等等，都會發生革命性的變化。有如 D. Bell，他也指出後期科技社會的許多特徵：中產階級的激增，第三服務業的成長，大學教育的普及，工程師、技術人員、研究員等等的膨脹。

尤有進者，他預料在科技社會裏，會出現科技專家的新階級，而且會逐漸取代舊有領導階級。未來科技社會的創意動力或是權力的來源，已經不是財富（D. Bell 認為，傳統社會的權力來自土地，工業社會的權力來自金錢，後期工業社會的權力則來自知識），而是來自理論知識。

美國經過 1776 年的政治獨立革命，進入了先期工業社會(Préindu-strielle) 時期。1860 的南北戰爭，又結束了先期工業社會，於1870年代正式邁入工業化社會。 1970 年代的美國， 正走在時代的前端， 邁入科技革命的第三時期。他預料在美國第三次革命的科技時代，必然會引起 Alvin Toffler 所謂的未來衝激 (Choc du futur)，而會導致超越傳統制度範疇的憂慮: 科技社會的美國，會面臨一種困難的抉擇; 或是讓各種形形色色的次文化繼續開花結果，或是爲了反抗這種全國性共契的異化或異離，斷然放棄科技的控制。

美國所遭遇的憂慮與決擇困境，曾經導致許多社會問題與危機，政治權威爲了解決這種新困境，也引發了政治體系的新調適問題。在歐洲的工業先進國度裏（德國、法國、義大利、英國、荷蘭、比利時，包括東方的日本），也陸續於 1970 年前後，有了這種憂慮與困境的來臨跡象。我們將分別從政治與文化兩大層次去深入探討。

第二節　後期工業社會的政治轉化

西方民主政治的護道者認爲， 經濟發展是體現民主政治的先決條件之一。他們又常說，貧窮是民主的尅星，更是共產的溫床。從西方民主政治的發展與工業化的過程，以及開發中國家的政治不穩定與經濟發展的失敗，我們似乎不難體會出上述看法的確切性。歐美社會，從先期工業化時期邁入工業社會時期， 確實呈現了民主政治的優越性與穩定性，使人不得不覺得， 民主政治是工業社會的最佳良伴。 然而， 當歐洲社會， 再從工業社會轉入所謂後期工業社會時，很不幸地，似乎又展露出不少民主政治的破綻，使人不得不開始懷疑: 民主政治的優越性與穩定性，是否能超越時空與社會學條件而存在? 從前面開發中國家的政治分

析與後期工業社會的政治分析，回答似乎是否定的。我們現在就來分析探討後期工業社會的政治變化。

（一）政治理念（ideologic politique）的衰微：

隨着歐洲工業革命的來臨，人類開始掉入所謂政治理念的對抗陣容。有人把它稱之爲政治意識型態的對立；其中最主要的有共產主義或社會主義，自由民主主義或自由資本主義，以及無政府主義等等。在一個傳統的貧困社會裏，應該透過什麼政治路線與經濟生產方式，才能更有效地完成工業化並獲得政治安定與人民自由，這種政治理念的對抗，也就顯得特別有趣而重要。然而，當社會已經步出工業化社會而邁入所謂後期工業社會時，在一個生產過剩的大衆消費社會裏，這種政治意識型態的對立與抗衡，不但無法引起人民大衆的興趣參與，其本身也顯得有點幼稚。尤有進者，由於社會快速的發展，已經把傳統與早期工業社會的社會階級之不平等現象與距離，也都逐漸拉平，社會階級的對立已不復存在。

在大衆消費社會裏，對於社會、宗教、文化以及經濟等問題的解決，已不再是政治的問題，而是技術的問題。換言之，傳統政治所扮演的角色，已逐漸爲科技所取代，因此，人們對於傳統政治理念的對立，也不再感到濃厚的興趣。這個轉變，導致議會政治的沒落與專家政治的興起，因爲人們所感興趣的，已經不再是議堂裏口舌之戰，而是實際有效解決問題的技術與知識。

政治理念逐漸衰微的結果，各個政黨所標榜的黨綱，已不再是大而無當的空調，而是人民迫切等待解決的問題與其有效解決的政策與方法。這一點足以說明，爲什麼在後期工業社會裏會逐漸走向區域主義與地方主義的緣故。

（二）科層組織的天下：

依照 H. Marcuse 的說法，工業先進社會，必然逐漸走向全面行政管理的天下。不管是公共部門（軍隊、警察、行政、教育……）或是私人部門（農場、工會、政黨、壓力團體……），都會走向科層組織的道路。各式各樣的科層組織，業已控制着行政、政治、社會與經濟等等面向的活動。

科層組織的特徵之一，就是把它的基礎組成員——個人——變成了整個組織的一支螺絲釘，個人的個別性與特殊性會逐漸消失，在科層組織的劃一水準下，個人對於科層組織的依賴性提高而成為科技的奴隸。這種後期工業社會的個人，正是 William H. Whyte 所謂的「組織人」(homme de l'organisation)。組織人的特徵是：沒有人性與感性，業已統一化，為滿足科層組織的必要功能而存在。所以我們可以把它稱之為「機器人」。

科層組織膨脹的結果，整個社會組織趨向於機器化，政治權威的本質也發生了變化。權力不再附着於具體的個人，而是屬於非人格的(impersonnel)，抽象的 (Abstrait) 與隱名的 (Anonyme) 組織。換言之，所有的個人都必須服從於巨大科層組織的權威下。

依照 Z. Brzezinski 的看法，在科技極端發達的科層社會裏，由於傳播媒體的宣染與社會大眾的幻想，很容易產生神奇型權威人物(Personnalité charismatique)。在傳統社會裏，政治領導人物與社會大眾之間，都有直接、情感、人性的關係存在。到了現代化的科層社會，這種關係已經被消滅或扭曲。因此，社會大眾在科層組織的無情統治下，很容易幻想或仰慕人性與感情的權威關係，如果傳播媒體剛好塑造出大眾心目中的形象人物，則很容易成為神奇型權威人物。法國戴高樂總統，

要算是最典型的代表人物。

(三) 科技結構與專家政治的來臨:

在後期工業社會裏，隨着科技的發達，知識成爲權力的主要來源。科學知識與技術的突飛猛進，必然漸漸地使權力落在技術人員與專家的手裏。其實，早在工業革命的初期，Auguste Comte 與 Ernest Renan 兩人，就曾經想像過專家所統治的社會。如今科技的衝激，已經使往年想像的事物成眞。

事實上，所謂專家政治，並非由專家直接取代傳統政治領導階層的角色，而是由專家直接參與計劃或決策的行列，他們所扮演的，只是高級行政幕僚的重要角色。不過，由於他們擁有專門知識與技術，在政治舞臺上，很容易打出知名度，進而擠入政治領導階層的陣容中。

他方面，依照 J. K. Galbraith 的看法，由於科技的極端發達，美國資本主義的自由經濟體系，已經逐漸變成他所謂的科技結構 (technostructure)。在這種新科技結構裏，企業主權已經不再掌握在資本家的手裏，同樣地，消費者也已經不再是市場的主人翁。實際能夠支配或影響企業和市場的，乃是構成科技結構的下列各種人: 工程師、專家、工廠廠長、推銷部主任、市場調查專家、廣告部主任、會計、司法顧問等等。換言之，企業的實際經營權與資金的所有權，已經開始分家。實際的權力，由所有權人或股東的手裏，流入上述科技結構。擁有這種科技結構而支配着整個美國經濟活動的大公司，依照他的調查，大約有2000家之多。在科技專家的精心設計與大力宣傳下，消費者也都被牽着鼻子走，去購買專家所提供的商品。

總而言之，現代化消費社會，由於科技結構的出現，已經逐漸趨向非理性的道路，過去理性化的**經濟體系**，已經不復存在，不是爲了滿足

需要而生產，相反地，是以消費來刺激與維持生產，消費已經不再是目
的而是一種手段爲了滿足這種生產過剩的社會，科技結構也利用傳播媒
體，創意了許多非理性的現代化理性。H. Marcuse 將在後面的理性分
析裏，重新提醒我們，如何去尋找人類失落的感性，並再建未來的理想
社會。他方面，上述後期工業社會所引起的社會壓力與變化，在實際民
主政治的生活上，也有了極大的變化。這是我們研討的主題，所以特別
另立一節來深入探討。

第三節　古典民主體制的衰退[97]

　　我們這裏所謂的古典，是指歐洲啓蒙運動時代所鼓吹的民主潮，包
括 Locke, Rousseau, Montesquieu 等主要人物，而經工業革命期間，
中產階級所努力奠定下來的民主體制而言。古典民主政治所建立的一些
金字號體制，議會的角色與功能，三權分立與制衡，政黨運作與反對黨
的角色扮演等等，在消費社會尚未出現之前，可以說漸入佳境。然而，
隨着後期工業社會的推進，逐漸發生失調與不適的面向。我們就依照這
些主要的體制，一一來做深入的探討與分析，企圖找出衰退的原由與可
能未來的新導向。

---

[97] 請參考下列主要參考書：
   (a) C. E. Black: *The dynamics of modernization; a study in
       comparative history*, New York, 1966.
   (b) D. Apter: *The politics of modernization*, Chicago.
   (c) Alan Burns ed.: *Parliament as an Export Londres*, 1966.
   (d) J. Lambert: *Amerique latine, structurer sociales et institutions
       politiques*, 1963.

（一）政黨政治的衰退：

政黨政治是古典民主體制的重要機制 (Mécanisme) 之一。政黨代表各種不同政治理念，相異社會價值觀念與經濟利益而凝聚的團體。在公平、公開與公正的機會與原則下，透過競爭與容忍的階段與精神，應運而產生政府與反對黨，藉以體現三權分立與制衡的理想。由此可見，政黨政治是古典民主政治不可或缺的基石。也正因為如此，當工業革命來臨之後，隨着新社會力的重新調整，都市出現了大量的勞工，而慢慢地形成了所謂民衆黨(Partis des masses)。以勞動大衆為基礎的政黨，有別於早期以地方士紳，地主或貴族為主的幹部黨(Partis des cadres)。

過去，從工業革命的初期到後期工業社會的來臨之前，也就是經濟發展的起飛期到成熟期，這種民衆黨的勢力相當大，而且在古典民主政治的發展上，扮演過相當成功的角色。不過，自從 1960 年代以來，就有不少政治社會學家發現，隨着後期工業社會的來臨，民衆黨已經有不適合於新經社條件的種種跡象。換言之，在消費社會裏，民衆黨的社會基礎（指勞動階級而言），已經起了質與量的雙重變化；就量而言，隨着第三服務業的發展與工業自動化的結果，工業部門的勞工量，已相形地減少，他一方面，由於經社條件的改善與富裕，一般勞動大衆的政治態度，已經有了所謂「資產化」(embourgeoisisation) 的現象。換言之，勞工的工人意識已趨淡泊，而有認同於資產階級的政治態度之新取向。面對着這種危機，如果它們想阻止這種轉化的惡化，就必需配合其環境的新經社條件，而共同合力去尋找到發展的新路線。不過，依照 Leon Epstein 的看法， 這不是一件容易成功的事。 尤其在美國， 依照 H. Marcuse 的分析，絕大部份的勞工，已經完全被新社會所整合在一起了。

另外，依照 Otto Kirchheimer 的分析，在後期工業社會裏，由於

經濟發展與社會的富裕，已經逐漸使傳統社會的階級距離與差距減少，而減弱了社會階級的對立意識與政治意念的鬥爭。這種轉化，再再有利於社會整合的強化與共契的產生。他方面，由於傳播媒體的大力鼓吹，人們追求物質條件的慾望，已勝過政治理念的興趣。

總而言之，在消費社會裏，人們已經由過去的理想主義政治人，轉變成現實主義經濟人。因此，不管是在政黨的結構組織上，或是黨綱的精神上與競選的策略上，都逐漸有現實主義的取向，Otto Kirchheimer 把這種轉化後的政黨，稱之為「通吃黨」(Catch-All parties)。這種政黨性質的轉化結果，使得標榜極端主義或激進主義的政黨，逐漸吃到競選失敗的苦果，也使政黨政治的運作，越來越沒有生機與生氣！因為所有的政黨，不管是右派，中間派或是左派，為了討好選民而獲得選舉的勝利，統統不得不標榜出大同小異的政綱。到了這種地步，政黨已經不再是不同政治理念，社會價值理念與經濟利益的凝聚與代表團體，政黨體系的存在與其對未來民主政治所能扮演的角色與貢獻，都值得大家去深思的重要課題。

（二）議會政治的退色：

在古典民主體制中，議會政治表現得有聲有色！當工業革命的初期與中期，不管是舊有傳統社會力，或是新生現代社會力，基於不同的政治理念，社會價值觀念與經濟利益，透過政黨的形式來保護自己。在選舉期間，在公平競爭的原則下，大家展開一場政治戰。在平時，又基於容忍的精神，各黨聚集議堂，不管是執政黨或是在野黨，為了國家的前途與社會的繁榮，各顯神通，隨時（或定期）展開政治辯論會。這種議會政治的運作，確生在古典民主體制中，發揮過權力制衡與政權轉移的功能。然而，由於上述政黨政治的衰退，再加上其他下述種種原因，議

會政治也產生了轉化與退色的現象。

(1) 議會政治退色的原因：造成議會政治會退色的原因，當然是多元的。依照一般政治社會學者的看法，其中最主要的原因有：

(a) 在政壇上，出現了上述所謂科技結構。隨着科技時代的來臨與發達，政治問題的技術性與複雜性也逐漸增加。對於某些政治性問題的看法，決策與執行，越來越需要更多更深的專門化知識，技術與資訊。因此，在政壇上，有如自由經濟體系的轉化，也出現了我們可以把它稱之爲政治性科技結構。在行政首腦人物的周圍，出現了許多專家與高級顧問。除非議員與政黨本身，也擁有專門化的知識，技術與資訊，否則，根本無法扮演控制的傳統角色。

(b) 傳播媒體與權力人格化的影響結果。如上述，在現代化社會裏，傳播媒體的發達，往往造成一種政治權力的人格化之結果。當一位總統或內閣總理，有了人格化的政治大權之後，其政治形象往往會壓倒議會的古典形象，因而導致一般大衆對於議會政治的不關心與冷漠。

(c) 政黨政治的衰退與通吃黨的出現，使得議會政治的運作基礎，——對立的政治理念，相異的社會價值觀念與不同的經濟利益——已經趨於淡泊與模糊，因此，在議會裏議員的對立，辯論與溝通，漸漸成爲多餘的形式主義，毫無實質意義的存在。

(d) 優勢議會主義 (Parlementarisme majoritaire) 的出現。正如政黨政治一樣，由於經社發展與消費社會的來臨，對立的政治理念已漸趨淡泊，大衆的政治態度也較有一致的趨向，這種轉變往往有利於一黨優勢的出現，而反射在議會政治上，則成爲優勢議會主義之存在：執政黨在議會裏控制着半數以上的席位。優勢黨仗着其議員本身的支持，行實質上的獨裁政治，在議堂上公然存在的辯論與反對，竟然成爲優勢黨行獨裁政治的最佳民主假象。

(e) 表達民意的多元化取向：古典議會的最大政治功能之一，在於表達民意。然而，由於科層組織與科技的發達，尤其是受到傳播媒體的影響，能夠表達民意的組織與機構越來越多元化：集會、工會、民意調查、記者招待會、電視辯論會、俱樂部等等的存在，都能夠分化並減弱古典議會的代表性功能。

(2) 議會政治功能的衰退病徵：由於上述種種原因所造成議會政治本身的轉化，依照功能學派的分析，古典議會的政治功能，也有了下列種種衰退病徵：

(a) 人事授命權或拒絕權的功能轉化：在古典議會政治的運作裏，往往採用間接選舉，或是把行政部門的首腦人物之任命權，保留在議會的同意上。因此，議會掌握着統治者的任命權或拒絕權。然而，由於一黨優勢的出現與優勢議會主義的存在，尤其是直接選舉的普遍採用，這種功能也產生了轉化，直接落在選舉上。譬如在美國與法國，就法律而言，都採用直接普選，由人民自己決定誰是總統的最佳人選。就事實來看，在德國、英國、日本等等，在議會選舉的優勢黨，其總裁必然是政府的內閣總理，議會只是做一種形式上的確認而已。

(b) 代表國家主權與決定全國政治方針的功能轉化：在古典民主政治的構想裏，議會是唯一代表國家主權的機構，因此，也是代表民意而決定全國政治方針的立法機關。然而，由於上述議會政治的退色，尤其優勢黨與優勢議會主義的存在，以及直接普選的結果，這種功能也已經逐漸轉移到行政部門。其結果之一，在所謂科技結構的實質政治獨裁下，行政部門向立法機關所做的施政方針與施政報告，也只是形式主義的民主假像而已。

(c) 代表性的功能轉化：在古典的民主體制裏，議會的主要政治功能之一，乃是唯一的民意代表機構。然而，由於政黨政治的變化，選

舉制度的改變，以及政府或私人民意組織的林立，已經使這種功能發生了分化的現象。在總統制而採用直接普選的國度裏，總統旣然是直接由人民所選舉，他當然也能夠分享所謂人民或國家的代表性。此外，由於我們上述各種民意機構與組織的出現，尤其在傳播媒體的運作下，使古典議會的代表性功能，受到極大的挑戰與分化的影響。政府往往要直接跟社經團體談判，充分表現出這種功能的轉化。

(d) 立法功能的轉化：依照古典民主體制，議會的最主要政治功能，乃在於立法：法案的準備、提出、審查與通過。然而，在後期工業社會裏，這種立法功能，也有了極大的轉化。許多法案的準備與提出，都直接來自行政部門，議會的審查與通過，也在優勢議會主義的作用下，做一種形式主義的確認而已。立法功能的轉化，由於我們上述科技的發達與結構專門化的結果，唯有行政部門，在科技結構的專家協助下，始能提出可行而有效的法案，這也是議會所望塵莫及的事實。

(e) 控制功能的轉化：在所有功能之中，這是議會唯一能夠保留而轉化最少的，議員利用各種方式：質詢、調查、要求部長到院列席說明等等。不過，由於優勢議會主義的存在，這種個人控制的古典功能，也只能滿足議員個人對政治的關懷與熱誠，並不能發生實質上的政治控制之功能。這一點我們可以從在野黨的反對功能之衰微，得到更明確的印證。

（三）在野黨所扮演反對角色的轉化：

本來在古典民主體制的構想裏，競選失敗的在野黨，應該積極地扮演反對角色，藉以達到民主政治的制衡作用，並防止執政黨走向獨裁政治的可能。尤有進者，透過不停的關懷，批評與攻擊，在野黨也可以換來選民的同情與支持，藉以爭取下一屆選舉的勝利。

雖然如此，由於後期工業社會的來臨與上述經社條件的改變，使得在野黨所扮演的反對角色，也產生進退兩難的轉化困境：面對着政治理念的淡泊趨向與政治態度的趨向一致化，如果在野黨放棄其政綱的獨特性與差異性，則跟執政黨沒有什麼區別，如果過份強調其獨特性與差異性，則永遠無法取得多數選民的支持，也將永久扮演反對的角色，而無法取得組閣的機會。換言之，如果在野黨放棄其政綱的獨特性，跟執政黨沒有什麼區別，那麼，他就沒有批評與反對的資格與存在的價值，如果他過份強調其獨特性與差異性，又將無法獲得多數選民的支持，永遠無法取得政權。如想了解這種反對角色的轉化，我們必先從古典民主政治去做一種回溯的追踪。

(1) 功能性反對 (Opposition fonctionnelle) 的角色扮演：依照古典民主體制的設計，選舉落選的在野黨，仍然基於維持全國性共契 (Consensus national) 與社會整合之立場，積極參與政治體系的角色扮演；監視政府，批評施政，並準備未來可行的良策，這就是反對黨的功能性反對角色。人民再依照執政黨的實際施政績效與反對黨所扮演功能性反對角色之表現，在下一屆大選時做一比較與選擇，由選民決定執政黨與在野黨的政治命運。雙方為了爭取選民的擁護與支持，必然尊重民意並制訂合乎全國大多數人民利益之良策。這是一種制度化的反對角色之扮演，選舉落選後的反對黨，仍然依據憲政體系的安排，扮演監督，批評與策劃等功能性角色，而成為政府的制衡力量。這一種反對黨的功能性角色扮演，以英國的模式最為典型，所以稱它為「陰影內閣」(Shadow Cabinet)，稱反對黨的領袖為「陛下的反對黨領袖」(Chef de l'opposition de Sa Majesté)。

由此可見，在野黨所扮演的功能性反對角色有二：其一、在下一屆國會大選來臨之前，它負責控制與監督政府的所作所為，一方面批評政

府施政的錯誤，他方面儘量反應民意之需求，並施壓力給政府，使後者努力去體現；其二、就未來與大選再度來臨時，在野黨必須針對着執政黨的失誤與民意的確實需求，提出切實可行的替代良策，藉以獲取民衆的支持，而取得組閣的機會與權利。

從在野黨的功能性反對角色之扮演，我們似乎可以說，一個成功的在野黨，必需做到下列幾點，始能獲得選民的支持而有機會組閣：(a) 揭發政府在政策上與策略上的重大錯誤，並提出切實可行而有效的替代良策，儘量避免人身攻擊與諷刺性的批評，(b) 儘量凝聚民意與人民利益之所在，以壓力團體的身份，向執政黨施加壓力，藉以換取人民的支持，(c) 參與大選的政綱，必需遵守三大原則：其一，合乎全體人民之利益，其二、能夠爭取過去支持執政黨的游離票，其三、確實能夠符合本黨全體人員的意願與利益。

(2) 終身的反對 (Opposition Perpétuelle)：在兩黨以上的政黨體系與運作上，要想體現上述功能性反對角色的扮演，必先有下列三大前提的存在：(a)政黨所標榜的政治理念或政治意識型態，在人民的眼中，是可以互相替代與容忍的。否則，在惡劣情形下，變成政治鬥爭或內戰（落後地區常有的情形），而不是公開的政黨競爭。在較好的情形下，也會產生長期一黨優勢的獨裁局面（戴高樂時代的法國）。(b) 支持各黨派的死忠選民外，應該有足以舉止輕重的多數游離選民之存在，否則，也很難體現上述在野黨的功能性反對角色。依照西方民主政治的經驗，這種中性游離票，往往屬於中產階級。(c) 要有相當程度的普及教育，否則，人民無法判斷施政的好壞與批評的價值。

由此可見，要想體現制度化的反對角色，並不是一件容易的事。在人類政治發展史上，功能性反對角色的扮演，其成功的事例並不多，而且在時間上也都不會太長。只有英國，可以稱得上是絕對成功的例外。

在其他各國的例子，往往變成下述的兩種情形：

其一、各黨爲了爭取選民的支持，都不敢強調其獨特性與差異性，都有跟民意妥協的中間性取向，因而使制度化的反對角色扮演，失去了它原有的意義，人民也失去了選擇的機會。

其二、由於敎育未能普及（開發中國家的情形），或某黨的政治理念、主義、理論等等，在某特定時期已經壟斷了整個人民的思想與利益，則會出現我們上述一黨優勢的局面，因而制度化的功能性反對，乃轉變成我們所謂的「終身的反對」：爲反對而反對，永無機會取得政權。情形的惡化，就成爲各種政情不穩的內因。

(3) 反對角色的消失？：在經濟發展的成熟期，我們已經發現許多歐美國家的政治，確實已經出現過「終身的反對」事例，而使許多人開始懷疑反對角色的存在意義與價值？尤其到了後期工業社會，由於上述種種經社條件的改變，更有人提出下列兩大理由，說明古典反對角色已趨消失的原因：(a) 政黨對立的存在理由，是基於社會階級的差異性與對立性，如今在消費社會裏，這種社會階級的差異性與對立性，在全國性共契與社會整合的影響下，已告淡泊或消失。因此，政黨對立的存在理由也告消失，反對角色的扮演，當然也沒有存在的理由。(b)由於上述各種政府的組織或機構，以及民間種種壓力團體的出現，再再都能替代古典民主體制的反對角色，在野黨最多也只能視爲壓力團體之一而已。

總而言之，隨伴着經社的發展，尤其到了後期工業社會，古典民主體制所設的制度化反對角色之扮演，已經由於其社會基礎的動搖與改變，本身也發生了變化，因而使人懷疑到它存在的意義與價值。不過，我們認爲並且要強調：不管其社會基礎是如何變化，反對角色的扮演，有其存在的絕對必要性與永久價值。我們確信古典政治學家所說的話：「有權必濫，極權則極濫」，有其絕對的正確性。最多我們只能說，因

爲政黨對立的社會基礎變了，制度化功能性反對角色扮演的情境也變了，我們應該探討一種能夠符合於新政治環境的創意性反對角色之扮演！換言之，只要有政府之存在，就有反對角色扮演之絕對必要。如何使其發揮預期的功能，必須配合政治環境而有創意性的方式改變而已。我們的看法，可以從傳統政治行動的轉化而得到印證。

第四節　傳統政治行動的轉化及其新向度 (Dimension)

正當歐美工業先進國家快要邁入所謂消費社會時，有許多政治社會學家提出一種觀感說：由於經濟發展的結果與消費社會的物質文明之本質，人們對於政治行動的興趣與關懷，已經越來越淡泊，他們把它稱之爲「反政治化」(Depolitisation)。其實，這種膚淺的觀感，經不起深入一層的研討與分析。

從表面上看起來，打從 1960～1970 年代以來，歐美社會確實有過許多社會行動與運動，使人覺得人們對於政治行動的興趣與關懷，似乎已經越來越淡泊了。然而，如果我們能夠更深入一層去觀察與分析，我們就不難發現一種事實：所謂反政治化行動與運動所反對、批判，以及表示冷漠的對象，就本質上而言，都是屬於傳統民主體制的政治行動；古典政府的形式、議會、政黨。換言之，它們所不感興趣的政治行動，乃是傳統憲政體制內的政治形式而已，因爲它們認爲，傳統政治形式已經不適合於新的社會學條件。它們對於政治本身的關注與興趣，尤其在尋找政治行動的新形式方面，更是有增無減。也正因爲如此，而導致了傳統政治行動的轉化，並創造了許多現代化的政治新形式，把政治行動的面向，從傳統憲政體系內擴散到社會的各個角落去。茲舉幾個實際的例子，說明如下：

　　在傳統憲政體制下，人們對於政治行動的表現，在於選舉與議會的辯論。然而，現代化的新政治行動方式，對於人們自己所關切的重大問題，譬如墮胎、戒嚴、移民、自然生態、生活品質……等等，都不必要等到選舉或在議會舉行辯論時，才能表示關懷與興趣，人們可以在新聞、雜誌、電視，以及各種公開討論會上，發表各種不同的意見與看法，藉以形成所謂輿論壓力，使政府不得不重視民意。如果政府還不理會，人民也不必再等到下屆選舉或是去議會請願，直接透過地方各種壓力團體，也可以達到相同的目的。

　　同樣地，如果人們不讚成政府的施政，也不必等到下屆大選時去投反對票，或是透過自己所選的議員去表示反對，他們可以採用各式各樣的現代化抗議行動，藉以達到反對的目的；示威、遊行、罷工等等。

　　以上是從人民的政治行動來看，如何把傳統憲政體系的政治行動，轉化到社會的角落去。同樣地，如果從政府的角度去看，也有類似的政治行動之轉化發生。譬如在過去，對於新法案的提出，政府必需透過其議員向國會提出。現在，政府可以借助於科技結構的專家，或擴散到社會上的學者專家，都使它們去參與法案的準備工作。由於現代社會的複雜性與科技的專門性，立法院也只能做形式上的審查與通過而已。

　　總而言之，在後期工業社會裏，傳統憲政體系的政治行動之形式，已經不適於新社會學條件。在尋找新形成的初期，被誤以為是一種反政治化運動，其實是一種政治行動的創意運動，如今已造成了傳統政治行動的轉化與許多政治行動的新向度。這種政治面向的反應，只是整個社會對於後期工業發展的反應之一而已。至於整體社會對後期工業發展的反應，更引起了許多政治社會學者的濃厚研究興趣，這就是我們下一章所要研討的主題。

第八章　整體社會對後期工業發展的反應；社會事實之理論分析

　　我們所謂整體社會，是指包括所有文化的、教育的、經濟的、宗教的、歷史的、政治的……等等因素在內的廣義社會。而每一面向對於後期工業發展的反應，都有互動與互為因果的連帶性。對於這種社會事實的複雜變化性與相關性，許多社會科學家都相續提出各種不同的理論分析與解釋。茲將跟政治社會學有關的主要理論，介紹於下，以便讀者參考。最後再來分析反應後的社會事實及其可能的趨向。

第一節　對於旣存政治的批判理論[98]

　　在這一節我們所使用的政治，是指狹義而言。跟下一節旣存文化所

---

[98]　有關對於旣存政治結構的批判理論，請參考下列主要參考書：

(a) A. Gramsci: *Lettres de prison*, ed. Sociales, 1959 Paris.

(b) M.—A. Macchiocchi: *Pour A. Gramsci*, 1974.

(c) J.—M. Piotte: *La pensée politique de A. Gramsci*, 1970.

(d) H. Portelli: *A. Gramsci et le bloc historique*, 1972.

(e) L. Althusser: *Pour Marx*, 1965.

(f) R.—G. Schwartzenberg: *Sociologie politique*

涉及的政治，有其不可分割的關連性。我們把它分離出來介紹，那是一方面爲了方便起見，他方面這種狹義政治的批判理論，最能看出政治轉化的路徑與過程。屬於這一類別的理論，多半都是一般所謂的新馬克斯主義學派。他們從傳統馬克斯主義出發，再依據後期工業發展的社會事實，企圖爲傳統民主政治的轉化與新向度，提出合理的分析與說明。因此，如果我們想眞正了解新馬克斯主義的批判理論，必先對工業革命後的資本主義社會之發展，做一種回溯性的了解。

傳統馬克斯學派，基於它的衝突觀、唯物觀、辯證觀，尤其是它的上下結構理論，在分析過西方資本主義社會之後（工業革命初期的資本主義社會），斷言在社會結構的內在矛盾與對立下，必然走向滅亡的道路，代之而來的就是預期的共產社會。

然而，事實勝過理論，資本主義是註定要變，事實上也變了（我們已在上面分析過）。然而，不但沒有走向滅亡的道路，反而朝向馬克斯主義者所沒有預期的轉化路徑。基於這種事實背景，新馬克斯主義者又提出種種批判理論，一方面得以延續傳統馬克斯主義的存在價值，他方面又能有效地說明改變後的事實。

（一）L. Althusser 的政治批判理論：

基於傳統馬克斯主義的基本理論爲出發：——下層經濟結構是一切社會結構的基礎，也是一切人類活動的起點，上層政治結構，只不過是下層經濟結構的反射物而已，　因此，　政治是不可能獨立運作的——，Althusser 提出了新的質疑(Problemmatique)：上下結構的理論如果是對的話，從經濟結構反射後而產生的政治結構，似乎可以擁有獨立運作的機能？如果這個質疑能夠成立的話，接着就能夠提出進一步的假設：只要政治結構能夠獨立運作，它就可能產生下列兩種作用現象：其一，

政治不但不再是經濟的反射物，它可能反客為主而來決定經濟；其二，政治本身的獨立運作，又可能改變其本質，或促成有別於其本質的新向度。順着這種質疑與假設，他提出了修正傳統馬克斯主義的新批判理論如下：

(1) 國家的壓迫工具 (Appareil Repressif d'Etat) 與國家的理念工具 (Appareil Ideologique d'Etat) 的區別：首先 Althusser 認為傳統馬克斯的錯誤，在於沒有能夠區別出國家的壓迫工具之外，尚有國家的理念工具之存在事實。依照他的看法，這種區別是很重要的，而傳統馬克斯主義之未能區別，也是經濟決定論的必然邏輯推論結果。旣然政治是經濟的反射，所以在傳統馬克斯主義的意義下，政治結構是專指國家的壓迫工具；主要包括政府、行政、軍隊、警察、司法等等機構。其實，如果這種看法在理論上是正確的話，事實上，政治結構在誕生之後，為了維護其生存，透過政治社會學家所謂的政治社會化，常常形成了許多 Althusser 稱之為國家的理念工具；主要包括教會、教育（學校）、家庭、工會、政黨、傳播媒體等等。

傳統馬克斯主義者，只看了經濟結構所反射的狹義政治結構：國家的壓迫工具，而忽略了國家的理念工具之存在。因為前者是以武力為基礎，所以傳統馬克斯主義者都過份強調政治的壓迫性與暴力性，因而相信無產階級的必然反抗性。殊不知在國家的壓迫工具之外，還有國家的理念工具之存在，它是以理念為基礎，雖然表面上都是屬於國家的工具，然而事實上，往往屬於民間組織或機構。

(2) 優勢理念的創造與維持：依照傳統馬克斯主義的看法，生產力、生產技術與生產組織（或生產關係），三者決定了下層經濟結構之後，就反射出與之相對待的上層政治結構。為了維持下層資本家的利益與上層政治領導階層的旣得利益，政治統治階級與下層資本家，必然結

合在一起，利用所謂國家的壓迫工具，去壓制下層勞動階層，藉以維持社會秩序的安定與持續。

然而，依照 Althusser 的看法，傳統馬克斯主義者的觀點與解釋，雖然能夠符合工業革命初期的一部份社會事實，却忽略了另一部份更重要的政治現象，那就是國家的理念工具所扮演的角色。更重要的事實是；國家的理念工具在後期工業社會所扮演的角色重要性，已經超越國家的壓迫工具。這一種政治現象的轉化，並不是傳統馬克斯主義者所能想像的。

國家的理念工具，其最主要的角色與功能，在於創造並維持優越性理念，藉以對維護社會秩序與安定有所貢獻。在中世紀時社會裏，這種理念工具的角色，直接由教會來負責。教會不但扮演着宗教信仰的角色，而且帶有教育社會化的功能。到了工業革命之後，中產階級逐漸取代了傳統教會的理念工具之角色；生產關係的再生產，使經濟活動能夠符合於社會安全與秩序的維持。在現代化的消費社會裏，國家的理念工具也轉換為教育機構（雖然仍然有其他專門化理念工具的機構，譬如創造政治理念的政治專門機構，創造現存社會價值的資訊機構，維護宗教信仰理念的宗教機構等）。教育機構成為優越理念的創意者。教育機構藉着社會價值與社會化的創意過程，使每一個個人都能夠接受既存的生產關係與生產組織裏，藉以維護社會秩序與社會安定。

(3) 階級鬥爭的場所與賭注：由上面的分析，越是到了工業革命的後期，傳統國家的壓迫工具，對於維護社會秩序與社會安定所扮演的角色重要性，越是轉移到國家的理念工具上。因此，Althusser 認為，國家的理念工具之所在，才是社會階級的鬥爭場所與賭注。換言之，社會階級的鬥爭場所與爭取的對象，應該是國家的理念工具所存在的地方，並設法如何去控制它。因為政治統治階級，如果能夠輕易地控制國家的

壓迫工具，相反地，它並無法有效地控制國家的理念工具。只要能夠有效地控制優越理念，就能夠削減壓迫工具的控制效力，而動搖或改變既存的社會秩序。

總而言之，Althusser 基於傳統馬克斯主義的基礎觀念，修改了經濟決定論的辯證過程，特別強調上層政治結構的重要性與自主性，尤其是他所謂的理念工具。他方面，他認為越是古老的社會，國家的壓迫工具，越是扮演着維護社會秩序與安全的重要角色。相反地，越是到了現代化的後期工業社會，維護社會秩序與安全的重要角色，越會轉移到國家的理念工具上。

對於資本主義社會的轉化過程，提出另一種相類似的批判理論，則有義大利的新馬克斯主義者 A. Gramsci。

（二）A. Gramsci 的批判理論:

A. Gramsci (1891-1937) 是一位義大利的共產黨領導人物之一。於1926年被義大利法西斯黨下獄，一直到死為止。對於他的批判理論，在介紹之前，我們有兩點聲明: 其一，他的理論雖然完成於後期工業社會出現之前夕，然而，他所預期的轉化過程與解釋，都適合於後期工業社會的發展; 其二，他的批判理論，跟 L. Althusser 的上述理論，俱有異曲同工之妙，雙方都由傳統馬克斯主義出發，再依據資本主義社會的事實，去修正它，而特別強調上層政治結構的獨特性與自主性。雖然如此，他把理論的重點，完全放在知識份子所扮演的角色上，這是傳統馬克斯主義者所疏忽的另一點。對於 A. Gramsci 的政治批判理論，我們可以分成下列各點來分析。

(1) 上層政治結構的重要性與自主性: 基於經濟決定論與歷史辯證思想，傳統馬克斯主義者，都把上層政治結構視為下層經濟結構的產

物,尤其是政治理念。因此,只要下層經濟結構的生產方式與組織關係發生了變化,必然引起上層結構的組織形式與政治理念之改變。然而,由於上層政治結構中統治階級的保守性與既得利益之維護,才會發生上下兩個結構間的鴻溝,這種結構性鴻溝乃是社會危機的開始,擴大後就會產生政治革命。

這種經濟決定論的歷史辯證觀,完全忽視了政治結構的獨特性與自主性。在工業革命初期的十九世紀,這種論調,尚能符合當時一部份的社會事實。因為封建政治體系剛剛崩潰,新民族國家之政治體系正在興起中,資本主義的自由經濟活動特別活躍,自由放任主義的思想,要求政府的不必要干涉,減到最低限度,一切以經濟活動為重心。然而,由於工業向前推展的結果與現代政府權力的擴大,到了十九世紀末期與二十世紀初期,逐漸產生相反的情境。一方面,政府的權力擴大後,有凌駕並干涉經濟活動的轉向,他方面,經濟活動為了要尋找原料與市場,也自動請求政府權力的護行。因此,如果仍然想用傳統馬克斯的經濟決定論,去解釋這種政治新現象,似乎已經行不通了。所以才有許多所謂新馬克斯主義者的出現,特別強調上層政治結構的獨特性與自主性。其中最為重要的人物之一,乃是 A. Gramsci。

在這個問題的思考上,A. Gramsci 跟 L. Althusser 的想法,就上層政治結構的獨特性與自主性,實在俱有異曲同工之妙。不過,前者對於上層政治結構所扮演的角色,有其非常獨到的見解,既能夠解釋上述社會事實的轉化,又能夠修正傳統馬克斯主義而使它完整無缺。

(2) 公民社會與政治社會 (Société civile et sociéé politique) 的區別: 對於上層政治結構的構造,A. Gramsci 跟 L. Althusser 一樣,把它分成兩大部份,不過,有不同的解釋法。基於傳統馬克斯主義的想法,A. Gramsci 認為,上層政治結構在形成後,就分別基於不同的基

本因素，而發展爲截然不同性質的兩個社會：其一，以武力控制爲基本因素，發展而成爲政治社會；　其二，乃以說服（Persuation）爲基本因素而形成的公民社會。

公民社會涉及各種面向的理念與制度。就理念層面而言，它包括了宗教、哲學、法律、經濟、科學、藝術、文化等等。就制度層次而言，它包括了教會、學校、傳播媒體等等。至於政治社會，乃是指廣義的政府與國家而言，包括所有俱有強制性與控制性的工具：行政、警察、軍隊、法院等等。這些強制性與控制性的工具，都是統治階級用來維持其優勢與旣得利益的護身符。

從公民社會與政治社會的區分，以及其基本因素在性質上的截然不同，A. Gramsci 提出社會主義革命的應走路線。如果公民社會的發展，仍然屬於相當幼稚的階段，而其政治社會的發展，又以國家爲主要統治工具，那麼，社會主義革命者，只要設法奪取其國家的壓迫性與控制性工具，就能夠取得政權（政變方式）。同樣地，也可以從公民社會著手，去灌輸一套符合下層經濟結構的社會價值與理念，而引起普羅革命的早日來臨，這是蘇聯革命的方式。

相對的，如果公民社會的發展，已經到達了相當高的階段，譬如西方社會，則情形又是完全不一樣了。在這種國家裏，政治社會的壓制與控制工具，處處已經受到來自公民社會的理念與制度之牽制。因此，社會主義的革命者，必須集中火力在公民社會裏進行鬥爭，藉著理論與主義的說服力，去控制公民社會，而推翻統治階級的旣存價值體系與理念的優勢，才有可能建構普羅文化。這種看法，從下面統治階級的霸權與知識份子的角色扮演之分析，就可以得到印證。

(3) 資產階級的統治霸權：依照 A. Gramsci 的看法，在公民社會的發展過程中，資產階級必然設法建立一套有利於其統治的社會價值體

系，道德、理念與制度，並鼓吹到社會的每一個角落，而成為每一個人都接受的社會價值與道德。當整個社會都視為當然的時候，也就沒有人會再去懷疑統治階級所擁有權力的合法性。只要資產階級的價值與道德被其他各階級所接受，統治階級就可以繼續維持其霸權，而不必靠傳統政治社會的壓迫性與控制性工具來幫忙。

雖然如此，在傳統馬克斯主義者的眼裏，下層經濟結構會不斷地推進，而引起社會價值、觀念、道德等等理念的改變，面對着這種挑戰，如何維持其統治霸權，就有待資產階級的另一種努力，那就是知識份子的角色與歷史羣 (bloc historiquc) 的存在問題。

(4) 知識份子的角色扮演：依照 A. Gramsci 的看法，創造、傳播與維持統治霸權的權利與義務，完全落在知識份子的身上。他把知識份子稱呼爲「組織的知識份子」(Intellectuels organiques)。知識份子不但與統治階級會有關連，而且是公民社會的主要或唯一組織人。知識份子不但扮演着下層結構與上層結構的連結角色，也是上層統治階級的代理人。在封建社會裏，其主要份子就是僧侶。當民族國家與工業革命來臨之後，中產階級取得政權，僧侶所扮演的角色，就逐漸落在大學知識份子的身上。在後期工業社會裏，又轉化爲專家與工程師的身上。

(5) 歷史羣的形成：由於知識份子身份與角色之特殊，就整個社會的變遷而言，他們就成爲 A. Gramsci 所謂的歷史羣。從上層結構與下層結構之關係來看，知識份子不但是經濟資產階級與政治統治階級的連絡人，而且更是公民社會的理念與制度之創造者。他們不但創造有利於政治統治階級的優勢價值與道德，而且也是經社發展所產生的新觀念與新道德的反射者。在社會變遷的過程中，他們卽能夠配合下層經社發展，而修正舊有優勢價值與道德，使其繼續被全社會的人所接受，而維持統治階級的合法霸權，也能夠基於維護統治階級的既得利益，創造各

式各樣的理念，設法阻礙下層結構的正常發展。所以 A. Gramsci 把它稱之爲歷史羣。

(6) 勞動階級的文化霸權？：所有馬克斯主義者，站在政治衝突論的觀點，必須考慮到如何打破現況的最後問題。 A. Gramsci 身爲新馬克斯主義者，當然也不例外。既然政治統治階級的合法性霸權，越來越靠着公民社會中知識份子爲他們所創造的理念、價值與道德體系。同時，歷史羣爲了維護政治統治階級的旣得利益，往往會創造阻礙下層結構正常發展的僞意識與僞文化。那麼，如何打破這種現狀？從經濟決定論的觀點來看，勞動階級缺少屬於自己本身的革命文化，無法揭開統治階級的僞意識與僞文化，才是問題癥結的所在。既然知識份子能夠爲統治階級塑造優勢的僞文化，也唯有屬於勞動階級的知識份子，才能創意眞正的革命文化，而形成另一羣新的歷史羣。

因此，在 A. Gramsci 看來，勞動階級不必急着要參與或取得社會的統治權，而成爲統治階級。重要的是如何去創造普遍文化的優勢，而成爲理念、價值與道德的優勢領導階級。唯有這種革命文化的優勢與理念價值的霸權，才能夠推翻西方社會的現狀。

(7) 結語： A. Gramsci 生逢義大利法西斯主義最爲狂妄的時期，也正是普羅革命文化最爲衰微的時候。要想推翻現況，必須寄望於新歷史羣爲勞動階級創意出新革命文化，藉以揭開統治階級的僞意識與僞文化，進而取得領導社會文化與價值的優勢，最後才有取得政權的可能。他的理論，並沒有在義大利本身引起什麼回響與重視。相反地，我們如果用他的理論，來解釋中共竊據大陸政權的過程，似乎又是一個非常合乎事實的一個理論。從這個角度來看，他的理論很值得三思。他一方面，如果從政治整合的角度來看，爲了維護現狀，他的理論也暗示了一種事實：隨着經社的發展，維護社會秩序與安全的工具，越來越落在以

說服為基因的公民社會，而不是靠以武力為基因的政治社會。

第二節　對於既存文化的批判理論[99]

依照文化人類學家 malinowski 的文化定義：人類思想與行為的累積集體創作。這種所謂既存文化 (Culture établie)，是指後期工業社會來臨時，人類思想與行為所累積下來的集體創作，包括傳統文化與現代文明。就社會學的觀點而言，人類一方面在承受前人所創造的文明，他方面也在批判前人所遺留下來的文明而創意新文明。當後期工業社會來臨時，前人所遺留下來的文化，已經不再是傳統的保護主義文化 (P. Sorokin 的話)，也不是貧困的經濟文化，相反地，既存文化已經是一種競爭主義的富裕文化。從西方所謂現代化的目標而言，在表面上，這種富裕文化似乎應該能夠滿足人類的願望，而帶給人類更大的幸福與快樂。然而，在本質上，工業主義與科技發達的結果，不但沒有帶給人類

---

[99] 對於既存文化的批判理論，請參考下列主要參考書：
- (a) S. Freud: —*Malaise dans la civilisation, 1973*
　　　　　　 —*L'Avenir d'une illusion, 1973*
- (b) W. Reich: —*La fonction de lurgasme, 1952*
　　　　　　 —*La revolution sxeelle, 1969*
　　　　　　 —*L'irruystion de la morale sexelle, 1973*
- (c) H. Marcuse: —*Le marxisme sovietique, 1963*
　　　　　　 —*Eros it civilisation, 1963*
　　　　　　 —*L'homme unidimensionnel, 1968*
　　　　　　 —*La fin de l'utopie, 1968*
　　　　　　 —*Vers la liberation, 1969*
　　　　　　 —*Culture et Société, 1970*
　　　　　　 —*Pour une theorie critique de la société, 1971*
　　　　　　 —*Contre-revolution et revolte, 1973*

更大的幸福，反而造成有更多更大的「未來恐懼感」，處處表現出 H. Marcuse 所謂的「偉大抗拒」(Grand refus)。這是一種全面性的文化抗拒，包括宗教、文藝、政治、哲學、社會……等等面向在內。

對於既存文化的批判，可以分成抽象層次的理論分析與具體事實的抗議行動。我們就先來介紹前者，批判理論對於後期工業文明的批評主題，不外是壓抑(Repression)，整合(Integration)與疏離(Alienation)。

（一）Sigmund Freud (1856-1939)：

他原來是奧國人，後來定居在美國，是近代精神分析學之父。對於現代文明的批判，他是屬於所謂先驅思想者。由於他在一九二九年發表過一本書，叫「文明的憂慮」(malaise dans la civilisation)。對於現代工業文明的批判，具有相當獨到的見解。正當人類陶醉於物質享受之追求時，引起了相當大的震撼與衝激。也正因為如此，後來許多批判理論，都以他的理論為基礎。他對於現代文明的批判，可以歸納成下列幾點來研討：

(1) 文明的壓抑性 (Repression)：他特別強調，所有的文明，必然具有壓抑或抑制的本質。他認為人與生俱來是快樂的、自由的、衝動的、自然的……。所謂文明，正是壓抑或抑制這種人性的結果產物。因此，他斷言說：只要有社會的存在，在文明的壓抑下，人類就無幸福可言。如果套用他的名言，這就是所謂「事實原則戰勝快樂原則」。為了維護社會秩序與安全，文明必然要求放棄個人的自由、幸福、衝動與快樂。

因此，就個人而言，文明是不幸的泉源。為了人類的生存與延續，為了維護社會的安寧，文明必然要求個人犧牲其性的衝動與自由，藉以體現社會所共同追求的目標。就此觀點而言，在所有壓抑或抑制工具之

中，宗教就是最有效而又最直接的方式之一。在一九二七年他所出版的
「幻想的未來」(L'avenir d'une illusion)書中，跟 Marx 與 Nietzsche
兩人一樣，他也極力攻擊宗教，認為它是一種壓抑性與神秘性的烏托邦。

由此可見，活在現代文明社會裏的人，必然會面臨下面的困境：一
方面，為了社會的共同目標與秩序，個人必須犧牲其性的衝動與個人自
由，他方面為了尋回個人的性衝動與自由，又必然要求文明放棄其抑制
與壓抑。兩者的矛盾對立性，乃造成了個人內在的緊張性。換言之，性
的壓抑 (Repression sexelle) 乃是現代人內在緊張性的最主要原因。個
人既然不能離開社會而孤存，就得接受文明的壓抑，因此，這個壓抑的
程度，就成為理想文化的判準：壓抑太厲害，社會秩序好，社會共同目
標也能體現，然而個人活得不自由與無幸福，這也不是理想的社會；壓
抑解除得太多，社會秩序亂，社會共同目標也難以體現，雖然個人活得
較自由與幸福，這也不是理想的社會。最理想的社會文化，應該是在適
切的壓抑下，個人既有自由與性之衝動可言，又不違害到共同追求的社
會目標與社會秩序之安全。從這個角度來看，我們才能了解 Freud 後
期思想的轉變。

(2) 文明的昇華 (Sublimation)：早期的 Freud，是一位極端反對
性壓抑的人。他認為所有文明的產物：宗教、文藝、家庭、經濟制度等
等，都是對個人施加壓抑的場所與工具，而產生上述文明人的內在緊張
性與憂慮感。雖然如此，後來的 Freud 發現，文明對個人的性壓抑，
也是一種建立理想社會的必要惡物，更是文明進步的不可或缺因素之一。
因此，他提出所謂文明的昇華之概念，來替代早期的壓抑。換言之，他
不再站在個人的立場去看文明的壓抑本質，相反地，他站在尋找理想社
會文化的立場，去看個人性衝動行為的社會化過程，而產生文明的昇華
現象；把原始的性衝動或個人自由，導向或轉化為有用或更高層次的社

會行動，而藉以體現社會所追求的共同目標。譬如家庭與婚姻制度，如果從個人的立場來看文明的壓抑本質，它是最明顯的性壓抑與自由的限制，相反地，如果站在理想社會文化的立場來看，它是最典型的文明昇華，把個人原始的性行爲，轉化或導向爲更高層次的社會行動，藉以維護既存的社會秩序與安定。

（二）Wilhelm Reich （1897-1957）：

他也是一位奧國醫生，Freud 學派的後起之秀。然而由於政治思想的不同，走向批判 Freud 思想的道路。他是第一位嘗試結合 Freud 與 Marx 思想的人。雖然不太成功，但是啓開了後人努力的方向。他基於 Marx 對經濟疏離現象的批判與 Freud 對於性壓抑的批判，試圖尋找出社會革命的新路線。他只是提出一些質疑與假設，眞正對於問題的追踪與批判，還要等到 H. Marcuse, E. Fromm, N. Brown 與 D. Riesman 等人。他的主要著作包括：組織的功能 (La fonction de l'orgasme)，精神分析學與辯證物質主義 (Materialisme dialectique et psychanalyse)，以及性革命 (La revolution sexuelle) 等書。玆將其主要思想分析如下：

（1）反對所謂文明昇華的原則：依照我們上面對於 Freud 思想的分析，Freud 從早期極端反對性壓抑的立場出發，到了後期已轉化爲文明昇華的思想，這是一種從激進主義轉化爲保守主義的思想。Reich 是一位奧國共產黨員，當然無法接受這種轉化，所以他極力反對所謂文明昇華的原則。

他認爲 Freud 所謂的文明昇華，並無法眞正解決文明所帶給現代人的內在緊張性與憂慮。尤其對無產階級而言，他們所面臨的性悲局 (Misère sexuelle)，並非文明昇華所能解決，既然性悲局是導因於性壓

抑，則唯有從性的正常解放，才能獲得問題的解決而消除無產階級的內在緊張與憂慮。

(2) 反對社會壓抑 (Société repressive)：爲了消除 Freud 所分析現代人的內在緊張與憂慮，Reich 特別強調不能倒果爲因。他認爲造成現代人內在緊張與憂慮的原因，乃是社會體系運用各種壓抑制度（婚姻制度、家庭權威、教會……等等），對於性施加抑制的結果。因此，唯有徹底推翻既存社會制度與社會理念，始有可能消除現代人的內在緊張與憂慮。而這種社會革命又有賴於政治鬥爭的成功。換言之，社會制度的全部推翻，才有可能導致大衆心理悲局的結束。唯有社會革命才能消滅社會抑制，而帶給個人更人道更自由的生活。他特別強調，在新社會裏，壓抑是可以避免的， 幸福也能夠成爲一種文化價值。 跟 Marx 與 Freud 剛好相反，Reich 是第一個維護個人幸福權的人。

(三) Herbert Marcuse (1898-?)：

1898年出生於德國的 Berlin 城。年青時對於 Hegel 哲學與 Marx 的批判思想特別有興趣。跟上述 Freud 與 Reich 兩人的命運一樣，也被德國納粹黨所驅逐流放。先後在瑞士與巴黎等地，繼續求學，於1934年定居美國，終身以教書爲業。

第二次大戰以前，也就是說年青的 Marcuse，跟 Georges Lukacs 與 Karl Korsch 兩人，同時被譽爲德國馬克斯主義的三傑。⑩ 然而，自從他定居美國之後，其思想有了極大的改變，深受 Freud 思想的影響。跟 Reich 的思想一樣，企圖結合 Freud 與 Marx 的思想而給予發揚光大。在這一方面的工作，他要算比 Reich 成功得多。下列四本

---

⑩ H. Marcuse 被納粹德國驅逐出境赴美後，逐漸受到 freud 學說的影響，其晚期著作，已脫離早期極端左派作風。

重要著作，分別代表其不同階段的思想發展過程與內容：色情與文明 (Eros et civilisation, 1955)，單向度的人(L'homme unidimensionnel, 1964)，邁向解放(Vers la Liberation, 1969)，革命與反革命 (Contre-revolution et Revolte, 1972)。茲簡單扼要地分別介紹於下：

(1) 色情與文明：在這本書出版時，它附有一個副題：對於 Freud 的哲學探研 (A Philosophical Inquiry into Freud)。充分代表着他大膽地企圖結合 Marx 與 Freud 思想的意圖。這本書對於後期工業社會，有其獨到見解與毫不留情的批判。

他採用了 Freud 在「文明的憂慮」一書中所提出「壓抑」的概念，再加上他所謂的「再壓抑」之概念。Freud對於「壓抑」所下的定義是：為了使人類能夠在文明中生存而必須加諸於其本性的變更 (Modification des instincts)。因此，就 Freud 對於壓抑的本來意義而言，它是指對於原始生存鬥爭所加的必要限制或控制。而 Marcuse 所謂的再壓抑，是指為了社會統治 (domination sociale) 或世界爭霸而帶來的不必要限制或控制。

(A)反對 Freud 的悲觀主義：對 Freud 而言，人類絕不可能在文明社會中，自由自在地獲得本性或本能需求的滿足。所謂文明，只不過是一連串個人本性 (Instincts) 與本我 (Libido) 之犧牲與轉化，藉以滿足社會活動之需求與目標而已。因此，在 Freud 的眼裏，對個人而言，幸福與文化是相剋的。人類的這部歷史，不外是一部對於人類壓抑的歷史。所謂文化或文明，不只是對於人類的生物存在 (existence biologique) 加以限制，而且對於其社會存在亦加以控制。只要有社會組織的存在，人類就無法自由自在地追求本性或本我的需求滿足。因此，Freud 認為只要有文明或文化的存在，就有壓抑或抑制的存在。這種 Freud 的悲觀主義，在基本上Marcuse 也是接受的。然而，他又提

出所謂再壓抑的概念，而嚴格地區分所謂生物存在之限制與社會存在之控制，則建立一個沒有壓抑或控制的社會，仍然是有其可能性，這就是Marcuse 思想的樂觀面。

（B）無壓抑或無抑制的社會及其可能性： 依照 Marcuse 對於後期工業社會（美國）的分析，他認為一種沒有抑制或是較少壓抑的文明，如今已經是可能了。事實上，在傳統社會裏，有許多對於人類的抑制，都是來自經濟因素，而其原因則由於消費財的缺乏所致。但是，到了現代後期工業社會，由於科技的發達與經濟的發展，我們的社會已經擁有足夠的消費財，高度的技術與方法，使人們既有時間又有可能，去追求較少壓抑或幾無抑制的自由生活。換言之，在一個富裕的社會裏，如果不能說壓抑或抑制是多餘的，也已成為比較不需要的了。Freud 所強調的個人本性與社會需求之間的矛盾與對立，已逐漸趨於緩和與淡泊。因此，在 Marcuse 的眼裏， 建構一個毫無抑制或較少壓制的社會，已經不再是烏托邦的幻想。

（C）適合人類本性需求的文化： 在Freud的思想裏，個人的快樂原則（本性需求之滿足）與社會的事實原則（社會秩序與社會目的），永遠是對立而相剋的。因此，所有的文化或文明，必然具有壓抑或抑制的本質，根本不適合於人類本性或本我的需求。然而，在一個後期工業社會裏，由於科技高度的發達與經濟生產力的提高，已經逐漸把個人從工作中與經濟困境中解放出來，使個人有時間與可能條件去追求本性的需求滿足。換言之，上述個人快樂原則與社會事實原則之間的矛盾，對立與鬥爭，已經逐漸趨於平淡化，而出現了一種適合於人類本性需求的文化。

（D）反既存社會理念的想像： 後期工業社會，靠着科技與經濟的發展， 帶來了有利於人性解放的正面轉化。 然而就資本主義社會之本

質與其科技發展的趨勢，　似乎也有許多阻礙其轉化的負面因素。依照 Marcuse 的分析，　這些主要負面因素包括：資本主義的神秘性利潤原則，科層制的浪費性組織，來自社會統治與世界爭霸的再壓抑等等。因此，他特別強調，爲了使上述正面轉化能夠順利完成，必須事先剷除工業社會的既存理念體系。也唯有靠着想像 (Imagination)，才有可能打垮根深蒂固的社會理念體系，並消除它所帶給人類的抑制與枷鎖。

雖然如此，Marcuse 在分析後期工業時期的美國社會時，他面臨了另一面的困境：在一個單元化社會裏，單向度個人的想像能否發生效力？爲了回答這個問題，1964年他又出版了下面這本書，充分代表了另一階段的思想發展。

(2) 單向度的人(L'homme unidimensionnel)：這一本英文原名爲「One-Dimensional Man」的書，也有一個副題叫：Studies in the Ideology of Advanced Industrial Society。明白地指出他的研究詣趣。在這一本書裏，他更進一步地發現，除了上述主要負面因素外，後期工業社會已經發生了更多阻礙正面轉化的負現象。換言之，後期工業社會已經產生了許多新壓抑的因素。

(a) 後期工業社會的性質：他把後期工業社會視同疏離，整合與妥協主義的最高發展階段。他所強調的後期工業社會之性質，跟 David Riesman 在「寂寞的羣衆」 (La foule solitaire)，W. H. Whyte 在「組織人」(L'homme de l'organisation)，以及 Vance Packard 所寫「潛性說服」(La persuasion clandestine) 等書中所描述的，確實有異曲同工之妙：在後期工業社會裏，個人已經逐漸失去了自我。

大衆化 (Massification)，標準化 (Standardisation)，自動化 (Robotisation)，科層化 (Bureaucratisation)，組織化 (Organisation) 等等，都是後期工業社會的新抑制或壓抑之特徵。當然，他所批判的對

象，不僅局限於美國的消費社會，還包括共產主義的蘇聯社會。在1958年他所出版的「蘇聯馬克斯主義」(Le Marxisme Sovietique)一書裏，他對於共產主義的批判，已經超越傳統資本主義與共產主義之間的裂痕，而是兩個後期工業社會所俱有的共通性新抑制或壓抑的社會結構。兩個社會都同樣有其高度科技所帶來的理性及其所促成的疏離現象。

(b) 疏離化 (Alienation)：受到利潤原則的支配與不斷擴張過程的競爭，後期工業社會的最主要基礎，乃建立在一種理想化的荒謬(ideal absurde)：不斷地生產。其結果也，產生一種反客為主的經濟現象：不斷地消費。科技的發展，不再減少工作的時間，相反地，不斷地迫使個人生活在「生產←→消費」的循環中。透過各種廣告，流行與時髦，使人們疏忽了自然與本性的需求，而熱衷於追求一些「人偽需求」(besoins artificiels) 的滿足。

從這種情境的轉變，乃應運而產生了一種特別危險的新疏離。疏離化這個名詞，原本就具有各種不同的意義。它來自德文的Entfremdung，字面上的意義是：成為另一種或是陌生的事實。法文 Alienation 的翻譯，就是採取拉丁文的 Alienus，表示「另一種」或「陌生」的意思。因此，所謂疏離（感或化），乃表示原有切實人格的持續限制與放棄，而轉化成另一種或陌生的人格。就此原意義而言，所謂疏離，就是人類已經失去了它原有的切實性格，而轉化成連它自己都覺得完全陌生的人格。後期工業社會所促成人類的疏離，比上述原意還要可怕，因為人類的人格或性格，已經轉化到無意識 (Inconscience) 與無感性 (Insensibilite) 的程度。因為所有人類原有的個別性與獨特性，都已完全被工業社會所整合，而消失了原有的意識與感性。

(c) 整合(Integration)：當整合出現時，正是Hegel, Feuerbach 與 Marx 所謂「不幸意識」(Conscience malheureure) 的結束。人類

整部歷史的運作過程，不外是這種不幸意識在持續不斷地捕捉與克服所有的疏離現象而已。後期工業社會的來臨，是一種革命性的時刻。透過其整合的過程，社會已成為單一向度 (unidimenionnelle)：在這單一而整合的社會，抗議行動的向度已不復存在。換言之，在社會的單一理念之籠罩下，所有批判與反對勢力，不管是什麼形式與性質，都完全被併吞，調停與整合在一起，政治已公然成為包羅萬象的單一向度，在傳播媒體的渲染下，再也聽不到抗議或反對之聲。

(d) 壓抑的解昇華(desublimation repressive)：依照上述 Freud 的看法，人如果活在自然世界裏，根本就不會有來自社會的壓抑，因此，文明或文化乃是壓抑之源。因為人既然離不開社會，所以文化昇華所帶給個人的社會壓抑，也必然永遠存在。這是 Freud 走向悲觀主義的原因。也是 Marcuse 在分析工業社會初期時，人們所賴以抗議的社會原因。正因為文化或文明的昇華作用，現實政治與理想政治之間，一直存在着相當差距，批判與反對勢力，就是以此差距為批評與攻擊的判準，對現實政治深表不滿。然而，依照 H. Marcuse 的分析，當後期工業社會來臨後，由於單一向度社會的出現，在整合運作下所產生的新疏離，已經使人們成為無意識與無感性的個人，而消除了對於現實政治與理想政治的差距感，這就是 Marcuse 所謂的「壓抑的解昇華」。換言之，在壓抑的解昇華之作用下，個人已經沒有更高層次的理想政治，藉以抗議現實的政治。

(e) 無產階級的整合 (Integration du Proletariat)：在這個單一向度社會裏，以向被馬克斯主義者視為革命階級的無產階級，也同樣地被整合在體系之中，而接受來自既存文化的一切。換言之，他們已經成為既存文化與社會體系的擁護者，而不再是反對者。他們已經完全失去了以往所有的抗爭力，即使還有所爭取或請求，也已經不是質的問題而

是量的問題。換言之，在接受既存文化與社會體系的安頓下，無產階級已經放棄傳統馬克斯主義者所謂的革命角色，而只是一心一意地熱衷於生活水準的提高與生活品質的改良。

(3) 邁向解放 (Vers la liberation)：在分析過後期工業社會的新疏離之後，既然無產階級已經失去了傳統革命階級的角色，站在新馬克斯主義者的立場，如何再去尋覓新的革命社會力，藉以負起反對社會壓抑的任務？這個主題就成為 H. Marcuse 在 1969 所發表「邁向解化」一書所要探討的中心議題。

(a) 消費社會中的邊際人(Marginaux)：依照 H. Marcuse 的探討與分析，在後期工業社會裏，唯有生存在既存文化與社會體系邊緣的人，以及不跟既存社會理念相妥協的人，尚能夠不被新疏離所影響，而能夠保有原先的革命與抗議性格。最為典型的代表人物有：美國土著黑人，第三世界的外在無產階級，歐美的學生羣等等。由於他們的特殊經社地位，他們似乎還能夠生存於消費社會的邊緣而不受新疏離化的影響。

集合這些尚未被消費社會所整合的邊際人，似乎尚能成為一股革命勢力，在勞工階級的外圍扮演啓蒙與引導的角色。不過，我們必須特別注意下列事實的區別：過去的勞工階級，因為不滿客觀環境，所以才主觀地認定自己是革命階級，革命的目的也是為了改善自己的環境；現在的勞工革命階級（那些邊際人而已，被社會所整合的勞工都不算），並不是因為不滿客觀環境，而是天生其本質就有革命性格，在客觀新疏離化的挑戰下，為革命而革命的社會階級。唯有透過這些邊際勢力的啓蒙與引導，有朝一日勞工階級才能夠意識到自己所承受的新疏離，而重新扮演傳統的革命角色。

(b) 民主管道的放棄與革命的呼籲：依照 H. Marcuse 的觀察，

如果這些少數的邊際人，仍然夢想透過民主管道的角色扮演，藉以體現上述啓蒙與引導的作用，那就等於緣木求魚，永無指望。因為被整合的人數過多，而且疏離的程度也過深之故。在這種情勢之下，如果採用民主合法的方式與規則，到頭來只會被既存的社會體系所吞沒而已。所以，唯有走向革命之途，才是萬全之策。這就是 H. Marcuse 所謂「消滅既存準民主體系藉以體現真民主體系」的意思。由此看來，H. Marcuse 對於那些主張利用既存民主管道，而藉以體現未來社會主義的想法，是完全不贊成的。因為絕大部份的人都已經被既存文化所整合，而既存政治體系所控制的傳播工具，又得以有效地把有利於統治階級的社會價值體系與社會理念送達社會的每一個角落。在此情勢下，極少數邊際人很難利用民主管道，去啓蒙或引導勞工大眾的意識，藉以扮演傳統的革命角色。

此外他認為，在後期工業社會裏，由這些少數邊際人所喚起勞工階級的革命，其性質也完全跟傳統無產階級所扮演的政治革命有所不同。依照 H. Marcuse 所編著「文化與社會」一書，其中有他所寫「倫理與革命」的專文，他認為當社會本身成為剝奪者而迫個人走入貧困的窮途，當一個既存社會體系違反了其本身的諾言與天職，把追求人類幸福與保障個人安全的體制，轉變成控制與壓抑人民的工具時，革命就成為一種具有倫理天職的行動。換言之，在後期工業社會的革命，其文化意義遠大過傳統的政治意義。

(4) 反革命與叛逆(Contre-revolution et revolte)：

針對着上述倫理道德的社會行動，或者說文化革命的政治行動，如何能夠打破單一向度的社會，而重新創意出社會的新感性 (Nouvelle sensibilité)，這就成為 H. Marcuse 在1972年所出版「反革命與叛逆」一書的中心議題。

　　依照他的觀察與分析，西方資本主義已受到嚴重的挑戰與威脅，爲了自求多福，處處想盡辦法在對付其反對勢力；加強控制，對傳播媒體的直接或間接檢查，現代化科技的管制，甚至於對反對勢力的直接徹底壓制等等。這種社會行動，H. Marcuse 把它稱之爲「反革命的制度化」。面對着這種情勢，他認爲傳統列寧式的政治革命行動，已經成爲歷史的名詞，於事無補，因爲在後期工業社會裏，無產階級已經被社會本身所整合，而共產黨也成爲修正的妥協主義者，根本無法寄望他們來扮演傳統的革命角色。

　　依照 H. Marcuse 對於消費社會的分析，唯有寄望於少數邊際人羣中的特殊人物，譬如作家、詩人、藝術家等等。透過這些他所謂的新左派知識份子，藉以想像創造未來社會的形式，並發展出一種反現存社會理念的新意識。唯有透過文化革命的鬥爭形式；包括文化本身、藝術、詩、日常生活等等層面，始有可能打破單一向度社會的枷鎖。

　　(a) 新感性與新價值：站在新馬克斯主義者的立場而言，最主要的課題在於如何建立新感性。所謂新感性，簡單地說，也就是感覺的新方式。唯有靠着這種絕不妥協的新感性，社會變遷始有可能。其實，對於感性所擁有的潛性叛逆能力，Marx 早在 1844 年就特別強調過，當時他就已經談到整個人類品德與感性的解放。

　　唯有靠着新感性，我們才能突破單一向度社會的既存理念與價值，而建立起新社會價值體系。換言之，我們必須拒絕接受資本主義的價值觀：增產主義、商品主義、競爭精神、攻擊性格等等。針對着它，我們必須靠着新感性建立起「反行爲」(Contre-conduite) 與「反價值」(Contre-valeurs)：感性、快樂、和平、寧靜、和靄、美感等等，藉以體現生活的新品質。

　　(b) 藝術與革命：在上述文化革命或倫理道德的社會行動過程中，

藝術扮演着決定性的重要角色。透過藝術的普同性，正可以凸顯出現存
社會實體的矛盾性。因此，藝術作品正可以被看做現實的叛逆，它創造
出超越旣存社會秩序與價値的新秩序與新價値：美的、和平的與和協的
世界！

　　藝術家好比是社會的異端份子，他們巧妙地生存在新疏離社會的邊
際上，得以想像並創造超越旣存社會秩序與社會理念的新世界，他們創
意了超現在與超現實的未來理想世界，就此意義而言，藝術家正是反現
實的歷史見證人。法國抽象畫大師 Cezanne 曾經說過：「藝術是與自
然相平行的和協」。

　　H. Marcuse 非常強調與重視「藝術的政治潛能」(Potentiel poli-
tique des arts)；藝術對於旣存政治秩序所擁有的潛在否定能力與叛逆
性格。就此意義而言，藝術所追求的美，就已成爲一種革命的價値。

　　總而言之，在後期工業社會裏，由於單一向度社會的出現，無產階
級已經被社會本身所整合，共產黨也趨向於修正的妥協主義，如果還寄
望於馬克斯傳統無產階級革命或列寧式的政治革命，都是與事無補的。
唯今之計，只有期望帶有叛逆性格的藝術邊際人，本着其否定現實的潛
能，能夠創造出新感性，藉以打破旣存社會理念與價値體系，而重建新
的價値與行動，才能達到打破現狀的目標。這是身爲新馬克斯主義者的
H. Marcuse，在無奈的困境下所提出的最後期盼！

（四）佛洛伊德主義的餘派：

　　對於消費社會的分析，跟 H. Marcuse 持有不同看法的佛洛伊德主
義者有 Erich Fromm，玆簡單扼要地介紹其理論如下：

　　Erich Fromm 的主要著作有：1956 年出版的 The Sane Society；
1966 出版的 Socialist Humanism；以及 The Revolution of Hope

（出版年代不詳）。他也是一位結合並修正 Marx 與 Freud 理論的人。不過，沒有太大的成功與出色。

他提出所謂神聖社會(Sane Society) 的構想。他把它稱之為「社會主義的人道主義社區」(humanisme communautaire socialiste)。在這個社會裏，每一個個人都能夠尋回失落的自我或真我，精神的憂慮與病症，社會的疏離現象，都完全消失。在 Marcuse 的眼裏，後期工業社會本身，已經完全無可救藥，唯有等待藝術或文化革命之來臨。相反地，Fromm 並不那麼悲觀，他認為後期工業社會仍然有辦法調整而成為神聖社會。

他也極端反對科技所造成的機械化社會，把人類都逐漸地變成機器，不但沒有把人類帶往自由與幸福的道路，反而剝奪了人類的感性與思想。雖然如此地不幸，Fromm 仍然抱着希望，認為人類還是有能力去控制其社會體系。他所提出的建設性解決辦法，跟 Brzezinski 在其所發表的科技革命 (La revolution technetronique) 中所提出的，具有異曲同工之妙。後者曾經提出所謂理性人道主義和參與的多元化主義(humanisme rationnel et pluralisme de participation) 之構想。

為了使個人能夠調適於科技社會，並除去可能引發的種種病態，Fromm 提出所謂人道計劃(Planification humaniste)：一切社會行動，都以新價值為最高指導原則，取向於人類福祉的追求，而並非經濟效益的體現；反科層主義，改以面對面的社會小羣體，去參與公私企業的管理，透過 10～20 人所組成的小團體，逐漸把消極的人轉化為積極參與社會行動的個人。

由此可見，Fromm 雖然由 Freud 的觀點出發，確是反對性衝動的生物決定論，而落實在 Marx 思想的社會學分析上，從人類的精神與社會道德的層次，去思考解決現代社會的困境。這種結合Marx 與 Freud

的修正主義，完全相反於上述 W. Reich 與 H. Marcuse 的立場。

　　從 Freud 與 Marcuse 的上述理論，我們不難發現其基本的差異，乃在於對社會抑制的成因解釋上。對前者而言，形成社會壓抑的基本原因，在於人類天生就有所謂 Libilo 的性衝動。然而對後者而言，那是一種錯誤的看法，把歷史或社會學的原因，誤解爲生物決定論。眞正造成社會抑制的原因，是社會本身及其歷史演變的過程。因此，社會本質變了，歷史的過程有了轉換，則社會壓抑就有可能消失了。

　　另一位佛洛伊德主義者 N. Brown，對於他們兩人所爭執的問題，從另一個角度去詮釋：本體論 (Ontologie) 的層次上。依照他的解釋，人類之所以會有被壓抑感與性的被禁忌感，完全來自人類對於死的意識與拒絕接受死的事實。人類一開始就意識到死的威脅與恐懼，並想設法逃避不得不接受的事實。這是一切壓抑的來源，跟人類的本性相關連，並非歷史或社會的產物。因此，對於死亡的意識與拒絕，才是人類所有壓抑的第一因。因此他說，動物把死亡當做生存必經之路途而接受之，人類兇猛地創建不死之文化而形成與死亡戰鬥的歷史。換言之，生存本能與注定死亡間所產生的緊張，以及色情衝動與文明抑制間的衝突，乃是人類歷史的原動力。當這種歷史原動力的使用能夠爲社會所接受時，就出現 Freud 所謂的昇華現象：爲社會與文明之存在而必須加於個人性衝動的限制。不過，在種種文化昇華之內，仍然暗存着種種上述的緊張，而帶給人類本能的衝突與矛盾。

第三節　當代文化極端主義者及其理論⑩

　　在第二節裏，我們已經介紹過對於旣存文化的批判理論。在本節裏，

---

　　⑩　有關當代文化極端主義之理論，請參考下列主要參考書：

我們想進一步介紹幾位反旣存文化的極端主義者的理論。這一批文化極
端主義者，絕大多數都屬於比較年輕一代的美國政治學者。

(一) Paul Goodman:

他是屬於所謂美國新左派的先驅者之一。他早在1956年就出版過一
本書叫「Growing Up Absurd, Problems of Youth in the Organized
System，非常激烈地抨擊美國旣存社會體系的愚魯，而使得年輕人在邁
向成人的大道上，遭遇到了許許多多的困難。

由於旣存社會體系的過份組織化與科層化，旣存優勢文化已經完全
破壞了人性，並剝奪了人類的想像力與創造力，而迫使人類生活在固定
不變的社會框框裏。在此情況下，從小孩到成人的成長過程，正如美國
印地安土人在接受白人文化一樣，並不是一種同質文化的延續與涵化，
而是放棄舊文化與迎接新文化的過程。換言之，成人必須接受旣存優勢
文化所提供的價值與理念，毫無選擇地依照社會規範所要求的方式去行
爲。

爲了排脫這種旣存優勢文化的束縛，他提出類似烏托邦思想的解決
辦法。譬如他主張社會上應該有兩種不同生活模式的併行存在：樂天派
的人每週工作一天，而其餘好錢的人則天天工作。不過，他還是堅信
現代科技有可能造福人類。他非常重視以情感爲基礎的社區精神。他所
強調的社區主義，類似早期無政府主義烏托邦思想的 Robert Owen 與

(續) (a) P. Goodman: *Direction absudre, 1971*

(b) Tr. Roszak: *Vers une contre-culture, 1970*

(c) L. Mumford: *Le mythe de la machine, 1974*

(d) W. Braden: *The Age of Aquarius, Chicago, 1970*

(e) A. Hacker: *The End of the American Era. New York, 1970*

Kropotkine。他的思想帶給年輕一輩的美國人相當大的影響；年輕人對
於新社會關係與社區生活的體驗。

（二）**Theodore Roszak:**

他執敎於 California State College 於 1968 年曾出版過一本叫
The Making of A Counter Culture 的書。他在書中除了痛擊旣存文
化體系之外，主要在企圖建構可能替代的種種文化模式，尤其要排脫科
技的霸權。

他發現年輕一代的美國人或歐洲人，都已經非常反對傳統爸爸型的
政治：理念訓詞、權威敎條、主義信仰等等。然而，他們却又落入了比
較感覺不出來的科技獨裁下。所謂科技獨裁的社會體系，正如 Marcuse
所述的單一向度社會，在天衣無縫的社會整合下，個人完全失去自我及
其感性。他希望透過新方式的生活經驗，尤其是社區新生活方式，藉以
建立一種得以替代旣存優勢文化的新文化。

他在後期的著作裏，也激烈地攻擊科學，認爲現代的科學，似乎已
經走火入魔了。他認爲科學的視野太狹窄，又過份注重客觀的資料而忽
視了人類主觀的意願與品質，因此，科學很難爲人類建構理想的人文世
界。相反地，很容易創造新工具來奴役人類：核子戰爭的威脅，各種類
型的公害，自然環境的破壞等等。更壞的情形，科學已成爲許多獨裁政
治的幫兇；獨裁者靠着科學所發明的器物，在壓制其反對者，甚至於在
暗中消滅他們。

爲了排脫科技獨裁與旣存優勢文化的霸權，他認爲浪漫主義（Ro-
mantisme）可能是最好的藥方。美國許多年輕人，走向吸毒與嬉皮的道
路，要算是這種浪漫主義的消極表現。浪漫主義的積極表現，應該是
H. Marcuse 所期待的藝術革命之社會行爲；由少數藝術邊際人帶頭，

爲社會大衆重建新感性與社會新價值，藉以打破單一向度社會的束縛。

此外，面對着後期工業社會另一種所謂「都市 —— 工業之沙漠」(Désert urbano-industriel)的抑制，爲了解脫來自都市工業主義的優勢壓抑，他構想出下列三種可行之道：

(a) 反都市化 (désurbanisation)：建立高度發展的小鄉村社區，並鼓勵居民自由選擇其生活方式（反單一向度社會）。

(b) 建立持久性經濟 (economie de permanence)：這是針對資本主義自由經濟的毛病而提出的。消費社會的經濟，變化無常。經濟活動已經不在滿足人類的慾望需求，相反地，利用消費的人類活動，去刺激生產，藉以維護經濟體系。他構想這種持續性經濟體系，建立起經濟活動的新平衡。

(c) 建立原始部落形式的新社會體系，一方面可以打破單一向度社會的組織與科層抑制，他方面也可以使單一向度個人尋回其失落的自我。

(三) Lewis Mumford:

他發表過一本震撼一時的大作叫「機器的奧秘」(Le Mythe de la machine)。激烈地抨擊他所謂的「科技集體獨裁」；反人性的科層組織，無人性的機械，純科學的理念，以及工業主義的疏離等等，造成了極少數所謂科技專家的獨裁局面，而使大衆成爲社會大機械中的一顆螺絲釘。

依照他的分析，工業主義與現代科技的發達，不但沒有造福人類，反而締造了一種毫無人性可言的機械化世界，他把它稱之爲新機械體系 (nouveau système mécanique)：由科層制度及其工具，集體關係企業，經濟組織，現代化軍警組織等等所組成的龐雜體系。在這龐雜體系裏，極少數科技專家，仗着下列幾種力量，在進行集體獨裁：(a) 強權

(Puissance)：主要是指能源的使用與核能的擁有，使國家或政府的力量過份膨脹，而使個人權利相對地減弱。(b)政治權力(Pouvoir politique)：利用新科技的管制方式與工具，仗着科層組織的抑制，傳統的政治權力，其威力與效力大增，人民所受到的壓抑也就增高。(c)生產力(Productivité)：為生產而生產，為利潤而生產，因而產生所謂以消費刺激生產的疏離作用，個人成為生產體系的內（工人）外（消費者）工具。(d)廣告力(Publicité)或宣傳力(Propagande)：極少數人仗着它，而建立其權威與信用形象，社會大眾則無知地被牽着鼻子走。

　　總而言之，在所謂經濟成長與工業進步的護航下，促成一小撮人的集體獨裁與社會大眾的自我失落。

　　如何打破這種機械優勢文化？換言之，如何從機械秩序回到有機秩序 (De lórdre mécanique à lórdre organique)？他認為我們必須：放棄機械價值而重建有機價值；放棄機械性教育而回到生物有機性教育；放棄以力與利為基礎的社會連帶關係，而返回到以情與理為基礎的社會連帶關係；放棄工具文化體系而重建符號意義的文化體系。換言之，應該打破機械的霸道而返回到自然的均衡狀態；人比機械重要，創造勝過模仿，人性重於利潤。

　　基於以上的認知，他呼籲重建新文化體系的絕對必要性。不過，他並沒有提出具體可行的辦法。他只是強調，我們應該發明或創造完全有別於既存機械優勢文化的工作，教育、生活等新方式。此外，他跟上述 Roszak 一樣，也極端痛恨工業大都市所帶給人類的禍害。

（四）Charles A. Reich：

　　最後，我們再介紹一位文化極端主義者 Charles A. Reich。他是 Yale 大學的教授。他在 1970 年出版過一本轟動時代的巨著叫 The

Greening of America。 依照他的分析，美國這個新大陸的社會，曾經先後出現過下列三種意識(Consciences)，分別支配過美國社會的三個不同時期：

第一種意識：屬於早期美國開發時代，是個人主義與古代地方主義色彩的拓荒意識。這種意識的支配時代，當南北戰爭來臨時，受到了極大的動搖與打擊，慢慢地，隨着工業化的擴張，被第二種意識所替代，尤其是20世紀初期。

第二種意識：這是工業化所帶來科技與大托拉斯 (Trust) 的科層組織之時代。科層組織成爲崇拜的偶像。人不但變成消費與生產的小小單元，而且更是國家與企業的工具。換言之，人成爲機械世界與科層制度的奴隸。其結果也，社會的人際關係，變成個人與個人間的一種虛僞、不實、多餘與非人格的關係。一種機械化與人爲的社會控制與壓抑，消滅了早期個人所擁有的創意性、自發性、感性、與自由性等等。

第三種意識：由於第二種意識的擴張，引發了消費社會後期的第三種反動意識，個人不再自動地接受來自社會本身的控制與壓抑。個人企圖尋回失落的自我，自主性與創意性。當然，不是採用傳統武力革命或暴力抗議的方式。這種反機械優勢文化的意識，已經不再相信資本主義的競爭謊言，人們不願把自己的社會再視爲大森林，爲了生存而競爭，相反地，願意把自己的社會視爲共同社區，大家一起來愛護它。人們也開始反對統治與權威的形象。人們想回過頭來控制科技，而使科技能眞正服務人羣。

這種第三意識，正是反旣存機械優勢文化的動力，普遍發展於年輕一代的美國人，時間大約起於 1950～1960 年代，曾經引起許多實際的社會行動。

總而言之，作者認爲美國已進入第三意識時期，這是無法抗拒的時

代浪潮，唯有儘早建立起新感性、新價值與新文化的社會體系，才能有社會新生活與新個人的新世界。這是一種歷史演變過程中，來自人類內在意識的和平革命力量，它必然能夠打垮機械化所帶來的科技獨裁。

第三篇 政治權力的社會學分析
(Analyse sociologique)

　　從上面政治社會學的發展回顧，我們不難看出其研究內容之實質轉變，約略可以分成三大階段：(1)以政權 (Regime politique) 或政府為主要研究對象：從 Aristotle 時代起，經過漫長的中世紀，到 Machiavelli 的時代為止，古典政治學或政治哲學，都以政權或政府為研討對象。(2)以國家或主權為主要研究對象：從 Machiavelli 啓開近代政治思想，經過 J. Bodin 以及社會契約說的鼓吹之後，近代政治學的研究內容，就逐漸趨向於以國家或主權為中心議題。(3)以權力為主要研究對象：自從社會學出現之後，所有社會科學多少都受到它的影響，認為所有社會行為與社會現象，都有其必然相關的社會背景，也就是我們所謂的社會學條件。他方面，尤其在美國，現代政治學之出現，完全受到行為科學主義的影響。因此，政治社會學的研究對象，也就逐漸脫離傳統的形式研究（政府或國家），而以實質的政治權力為主要研究對象。

　　由此可見，當代政治社會學的研究，特別重視政治權力的實質內容，以及其形成之社會學條件。我們在介紹過抽象層次的理論研究與事實層次的經驗研究之後，特別以政治權力為中心議題，而進行社會學分析。

所謂社會學分析，跟一般政治學的比較分析完全不同。後者是把政治現象事先孤立起來，再從不同的角度或觀點，去分析或比較許多相同或相異的政治現象，藉以抽取政治權力的可能普同性與差異性。前者並不把政治現象孤立起來，反而把它落實在其社會環境與條件上，再去分析政治體系與社會體系的互動變化中，政治權力所可能發生的差異性變化與普同性取向。

第一章　政治權力(Pouvoir politique)的意義及其淵源

所謂政治現象，就其本質來看，不外是一種政治權力的關係。再擴大來說，所有社會現象，都普遍存在着權力關係。所以有的學者特別強調說：每一項社會行動，就是權力的一種作用；每一項社會關係，就是一種權力方程式；每一種社會團體或體系，就是權力的組織。因此，政治權力只不過是社會權力 (Pouvoir social) 中，最主要的一種而已，對於政治權力的研究、剖析與了解，必須把它落實在社會環境與條件上，才能正確地認識政治權力的差異性變化與普同性取向。

第一節　政治權力的意義

政治權力的意義，政治社會學者所下的定義與界說，大同小異。我們可以舉德國社會學家 M. Weber 的界說爲例：它是指命令與服從的關係。此外，德國形式社會學之父 G. Simmel 亦說：政治權力是指統治 (dominant) 與被統治 (dominée) 的關係。衝突論馬克斯主義者所強調的，其意義已帶有壓迫與被壓迫的意味。我們想採用國父　孫中山先生

對政治所下的定義，再站在社會學分析的立場，為政治權力下一種屬於我們自己的定義，以便做為我們分析比較用的工具概念。

依照　國父為政治所下的定義是：政者衆人之事，治者管理也，管理衆人之事，則謂之政治。在現代民主政治的體制中，什麼是衆人之事？如何管理？由誰來管理？其程序如何？莫不明白地規定於憲法體系中，再依照這個國家根本大法，發展出一套完整的政治體系，而在科層組織的每一個高低不同位置上，給予扮演該角色的人以各種大小不同的管理權力，那就是我們所謂的政治權力。因此，我們可以為政治權力下個定義如下：泛指憲法體制所給予的公共事務之管理權也。因此，政治權力具有下列各點特質：

（a）它必須是跟衆人的公共事務有關，所有個人或私人事務所發生的權力關係，也就是一般所謂的社會權力，都不包括在內。

（b）它必須在是憲法體制或其次體系所授予的權力。如果超越了，謂之權力偏差，如果沒有依據，乃是暴力。都是我們所排斥的不當社會力而不屬於政治權力範圍。

（c）它是附着於憲法體制及其次體系中科層組織的位置上，也就是美國政治學者所謂的權威（Authority），唯有站在該位置上，扮演體系所規定的角色，才享有此權威而成為所謂當局（Authorities）。一旦離開那個位置，就無政治權力可言。譬如一位下野的前總統，跟平民並無兩樣。

（d）它是一種對於公共事務的管理權，而不是對人的統御權。有了這一點認知，權威享有者，就會成為　國父所謂的公僕，而不會像封建社會的官吏一樣，只會要對人的統御權威。換言之，政治權力的擁有者，其主要角色與責任，是要辦理公共事務的，只是公共事務所涉及，必然是人與人的關係，所以才連帶地對人發生命令或統治的權力而已。

（e）隨着社會環境與社會學條件之演變，以及生活於該社會人民的主觀意願之改變，憲法體制及其次體系所授予的角色與權威，也會隨之調整，因此，管理公共事務之實質內容與形式，也會隨之而改變。封建農業社會與現代工業社會之改變，乃是最好的例證。

由此可見，孤獨的個人與自然狀態下的個人，只有暴力或武力的存在關係，即使有了社會連帶關係存在，亦只能有社會權力之產生而已。唯有管理眾人公共事務的正式組織出現，才會有政治權力之存在。這種組織越簡單，政治權力越小，反之，政治組織越龐大，則政治權力亦隨之而增大。到底人類的政治組織，如何出現？其本質如何？各有各的說法，主要派別有三，茲簡述如下：

第二節　政治權力的淵源

了解政治權力的意義及其涵義之後，我們再來進一步探究其淵源。綜合政治社會學者的一般看法，我們可以把政治權力的淵源學說，分成下列三大派別來討論：

（一）自然主義論：

所謂自然主義，是指人為自然的一部份，並且受自然法的支配，人天生就具有社會性，所以社會也是自然的產物。同樣持自然主義的看法，然而，由於強調的重點不一樣，對於政治權力的淵源，又有三種大同小異的說法：

（1）自然主義的擴張說：以Aristotle的社會有機學說為典型代表。他在「政治學」一書中，開宗明義地說：「國家是自然的產物，而人天生是一種政治動物」，接着又說：「但是，自給自足的人，必是一個禽

獸，或是一個神明；他不是國家的一部分」。由此可見，他認爲人是自然的一部分，天生就跟動物一樣，具有種種的本能，爲了種族的延續，必須有男女的結合。尤有進者，人天生就是一種政治動物，依據其理性，乃有國家與社會的組織出現。所以他說：「男女的結合是必要的，不然，彼此就不能生存。他們的結合，使種族可以延續，這並不是有意的，而是因爲人與其他動物一樣，有自然的願望，要把他們的形象遺留下來」。他又說：「家庭是自然的結合，以供給人的日常需要，許多家庭的結合，爲了得到日常需要以外的東西，便組成鄉村；許多鄉村的結合，又成爲一個社區；大而完整，且又能充分自給自足的社區便成爲國家。每一個國家都是一種社區，而每一種社區的建立，都有達到至善的目的，因爲人常常按照他所認爲的善去行動，如果一切社區都以善爲目標，則國家是最高的社區，包含一切，它的目的，也就至善了」。[⑩]

依上所述，Aristotle 認爲，人類基於其本性，先有男女的結合，而產生父權存在的家庭結構。接着，由於事實的需要與理想，基於人類的理性，乃有鄉村小社區與大社區國家的出現，權力結構也漸漸擴大爲一般所謂的政治權力。換言之，國家或社會，只不過是家庭的自然擴大，政治權力也只是父權的擴張而已！

此外，我們在上述 Aristotle 的政治哲學思想時，已經介紹過，他是從個人心理層次去分析政權的交替，而國家的存在又以追求至善爲目標。因此，如果政治權力落在大公無私的人之手裏，以全民的利益爲決策依據，則成爲良好的政治。反之，如果政治權力掌握在自私自利的人之手裏，以個人或極少數的私利爲決策依據，則又會成爲暴政。

(2) 自然主義的墮落說：基於自然主義的思想，L. A. ca. Seneca

---

⑩　參考龍冠海與張承漢合著：社會思想史，三民，臺北，民 68. 2 月初版，55-70頁。

認爲，凡人同爲自然的一部分，生而自由平等。就理性層次而言，人人相同，不分上下。在原始社會的生活裏，人完全順乎自然，生活簡單而純樸，可謂天眞爛漫、民生樂利、社會安定。這是一種黃金時代的生活，沒有任何強制性的社會約束存在，也沒有財產或階級的結合區別。

在那種黃金時代的社會生活裏，以智者爲統治者，統治是一種服務的行爲，而不是特權的享受。他們保護弱者，規勸人民何者可爲或可用，何者不可爲或不可用。人民對於智者的回饋，並不是服從行爲，而是一種愛戴與感恩的行爲。

然而，由於人類的墮落，人人開始貪求無厭，好逸惡勞，對於原來的共有狀態，表示不滿，並將共有變成私有。由於這種貪得心理與墮落行爲，遂使原有的快樂社會爲之破壞，因而使黃金時代終告結束。一方面，統治者不再以父道政治爲滿足，而把持政權的慾望逐漸加強，而變成暴君政治。他方面，爲了控制統治者，人民乃不得不制定法律。其結果也，爲了防止人類墮落與殘暴成性，乃不得不以政府與各種社會制度作爲控制的工具，因此把原有「服務——感恩」關係的政治權力，一變而成爲「壓抑——服從」的政治權力關係。

(3) 自然主義的神授說：這一派的人，以希臘淡泊學派(The Stoics)的 Zeno 與基督教神父的思想爲典型代表。Zeno 對於社會制度與政治權力的淵源，站在理性論的層次，幾乎完全跟 Aristotle 一樣；人的本性由理性所構成，因此，人的倫理實踐，必須符合理性之需求。人是自然的一部分，自應使個人的生活與自然全體相適應，循着自然法則，而過着合理的生活。然而，站在有神論者的立場，他又有完全不同於 Aristotle 的說法：他認爲宇宙、人類、以及社會都是神的作品，人類的社會制度，乃是人的理性獲得神的若干智慧而創造出來的。國家是社會生活的一種組織，起於人從自然中得來的社會本能。因此，當人類依照

自然法則去生活，而又能合乎社會制度與國家組織之要求時，這是宇宙
間的永恒合理原則 (Rational principle)。 然而，當個人理性生活跟社
會制度不能適應時， 個人應該保持內在的和平，以自制與忍痛，甚至於
自殺行為，去忍受或解脫來自社會的不平等與政治壓迫，這才是眞正的
美德。因為社會是神的傑作，來自政治權力的迫害與社會制度的限制，
依照自然法的說法，都是神的意願使然，所以個人仍然不得反抗。這種
政治權力的神意說，後來經過基督教神父的發揮，再經過漫長中世紀封
建社會的實踐，乃形成所謂暴君不得反抗之思想淵源。

關於基督教神父的有關政治權力之淵源說，我們可以把它綜合為下
列幾點來說明：

(a) 跟 Aristotle 與 Zeno 的思想一樣，認為人是自然的一部分，
人天生具有社會性，所以社會是自然的產物。

(b) 他們也接受 Seneca 的黃金時代說，人生而自由平等，接受
自然法則的支配。 自然法是上帝所賦予的， 它的表現見之於理性。 所
以，合乎人類理性法則者，也就順乎神的意旨。

(c) 政府是人類墮落後所必要的，用來補救人類墮落後的罪惡。
其他各種社會制度，如父權家庭、私產、奴隸，以及國家組織，也都是
同樣的作用。這個觀點， 是結合 Aristotle, Seneca 與 Zeno 三人的思
想而產生的。

(d) 政府是神聖的制度，君主的權利來自上帝。在世界上， 他是
神的代表者，不許人民反叛他，這就是所謂的君權神授說。

這種君權神授與暴君不得反抗說，到了中世紀的時候，經過偉大宗
教社會學家 Thomas Acquinas (1224-1274) 的發揮，而支配了整個歐
洲封建社會，一直到近代社會與政治思想出現後，尤其是社會契約說的
來臨，才開始動搖，更受到啓蒙思想的打擊之後，已很少有人再相信此

說了。

（二）社會契約論:

依照上述自然主義者的說法，政治權力的產生，是一種合乎神意或自然法的理性表現，也是一種人性與社會性的自然產物。跟這一派完全相反的思想，就是社會契約論。他們認為自然主義者的最大錯誤，在於沒能區分與生俱來的自然權利與社會契約行為所產生的政治權力。更糟的是，站在有神論者的立場，而助長了政治權力的威風，才會變成暴君不得反抗的謬論，這跟自然主義的強調理性，本身就構成一大矛盾。

社會契約論的主要代表有 Thomas Hobbes (1588-1679), John Locke (1632-1704) 與Jean Jacques Rousseau (1712-1778) 等人。他們對於政府與政治權力的來源說法，個人與個人之間，雖然有其基本假設與發展結果的不同，不過，從社會契約論與自然主義論的對立立場而觀，則有下列的共同點存在:

(1) 在國家與社會出現之前，人類都生活在所謂自然狀態之下。對於一切事物，每一個人都具有所謂與生俱來的自然權利。

(2) 依據自然權利而行為的結果，在人性的好與惡的不同假設下，會產生兩種不同的發展社會過程: 其一，假設人性是好的，基於好羣與實際共同生活的需要，逐漸漸擴大為具有社會契約行為的社會，其二，假設人性是壞的，基於不得不脫離殘殺好戰的共同需求，也才透過社會契約的行為，創造了社會與政府。換言之，從自然狀態轉化為社會，雖然有過程與性質的不同假設，其結果則一: 人類放棄了與生俱來的自然權力，開始接受具有控制力與壓抑力的政治權力之約束。

(3) 政治權力的基礎，不管是 Hobbes 所謂的相忍性，或是 Locke 所謂的相識性或共識性，其目標亦同: 建立安定的社會秩序。因此，社

會秩序之建立，並不是什麼合乎自然法則或神旨的產物，而完全是社會契約的人為產物。

(4) 政府與政治權力，既然是社會契約的產物，依照人類主觀意願與客觀環境的變化，透過社會契約而賦予不同的性質與形式，這才是真真正正的民主政治。當然，像 Hobbes 的性惡說，則會走向君主獨裁論，因為君主不受契約之約束。所以，我們認為，最合理的社會契約說，應該是 Locke 的人性本善說。

綜合社會契約說，他們不但反對傳統的自然主義觀，而且完全拋棄君權神授說。認為政治權力是一種社會契約的產物，其目的在於建立一個安定的社會秩序。不管是基於共契或相容性，為了維護社會秩序，乃賦予政府或政治權力以控制或壓制個人的自然權利。這是一種自願的社會契約行為。換言之，個人自願地放棄了自然權利，透過社會契約行為，促成了政府或政治權力，藉以獲得更高層次的自由與安定。因此，在社會契約論者的眼裏，政府或政治權力，是一種必要的良性惡物。所謂良性，是指其所要體現的目標；維護社會秩序，使人人得以獲得應有的自由與安全。所謂惡物，是指為了達成上述目的，往往對個人施加壓力與控制而言。就此意義而言，政府或政治權力，是一種高度的自我矛盾物。尤其對個人而言，它是一種必要的惡物。也正因為如此，才有政治衝突論者的相反論調。

（三）經濟決定論:

馬克斯主義者認為，人類生活的基石，不外是經濟活動。換言之，只有經濟生活與經濟活動，才是真實的，其餘的社會生活與社會活動，譬如宗教、歷史、文化、政治、哲學等層面的生活，都不外是下層經濟結構的反射而已。尤有進者，馬克斯主義者特別強調，在下層經濟結構

所反射的上層結構中，尤其以政治結構所扮演的角色最爲重要。

在下層經濟結構中，擁有生產工具的社會階級，爲了確保其旣得利益，並維持其生產關係的優越地位，乃創意了上層政治結構的各種制度：財產私有制、司法制度、立法機關等等，藉以確保其經濟活動的優勢。換言之，所謂政府或政治權力，只不過是一種人爲虛構的產物，擁有生產工具的社會階級，靠着它，不但藉以保護其生產關係的優越地位與旣得利益，而且得以控制無產勞工階級的反抗。

所以，在衝突論者的眼裏，政治權力並不是一種實在，而是一種人爲的虛構。擁有生產工具者，透過它，製造各種僞意識，使勞動階級無法獲得眞意識，而滿意於其被壓榨的社會地位。他方面，靠着政治結構中的各種控制機構，譬如警察、軍隊、司法等等，以維持社會秩序與安全爲藉口，對無產階級進行各種控制與壓迫的行動。

總而言之，在馬克斯主義者的眼裏，只要國家或政府存在一天，社會大眾的生活與行爲，就會受到各式各樣的控制與壓迫。所謂民主，只不過是形式的假民主，無法體現實質的眞民主。因爲在旣存國家或政府形式中的政治權力，不外是擁有生產工具的社會階級，用來統治與壓迫勞工階級的人爲虛構物。由此可見，政治權力的本質，乃是一種統治對被統治、壓迫對被壓迫、剝削對被剝削的不平等關係。換言之，旣存社會秩序的維持，乃是一種強制性不平等關係的延續。所以，他們都主張打破現狀，藉以取消國家與社會的形式，而回歸到共產社會裏。

第二章 政治權力之取得及其合法性 (Legalité) 與合法化 (Legalisation)

隨着時代背景與社會環境的不同，以及衝突論者與整合論者在研究觀點上的差異，政治權力的內涵及其淵源，在人類歷史的過程中，亦有各種不同的轉化。在分析並了解政治權力的本質與淵源之後，我們就進一步研討另一個重要的主題：政治權力之取得及其合法性的問題。茲分成下列幾節來研討。

第一節 政治權力與社會權力之區分

在進行研討如何取得政治權力之前，我們必須把政治權力與社會權力的區別所在搞清楚，否則，無法探討合法性的問題。就廣義的社會權力而言，它包括了政治權力、經濟權力、軍事權力、宗教權力，以及心理權力等等。因此，政治權力也是社會權力的一環，兩者有其密切的關係在。然而，就我們上述狹義的政治權力而言，政治權力又完全有別於所謂社會權力：單指憲法體制所賦予的公共事務之管理權而言。政治權力既然是國家最高憲法所賦予，在公共事務的管理權下，政治權力似乎

又凌駕於其他社會權力之上。現在，我們就來比較研究一下兩者的異同。

（一）就權力本質而言：

不管是社會權力或是政治權力，其行使都必須有方向，或稱之為對象。其行使方向或對象，也就是政治社會學所謂的權力客體。這種權力客體可以是自然人，也可以是法人，也可能是個人，亦有可能是羣體或組織體。社會權力和政治權力，都有向外擴張的傾向，這是權力主體的個人，自我擴張其心理生活空間和意志圈之延伸與表面化的結果。因此，各式各類的權力自我擴張結果，就很容易產生權力間的競爭與衝突。為了避免權力間的衝突，並期使競爭趨於公平，社會乃制定了各種規則與規範。使權力的獲得與行使制度化與合理化。正因為政治權力所涉及的是公共事務的管理權，所以特別以國家根本大法來規制。

社會權力與政治權力都是相對的。一個人在某種事務或某一特定時空，可以命令、支配、影響他人，但在另一事務或另一特定時空下，可能又要接受他人的命令、支配與影響。同時，對於社會權力與政治權力的重要性，往往因人而異。一般說來，對於某種權力有強烈動機的人，比較容易對於此種權力有較高的評價，也比較重視它。

此外，社會權力與政治權力的分布，都相當不平均的，因而造成社會力的不平均分配現象。屬於社會上層階級的權力，往往大過於中下階級的權力。換言之，權力分配的不均，成為社會階級的表徵，和社會流動的誘因。

（二）就權力基礎而言：

社會權力的獲得，往往可以成為取得政治權力的有利基礎。換言之，有了社會權力，便可以據為進軍政壇，爬上政治領導階層內。社會地位

高、有聲望、有錢、受過良好教育、有羣衆基礎等等的人，往往是社會權力較大的人，比較容易走上政治舞臺。因此，社會權力如何影響政治權力，往往決定於客觀社會形態與主觀社會理念。依照社會學家 D. Bell 的研究，不同社會形態，有其不同的權力來源：農業社會的權力淵源在於土地，誰有了土地，就享有社會權力，而有利於進軍政治權力之取得；到了工業社會，權力的主要淵源來自金錢，誰有了資金，就享有特強的社會權力，而比較有機會問政；在未來的後期工業社會，權力的主要來源就變成知識，知識就等於權力。

他方面，政治權力之取得，亦有助於社會權力之提昇。在政治上享有大權的人，在社會上亦受到重視，容易成爲意見領袖，往往一言九鼎。不過，這種影響力，亦隨着社會形態而有所改變。越是古老的社會形態，政治權力對社會權力之影響力越大，相反地，越是現代化的社會，則越小。

總而言之，從政治權力與社會權力的相互關係，我們可以衡量出該社會的發展階段與政治文化的特質：古老的社會是以土地爲權力的主要來源，而政治權力對於社會權力的影響力特大（退休或下臺的總統，還在享受總統的威勢）；現代化的社會，改以金錢爲主要權力來源，而政治權力對於社會權力的影響力已經減弱（退休或下臺總統，社會只給予適當的尊重與禮遇之外，有如平民一般）；未來後期工業社會，當知識成爲主要權力來源時，政治權力對於社會權力的影響力，就幾乎完全沒有了。就此意義而言，臺灣正屬於社會發展與政治文化的轉型期。主要社會權力的來源相當複雜，從鄉村到都市，不管是土地、金錢與知識，都扮演着不同份量的角色，不過，單從國民黨黨內提名看，已經有明顯的趨向出現：社會權力的主要淵源，已經逐漸由土地，變爲金錢而到了目前的知識爲重了。從政治文化的角度來看，傳統政治文化的遺毒，仍

然相當深。換言之，政治權力對社會權力之影響力，仍然過大。

第二節　政治權力之取得

　　分析過社會權力與政治權力在本質上與基礎上的異同，以及兩者間的相互關係之後，我們就回過頭來研討政治權力的取得問題。社會權力的本質與基礎相當廣雜，人人可以透過不同方式而獲得，譬如個人的修身養性，得以在小鄉村裏獲得小小社會聲譽。政治權力之取得則不然，因為它是附着於憲法體系上，地位的佔有、角色的扮演，以及權威的使用，再再都有一定的程序與規範要遵循，否則，就會有所謂合法性問題與違法問題之出現。本節所要研討的主題，僅限於政治權力的取得方式，合法性與合法化問題，則另立一節來討論。至於違憲或違法問題，則屬於政治權力之行使與控制問題，將有別章來探討。

　　狹義的政治權力之取得，單指依據憲法或法律所規定之合法程序而獲得政府決策權之制定與執行。廣義的政治權力之取得，則包括政治參與。我們將先行研討前者，因為它涉及權力之合法性與合法化問題。至於後者，我們將另設一節來討論。狹義政治權力的取得方式，如果依照我們上述政治權力之定義來看，應該只有憲法上所規定的合法方式而已。然而，事實上又不然，所以就分別提出來討論如下：

（一）依照法定程序而取得政治權力：

　　只要有組織的存在，對於政治權力的取得方式，就會有法定程序的規定。它可能是團體成員的共契默認所形成的道德規範，亦可能是科層理性的明文法律規定。在現代的社會裏，不管是共產國家或是民主國家，都有憲法的存在，藉以規定政治權力的取得方式。只是在運作上有

所差別而已。在共產國家中，雖然在憲法上有明文的規定，然而，政治權力的取得，往往在憲政體系外進行，造成永遠不停的權力鬥爭。相反地，在已經上軌道的民主國家，如英美法等國，政治權力的取得，則完全依照憲政體系所規定的程序進行，因而較少有權力鬥爭的現象發生。

在上面我們已經強調過，憲政體系也只是社會學條件與社會理念的反射。因此，憲政體系所規定的程序與內涵，也會隨着社會學條件與社會理念之改變而改變，這就涉及修憲或另立憲法的問題。

依照現代民主國家的憲法規定，都採用政黨公開競爭的方式，藉以取得政治權力。因此，在政黨政治的前提下，個人如果不參與政黨，而想單槍匹馬去競選，則甚難有機會成功。最理想的方法，是配合社會發展的階段、掌握社會權力的主要來源，在政黨內樹立自己重要的形象，再藉着政黨的勝利而進軍政壇。

不過，現代民主政治的政黨運作，在許多開發中國家，都發生變質的現象：不是走向一黨專制的獨裁，就變成一黨優勢的壟斷局面。其結果也，政治權力結構往往凌駕於憲政體系之上，而使得政治權力的取得方式，無法依照憲政所規定的程序進行，因而引起各種政治的扭曲現象。其中以革命、政變與叛亂最為主要，茲分述如下。

（二）以革命方式取得政治權力：

什麼原因、何種因素或導火線，造成了革命，這不是我們所要研討的重心。所謂以革命方式取得政治權力，是指憲政體系被破壞，國內政治文化的一致性或共識，業已不復存在，而在另一種政治理念的影響下，出現了全國性一致接受的新政治共識或政治文化之一致性時，所導致的革命行動，才是我們這裏所謂的革命方式。以革命方式取得政治權力，往往發生在社會型態的極端轉化時期，譬如從農業社會轉型為工業

社會的時期，從古老封建社會轉化爲現代民主社會時，最容易發生。因爲只有在此大變動時期，才會失去政治文化的一致性或共識，而產生新政治文化或新政治共識。法國一七八九年的大革命、蘇聯列寧所領導的革命，以及國父 孫中山先生所領導的革命，都屬於這類的典型代表。

正因爲這種革命行動，是屬於一種全國性政治共識與政治文化的一致性之大轉化，除了社會結構有了大變動，或是政治理念的大轉化，很少會發生。相反地，當國內社會危機存在，經濟發生了困境，而一黨專制或一黨優勢的政治領導者，又無法有效地迎接挑戰時，往往會發生政治權力的新取得方式，那就是叛亂與政變。

（三）政變：

政變跟上述革命之最大不同，在於前者沒有全國性政治共識或政治文化一致性爲基礎。相反地，政變的基礎，往往是社會危機，尤其是經濟困境，這種政變可以稱之爲社會學政變。與之相對待的，又有基於個人政治野心的政變，我們把它稱之爲技術性政變。社會學政變在成功之後，其合法性的取得比較容易，因而社會也會很快地回復平靜。相反地，基於個人政治野心所發生的技術性政變，不但不容易成功，即使成功了，也比較不容易獲得合法性，因此，很容易走向更獨裁的局面，而使社會更加紛亂，這往往是非洲新興國家與南美洲所發生的共同現象。

政變的最大特點，在於取得政治權力的快速過程。革命往往需要經過非常長時期的社會行動，始能取得政治權力。相反地，政變往往是在一夜之間，就取得政治權力。

透過政變方式，取得政治權力之後，也可以繼續維持原狀，亦可以改變現狀，推行新政治共識，在新政治文化的轉化下，建立嶄新的社會秩序。

（四）叛亂：

　　叛亂的基礎跟政變完全一樣，它可能是基於社會危機，亦可能來自個人或某少數人的野心。它跟政變一樣，也事先沒有所謂全國性政治共識或政治文化一致性的存在。因此，就基礎與性質而言，政變與叛亂可以說完全相同。兩者最大的區別，在於發生的地點與領導人物上。所謂政變，必然發生在中央政治權力機構的所在地，也就是一般所謂的國都或首都。相反地，叛亂必然發生在遠離首都的偏僻地方。就領導人物而言，政變的首腦人物，往往是政治權力結構的核心或掌權人物。相反地，領導叛亂的人物，可能是被迫離開政治權力結構的人物，亦可能是不滿現狀的新生代。

　　政變在一夜之間取得政治權力，而叛亂則往往拖延相當長時期。叛亂跟革命最大的不同，在於前者以武力為基礎，後者則以政治理念與政治新共識為基礎。因此，當革命成功之時，也是新政治共識與新政治文化一致性出現之日，社會秩序很容易重建。相反地，叛亂是以武力為基礎，不但不容易成功，一旦成功，往往缺乏新政治共識，為了鞏固已經取得的政治權力，很容易走向獨裁政治，而濫殺反對勢力。就此觀點而言，叛亂的發生，不管成功與否，常常是該社會人民的一大刧數。

第三節　政治權力的合法性與合法化(Legalisation)

　　政治權力的取得，如果是合乎全國性共契默認的道德規範或是法定程序，則取得之同時，就已具有合法性，而不必有合法化的問題存在。相反地，如果是透過革命、政變與叛亂的方式而取得政治權力者，則會有合法化的問題。因此，我們分成兩大層次來研究：合法性政治權威是

什麼? 合法化政治權威的實際方式又是什麼?

(一) 政治權力的合法性:

依照社會學家 M. Weber 的研究, 政治權力的取得, 隨着時代與社會背景的不同, 有下列三種不同形式的合法性存在:

(1) 傳統權威(Autorité traditionnelle)型: 對於政治權力的取得, 其權威的合法性, 存在於習俗與慣例。這就是我們所謂的全國性共契所默認的道德規範, 並沒有明文規定, 但是人人默認其權威的合法性。譬如英國王位的繼承, 只是傳統習俗使然。又如古代部落社會, 其酋長的繼承, 亦屬此類政治權威的合法性。古今中外的封建君主, 皆屬這種合法性。在現代化社會裏, 唯有君主立憲的國家, 仍然存在着這種政治權威的合法性。除非有重大社會環境與社會理念之改變, 這種習俗仍然持續下去。

(2) 神聖權威 (Autorité charismatique) 型: 對於個人特殊品德與個人恩典的信仰所產生的合法性權威。換言之, 由於個人的特殊聲望、品德、才能、功勞等等, 而獲得他人的共同信服所產生的合法性。依照 M. Weber 的看法, 政治文化越是沒有世俗化的社會, 越容易產生神聖權威型, 而有助於政治權力的偏差。他方面, 神聖權威型的合法性, 往往是一種過渡時期的產物, 它經常會導向新傳統的建立, 這正是拿破崙第三(Napoleon III)所建立王朝的情形。它也可能導入自我理性化與制度化的途徑, 而把神聖權威型轉化爲理性化合法性, 這正是 De Gaulle 所建立法國新總統制的情形。

(3) 理性合法權威 (Autorité legale-rationnelle) 型: 現代國家的政治體系, 絕大部分都屬於這一類型的合法性政治權威。以全國性政治共契或政治文化之一致性爲基礎, 透過科層制與理性的運作, 把有關政

治權力之取得、執行、自主性及其限制等等規範與律則，制定爲明文規定的憲法或法律，而成爲合法性的淵源。換言之，所有依照憲法或法律程序而取得政治權力者，同時亦必然獲得其合法性。譬如美國憲法規定，每四年改選總統一次，凡是依照憲法所規定的法律程序而被選爲總統者，就必然獲得其合法性而成爲下任總統。理性合法權威的最大特徵有三：(a) 對於合法性權威的享有，設有一定的期限。(b) 功能的自主性非常高，(c) 權威的分配採分層負責的科層制。

上述這三種類型的合法性權威，在現代政治體系中，並不一定只有某一種的存在。相反地，往往以混合或相輔相成的姿態出現。譬如英國的政治體系，就混合採用傳統權威與理性合法權威型，並行而成爲君主立憲制。又譬如一九五〇年代後期，由於阿爾吉利亞內戰問題，法國憲政體系（也就是理性合法權威）受到了嚴重的威脅，因而產生了所謂神聖權威型，De Gaulle 總統取得政權，這是理性合法權威與神聖權威的相輔相成，使法國憲政體系得以持續下去。

(二) 政治權力的合法化:

以上所探討的合法性權威，是指存在於一個社會的政治體系中，爲全國性共契所默認或明文規定，任何人只要依照其程序而取得政治權力，則必然獲得其合法性，而爲全國人民所擁戴。然而，在政治權力之取得方式中，仍然有許多不合乎此種程序者，乃產生所謂政治權力的合法化問題。換言之，如何使政治權力獲得應有的合法性？這是屬於實際經驗層次的問題，而不是理論或法律的問題，因爲所有非法取得政治權力者，皆爲理論家與國法所唾棄。不過，由於在實際政壇上，透過革命、政變或叛亂而取得政治權力者，處處皆是。同時，它們在取得政治權力之後，往往透過不同方式的合法化過程，獲得其所應有的合法性。茲將

實際上常常被採用的合法化方式，簡述於下：

(1) 制定新憲法，藉以取代舊憲法：這是革命者或是叛亂者在取得政治權力之後，常常採取的合法化程序，藉着新憲法的制定，獲得其必要的理性合法權威。政變成功者，較少採用這種合法化的方式。 國父孫中山先生的革命，亦屬於此一類型的合法化。

(2) 採用公民投票的方式，藉以獲得應有的合法性。這是二次大戰後常常被採用的方式，尤其是透過神聖權威型而取得政治權力後，想進一步邁入理性合法權威型時，往往採用公民投票的方式。最典型的例子，莫過於 De Gaulle 總統的東山再起。 獨裁者在不敢貿然毀憲的考慮下，爲了加強其合法性的形象，也往往採用這種合法化的方式。

(3) 解散議會，重新舉行普選：在採用西方民主議會制的國家，當政變者獲得政權之後，往往先行解散議會，重新舉行全國性普選，藉以獲得全國人民的支持與應有的合法性。這種情形，尤其會發生在一黨專制或一黨優勢的國度裏。不過，由於政變後政治情勢的不穩，或反對勢力的過大，往往是解散議會在先，重新舉行普選的諾言則一延再延，而形成眞正獨裁的局面。尤其在軍人政變成功之後，常常會有這種局面的出現。

第四節　廣義的政治權力之取得——政治參與

研討過狹義的政治權力之取得之後，現在就回過頭來探討一下政治參與。它是近代政治在理性化與世俗化運作下的產物，尤其在西方民主政治體系中，佔有極其重要的角色與功能。 上述狹義的政治權力之取得，其目的在於直接參與決策之制定。廣義的政治權力之取得，其目的則在於直接參與政策之執行或企圖影響決策之制定，這就是一般所謂狹

義的政治參與。因爲廣義的政治參與，還包括許多合法與非法的政治行爲，並不包括在廣義的政治權力之取得內。

（一）政治參與的基本概念：

我們把政治參與劃分爲廣義的與狹義的。廣義的政治參與，泛指所有足以影響或改變政府決策及其執行之任何政治行爲。就此涵義而言，政治參與的主體，包括所有政治體系的組成員，上至總統下至老百姓，統統包括在內。至於政治行爲的合法與否，是否出於自我意願或被迫參與，也都統統納入政治參與的行列。因此，上述狹義政治權力之取得，也屬於這種廣義的政治參與。很明顯的，這不是本節所要研討的範疇。

我們所要研討的是狹義的政治參與：單指透過合法程序企圖直接參與決策之執行，或企圖間接影響決策之制定與執行的一般公民之政治行爲。

依照我們的上述定義，一個政治活躍份子，是典型的政治參與之主體，然而，當他成爲政黨幹部或政府官員之後，他就成爲政治權力結構的內圍或外圍份子，其一切政治行爲，再也不屬於狹義的政治參與之範疇。相反地，一位退休的老部長，其投票行爲，又造成典型的政治參與。我們所謂合法程序，隨着各種政治體系之本質與全國性共識之不同而有異，譬如罷工在法國是合法程序，而在許多開發中國家則被視爲非法。所謂企圖直接參與決策之執行，是指成爲政治體系內的政策執行者，也就是一般所謂的公職人員。所謂企圖間接影響決策之制定與執行，是指透過其政治行爲，間接地發生影響力而言，譬如投票行爲、壓力行爲、請願行爲等等。總而言之，一切非法行爲（賄賂、暴動）與非自願性（納稅、當兵）的政治行爲，都不屬於狹義的政治參與。以下所分析的，只限於狹義的政治參與。

（二）政治參與和政治權力主體之關係：

依照我們對於政治權力和政治參與所下的特殊定義，不難發現兩者具有下列的種種關係：

(1) 由於科層組織的關係，政治參與的主體，得以從低層或外圍的權力結構，慢慢地往上爬，而成為政治權力結構的內圍或核心人物。由此可見，政治參與的機會越多，流動程序越合理與越公開，則越能產生和平而穩定的政治權力之交替或新陳代謝現象，而避免各種非法政治活動之發生。

(2) 政治參與的活動性質，如果僅限於消極的壓力行為，這種壓力主體的勢力越大，越能使政治權力的擁有者，不敢濫用其權力，而處處以民意為依歸。因此，我們認為，一個良好的政治體系，應該擴大其合法的政治參與，不能有過多的限制，尤其應該鼓勵壓力團體之活動。

(3) 政治參與的活動，往往會直接或間接地威脅或施加壓力於政治權力主體。因此，為了確保其擁有政治權力之野心，後者常常會找出許多莫須有的藉口，再利用政治權力所擁有的各種壓制性國家工具；軍隊、警察、調查局人員等等，對政治參與的活動，加以無理的壓制，久而久之，變成偽民主的真獨裁，這是許多開發中國家的政治通病。如果我們深入分析，其原因不外有三：其一，政治權力主體與政治參與主體間，缺少觀念與態度的溝通；其二，政治社會化失敗，沒有全國性政治共識或政治文化一致性之存在；其三，政治文化中，缺少 Hobbes 所謂的相容性，或是我們所謂的容忍度。因此我們認為，一個良好的政治體系，應該做到下列三點：首先，應該透過政治社會化，培養全國性政治共識與政治文化一致性，其次，鼓吹政治行為的相容性與容忍度，提倡溝通、談判與妥協的民主精神，最後，必須提供各種可能的政治溝通，

藉以防止誤解或不了解的扭曲或偏差政治行爲之發生。唯有如此，政治權力主體，也才能在人民的支持下，把國家社會帶入民主的康莊大道。

第三章　政治權力之維持

對政治抱有野心者，或者說得好聽一點，對政治抱着爲民服務熱忱的人，一但取得政治權力之後，總是想辦法擁有它，這是古今中外的常態，雖然亦有極少數的例外。尤其是獨裁者，其留戀政治權力的心態與作風，更是令人咋舌。同時，正如 Montesquieu 所言，有權必濫，極權極濫。因此，民主政治的設計者，乃有定期改選政治權力主體的構想，又想出各種控制的方式，我們將在下章繼續討論。本章單就政治權力主體，如何設法繼續維持其權力，做深入一層的比較分析。

第一節　維持政治權力之心態及其社會學背景

本節所要探討的主題：爲什麼政治權力主體，往往會設法留戀其位？我們想從主體心態及其社會學背景的分析，求得可能的解釋。

就主體心態而觀，會從事政治活動的人，天生就已較常人對政治權力有較多的興趣與野心，一旦在其位，總會覺得稱心如意，這是主觀意願的自我滿足。他方面，政治權力的本質，旣然是支配或影響他人的力

量，一旦佔有它，必然會獲得他人的畏懼、愛戴、尊敬、稱讚，甚至於阿諛，這是來自客觀情境的自我陶醉。基於主觀意願與客觀情境的結合，致使政治權力主體，產生留戀其位的心態。

另一方面，就其社會學背景而言，政治權力的擁有，不但有機會亦有能力，使政治權力主體獲得比常人更多更大的方便與利益，因而很容易形成政治衝突論所指責的「政治統治階級與經濟資產階級的勾結」。尤其在開發中國家，受到傳統封建政治思想之遺毒影響，這種情形顯得更為嚴重。這也就是馬克斯主義所痛訴資本主義社會之罪行之一；在政治統治階級與經濟資產階級的勾結下，為了彼此雙方的既得利益，政治權力主體，已經變成「人在江湖，身不由己」的局面。換言之，在雙方彼此既得利益的集體壓力下，形成一種客觀社會學的背景，迫使政治權力主體，不得不留戀其權位。何況配合上述主觀心態的滿足，更是令人有何樂而不為之感了。

第二節　維持政治權力之理念基礎

對於政治權力主體，都會留戀其權位的心態與動機有所了解之後，我們現在就進行第二主題的思考：什麼是維持政治權力的理念基礎？換言之，依據那些理念基礎，政治權力主體自認能夠體現其留戀權位的願望？理念往往是決定行動與選擇手段的先決條件。相異的理念，必然導致不同的行動取向與不同手段的選擇。因此，在尚未分析比較政治權力主體之行動取向與手段方式之前，我們必先了解其理念基礎。依照我們的觀察與研究，似乎可以把維持政治權力的理念基礎分成下列三大類型：

（一）以信仰為基礎的理念：

這是屬於最高層次的抽象理念，認為人是有靈性的存在，相信信仰本身就是力量。只要設法使全國人民產生共同的信仰，則必然有利於政治權力主體的行動。因此，政治權力主體，乃創造各種主義與學說，透過種種有形無形的方法，使人民產生信仰，而跟政治權力主體有共同一致的思想與行動取向。如果以信仰為基礎的理念，完全為全國人民所接受，則政治權力主體之作為，很容易獲得人民的支持，也正因為如此，往往會走向神聖權威之政治。這個時候，如果套用 Aristotle 的話，政治權力主體的決策，都以全國人民利益為前提，則有利於導向開明政治之發展，這是法國總統 De Gaulle 1958 東山再起之後的發展情形。相反地，政治權力主體的決策，不以全國人民利益為着想，而完全以個人或少數統治者的利益為前提，則很容易導向專制獨裁的政治發展，這是許多開發中國家新獨立時期的情形，尤其在非洲大陸。民族主義與反殖民主義，在成為全國共同信仰之後，領導非洲獨立革命的領袖，個個都成為神聖權威的人物。然而不幸，在國家正式獨立之後，都未能步 De Gaull 的作風，把神聖權威給予理性化與制度化。其結果也，處處成為專制獨裁者，也時時出現不停的政變！

（二）以說服（Persuation）為基礎的理念：

這是屬於中層次的經驗理念，相信或假定人是理性的政治動物。基於人類的理性，政治權力主體，提供各種溝通與接觸的機會與方式，使全國人民都能夠了解與諒解執政者的所作所為，進而支持它。這正是上述 A. Gramsci 與 L. Althusser 兩人所強調的公民社會(Société civile)的功能。也正是歐美現代民主政治的基礎理念。社會價值與觀念應該是

多元的，當全國性政治共識或文化一致性出現時，這是例外的可遇不可求，而且隨時會因社會學條件之變化而轉化，因此，重要的是，如何在異中求同？那只有在尊重與容忍反對勢力下，透過種種溝通，接觸，談判與協調，在彼此理性的運作下，把反對勢力說服，而產生暫時性共同接受的政治共識。因此，以說服為基礎的理念，非常重視人民的自由：思想自由、言論自由、信仰自由、出版自由、結社自由……等等，因為它是體現暫時性政治共識的先決條件。

（三）以武力（Force）為基礎的理念：

這是屬於低層次的物質理念，認為人只不過是動物的一種而已，最有效的馴服與控制方式，就是靠武力。站在統治者或政治權力主體的立場，與其叫老百姓愛你，倒不如叫他們怕你。武力的展示，乃是怕的泉源。持這種以武力為基礎的理念，最早的政治家，要以 N. Marchiaveilli 為典型。他認為政治是超道德的，強權就是公理。執政者的武力越強，人民懼怕的程度越深，則越有助於其統治之維持。

總而言之，人類天生所俱有的三面本性：靈性、理性與獸性，導致了政治思想上的三種不同理念類型：信仰、說服與武力。同時，我們已經指出，理念是決定行動取向與選擇手段（方式）的先決因素，因此，我們再來分析一下，這三種理念到底導致了那些不同的行動取向。

第三節　維持政治權力的行動取向

這裏所謂的行動取向，是指政治權力主體，為了達到其留戀權位之目的，會趨向於採取那種性質的政治行為？依照政治學者的研究與經驗事實之觀察，我們似乎可以按照行動取向的性質，把它分成下述兩大類

型:

其一，和平的行動取向: 政治權力主體，不管是積極地設法續留其位，抑或消極地迎接來自環境的挑戰，其所表現的態度與作風，都趨向於溫和的和平性格。因此，對於達成目的的手段選擇，也都必然符合此一精神。換言之，俱有和平的行動取向之政治權力主體，很少會或幾乎不會去考慮選擇暴力性手段，做為體現其目標的有效方式，因為它完全反乎其和平性格之故。

就理論層次而言，以信仰為基礎的理念，必然導入和平的行動取向，義大利梵帝岡的政治，算是最典型的例子。一般說來，以說服為基礎的理念，也都以導入和平的行動取向為原則，在萬不得已之下，才有考慮選擇以武力為後盾的行動取向。正因為後者是不得已的作風，所以非常強調武力的合法化與制度化，藉以防止其濫用。美國的政治，正是這種典例。

其二，暴力的行動取向: 剛好跟上述和平的行動取向相反的，有所謂暴力的行動取向。也就是說，當政治權力主體，在主觀設法續留其權位，或是要迎接來自客觀環境的挑戰時，其所表現的態度與作風，都偏向於激進的暴力性格。以武力為基礎的理念，必然偏向這種作風。中國俗語所謂槍桿子出政權，正是這種理念與行動取向的最佳寫照。開發中國家的政治，往往都偏向於這種行動取向。東南亞的獨裁者，在對付其政敵的作風上，在在顯示出這種行動取向。

第四節　維持政治權力的手段或方式

在上面我們業已指出過，基於某種理念基礎，就必然導入某種行動取向，因而採取或選擇與之相對待的手段或方式，藉以達成或體現維持

其政治權力之目的，本節將依照上述兩大類型的行動取向：和平的行動取向與暴力的行動取向，分別就工業先進國家與開發中國家的政治現象，以及共產國家與西方民主國家之別，進行比較分析。我們將分成下列的幾個主題來研討：

（一）具有和平的行動取向，會選擇或採用那些有效的手段或方式，藉以達成或體現其維持政治權力之目標？依照一般政治社會學者的研究，可以歸納為下列幾種：

（1）創意或塑造政治共識與政治文化之一致性：依照 Coleman 與 Almond 的看法，現代民主國家的政治文化特色，在於它的全民政治參與。在此種趨勢下，如果沒有政治共識與政治文化的一致性為前提，則各說各話，國家的政治必然大亂，執政者也無法安於其位。換言之，缺乏政治共識與政治文化之一致性，很容易導致地方主義與分裂主義之猖狂，而破壞全國性的政治整合。其結果也，不但政治權力難以維持，社會也永無安寧的日子。新興國家在獨立完成之後，民族主義的獨立共識，已經褪色，而執政者又無法創意新的政治共識，因而常常墮入地方分裂主義的悲局。回溯美國獨立戰爭之後，開國諸賢，標榜出子子孫孫永遠追求民主政治的共識與其文化一致性；而迫使地方分裂主義的政治思想，逐漸褪色，達成全國性的政治整合。就此角度而觀，日本明治維新與德國鐵血宰相之成功，也都應該歸功於創意了為全國人民所接受的政治共識與文化一致性；那就是在維護法統下去追求現代化。

在1960年代初期，臺灣國際政治出現了危機，而政府能夠及時塑造出經濟現代化的努力方針，而成為全國人民的新政治共識，而渡過了來自國際政治環境的挑戰危機。然而，面對着國內法統所產生的危機，政府除了靠戒嚴與戡亂時期臨時條款來維持外，始終打不出一張新王牌。換言之，在法統逐漸褪色的過程中，如何及早創意全國人民所樂意接受

的新政治共識，這是維持政治權力與社會安定的必要條件與前提。

再就個人層次而言，情形也是一樣：誰能夠事先打出全國性的政治共識，誰就能夠取得人民的信任與支持，這是美國羅斯福總統的新政與法國 De Gaulle 總統東山再起的情形。

同時，我們要特別強調一點：所謂政治共識或政治文化一致性，並不是一成不變的，它是客觀社會學條件與人民主觀意願的結合反射物，兩者隨時都有改變的可能。因此，不管對整個國家的政治秩序而言，或是單就政治家個人的政治前途而言，如何去洞察這種結合反射物的轉化，再給予提昇（昇華）為新政治共識，並能配合國家或執政者的政治理念，而設法使全國人民認同，則不但能夠體現維護政治權力之目標，又能達到社會安定的終極目的。這就涉及所謂政治社會化的問題。

(2) 政治社會化：何謂政治社會化？西方學者的定義，顯得相當雜亂。我們先選擇一些主要定義，做為讀者參考後，再提出我們的特殊看法，尤其要配合本節的觀點，把政治社會化當做和平的行動取向所選擇的手段或方式。

以下是西方學者對於政治社會化所下的不同定義：

(a) 政治社會化是將政治標準及信仰，從一代傳給下一代的方式。

(b) 政治社會化是人們習得其政治取向及行為模式的發育過程。

(c) 政治社會化是正式負責的教育機關，有意將政治知識，價值和習慣，予以諄諄教誨。

(d) 政治社會化是公民習得對於政治世界的認識之歷程。

(e) 政治社會化是人們將其所屬社會團體及社會二者的方式，和他們自身的態度結構及行為模式融合一起的歷程。

（f）作爲引入政治文化歷程的政治社會化，可能終於產生有關政治體系的一套態度或取向。

（g）政治社會化是指人們學習採自現行政治體系所接受和實行的規範、價值、態度及行爲的歷程。不過，此種學習更多涉及社會的政治規範適當知識之獲得，而不只是有關政治行動盲目的作爲。

（h）政治社會化是政治文化藉以維持和變遷的歷程。經由此種歷程，個人便納入了政治文化，形成對於政治目標的取向，政治文化模式也經由政治社會化的變遷。

（i）政治社會化是指社會將知識、態度、規範、價值等政治取向，從一代傳到下一代的方式。沒有此種世代相傳的社會化，則政治體系的每一新成員，無論是新生的孩子或是新來的移民，都必須在政治領域內尋找完全新的適應方式。

（j）政治社會化包括生活圈上每一階段中，正式的和非正式的，有意的和無計劃的政治學習。此種政治學習，不僅包括明顯的政治學習，也包括影響政治行爲的名義上的非政治學習，例如政治上社會態度的學習，及政治上人格特徵的學習等等。

（k）廣義地說，政治社會化是社會從一代到下一代傳遞其政治文化的方式，此種歷程可以保持傳統的政治規範和制度。另一方面，當次級社會化媒介反覆灌輸和過去不同的政治價值，或當孩童產生和他們祖先不同的政治期盼和社會期望時，政治社會化的歷程便可成爲政治和社會變遷的媒介。

依照這些定義，雖然說法各不相同，但是在涵義上，都有一點共通處，把政治社會化視爲代代相傳習政治取向的一種過程。所謂政治取向，包括了各種政治價值、規範、主義、信仰、知識、觀念、態度、認識、習慣，以及行爲模式等等。因此，這些學者所強調的，是政治社會

化的自然學習過程。

不過，我們認爲，政治社會化，除了這種自然學習過程之外，更重要的一面，乃是政治權力結構的主要人物，爲了維護其政治權力，或是以整體國家社會的安寧爲藉口，以其本身所具有的政治理念或主義，巧妙地配合客觀社會學條件之變化，透過有形的傳播或是無形的教育，使人民的主觀意願，在潛移默化之過程中，去接受有利於維護其政治權力的政治取向。這種政治社會化，已經不再屬於上述自然學習的範疇，我們把它稱之爲「誘導式默化過程」。這一層次的政治社會化，我們把它列入維護政治權力的有效方式或方法之一，因爲它有越來越被應用的趨勢，尤其在開發中國家，透過各種有形傳播媒體的控制與宣導，以及孩童教育的灌輸，藉以體現我們這裏所謂的誘導式默化過程。

(3) 政治溝通：由以上政治共識與政治社會化的探討，我們似乎可以得到一點暫時性的綜合結論：最理想的政治，是隨着客觀社會學條件之改變與主觀人民意願之轉化，而能夠隨時結合反射出適合時代背景的政治理念與主義，成爲全國性的政治共識，再經過政治社會化的自然學習過程，而體現全國性政治文化的一致性，這正是政治整合的極限。相反地，最惡劣的政治，乃是執政者，本着其一成不變的政治理念與主義，罔顧客觀社會學條件之改變，輕視主觀人民意願之轉化，而仗着其壓制性工具的優勢（軍、警、黨……），並控制着傳播媒體與教育，強制推行我們所述所謂誘導式默化過程的政治社會化。

依照許多政治社會學者的研究結果，以及我們自已的細心觀察，這種最理想的政治與最惡劣的政治之分野所在，往往不在於擁有政治權力主體的主觀意願上，而在於客觀政治溝通的問題上。換言之，擁有政治權力的主體，在其主觀意願上，當然也希望能夠隨時走上最理想的政治康莊大道，其所以會轉入最惡劣的政治悲局，往往是爲形勢所迫的不

得已結果，而其主要原因，乃是由於政治溝通管道被塞或發生扭曲的關係。因此，如何建立不扭曲而暢通的政治溝通，乃是維護政治權力的重要方式或方法之一。

因為政治溝通的理論與性質，跟所謂政治權力結構的理論與特質，可謂息息相關。而我們將在最後總論裏，進行政治權力結構的社會學分析，所以就把政治溝通的理論與性質，也留待後面再一起做深入的研討。

第五節　政治權力之偏差

廣義的政治權力之偏差，除了政治權力在執行上的違憲或違法行為外，泛指所有執行政治權力的不道德行為。然而，政治與道德的關係如何？政治社會學者的意見與經驗事實的多樣性，實在很難獲得令人信服的道理。因此，我們想從經驗事實的觀察，僅就權力主體與權力客體之間所發生權力性質之變化，去分析政治權力是否發生了偏差？

我們在上面已經指出，政治權力不是天生的，它是人為的社會關係之產物。就此意義而言，人民正是政治權力的原始主體。然而，政治權力一旦形成，不管用無形的習慣或傳統給予凝固昇華，或是用有形國家最高法律給予科層化之後，原始主體的人民就退而成為政治權力的客體或對象。就理論上而言，以後真正擁有政治權力的主體，不外是原始主體（人民）的委託人或代理人而已，兩者之間的微妙關係，完全決定於原先習慣或傳統，以及憲法的科層制上。換言之，原始主體透過習慣、傳統或是憲法的形成或制定，有意或無意地，有形或無形地，就把政治權力之性質、層階、執行、目標等等，都給予暗示或明定出來，使將來代理主體，能夠據以為民謀福利。但是，就事實層次而言，由於政治權力本身的特質；不管是 M. Weber 所謂命令──服從的關係，或是 G.

Simmel 所謂統治——被統治的關係，或是 K. Marx 所謂壓迫——被壓迫的關係，使代理主體享有種種特權與特殊利益，因而導致代理主體罔顧原始主體的期盼與規定，為了維護其旣得利益與特權，形成種種政治權力之偏差。因此，我們所謂政治權力之偏差，並沒有任何道德意義的判斷，單指代理主體在維護其政治權力與執行上，違反了原始主體所形成的習俗或傳統，尤其是他們所創設的憲法體制。換言之，在傳統習俗為體制的國家，如英國或沙烏地阿拉伯，如果代理主體在政治權力之享有與執行上，產生了超越與違反的情形時，或者在憲制體制的國家，當實際權力結構的權限凌駕於憲法體制之上時，統統稱之為政治權力之偏差。如果我們從這個角度，再進一層深入去分析，則可以把政治權力之偏差分為下列幾種類型：

(1) **體制層次的偏差與個體層次的偏差**：依照原始主體所形成的習俗或傳統，以及憲政的規定而取得政治權力之後，為了維護其特權或特殊經濟旣得利益，而不顧客觀社會學條件之改變或人民主觀意願之需求，而把憲制束之高閣，使其不發生任何效力，或甚至於把它取消者，謂之體制層次的偏差。譬如袁世凱的稱帝，就是典型的例子。許多開發中國家的民族獨立運動史例，也為我們提供了不勝枚舉的典型例子。起先為了爭獨立、爭自由、爭平等、爭人權，在全國性政治共識的努力下，創設了優美良好的西方民主憲政，然而，一旦國家獲得獨立，政權在手，又把原先的民主憲政束之高閣，政黨體系的運作也宣告停止，在一黨專制或一黨優勢下，實行假民主的眞獨裁，這就是我們這裏所謂的體制層次的偏差。這種情形，最容易造成一般所謂的政治權力之人格化或神格化。這是屬於政治權力的政治性改宗，稍後再做進一步分析。

跟體制層次的偏差相對稱的，就是個體層次的偏差。後者是指代理主體的個人，在其執行政治權力的權限內，發生了違法或瀆職的行為。

這在現代化民主國家的憲制體系內，也會發生，過去美國的水門案事件，就是一種典型的事例。在我們上述體制層次的偏差國度裏，這種個體層次的偏差，更是嚴重得難以形容。

(2) 政治性改宗與法律性違法： 政治權力的偏差，不一定是違法的行爲。譬如上述所謂政治權力的人格化與神格化，就法律的觀點而言，並沒有構成違法的要件。因此，我們把它稱之爲政治性改宗：把附着於傳統習俗或是憲法上的權威，轉化而與其權力主體的人格相結合在一起者，謂之政治權力之人格化，進一步使客體相信其具有神格者，謂之政治權力之神格化，兩者並無性質的不同，只有程度的差異而已。上述權威的轉化與人格之結合過程，就是政治性改宗。

經社越是落後，教育程度越低，傳統臣屬政治文化的留毒越深，再再都有利於此種政治性改宗的權力人格化。尤其在傳播媒體完全被控制與被利用的國度，更助長了這種權力人格化的作風。中國大陸的毛澤東，以及許多開發中國家的獨裁者，都是屬於這一類型的政治性改宗。

與政治性改宗相對立的，就是一般所謂的違法行爲：代理主體的個人，在執行政治權力所給予的職權或職務時，發生了違反或觸犯法律規定之行爲。行政機關所發佈的行政命令，如果其意旨違反了法律的規定，或是立法機關在創意法律時，違反了憲法的基本精神，也都屬於這裏所謂廣義的違法行爲。

(3) 一黨專制或一黨優勢所促成「以黨領政」或「黨政合一」的權力偏差： 西方古典民主政治的必要條件之一，乃是建立在兩黨或兩黨以上的政黨運作上。然而，在移殖的民主體制中，往往走向一黨專制或一黨優勢的局面。因而把原先「黨政分立」的民主體制，變成「以黨領政」或「黨政合一」的獨裁政治。古典民主政治所謂三權分立的制衡構想，完全不復存在，議會淪落爲政黨的玩偶。

　　古典西方民主政治體制的設計者，想利用三權分立的構想，藉以體現政治權力本身的制衡作用。在政治權力已經制度化的國家社會裏，如英、法、美等等，似乎尚能達到此一目標。然而，很不幸地，在經社落後的開發中國家，由於轉型期社會的特徵，處處產生了各種政治權力的偏差，而已經完全破壞了權力制衡的形象。如何配合開發中轉型期社會的特殊社會學條件，並配合古典西方民主精神，設計一套新的制衡辦法或方式，則有待開發中國家的知識份子之努力。而要使此一努力發生預期的效果，基本上必須對所謂政治權力結構之性質與現代政治溝通之基礎理論，都有深入的了解與頓悟。因此，在本書的總結論裏，我們選擇了兩大主題來研討：其一是政治溝通的理論基礎及其模式，其二是政治權力結構之基礎理論與知識份子在社會變遷中所扮演的角色。

總結論篇：
從政治權力結構與政治溝通之基礎理論，試探知識份子在社會變遷中所扮演的角色

　　政治社會學所研討的問題面向，雖然相當廣雜，然而由其歷史的回溯與現代政治研究之趨向，我們不難發現其主要重心議題，仍然脫離不了所謂政治權力結構與政治溝通的問題，尤其對於開發中國家的轉型期社會而言，其問題之重要性，更為政治學者所確認。此外，在上面經社發展的分析過程中，我們又發現在經社落後地區，往往會發生政治權力超強的現象，進而破壞了移殖的西方民主形象。基於這兩點認知，如何配合開發中國家的特殊社會學條件，重新為古典西方民主體制灌注新血液，其責任似乎應該落在開發中國家的知識份子之身上。為了回答這個主題，我們分成以下兩章來進行研討。

第 一 章
政治構通的理論基礎及其模式

　　不管什麼樣的政權或政體，都有其相同或相異的政治溝通之理念基礎，進而決定其所採用的溝通形式或方式。尤有進者，政治溝通之功能，往往對於政治穩定性發生極大的影響。因此，在本章的分析與研討裏，我們想企圖了解何種政治溝通之理念基礎，比較適合於何種性質的社會學條件？何種政治溝通之模式，比較能夠在何種政治體制中發揮其功能？

第一節　政治溝通之涵義

　　政治社會學者，對於政治溝通的涵義，一般都分成廣義與狹義兩種層次，來進行研討。廣義的政治溝通，是泛指政治體系本身與其內外環境間的資訊互動關係而言。狹義的政治溝通，則專指政治權力結構或政府或統治者與其人民或被統治者間的資訊互動關係而已。

　　就廣義的政治溝通而言，任何政治體系，必定擁有其政治權力之行使對象與特定範圍（內在環境），以及相互影響的外在國際社會或環境。

政治體系爲了本身的存在與持續，必須隨時隨地依照來自內外環境的回饋資訊，去進行決策與行動的修正或控制，藉以迎接來自其環境的任何挑戰，這種兩者間資訊的互動與回饋過程，就稱之爲廣義的政治溝通。

就狹義的政治溝通而言，政府或統治者所做的決策與政治行動，就成爲該政治體系的輸出，而直接對人民的社會生活發生影響。因此，人民也必然按照其所感受的影響結果，去決定其本身對於該政治權力主體者的態度，而成爲該政治體系的新輸入。這種存在於統治者與被統治者之間的資訊互動與回饋過程，就稱之爲狹義的政治溝通。

第二節　狹義政治溝通的性質

就狹義政治溝通而言，存在於政府或統治者與其人民間的這種資訊互動與回饋關係，到底具有什麼樣的性質？隨着研究者對於政治與權力結構之性質有相異的看法，而產生各種不同的說法。我們可以把它歸納爲下列幾種：

（**a**）**服務性管理說：**依照這一派的看法，權力主體在行使權力，與其對象間所發生的政治溝通現象，並沒有任何特殊性質之存在。政府或統治者的執行權力，對人民而言，只是一種服務性質的委託管理行爲，所以有「官吏就是公僕」之說。藉着政治溝通，雙方能夠彼此了解，而公僕就更能發揮更高度的服務有效性。持這種看法的典型人物，乃是偉大的國父　孫中山先生。我們也自認屬於這一派的人。我們認爲，擁有政治權力的主體，只要有此體認，就不會濫用權威而成爲獨裁者。

（**b**）**壓抑性統治說：**持這種看法的典型人物，要以德國形式社會學之父 G. Simmel 爲代表。他認爲政治的權力現象，不外是一種「統治與被統治」（dominant-dominé）的關係。統治與被統治的關係，　具有

M. Weber 所謂「命令與服從」的壓抑性。因此，兩者之間所發生的所謂政治溝通，亦僅止於這種壓抑性的上下不平等關係。持這種看法的結果，很容易造成權威主義的出現。因此，M. Weber 非常強調所謂理性的政治溝通，藉以控制政治權力的獨裁取向。我們將在後面做深入一層的分析。

(c) **剝削性壓迫說**：這是傳統馬克斯主義者的說法，因爲政治結構旣然是下層經濟結構的反射物，又是資產階級用來保護其財產的工具，同時，政治結構在經過疏離作用後，爲了維護其旣得利益，也必然結合資產階級，去剝削並壓迫勞工階級，這是結構內在命定論的必然邏輯結果。因此，在馬克斯主義者的眼裏，所謂政治溝通，只是政治僞意識在欺矇勞工眞意識的一連串僞裝而已。

(d) **理性相容說**：歐美現代政治整合論者，大半都屬於這種看法。其思想的主要來源，首先來自 Hobbes 對於社會形成的看法，尤其是社會秩序的性質：不得已的相容（否則，又返回自然狀態而互相殘殺）。其次來自 M. Weber 對於政治權力性質的看法——命令與服從關係，爲了防止政治權力的獨裁取向，唯有基於社會大衆的普遍理性，在政治溝通的回饋過程中，迫使權力主體也能夠走向理性化的決策與行動，使社會大衆在不得已的相容或相忍下，過着合理的生活。所以，我們把它稱之爲理性相容說。

從狹義政治溝通的性質之分析，我們不難獲得一個暫時性的小結論：良好的政治體制，其所應有的政治溝通是：權力主體本着中性服務說，跟下面的人民去溝通，而權力行使對象的人民，應該本着理性相容說，跟其他社會力與權力主體做理性溝通，這才是現代理性化的政治溝通。

第三節　狹義政治溝通的理念基礎及其溝通模式

對於政治溝通的性質有了了解之後，直接影響並決定其溝通模式的基因，乃是政治溝通的理念。換言之，擁有不同政治溝通的理念基礎，就會促成相異形式的溝通。因此，我們就來研討一下政治溝通的理念基礎及其溝通形式。

(一) 以「道德」為理念基礎的政治溝通及其溝通形式:

這一派的最大特徵，在於把倫理道德跟政治相結合在一起，認為政治不但是道德的，而且以它為重心。在政治溝通上，這就成為所謂以德服人的學說。古代政治論者，多半屬於此派，以希臘的 Platon 跟中國的孔子為典型代表人物。他們都認為道德是先驗的，人人皆天生而有之，統治者應該先行養性修德，以仁民愛物為懷，則政治溝通必然成為「德政──恩從」的互動回饋關係。很明顯地，這是屬於王道政治與封建政治思想的結合產物，已成為歷史的陳跡。不過，我們如果把它視為理想化的政治溝通之理念，則不失為一種理想型 (Type ideal)，做為未來努力的最高境界，因為如果政治溝通能夠真正達到「德政──恩從」的互動關係，則天下必然太平而成為 Platon 所描述的共和國。

基於王道以德服人的理念，政治溝通的上下互動與回饋關係，乃屬於一種自然的與自發性的過程。因此，這一派的人，並不重視外存的溝通形式，而特別強調內在教育的功能。萬一教育失靈、官吏失德，造成政治溝通的扭曲或堵塞，則修正或復元「德政──恩從」正常溝通之責任，乃旁落在上的執政者，所以才會有各式各樣的特殊政治行動; 欽差大使之出巡、代天行道之舉、探求民隱之舉等等。我們把這一類的由上

而下的政治溝通方式，稱之為非正式接觸。原始社會與傳統社會的政治溝通形式，皆屬於此一類型。

（二）以「武力」為理念基礎的政治溝通及其溝通模式：

跟上一派完全相反的，乃以武力為理念基礎的政治溝通。認為政治是超道德的、非倫理的，強權就是公理。因此，政治所講求的，不外是武力兩個字。統治者與被統治者之間的關係，只不過是一種「武力──恐懼」的關係。政治溝通的互動與回饋，就統治者而言，在於展示它的威嚴與威勢，使人民不敢反抗。對人民而言，在於表示臣服與懼怕，使統治者的武力不會君臨於自己身上。這乃是一般所說的霸道政治。意大利近代政治之父 Machiaveilli 是最典型的代表人物。他曾經寫過：與其讓你的老百姓愛你，倒不如讓他怕你。這是典型的「以力服人」之政治觀。

霸道政治，既然其理念基礎是以力服人，因此，一方面，它認為統治者高高在上，只要日夜充實其武力，則低低在下的人民，必然報以恐懼與順從的回饋，他方面，強權就是公理，政治是超道德的，所以，在政治溝通的互動上，統治者所要的回饋，也只有人民的恐懼與順服為至上。因此，在政治溝通的形式上，這是屬於完全單向的由上而下之實力展示，藉以換取人民的恐懼與臣服。萬一政治溝通發生扭曲現象，也不必借用其他什麼管道，統治者所應該做的，乃是增強實力的展示而已。這種政治溝通理念，發生在歐洲封建社會快要崩潰而民族國家正在興起時，至今甚難適用於自由政治思潮的國內政治，然而，在今天毫無國際正義可言的國際社會裏，就國家與國家之間的國際政治溝通而言，強權就是公理，政治是超道德的、非倫理的，似乎仍然停留在這種霸道政治的範疇裏。

(三) 以「理性」為理念基礎的政治溝通及其溝通模式:

如果說王道政治理念是屬於早期封建社會的產物，而霸道政治理念是屬於晚期封建社會的反射，那麼，以理性為理念基礎的政治溝通思想，則是近代工業資本主義社會的結晶品。

這一派的學者認為，人天生都具有普遍理性的存在，這是歐洲歷史哲學的傳統，基於這種普遍理性，人人都能夠了解是與非、道德與不道德、有利與無利、該與不該等等的行為分野。現代民主政治的維護者，正是基於這種信念，想利用被統治者的這種普遍理性，透過政治溝通的互動與回饋，藉以達到實際牽制與制衡權力主體的作用。

其實，古典民主政治的三權分立，在實際經驗政治上，除了英國的傳統之外，很少收到實際制衡的作用。尤其在十九世紀末期，國家已成為壓榨人民的笨機器，如何在中央權力的相互制衡外，去尋找有效牽制權力主體的構想，早已出現在法國 E. Durkheim 與德國 M. Weber 的作品中。到了二十世紀中葉，終於滙流而成為我們所謂以理性為理念基礎的政治溝通之思想。這一派的共同看法是: (1) 政治權力結構應該是開放的，最多也是半開放半封閉而已。(2) 社會的價值體系是多元的，人民的利益更是複雜而有異差的。(3)政治溝通是雙向平行的對流關係。(4) 人人具有普同理性，知道凝聚其政治利益並維護其價值，透過政治溝通之回饋而爭取有利於自己的輸出。(5) 政治體系，尤其權威當局，依照回饋資訊的輸入，去做決策與行動的輸出，必能獲得人民的回饋支持。

由此可見，依照這一派的看法，政治溝通的積極功能，可以使政府與人民彼此互相了解，在合作與妥協的氣氛下，體現政治的安定與人民的福利，它的消極功能，可以藉着人民實際掌握的社會力，去牽制政治

權力主體的偏差，這正是 D. Reisman 所謂 Veto Group 的眞實意義。

　　就政治溝通的外在形式而言，這一派的人非常注重組織的力量：公會、壓力團體、政黨等有形組織，不但藉以凝聚自己的利益，還可以造成一股力量，藉以跟政府討價還價。早期法國社會學家 E. Durkheim 在尋找社會職業團體，藉以體現牽制中央權力之獨裁作用，就是這一派典型的代表。此外，R. Aron, D. Reisman，也都是屬於這一派的當代人物。

　　由以上的分析比較，我們似乎可以把狹義的政治溝通，就其不同的性質與面向，簡化成表20，以便讀者參考：

表 20　狹義政治溝通之簡化表

理念基礎	道　　　德	武　　　力	理　　　性
哲學思想	恩 ⟷ 愛	威 ⟷ 怕	理 ⟷ 理
社會價值	上下平等地位，不過，由有德者創意社會價值	上下不平等，由統治者專制創造社會價值	上下平等，互相交流而產生多數人所接受的多元社會價值
溝通形式	單向由上而下，例外才上下對流	單向由上而下	雙向上下平行對流
政治好壞	決定於執政者本身是否有德（是否為己利或利民）	決定於執政者所擁有的實力，強則好，弱者壞	由多數人民決定（選舉）
溝通性質	服務管理	壓制統治	理性相容

第四節 廣義政治溝通的 Karl Deutsch 之模式

在探討政治體系與其政治環境間的溝通問題上，K. Deutsch 的政治溝通之模式，可能是最大膽而且又是最成功的模式之一。他在一九六三年所發表的 "The Nerves of Government, Models of Political Communication and Control (New York)" 一書中，把政治體系大膽地比喻為統御體系 (Systeme Cybernétique)，而進行研討政治體系與其環境間的政治溝通，結果他發現，在既定目標的追求與體現過程中，政治與政府所扮演的主要角色，不外是一種協調與導航人類努力的過程。他所建構的廣義政治溝通之模式，可以分成以下幾個重要面向來介紹：

(一) 政府好比是一種導航體系 (Systeme de pilotage)：

政府 (Gouvernement) 這個字，來自希臘文與航海導航術有關的字源。K. Deutsch 認為，航海導航術或機械操縱法，跟統御人類組織的方法或藝術，確實有許多相類似的地方。所謂航海導航，乃是基於可靠的相關資訊與過去航海的經驗，一方面，去引導其未來的航行，他方面，依據其外在因素，主要包括路線狀況、目標與資源，去調整其位置。跟導航最為息息相關的重要概念，乃是「回饋」(feedback) 的過程。在現代化的社會裏，處處充滿着這種現象。

(二) 回饋過程 (Processus de retroaction)：

舉凡決策與行動透過其環境所發生的作用結果，而重新返回到體系的資訊，藉以修正其行為，並加速其目標的體現之過程，就稱之為回饋

過程。透過它，任何一種統御體系，不但能夠掌握自己的狀況，而且能夠回答來自其環境的挑戰。

對於機械體系 (Systemes mécaniques) 而言，其回饋過程如下：體系隨時都處於一種緊張 (Tension) 狀態，隨時隨地都在尋找其目標的體現；為了能夠達成此一目的，體系必須能夠實現回饋的種種條件：了解目前的實際狀況，跟最終目標的距離尚有多遠，決策與行動對其環境所引起的實際結果如何等等；依據這些回饋過程所得的資訊，體系必須設法回答來自環境的挑戰，藉以體現目標之追求；當追求目標獲得體現時，體系所擁有的能量，也會相對地消耗，而其原有的緊張狀態，也會隨之而趨向平靜。

（三）機械與人：

把人類的社會組織，當成一種神經性體系 (Systeme nerveux) 而加以研究其功能，則可以發現跟上述機械體系有相類似的回饋過程。對於 K. Deutsch 而言，政治體系正可以從這種角度去分析它。

他把政治體系看成一種統御體系 (Systeme cybernetique)，靠着錯誤的探索與修正來自我控制，藉以體現其所追求的目標。換言之，體系必須按照回饋過程所獲得的資訊：已往行動的結果、目前內外環境的情況與反應態度、距離目標體現的遠近等等，藉以加強或修正其原有的決策或行動。也就是說，體系的自我持續與其最終目標的體現，跟其內外環境具有密不可分的關係。

（四）四大因素：

任何政治體系或社會體系，絕不是一種靜態平衡的存在，而是一種緊張性的動態持續。它在追求某一特定目標的持久努力過程中，其成功

或體現完全有賴於下列四種屬量因素 (facteurs quantitatifs) 的相互配合:

(a) 承受重量: 這是指體系 透過回饋過程所獲得的 資訊的重量 (Load)。體系在追求其目標的持久努力過程中, 透過其決策與行動, 對其內外環境發生了互動作用, 而在回饋過程中, 體系所獲得來自環境變化的速度與重要性。譬如臺灣在中美斷交後, 全力尋求中美實質外交的體現, 而其決策與行動, 從美國的回饋過程中, 獲得了相當重量的資訊: 美國立刻表示贊成與支持, 並給予確實行動的回答, 這是體系所承受的正向重量。然而, 也有負向重量的回饋, 譬如這次俄機擊落了韓航客機, 國際社會所給予蘇俄的回饋, 就是一種負向重量。

(b) 反應速度: 上述承受重量, 對體系在追求其目標的體現而言, 正是一種來自環境的挑戰; 如果是屬於正向重量, 體系必須把握有利時機, 做更進一步的努力; 如果是屬於負向重量, 也應該即刻修正原有決策或行動, 藉以換取正向的重量回饋。因此, 所謂反應速度, 是指體系在獲得承受重量的資訊與其重新採取回答間的延緩 (Lag) 時間。 換言之, 對於來自環境的新挑戰, 什麼時候始能真正到達決策當局? 需要多久始能有新決策出現? 由決策到行動又需要多久時間? 這一連串時間所造成的延緩, 往往會影響回答的有效性。

(c) 回答的勝算 (Gain de la reponse): 這是指體系為了回答來自環境新挑戰而所採取或修正其原有行為的幅度總和而言。這裏存在着所謂「大題小作與小題大作」的困境; 如果體系所承受的挑戰重量甚大, 體系竟誤以為很小或毫不覺察, 而採取小幅度的修正或對策, 就成為大題小作。相反地, 如果挑戰的事態並沒有很嚴重, 體系竟誤以為很嚴重或緊張過度, 而採取了大幅度的修正或過份嚴重的對策, 這就成為小題大作。兩者都不是理想的結果。K. Deutsch 認為, 美國對於日本偷襲

珍珠港事件的報復行動，乃是屬於小題大作的回答，回答的勝算超越過了原定報仇的目標，因而引起雙方的全面戰爭。我們認爲當年英國宰相張伯倫對於希特勒的姑息主義，乃是一種大題小作的回答，因而使維持歐洲和平的努力，終於受到戰禍的破壞。

（d）預測能力：我們把它稱之爲「體系的先見之明」，也正是孫子兵法上所謂的知己知彼。政治體系不但要了解自己的情境與能力，而且還要對其環境的變化與性質，瞭若指掌，始能基於先見之明的研判，提出有效的回答。具體地說，政府必須具有下述種種預測的能力：有效地預測可能會發生的新問題，可能有效的對策方式，何種時機採取有效應變設施，應該用什麼論調來支持其行動，認明何種政治因素有利於自己而利用之或何種因素不利於己而防範之。

總而言之，任何政治體系，在追求目標的體現與其體系本身的持續上，必然與其環境發生所謂廣義的政治溝通，而完全決定於上述四大屬量因素的互動關係。在配合上，任何一種因素發生錯誤，必然影響其目標的體現與體系的持續。

（五）政治體系的有效性（efficacité）：

自古以來，政治學者都喜歡從價值、道德、理念等等角度，去爭論政治體系的有效性問題。依照 Karl Deutsch 的看法，那是永無結論的爭議。他認爲唯有在拋棄價值判斷與任何優先主義的前提下，始能對於各種不同政治體系的操作性能進行合理的評估。他說：「如果我們認爲所有政府必定會設法控制自己的行爲，藉以有效維持其政治體系之存在，並及早體現其所選擇之目標，那麼，我們就能夠依照其導航的功能與能力，來評估各種不同形式的政治體制」。[103] 換言之，依照一個政府對於

---

[103] Cf. J.—M. Cotteret: *Gouvernants et Gouvernés, La Communication Politique*, Paris, 1973, p. 102.

來自環境的新挑戰或新困境所採取的承受重量、反應速度、回答的勝算，以及其預測能力等等，我們就能夠評估不同政體的有效性問題。

（六）**K. Deutsch** 的藍圖（**Schema de K. Deutsch**）：

由上面的分析可以得知，K. Deutsch 認為，政府是按照隨時在改變的資訊在做回答性的決策。因此，K. Deutsch 所建構的政治溝通模式，可以說相當複雜而詳細。不過，我們可以把它簡化成如圖21：

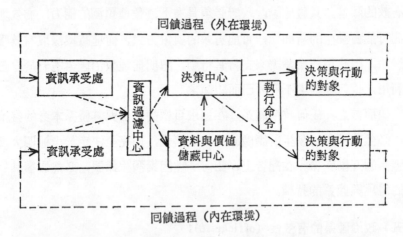

圖 21　K. Deutsch 的政治體系及其環境間的溝通模式之簡化圖

來自內外環境的各種資訊，首先到達政治體系所設立的種種資訊承受機構，再傳送到資訊過濾中心，進行資料的分類、選擇與重要性的研判，然後再依照資訊的輕重緩急，分別轉達決策中心。而決策中心必須參考過去的資料與價值儲藏中心的文獻與經驗，再做成最後的決策，而以執行命令對客體轉化為行動。換言之，所有決策與行動的回答，都是新資訊與舊經驗，以及社會價值規範等等因素，互相配合在一起的反射物。總而言之，整個政治體系，就如一個統御體系一樣，完全依照回饋

過程所獲得的新資訊，並配合往昔體系的經驗與價值規範，以及體系本身的現有狀況，而設法維持體系的續存與目標的體現。

（七）簡單評語：

K. Deutsch 的政治溝通模式，如果能夠運作得理想化，必須體現兩個前提：其一，是回饋過程的自由化與暢通化，其二是決策中心必須能夠快速獲得眞實資訊。開發中國家與獨裁國家，往往由於傳播媒體的被控制與黨派鬥爭的關係，不但無法有回饋過程的自由化與暢通化，而且在資訊過濾中心會產生陽奉陰違的資訊扭曲現象。因此，我們要大聲疾呼，開發中國家如果想迎頭趕上西歐與美國的民主政治，必須及早開放傳播媒體的自由化，並回復政黨體系的正常運作。

第二章　政治權力結構之基礎理論與知識份子在社會變遷中所扮演的角色

打開古今中外的人類歷史，我們似乎可以大膽地論斷；人類不能離開社會而獨存，只要有社會的存在，就會有『命令與服從』的互動關係出現。同時，眞正肩負推動社會變遷的角色，往往落在知識份子或所謂社會精英的身上。因此，政治權力結構的基礎理論，就其外在形式而言，雖然在探研政治權力本身的結構與決策的政治過程，然而，就其本質而言，必然涉及知識份子在社會變遷中所肩負的角色內涵。

在本總論短文裏，我們挑選出一些主觀上認爲比較重要的基礎理論，就其不同的內容與性質，做一種主觀上的分類，比較與分析，再提出簡單的主觀性詮釋與批判，藉以了解社會變遷中，知識份子或社會精英所扮演的角色，進而提出政治改革所應關注的面向與問題。

第一節　政治權力結構的基礎理論

古典政治學之父亞里斯德曾經說過：「人是政治性動物」。我們也認爲：只要有社會的存在，就會有「命令～服從」的互動關係出現。因

此，以政治權力結構爲研討對象的理論，可以說相當多而雜，不過，我們可以把它區分爲下列基礎理論的三大派別：

(一) 單元精英理論 (The'se elitiste)：

依照這一派的看法，政治權力結構擁有下列特質：

(a) 政治權力屬於單元精英，稱之爲領導階級(Class Dirigeant)。

(b) 領導階級本身透過下列各種雷同：經濟利益，社會連帶，政治意念，甚至於個人興趣等等，而形成超越於個體精英的聯合體 (Unite')。

(c) 實際政治權力結構，有形或無形之間，往往凌駕或超越於憲法權力結構 (Structure Constitutionnelle)之上。

由於上述三大特性，因而使得政治權力結構有相當堅強的排外性與自我封閉取向。當領導階級本身的聯合利益受到任何威脅時，就很容易不顧憲法權力結構之規定與要求，而導致獨裁政治的不幸惡果。爲了粉飾其原有的民主性質，許多知識份子就會被捲入政治漩渦中，而成爲獨裁政治的有力辯護人。這種現象在開發中國家的政治變遷中，最爲明顯。

(二) 多元精英理論 (The'se Pluraliste)：

這一派的看法，跟上述單元派剛剛好相反，認爲政治權力結構擁有下列特質：

(a) 政治權力屬於多元精英，稱之爲多元領導類別 (Pluralit'e des Categories dirigeants)。

(b) 由個體精英所形成的各種領導類別之間，並沒有聯合體的存在。因此，爲了經濟利益，社會連帶，政治意念，甚至於個人興趣等等的差異，而經常發生合作與競爭的不定現象。

(c) 各種領導類別之間，只能在憲法權力結構之內，進行上述合作與競爭，因而各種領導類別就變成相互制衡的民主基礎。

這種多元精英的上述特質，使得政治權力結構帶有非常明顯的開放性取向，不但隨時能夠反射出不同人民的利益，價值與觀念，而且又能很快地調整變化中的全國性共識政治文化。因為各種領導類別之間的合作與競爭，必然要在憲法權力結構中進行。因此，所有負有時代使命感與政治參與熱誠的知識份子，都能夠依照憲法的規定與要求，而透過各種方式，來參與全國性共識政治文化的調整，藉以衛護民主憲政的基礎。就此角度而言，知識份子往往扮演着積極推動政治改革的代理人之角色。這種政治現象多半存在於已工業化的民主憲政之國家。

（三）馬克斯理論 (The'se Marxiste)：

上述兩派的政治權力結構之理論，都是屬於所謂政治整合論，而所謂馬克斯理論，是屬於政治衝突論。換言之，馬克斯是從政治衝突的觀點，去分析政治權力結構的特徵。他認為任何政治權力結構，必然具有下述特質：

(a) 政治權力完全屬於所謂「單元統治階級」(Class dominant)及其附庸(Ses Auxiliaires)。在馬克斯的眼中，擁有政治權力的人，不但形成一種具有共同政治意識的階級，而且已經不再是單純的領導階級，相反地，它已成為壓迫勞工的統治階級。同時，政治權力結構，原本只是下層結構的反射產物，資產階級靠着它來保護其經濟利益。不過，由於所謂疏離(Alienation) 作用的結果，產生反客為主的變化，資本家反而成為政治權力結構的附庸或幫兇。

(b) 政治權力的結構，以共同的「既得利益」為結合的重心，而具有牢不可破的向心力。因此，政治權力結構，不但擁有明顯的排他力，

而且都有自我封閉的取向。

(c) 政治權力結構往往透過所謂「資產民主方式」的僞裝，在憲法權力結構之內，進行獨裁政治之實。

由此可見，在政治衝突論者的眼裏，今日歐美所謂的民主，只不過是形式的民主，而非實質的民主。爲了實現眞正的民主政治，唯有打破現狀，去追求社會主義的體現。我們姑且不要去評論這種「政治福音」的學術價值如何？單就今天世界上所存在的社會主義國家而言，其政治權力結構所表現的獨裁本質，已經遠比歐美的民主國家還來得厲害。

第二節　知識份子的定義及其類別

中國人所謂的知識份子，其意義相當於西方人一般所謂的 Intellectuel。然而，在社會科學的領域裏，更接近於西方人所謂的 Elite。爲了解知識份子的涵義，並方便我們提出操作性定義，就讓我們事先介紹兩位西方政治社會學者，對於精英所提出的界限。

（一）柏雷圖 (V. Pareto) 的定義：他對於社會精英的看法，是採用個人層面的心理探研 Psychological approach，從個人心理的層次而言，凡是擁有凌駕或超越於他人的優越性 (Superiorit'e) 之個體，皆可以稱之爲社會精英。這是屬於個人主義的廣義性界限；任何個體，只要在智力、體力、教育、財產……等等各種條件中，擁有一種以上的優越性條件，就成爲柏氏所謂的社會精英。

（二）莫斯卡 (Mosca) 的定義：跟上述柏氏的定義剛剛好相反，莫氏是站在社會集體的層次，採用所謂組織探究法（Organizational approach），認爲個體基於不同的社會學條件，透過組織的方式，變成統治或影響社會的權力階級，就成爲莫氏所謂的精英。因此，在莫氏的

定義下，個人只能透過社會組織的方式而成為精英。一旦組織解組或是個體離開了組織，精英的特質也會隨之而消失。因為精英只能存在於組織中的集體。

（三）我們的操作性定義：基於以上的認知，並參考中國傳統上對知識份子的界限，我們可以為知識份子與精英做以下的操作性定義：

「凡是擁有足以影響社會變遷的觀念，情感、熱情、權力等因素的個人，皆可以稱之為知識份子」。因為在傳統的中國農業社會裏，讀書人最容易擁有上述因素，因此，讀書人就成為知識份子的代名詞。其實，讀書人不一定就會成為知識份子，同樣地，知識份子也不局限於讀書人。譬如一位熱衷於追求個人利益或私人慾望滿足的讀書人，就不配稱為知識份子。相反地，對於社會充滿了愛心與熱心於政治改革的一位文盲商人，更有資格成為我們所謂的知識份子。因為在我們所採用的操作性定義裏，構成所謂知識份子的基素，並不在於傳統觀念上的知識，而是個體對其所屬社會變遷所擁有的觀念、情感、熱情與權力等等影響力。當個人所擁有的觀念、情感、熱情與權力，都屬於維持社會現狀，甚至於是阻障社會變遷，該知識份子就屬於所謂保守主義的知識份子。相反地，個體所擁有這些基素在於打破現況而有利於社會變遷者，我們就稱之為激進主義或是進步主義的知識份子。總而言之，我們所關注的並不是個體知識上之有無，而是個體對其所屬社會本身是否具有實際的社會行動之關係存在。

當個體的知識份子，基於某種相同的觀念、情感、熱情或權力，透過有形組織或是其他無形的方式而形成的羣體，就變成我們所謂的社會精英。因此，我們對於社會精英所採用的操作性定義，是反個人主義的集體主義。換言之，知識份子是指個體而言，由知識份子所構成的羣體，始能稱之為社會精英。

基於我們上述操作性的定義，似乎可以把臺灣知識份子與社會精英，分成以下的幾種類別：

甲、知識份子的分類：依照個體知識份子對其社會變遷所擁有的觀念、情感、熱情與權力之性質而分，第一類是屬於所謂保守主義的知識份子，對於社會所付出的實際社會行動，都取向於維持社會現狀，甚至於阻礙社會變遷。面對着三十餘年來臺灣工業化的結果，這股勢力一直在做抗拒的努力。我們認為隨着工業化的推展，它會以拋物線的形式而消長。第二類是屬於所謂進步主義的知識份子，對於社會變遷所擁有的觀念、情感、熱情與權力等實際社會行動，都取向於打破現況而有利於快速的社會變遷。我們認為隨着工業化與現代化的必然趨勢，這股力量有越來越強大的聲勢。

乙、社會精英的類別：依照我們上述社會精英的操作性定義與多年來的觀察，在過去三十餘年來工業化的推展過程中，知識份子基於主觀相同的觀念、情感、熱情與權力，以及對於客觀社會情勢發展的相異認知，透過有形組織或是無形的其他方式，已經形成了下列各種不同類型的社會精英，玆分別簡述於下：

(1) **傳統型社會精英**：保守主義的知識份子，為了維護傳統固有文化而形成的種種有形與無形的羣體。

(2) **專家型社會精英**：工業社會必然是專家的社會，隨着工業化的努力，從社會的各種層面，會出現大批的專家，尤其在工業升級之後，專家型社會精英，更會以直線上升式地出現。目前在臺灣，為數仍然非常少。

(3) **理念型社會精英**：保守主義的知識份子，為了使傳統固有文化能繼續存在下去。除了靠上述傳統社會精英的消極抗拒，更重要的是要靠理念社會精英的積極努力，透過新文化要素的注射，使固有文化得

以萬年長青，這就屬於我們所謂的保守主義的理念型社會精英。所謂新儒者之輩及其運動，算是最典型的了。此外還有我們所謂的進步主義的理念型社會精英，不管在政治、經濟、宗教、教育……等層面，都以嶄新的觀念、情感熱情與權力，去實踐其社會行動。

(4) **象徵型社會精英**：這種性質的社會精英，特別會出現在轉型期社會裏。尤其是具有文化衝突與政治不穩定的社會裏。就個體知識份子而言，他們絕對不是獨善其身的人，個個都有兼善天下的野心與雄志。只是由於客觀情勢的需求與其主觀認知的差異，在不同社會精英的抗衡中，他們既不直接參與任何一類的精英，也沒有別樹一幟，只是成爲某種精英的特種象徵。

在這裏我們要特別提醒讀者，對於我們上述特殊定義與分類，只要寄予格外的注意，就不難從下面的分析中，窺見臺灣知識份子或社會精英在社會變遷中，究竟扮演了何種角色。

第三節　政治權力結構之基礎理論與知識份子所扮演的角色

在前面我們已經簡單扼要地介紹過政治權力結構的基礎理論，並且爲知識份子與社會精英下過我們自己的操作性定義，現在我們就正式依照各家的理論，來分析知識份子所扮演的角色。

（一）單元精英理論與知識份子所扮演的角色：

單元精英理論，在研究方法上，雖然有下列幾種不同方式：柏雷圖(V. Pareto) 的個人心理探研(Approach Psychologique)，莫斯卡(G. Mosca) 的社會組織探研(Approach organisationnelle)，以及米勒(C.

W. Mills) 的制度探研 (Approach Institutionnelle)，然而，它們都具有下列幾點的共同認知：

就政治行動而言，他們都認為任何政治行動，其性質必然是：現實的 (Realiste)、悲觀的 (Pessimiste)、狡詐的 (Cynique)、超道德的 (Machiaveillian)。

就政治現象而言，他們也共同認為：社會是絕對不平等的，民主政治只不過是一種理想中的幻覺與神秘化的產物，事實上，它是不可能體現的；政治權力永遠是由一小撮人物所擁有，藉以統治大多數的羣衆；所謂政治精英，不外是社會精英互鬥的勝利者而已。

基於以上對於單元精英理論的共同認知，我們現在就來分析各家中知識份子所扮演的角色：

（A）柏雷圖的精英理論與知識份子所扮演的角色：柏氏認為個人不但天生就有聰明才智的不同，他稱之為基素 (Residus)，而且更有後天社會學條件的不同，因而就造成社會的絕然不平等。個體只要在智力、財力、體力、教育……等等條件上，擁有超越於他人的優越性再就成為柏氏的精英。而精英又可分成兩大類：其一曰政府精英。其二曰民間精英。因為人類的行為，絕大部份是屬於「不邏輯」的 (non-logical)，因此，民間精英就透過各種合法、非法、狡詐、暴力……等手段，企圖上昇為政府精英。因此，民間精英雖然會造成許多社會的困擾與暴力，然而，社會變遷與進步的原動力，也正是來自於他們。換言之，民間精英在社會變遷中所扮演的角色；既是社會紛擾的罪魁，也是推動社會變遷的大功臣。相反地，政府精英為了保持既得利益與地位，一方面創造一些有利於政治權力結構的主義 (doctrines)、理論 (Theories) 與聲言 (Affirmations)，柏氏把它稱之為演力 (Derivations)。他方面，在「有權必濫，極權極濫」的影響下，必然走向墮落的局面。其結果也，民間

精英的力爭上游與政府精英的墮落對照下，就產生柏氏的所謂精英循環
現象。

依照柏氏的理論，我們可以提出下列幾點的批判：

(a) 政府精英如果過於腐化，又極力應用其演力去維護其政治權
力結構，而產生阻礙精英對流的現象時，必然會導致民間精英不惜運用
革命的手段，藉以體現其上昇的野心，開發中國家的政治現象——尤其
是南美洲，就是一個好例證，因而造成政治的極端紛亂。

(b) 民間精英爲了力爭上游，不管是採用合法手段，或是借用社
會偏差行爲的方式，在柏氏的眼裏，它就是造成社會變遷的原動力。因
爲造成社會紛擾與政治不安現象的原因，往往來自民間精英借用社會偏
差行爲的方式，因此，爲了維護社會秩序的安寧與政治的穩定，合法手
段的公開化與平等化，就成爲政治革新的首要任務。換言之，政治權力
結構，如果想維護社會秩序的安寧與政治的穩定，一方面要阻止本身的
腐化，他方面，更要把合法競爭的手段給予公開化與平等化，否則，
民間精英必然挺而走險，採用社會偏差行爲的方式，藉以達成其政治野
心。

(c) 柏氏的民間精英理論是一種個人功利主義的傑作，它最可以
說明尚未制度化國家的政治現象。因爲政治尚未制度化，每位具有野心
的民間精英，在個人功利主義的作祟下，當合法手段無法讓他力爭上游
時，必然挺而走險，採用種種社會偏差行爲的方式，藉以混入政府精英
的行列。因此，柏氏的精英理論，可以視爲社會秩序的安全警示燈；在
一個社會裏，如果採用合法手段進入政府精英的民間精英，多於採用社
會偏差行爲方式的人，就表示社會秩序良好與政治穩定。相反的時候，
就顯示社會已經有了危機，政治也開始呈現不穩定的現象。

（B）莫斯卡 (G. Mosca) 的政治階級論：他是心理學家，不過，對

於政治權力結構的研究，乃採用所謂組織探研法 (Approach organisationnelle)。他認爲任何社會一定可以區分爲治人與治於人的關係，而政治權力一定屬於一小撮有組織的人，他把它稱之爲政治領導階級。政治領導階級本身又可以分爲高階層核心人物（一人或極少數人）與次級附從人物（人數較多）。

上述柏氏的理論,認爲政治權力結構必然是半封閉與半開放的性質。相反地，莫代認爲政治權力結構的性質，可以分爲兩種：其一是開放性的民主政治，其二是封閉性的貴族政治。在莫氏的政治權力結構之理論裏，雖然沒有直接論及知識份子在政治變化中所扮演的角色，不過，從他對於政治權力結構之性質分類，我們似乎可以做以下的推論：不管在開放性的民主政治或是封閉性的貴族政治裏，所有政治權力結構本身，必然具有強烈的排他性與自我封閉之取向。因此，所謂政治領導階級內的精英，也必然是維護既得利益的保守主義者。推動政治改革與社會變遷的代理人，必然又是存在於政治權力結構之外的其他社會精英。換言之，莫氏對於政治權力結構與社會精英的看法，跟米契爾(R. Michels)所謂寡頭鐵律 (La loi d'airain de l'oligarahie)，具有異曲同工之妙；不管什麼性質與形式的領導組織，必然會有排他與自我封閉的取向，而產生領導階級的保守性。因此，所有進步思想與改革之原動力，只能來自政治權力結構之外的其他社會精英。

（C）布海蒙 (J. Burnham) 的專家政治論：他從工業化與經濟發展的觀點，提出所謂專家政治論。他認爲隨着工業化與經濟發展的結果，必然會進入所謂科技社會，這正是專家政治君臨的時刻。傳統政治權力的「治人──治於人」之關係，已經慢慢地改變爲科技知識的經營關係。專家不但在收入方面有高薪，而且在經營與管理方面，又獨具科技知識。財富與科技知識，又正是科技社會裏的權力基礎與來源。因此，

布氏預言說: 就在科技社會來臨時, 資本主義必然會消失。因為它原有的民主政治已命定要被淘汰, 社會主義又無法繼承, 因為缺乏所需要的科技知識。因此, 資本主義的社會, 必然會發生布氏所謂的『領導革命』(Revolution directoriale), 專家取得政治權, 出現所謂「專家卡斯特」(Caste des technocrates)。

很明顯地, 布氏所探討的社會變遷, 不是一般性的社會變遷, 而是專門指後期工業社會的變遷。擁有科技知識的專家, 不但會促使社會發生變遷, 並且會導致所謂「領導革命」, 進而出現所謂專家政治的科技社會。換言之, 在後期工業社會裏, 科技知識的專家是推動社會變遷的唯一代理人。

(D)米勒(C. W. Mills)的制度化精英論: 在一九五六年, 米勒出版了一本「權力精英論」(The Power Elite)。從制度探研 (Approach Institutionnelle) 的角度, 建立了他的「制度化精英論」。他的主要思想基礎有下列三點: 其一, 反對馬克斯主義所謂「政治權力必然落在擁有生產工具者」的思想, 不過, 最後他還是自己又掉入這種單元化思想裏; 其二, 反對馬克斯的經濟決定政治論, 主張政治是獨立於經濟之外的所謂「自由幻想」(illusion liberale); 其三, 他接受馬克斯的社會階級的觀念。

基於上述的基礎思想, 他分析美國民主社會的結構, 結果他發現有三大制度化的等級存在: 分別是政治, 經濟與軍事。尤其特殊而令人不得不刮目相看的現象, 就是在這三大制度化等級的頂峯, 出現結合在一起的精英, 這就是構成政治權力結構的領導階級, 也正是他所謂的「制度化政治領導階級」。他的結論跟後來唐豪夫(G. W. Domhoff) 在「誰統治美國」(Who Rules America) 一書中的結論完全一樣。漢達 (F. Hanten)在其所著「決策者之研究」(A study of decision wakers) 一

書中，亦得到相同的結論：眞正統治美國的人是屬於三大制度化的頂峯等級人物：大企業家、大銀行家、頂峯政治人物、頂峯軍人等等。

米勒的理論，特別強調所謂制度化與等級化。由此可見，不管來自何方的知識份子，都可以透過制度化的不同管道，由下級慢慢地往上昇。然而，眞正要發生對社會變遷或政治改革有影響力，還得要進入他所謂的「政治領導階級」。不過，我們必需要特別注意的是，即使這個頂峯等級的政治領導階級，也是制度化下的產物。因此，個人一旦離開該制度的職位，就馬上消失精英的特質。譬如卡特在下臺之後，馬上成爲一位平凡的美國公民。這種現象，很少存在於開發中國家。

(二)多元精英理論與知識份子在社會變遷中所扮演的角色

以上所分析的是單元精英理論，在政治整合理論，剛好跟此派持相反意見的，有所謂多元精英理論。我們現在就來分析一下，在多元精英理論中，知識份子對於社會變遷或政治改革，扮演了何種角色？我們就以亞橫 (R. Aron) 與萊斯慢 (D. Riesman) 兩人的理論爲代表，玆簡單扼要地分析如下：

(Ａ)亞橫的「多元領導類屬」理論 (Pluralite' des Categories dirigeants)：

他所關注與分析的對象，是現代化的工業社會。他認爲現代化工業社會，必然是一個價值多元化與職業分工的社會。他從這個多元化與分工的社會事實裏，提出他所謂的五種領導類屬：其一曰精神權力，包括作家、藝術家、宗教家、哲學家……等等。其二曰軍警，其三曰大企業家，其四曰政黨，工會或其他壓力團體。其五曰高級行政人員。換言之，眞正能夠影響現代化工業社會的原動力，並不決定於單元精英所謂的「政治領導階級」，相反地，它來自於整個社會各種不同層面的五大

領導類屬。也就是說，在亞橫的眼裏，知識份子對於社會變遷所發生的影響力，不一定要參與上階層的政治權力結構才能有效。相反地，由於現代工業社會的多元化與分工，中央政治權力結構的決策權，事實上已受到他所謂五大領導類屬的制衡與影響。因此，身爲知識份子，只要在其所屬的領導類屬，就能發生影響力。在結論裏他認爲，社會越是現代化或是工業化，就會變成越是多元化，越是分工，因而會走向越是科層化與專業化，其結果也，社會裏的每一個人與每一個部門，越是互相需要。因此，政治權力必然越趨分化而受到更多的牽制。

其次，我們要特別指出，亞橫採用類屬一詞，以代替階級，應該具有以下兩點的涵義：(1) 階級具有排他性與自我封閉的取向。類屬沒有這種屬性。(2) 階級表示一種社會距離，而且少有橫面的社會流動性。相反地，類屬之間，並沒有社會距離之存在，而且表示有極大的橫面社會流動性。

(B) 萊斯慢的「否決團體」理論 (Les Veto Groups)：他在「寂寞的羣衆」(The Lonely Crowd) 一書裏，提出所謂否決團體的理論。他認爲美國在羅斯福總統實行新政之後，過去掌握政治權力的領導階級，事實上其大權已旁落在分散於全國各階層的壓力團體之手中，他把它們稱之爲否決團體，因爲中央政治領導階級的任何決策，如果不能獲得這些團體的同意與支持，事實上很難推行。換言之，這些壓力團體對於中央政治領導階級的決策，得以行使實質上的否決權。依照萊氏的分析，這些壓力團體的支持者，正是美國社會的廣大中產階級。萊氏的否決團體理論，跟耶魯大學教授拉爾 (R. Dahl) 的看法，具有異曲同工之妙。拉氏也認爲美國消費社會是一個高度分工與價值多元化的工業社會。因此，中央政治權力結構的決策，往往是跟全國各地壓力團體互相妥協的結果。因此，拉氏把美國民主政治改稱爲「Polyarchie」。

　　依照萊氏的否決團體理論，很明顯地，知識份子在社會變遷或政治改革上所扮演的角色，完全跟上述亞橫的觀點一樣。同時，越是高度分工與多元化的社會，知識份子在否決團體內所扮演的角色，就會變得越重要，對於社會變遷或政治改革的影響力，也會相形地加強。

（三）左派政治衝突論與知識份子在社會變遷中所扮演的角色:

　　以上我們所介紹的是政治整合論，接着我們就來介紹左派政治衝突論，並分析知識份子在社會變遷中所扮演的角色。由於兩派對於政治觀點與出發點的完全不同，結果很明顯地知識份子也扮演了絕然不同的角色。因爲限於篇幅的關係，我們只簡單扼要地介紹三個代表性左派理論，分別是傳統馬克斯理論與兩位新馬克斯主義者的理論。

　　（A）傳統馬克斯理論與知識份子在社會變遷中所扮演的角色:

　　馬克斯由物質主義的觀點出發，採用黑格爾的辯證思想，建立了他的『上下建構理論』(theorie du Super-Infra-structure)。人爲了獲得物質滿足，基於人類所特有的技術興趣 (Interets Techniques)，發明了各種控制大自然的技術，再配合不同的生產力與生產關係或生產組織，而產生了馬克斯所謂的主觀活動 (Activite's objectives)，由這些主觀經濟活動所造成的結構，就成爲馬克斯所謂的「下層建構」或叫做下層結構(Infra-Structure)。人類有關的其他結構，譬如政治、哲學、歷史、文學、藝術……等等。都不外是下層經濟結構的反射產物而已，其中以政治結構最爲重要。馬克斯把這些由下層經濟結構所反射而成的上述所有結構，綜合地稱之爲「上層結構」(Super-structure)。基於這個理由，馬氏認爲『存在決定意識』。

　　在下層經濟結構內，必然分成擁有生產工具者與出賣勞力者的兩大階級之對立。在現代資本主義社會裏，前者稱之爲資本家，後者稱之爲

勞工或是無產階級。因爲兩者的利益，既矛盾又對立，在「存在決定意識」的結果，就產生仇視與鬥爭的階級對立意識。然而，資本家爲了確保自己的利益與財產權，必然結合上層結構中的政治統治者，塑造馬克斯所謂的『僞意識』，去沖淡或消滅勞工階級的眞意識，使他們安心地爲資本家效勞。因此，在馬克斯的眼裏，政治權力結構中的人與資本家，都同樣屬於壓迫勞工的統治階級。政治統治階級，爲了既得利益，必然跟資本家結合去維持現狀。

　　然而，政治改革或變遷，甚至於政治革命，什麼情況才會發生呢？馬克斯認爲，首先是由於生產技術的改變，帶動了生產力與生產組織（或關係）的改變，而形成整個下層經濟結構的脫胎換骨。換言之，新的下層經濟結構向前邁進一步之後，原有上層結構——尤其是政治結構——與原先擁有生產工具的資本家，爲了既得利益，必然不會跟進而產生抗拒的現象。因此，就會造成舊有上層結構與新下層經濟結構間的裂縫，馬克斯把它稱之爲「結構鴻溝」。當這個結構鴻溝慢慢擴大時，就會表現爲一連串的社會危機。政治統治階級跟資本家，爲了既得利益與維護現狀，必然加強其控制。其結果也，原先的僞意識，就會慢慢地露出破綻來，最後會導致勞工眞意識的覺醒，這將是政治革命的來臨時刻。

　　從馬克斯的上下建構理論，我們可以很明顯地看出，政治結構不外是經濟結構的反射產物。然而，由於馬克斯所謂「疏離」（Alienation）作用的結果，反客爲主，政治反而在牽制並阻礙經濟的變遷。由此可知，在馬克斯的觀點，政治權力結構的統治階級，必然趨向於保守主義。又爲了保持既得利益，必然跟資本家結合，利用所謂僞意識來蒙騙勞工。既然眞意識是來自存在，那麼，僞意識就必然是人爲的。雖然馬克斯沒有直接指出，但是我們可以推論：『存在』是物質主義的產品，則

『人爲的』 又必然是意念主義的傑作。 因此， 我們推出下列幾點的結語：

(1) 政治結構只是經濟結構的反射產物。不過，由於疏離作用的結果， 產生反客爲主的現象， 因此， 在政治統治階級與資本家的結合中，政治保守主義成爲社會進步的最大障礙。

(2) 政治權力結構的統治階級，爲了旣得利益，必然與資本家結合而成爲阻礙經濟發展的保守主義。因此，任何寄望於來自他們的政治改革或革新，正如緣木求魚。

(3) 僞意識旣然是意念主義的傑作，意念主義又是知識份子的特產，因此，在馬克斯的思想裏，知識份子不但不會積極地扮演推動政治改革或革新的角色。相反地，他們只不過是政治統治階級的幫兇；消極地替政治統治階級製造僞意識，去蒙騙勞工的眞意識而已。

(B)格林斯基 (A. Gramsci) 的普羅文化論：

在二十世紀新馬克斯主義者當中，格氏是一位相當傑出的理論家。他不但能順應世界的潮流，積極地去批判傳統馬克斯思想，更能夠提出強而有力的論調，使傳統馬克斯思想能夠調適於世界的新局面。因爲限於篇幅的關係，我們只想介紹其中有關知識份子在政治變遷中所扮演的角色部分。

誠如我們上面所指出，馬克斯本人，並沒有直接探討這個主題，我們所推出來的上述結語，是依據其理論的精神而獲得的。同時，馬克斯所寄望的情境——由於結構鴻溝的擴大，帶動社會危機的嚴重性，必然導致政治統治階級的加深控制，而露出僞意識的破綻，最後導致勞工眞意識的覺醒，引發政治福音式的政治革命——在二十世紀畢竟沒有發生。相反地，結構鴻溝或社會危機有越來越縮小的趨勢。格氏就站在左派馬克斯主義的立場，從政治變遷中知識份子所扮演的角色爲出發點，

提出非常獨特的詮釋，認爲傳統馬克斯的基礎理論並沒有錯，只是西方政治統治階級，針對着馬克斯所謂的結構鴻溝與僞意識，更進一步使出其他的方式，藉以延續其生命而已。依照格氏的分析，我們可以簡單扼要地介紹如下：

格氏認爲，當下層經濟結構向前推進而成爲新下層經濟結構時，如果政治統治階級爲了維護旣得利益而只會加強其控制力，則必然會成爲上述馬克斯所預測的局面。然而，格氏從西方二十世紀的經驗政治資料中發現，資本主義社會裏的統治階級，並沒有固守着原先的僞意識而去加強控制力。相反地，他們是透過種種有形或無形的方式，去吸收社會各階層中的新知識份子，基於新社會學條件而重新塑造一套有利於政治統治階級的社會價值體系，藉以縮小結構鴻溝與社會危機。換言之，就理論層次而言，馬克斯所預測的並沒有錯，只是西方政治統治階級，針對着這個必然會發生的社會危機，吸收了一批我們所謂象徵型社會精英，替他們塑造了一套旣有利於維護旣得利益又能夠繼續蒙騙勞工眞意識的社會價值體系，也就是格氏所謂的統治文化。這一套新統治文化，當然不是下層經濟結構的反射，然而是基於新社會學條件所塑造出來的產物。所以暫時又能有效地蒙騙勞工的眞意識。

爲了喚起勞工的眞意識，格氏就針對着上述局面的重心，大聲疾呼，希望也有另一批新知識份子，也基於新社會學條件，去塑造另外一套有利於喚起勞工眞意識的新普羅文化，這正是新左派知識份子的時代任務。

總而言之，格氏認爲傳統馬克斯主義是正確的，只是由於實際情勢的變化，應該給予理論上的新詮釋。而依照格氏的看法，在現代政治變遷中，知識份子扮演着兩種極端不同的對立角色；塑造新統治文化而藉以維護政治現狀，或是塑造新普羅文化而藉以體現打破政治現狀。

(C)馬古士 (H. Marcuse) 的感性革命論:

上述格氏所看到的經驗政治,正是歐洲工業革命的起飛到成熟時期的政治現象。我們在現所要介紹的馬氏理論,又是美國工業革命到達所謂消費社會時期的政治現象。

依照馬氏的研究分析,在消費社會的後期,由於工具理性,科層化與組織化的過份發達,再透過傳播工具的利用,消費社會已經成為馬氏所謂的「One-dimentional Society」,生活在其間的人,也成為他所謂的「One-dimentional Man」,其涵義有如懷特所謂的「Organizational Man」。個人已經完全失去了自己的人格、感性、喜好、價值等等,而被整合於物質消費的統一性文化裏。

他一方面,馬氏又發現,消費社會是一個生產過剩的社會,為了以「消費刺激生產」,資本家不得不設法提高勞動者的購買力,並改善其生活條件與環境。由於這些原因,使得早期勞資對立的局面,慢慢轉為妥協,甚至於合作的結局。依照馬氏的分析,美國的勞工已經幾乎完全被這種情境所感染,不但忘掉了自己的階級身份,而且已經心甘情願地被資本主義社會所整合。

在上述這兩種情況下,馬氏認為勞工階級已經無法覺醒,本着勞工真意識去負起政治革命的任務。因此,馬古士說,勞工階級是一個「Revolutional Classe for him-self」,而不是「Revolutional Classe in it-self」,一旦情境有所改變,它就會消失了原有的革命性。

因為馬古士是一位新左派的政治衝突論者,必然要回答一個問題:如何去打破政治現狀?勞工既然無法再負起傳統馬克斯所托負的任務,唯有另外去尋找。格氏想透過普羅文化,去喚起勞工真意識,那是因為他們被新社會價值所蒙騙。如今勞工已經完全被資本主義社會所整合,當然此路已不通。馬古士在分析消費社會之特徵後,發現在消費社會

裏，還有他所謂的邊際人：學生、詩人、藝術家、黑人……等等，尚能保持本身的感性，而不被物質消費文化所統一。因此，他寄望這些邊際人，能夠由獨立的感性出發，重新塑造出一套社會價值，來打破現狀。

由馬古士的理論來看，在工業化的消費社會裏，一位失去感性(Sen-sibilit'e) 的知識份子，很容易被整合於物質消費文化的統一價值體系內，而無意識地成爲既存政治統治階級的象徵型精英。唯有堅持自己的感性，知識份子始能扮演帶動政治變遷的角色。

總而言之，在左派人士的眼裏，由於工業消費社會的新社會學條件，不但使一般知識份子失去了感性，甚至於勞工也完全被整合在統一性文化與既存社會價值體系中。正因爲勞工不是「Revolutional class in it-self」而只是一個「revolutional class for him-self」，一旦迫使勞工成爲擁有革命性質的客觀社會學條件已改變或消失，勞工自然也會失去了它原有的革命性，因而無法擔負傳統馬克斯主義所托負的時代使命。

第四節　分析臺灣政治權力結構之性質與知識份子在政治變遷中所扮演的角色

分析並探討過政治權力結構的基礎理論與知識份子在政治變遷中所扮演的角色之後，基於以上的基本觀念與認知，我們現在就應用來分析臺灣的政治現象。

首先我們要聲明一點；臺灣政治權力結構，正好像是一個神秘體，本身從來就不曾自我解析過，也好像不太歡迎別人去分析它，因爲具有高度的敏感性，其結果也，既無法獲得官方的正式文獻，也很難找到有參考價值的相關性研究資料。因此，這一小節的分析，完全是基於上述

有關政治權力結構之觀念與認知，再依照我們自已多年來的觀察，採用旁敲側擊的方式，好比盲人在摸象一樣，企圖能夠得到某些有關政治權力結構的特徵，藉以探討臺灣知識份子在政治變遷中所扮演的角色。正因爲如此，深恐會發生社會科學方法論上所謂的「現象謬誤」(Phenomenal fallacy)。換言之，臺灣政治權力結構的眞相如何，我們不得而知，只能依照它所反射出來的外顯現象，依照上述政治權力結構的基礎觀念與認知，配合我們多年來的觀察，做一種主觀性的詮釋與推論而已。因此，只要眞相與現象之間，有任何扭曲 (distortion)，僞裝或隱瞞等狀況之一的存在時，就難免會導致社會科學在方法論上所謂的「現象謬誤」。因此，有此特別事先聲明的必要。

爲了邏輯推理與方便讀者的思考，我們將從形成臺灣政治權力結構的背景去着手探討，再配合觀察現象所得，分析出臺灣政治權力結構的特徵，最後再來探討知識份子在政治變遷中所扮演的角色。

（甲）形成目前臺灣政治權力結構的歷史，社會與政治的三大背景；

依照我們觀察三十餘年來臺灣政治現象所得結果與硏讀有關政治權力結構的理論，我們認爲形成目前臺灣政治權力結構的主要三大背景；分別是傳統中國的歷史背景，轉型期社會的社會學背景與特殊政治環境下的時代背景。茲簡單扼要地分析如下：

(A) 傳統中國的歷史背景：

中國是一個擁有五千多年歷史的文化大國，就傳統中國的歷史背景而言，自從董仲舒獨尊儒家以來，中國的政治權力結構，就其政治思想的取向而言，一向都擁有封建思想，人治思想與保守思想的三大特色。也正因爲這種思想的作祟，才會在國父 孫中山先生建立民國之初，馬

上出現袁世凱的稱帝。即使在先總統　蔣公完成北伐的歷史使命之後，雖然想努力現代化中國，仍然受到這種傳統保守主義的阻礙，當時的政治協商會，最能反應出這種政治思想的取向。其結果也，不但無法建立現代化的法治中國，反而留給共產黨以可乘之機，赤化了整個中國。

　　政府遷臺之後，基於國內外政治環境的法統理由，這股歷史背景形成下的保守勢力，在臺灣政治權力結構內，一直佔有其重要的地位與影響力。不過，由於時間因素的結果，已有自然淘汰的趨勢。

(B) 轉型期社會 (Société en transition) 的社會學背景：

　　三十餘年來臺灣致力於工業化努力的結果，已經把臺灣社會帶入社會學所謂轉型期社會的時期；傳統農業社會結構正在解組，新的工業社會結構亦在形成中。依照社會學的理論，農業社會是一種所謂環節性結構的機械連帶，而工業社會又是另一種所謂有機性結構的有機連帶。因此，就在這種轉型期的過程當中，社會力 (force sociale) 的分配，會發生很大的變動。舊有社會勢力，爲了調適於新的社會學條件，不管是潛性或是顯性的力量，都會企圖運用它的影響力，來鞏固自己的勢力。同樣地工業本身就是一股力量，它也會造成許多不同性質的新社會力，來參與競爭。換言之，在轉型期社會裏，參與競爭的社會力，不但會多與雜，而且會變得相當極烈。而且，由於開發中國家往往是屬於單元精英領導的政治權力結構，所有具有影響力的社會力；必然透過選舉的方式，設法使自己的代理人進去政治權力結構中。如果不能達到這種理想，也會想盡辦法，使政治權力結構中的人，會成爲它們的代言人。他一方面，政治權力結構本身，基於政治現實主義的理由，也會權衡實際社會力的情形，設法提昇實際具有影響力的社會力代理人，去參入政治權力結構之中，借以鞏固領導階層的政治地位。

從這個角度來看目前臺灣的政治權力結構，似乎相當吻合。在傳統
保守勢力衰退聲中，各種社會力的代理人，不但自動地在設法躋入政治
權力結構中，或尋找代言人，而且政治權力結構本身，也隨時在注意社
會力的變化，透過各種管道，去提昇眞正具有影響力的社會力代理人。
就此意義而言，我們似乎可以推論，目前臺灣政治權力結構，就形式而
言，它是單元精英的領導階層，就實質上而言，又是具有多元化政治思
想取向的混合體。如果這種推論沒有錯的話，正好可以說明過去中央決
策的幾點弱點；對於政治環境的重大變遷與突如其來政治事件的調適力
與反擊力，都顯得相當遲鈍而無力；對於某種政策的推行，往往會有南
轅北轍或是前後矛盾的現象發生；對於重要人事的安排，顯然無法達到
唯才是用的境界與理想等等。因爲政治權力結構旣然是多元化政治思想
取向的產物，任何中央決策，必然隨時受到各種社會力的牽制、而成爲
一種妥協性質的決策。

(C) 特殊政治環境下的時代背景:

要想了解臺灣近三十餘年來的政治現象，尤其是它的政治權力結
構，不得不從特殊政治環境下的時代背景來看，否則就很容易發生偏差
的判斷。我們所謂特殊政治環境，可以從下面的三大層次來探討:

(1) 特殊國際政治環境下的時代背景；自從中共竊據大陸之後，除
了當時美國尚有堅定的反共立場之外（不過，一直到韓戰發生，美國仍
然充滿着觀望的氣氛），其餘的工業先進國家，都紛紛採取觀望與企圖
接近中共的國際外交。尤其周恩來在萬隆會議提出團結第三世界，藉以
對抗西方帝國資本主義侵略的號召之後，臺灣在國際上的政治地位，乃
一落千丈。不但西方先進國家紛紛承認北平政權，卽使反共立場相當堅
定的美國，在第三世界的壓力與其國內民意的要求下，不得不承認北平

政權的存在事實。在這種國際外交節節敗退的國際政治環境之壓力下，臺灣不得不改以經濟立國。由於這種時代背景的壓力，臺灣政治權力結構內的政治勢力，不但有了相當程度的自我調整，同時，對外的傳統封閉性，亦逐漸有了小幅度的開放性取向。

（2）特殊中國政治環境下的時代背景；國父　孫中山先生歷經四十餘年辛苦，打倒腐敗的滿清政府，手創亞洲第一個民主共和國，而先總統　蔣公秉承　國父遺志與三民主義之建國方針，正要勵精圖治之時，先有軍閥之割據，後有馬列共產主義之搞亂，最後終於演成了整個中國大陸的赤化。毛澤東叛亂集團，正式在北平成立人民政府，跟遷臺的國民政府相對立，因而造成特殊政治環境；一個國家內有兩個政府的對峙局面。三十餘年來，雙方各以「中國法統」自居。

就臺灣政治權力結構而言，為了維護這種法統的面貌，藉以對抗北平的偽政權，自始至今，被迫不得不走向妥協主義與保守主義的路線。這種領導階層的保守與妥協取向，又加強了轉型期社會本來就有的政治權力複雜性，同時，對於臺灣現實政治的改革，也產生了許多的副作用。

（3）特殊臺灣政治環境下的時代背景；從歷史與民族的觀點來看臺灣，它確實是跟中國大陸分不開。不過，這不是我們想探研的主題。我們想把思考的面向，局限於過去臺灣的特殊政治環境，藉以探討它與目前臺灣政治權力結構之間的關係。

就政治環境而言，臺灣曾經受過西班牙與荷蘭人的統治，也就是說，很早就受到西方政治文化的感染。其後在鄭成功王朝的統治下，又播種下特殊區域性政治文化。雖然清朝在派施琅攻下臺灣之後，設下了行政區，就政治文化的關係而言，兩者的關係仍然顯得相當疏遠。換言之，中國大陸與臺灣，互相缺少了解。這種特殊政治環境，在日本佔領

臺灣之後，更加深了一層。日本在統治臺灣五十年間，完全以殖民政策來對待臺灣人，因此，漸漸勾引出臺灣人對傳統中國政治文化的嚮往與懷念。

總而言之，在臺灣光復的時候，就臺灣特殊政治文化而言，它具有下列三點特徵；其一，因為受到西方政治文化與日本外來文化的感染與統治，比傳統中國的舊有政治文化，來得具有開放性與自由性的需求與嚮往；其二，自從鄭成功王朝所種下的特殊區域性政治文化，再經過清末時期的疏離與日本統治臺灣五十年的異離，原先來自中國的傳統政治文化，已經有了它的鄉土性，個別性與自主性；其三，日本的殖民統治與長久的異離，又產生了臺灣政治文化的回歸感。

然而，幸與不幸，當時前來臺灣接受的行政當局，完全沒有注意到上述臺灣特殊政治文化的特徵，竟然以戰勝國的姿態在臺灣出現，因而造成了始終難以彌補的政治裂縫。換言之，當時的政治領導階層，沒能及時運用臺灣政治文化的回歸感，設法去沖淡它的個別性與自主性，而使它真正認同於中國傳統文化。其結果也，在政治裂縫發生後，臺灣人就本着其開放性與自由性，慢慢地擴張其政治文化的個別性與自主性。

針對着這種臺灣特殊政治環境，三十餘年來的政治領導階層，為了亡羊補牢，為了儘快彌補上述政治裂縫，只好漸漸地把政治權力結構，由傳統的自我封閉而轉向被迫式的向外開放，做有限度與相當小心的調整。

（乙）臺灣政治權力結構的型態與特質；依照我們的觀察；臺灣政治權力結構，似乎可以用圖 22 來表示，並分別說明其所具有的特質如下：

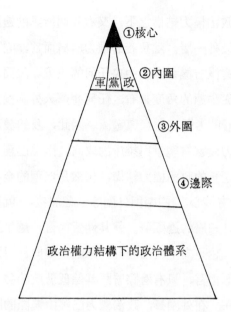

①核心

②內圍

軍黨政

③外圍

④邊際

政治權力結構下的政治體系

圖 22　臺灣政治權力結構之型態與特質

說明：

（1）政治組織都是金字塔式，頂尖黑化部份，代表政治核心，政治權力有人格化與神秘化的取向。

（2）在核心之下，我們把它稱之為內圍權力結構。由黨、政、軍等三大支柱所構成。其政治權力有職業化的取向。因此，在這一階層內，人物之輪流任調，乃是正常現象。如果有大規模的新舊人物之上升與下降，才顯示權力結構內之勢力有了新變動。

（3）在內圍權力結構之下，就是我們所謂的外圍權力結構，由各種不同社會力的代理人所構成，其政治權力有制衡的取向。換言之，核心與內圍權力結構的人，都透過外圍權力結構的勢力，在鞏固自己的勢力與牽制別人勢力。因此，在這一階層內，其政治權力有上下社會流動的取向。換言之，已經具有半開放性。

(4) 在外圍政治權力結構之下，又有我們所謂的邊際層，也是臺灣政治權力結構的最外一層。就狹義的權力結構而言，它不屬於政治權力結構，因為它們還沒有機會參與中央任何的決策。然而，就廣義的權力結構而言，尤其從動態的角度來看，任何想躋入外圍權力結構的人，一定要經過這一階層的考驗，觀察與過濾。因此，我們發現在這一邊際階層內，其政治權力最富有競爭與排斥的取向，因為已經完全開放了。

總而言之，臺灣的政治權力結構，仍然是典型的金字塔式組織。就狹義而言，包括有核心、內圍與外圍等三個層次，就廣義的動態觀而言，則應增加最外一層的邊際層。就其性質而言，越是底層（外層），越有開放的取向，越是向上（內層），則越是趨向於封閉。因此，就政治權力的流動情形而言，只有邊際層跟其餘低層政治體系之間，才有上下社會流動的存在。在外圍裏，政治權力已經由邊際的開放性轉入半開放，因此，左右流動是正常現象，上下流動是屬於例外。在內圍裏，因為其政治權力已經有了職業化的取向，因此，左右流動是常態，唯有在政治危機或調整國內外重大決策時，才會出現上下流動的情形。

（丙）應用上述政治權力結構之理論與目前臺灣政治權力結構之特徵，企圖說明臺灣知識份子在過去政治變遷中所扮演的角色。

在下面這一小節裏，我們將依照上述各家的論點與臺灣政治權力結構的特徵，再配合多年來我們自己對於臺灣實際政治現象的觀察與分析，提出主觀的詮釋，藉以瞭悟知識份子在過去政治變遷中所扮演的角色；

(1) 從柏雷圖的理論來探討；

(a) 柏氏認為所有政治權力結構都屬於半封閉與半開放的狀況。換言之，結構本身必然想封閉，但是由於外界的壓力，不得不開放，所謂民主與獨裁，只是開放性的大小相異而已。臺灣的權力結構亦如此，

同時，我們發現臺灣政治權力結構的封閉性與開放性，可以分成上述四大層次，越底層越是具有開放性，越是上層，其封閉性越高。

(b) 柏氏分社會精英為民間精英與政府精英兩種。前者不擇手段地想躋入政府精英內。後者則極力想排斥，藉以鞏固自己的地位，然而，終因權力必然使人墮落的法則，總是會產生上下對流的社會流動。由此觀點而言，民間精英才是社會變遷的代理人，更是政治改革的中流砥柱。如果我們相信柏氏的理論，為了達成政治的進步與社會的和諧，政府精英就應該自我約束，時刻提醒自己，不要為權力與物慾所迷惑而墮落，同時，民間精英以社會變遷與政治改革者的代理人，在方法的選擇上，也應該更具理性化，不要掛羊頭賣狗肉，為了達成自己的野心，而有不擇手段的輕舉妄動。如果我們從這個角度來回顧過去三十餘年的臺灣政治，很不幸地，正被柏氏的理論所言中。

(c) 如果我們採用柏氏對於精英的定義，臺灣正是轉型期社會，又逢工業化的起飛與成熟階段，社會力的複雜已如上述。同時，由於國內外特殊政治環境的壓力，黨禁又不能開放（依照西方的理論，黨是凝聚不同觀念、價值與利益的最佳管道），其結果也，就產生柏氏所謂的不擇手段之情形，而產生種種政治危機，這是整個社會的不幸。換言之，由於民間精英上昇流動的管道被塞，許多知識份子無法扮演反射社會變遷與政治革新的理念與價值之正功能，反而由於不擇手段的結果，產生危害社會秩序的反功能。這是何等的不幸！民間知識份子應該三思，執政黨更應該反省；民主社會的價值、觀念、理念與利益都是多元化的，黨禁既然不能開放，就應該有其代替品，使社會變遷與政治革新的代理人——民間精英——之相異價值、觀念、理念與利益，得以透過合法的管道而往上昇。就社會學的觀點而言，任何由上而下的單向溝通與文化一致性的下傳，絕對沒有辦法達到團結社會的預期效果。

(2) 從莫斯卡的理論來探研;

莫氏從社會組織的探研法着手,提出所謂政治權力結構的領導階層,這一點最能說明臺灣執政黨的一黨優勢與其政治權力的排拒性取向。然而,由於特殊政治環境的變化與轉型期臺灣社會的特徵,迫使政治權力結構不得不隨時自我調整,而產生相當小幅度的開放性。正由於這種性質的轉變,才使社會變遷與政治改革的代理人得以上昇。依照我們多年的觀察,上昇的代理人當中,大約可以分爲以下三大類型;

(a) 專家型知識份子;靠着知識份子本身所擁有的特殊或專門知識而上昇,這一種人,最能扮演改革政治的角色。只是可惜爲數太少,不成氣候。我們預料在未來的工業化與民主化推展過程中,會有越來越多的必然性。因此,這一類型知識份子的浮沉錄,正是臺灣政治安定與危機的警示燈。

(b) 理念型知識份子;這一類型的知識份子,以往都是屬於執政黨的青年才俊,在社會危機時期,上昇的機會特別多而快。在政治變遷中,他們所扮演的角色大約有三: 其一、對執政黨內政治理念的革新,一方面使它適應於時代潮流,他方面得以防止本身的腐化; 其二、反射出社會變遷的新價值、新觀念與新利益,使它能夠投射在新政綱之中,藉以獲得民衆的支持; 其三、負責跟其他民間精英互相溝通。

(c) 象徵型知識份子;這一類型知識份子的上昇,可以說是「時勢造英雄」的結果。換言之,特殊政治環境壓力下的產物。因此,從政治改革的角度來看,他們只是在扮演着推行政策的角色。不過,跟老官僚相比, 他們確實又產生了另一種積極的功能; 淨化政治空氣的正功能 。因爲他們需要潔身自愛, 並努力完成任務藉以確保千載難得的機會。

(3) 從米勒的理論來探討;

　　米氏從制度探研法着手，發現美國是一個制度化三頭馬車的政治權力結構。就此觀點而言，臺灣仍然在轉型期社會的階段，實際政治權力結構，往往有凌駕於憲法權力結構之嫌。同時，美國式的經濟、政治與軍事所造成的三頭馬車，也在一黨優勢之下，變成由政治、軍事與黨所形成的三頭馬車。由於這兩點轉變，米勒理論下，美國式民間精英所扮演的推動社會變遷與政治改革的角色，也就產生了許多相異的變化，其情形我們已經用柏氏理論與莫氏的理論做了上述解釋。

　　(4) 從布海蒙的理論來反省；

　　要以布氏的理論來解釋臺灣權力結構與知識份子在政治變遷中所扮演的角色，實在有爲時過早之嫌。不過，我們上面已經指出，逐漸有此跡象的呈顯。而且，只要臺灣繼續往工業化與民主化的路線推進，專家政治的出現，只是時間的問題而已。雖然如此，由於臺灣政治環境的特殊性與傳統社會的複雜性，我們認爲知識份子的責任實在越來越艱鉅了。

　　(5) 從多元精英論的觀點來看；

　　多元精英論是工業化自由經濟與開放社會的產物。多元精英論者認爲，政治權力結構是開放性的，這一點我們認爲那是理論層次的產物，就實際層次而言，它就變成一種幻想，因爲古今中外，沒有完全開放性質的政治權力結構，正如沒有完全封閉的一樣。不過，多元精英理論指出工業化自由與開放社會內知識份子的重要角色；推動社會變遷與政治革新的眞正代理人。就此觀點而言，臺灣政治民主化的努力，應當朝下列兩大方向去努力；其一，力求黨政分開，使得政治權力結構能夠早日步上制度化，換言之，使實際政治權力結構能夠完全在憲法政治權力結構之控制下而行使權力。其二；早日設法開放黨禁，在此黨禁的過渡時期，也應當具有理性雙向溝通的替代品，譬如一個完全自由與開放的傳

播體系。唯有如此，知識份子才能夠真正負起推動社會變遷與政治改革的時代使命，也唯有如此，臺灣的社會才能建立具有政治文化一致性的全國共識。

第五節 短 評

在比較與分析過上述政治權力結構的基礎理論，並做過主觀性詮釋與批判之後，我們想提出下列幾點，做為結語：

(1) 世界上沒有能夠完全自我封閉的政治權力結構，正如沒有完全願意開放的政治權力結構一樣。封閉性大過於開放性的政治權力結構，謂之獨裁，反之，就稱為民主。

(2) 封閉性與開放性的大小判準，如果採用柏雷圖的概念，則在於政府精英與民間精英之對流，是否具有公平、公開與公正的合法管道。合法管道越公平，越公正與越公開，則越趨向於民主開放性的政治權力結構。相反地，就越趨向於獨裁的封閉性。

(3) 政治權力結構內的知識份子或精英，都有保守主義的趨勢，相反地，政治權力結構之外的知識份子或精英，都會有激進或進步主義的取向。因此，政治變遷與改革，一方面有賴於政治權力結構內精英的自我反省，並要時時跟外界精英保持溝通，藉以吸收新觀念。他方面，在憲法政治權力結構內，擁有公平、公正與公開的合法管道，讓對於社會變遷與政治改革具有新觀念與新價值的熱心精英，隨時能夠透過合法的手段，藉以達成其野心。換言之，知識份子要真正能夠扮演推動社會變遷與政治改革之角色，必有三大先決條件之存在：其一，政治權力結構一定要在憲法權力結構內運作，所謂要制度化；其二，在憲法權力結構內，要擁有真正公開、公平與公正的合法管道，知識份子能夠透過它，

而躋入實際的政治權力結構之內，去扮演其改革政治的角色；其三，保障眞正的思想與言論自由，尤其傳播工具的開放與自由，知識份子始能在政治權力結構之外，扮演壓力團體的角色。

洋文主要政治社會學著作參考書目

Adams, J. T.

1921 *The Founding of New England.* Boston: Little, Brown.

Aguilar Monteverde, Alonso

1967 *Teoríay Política del Desarrollo Latinoamericano.* Mexico City: Univ. Aut. de Mexico.

Ahumada , Jorge

1966 *La Crisis Integral de Chile.* Santiago: Edit. Universitaria.

1967 *En Vez de la Miseria.* 6th ed. Santiago: Edit. del Pacifico; first published, 1958.

Allen, G. C.

1951 *A Short Economic History of Modern Japan: 1867-1937.* London: Allen & Unwin.

Allen, J. W.

1960 *A History of Political Thought in the Sixteenth Century.* New York: Barnes & Noble; first published, London: Methuen, 1928.

Almond, Gabriel

1965 with Sidney Verba. *Civic Culture.* Boston: Little, Brown; first published, Princeton, N. J.: Princeton University Press, 1963.

1966 with G. Bingham Powell, Jr. *Comparative Politics—A Development Approach.* Boston: Little, Brown.

Alstyne, Richard Van

1965 *The Rising American Empire.* Chicago: Quadrangle Books; first published, 1960.

Althusser, Louis

　1967　*Pour Marx*. Paris: Maspero.

　1969a　*Lénine et la Philosophie*. Paris: Maspero.

　1969b　*Lire le Capital*. 2 vols. Paris: Maspero.

Amin, Samir

　1970　*L'Accumulation à l'Échelle Mondiale*. Paris: Anthropos.

　1971　*L'Afrique de L'Ouest Bloquée—Economie Politique de la Colon-isation: 1880-1920*. Paris: Ed. de Minuit.

Apter, David E.

　1963　*Ghana in Transition*. New York: Atheneum; first published. Princeton, N. J.: Princeton University Press, 1955.

　1964　Ed., *Ideology and Discontent*. New York: Free Press.

　1965　*The Politics of Modernization*. Chicago: University of Chicago Press.

Arendt, Hannah

　1959　*The Human Condition*. New York: Anchor Books; first published, Chicago: University of Chicago Press, 1958.

　1963　*On Revolution*. New York: Viking Press.

　1968a　*Between Past and Future*. Cleveland: Meridian Books; 5th print., first published, 1954.

　1968b　*The Origins of Totalitarianism*. 2nd enlarg. ed. Cleveland: Meridian Books, 12th print.; first published, 1951.

Aristotle

　1823　*La Morale et la Politique*. Text established and translated by M. Thurot. 2 vols. Paris: Firmin-Didot.

　1968　*The Basic Works of Aristotle*. Edited by Richard McKeen. New York: Random House.

Aron, Raymond

　1948　*Introduction à la Philosophie de l'Histoire.* Paris: Gallimard.

　1950　"Social Structure and the Ruling Class." *Journal of Sociology* 1: 1-16.

　1961　Ed. *L'Histoire et ses Interprétations—Entretiens autour de Arnold Toynbee.* The Hague: Mouton.

　1963　Ed. *World Technology and Human Destiny.* Ann Arbor: University of Michigan Press.

　1965a *Dimensions de la Conscience Historique.* Paris: Union Gen. d'Edit.; first published, 1938.

　1965b *Essai sur les Libertés.* Paris: Calman-Lévy.

　1966　*Trois Essais sur l'Age Industriel.* Paris: Plon.

　1969　*Les Désillusions du Progrès—Essai sur la Dialectique de la Modernité.* Enlarged text. Paris: Calmann-Lévy; first written for *The Encyclopaedia Britannica,* 1964-1965.

Ashley, Maurice

　1958　*Oliver Cromwell and The Puritain Revolution.* London: English University Press.

　1962　*Financial and Commercial Policy Under the Cromwellian Protectorate.* 2nd ed. London: English University Press.

Aujac, H.

　1949　"Les Modèles Mathématiques Macrodynamiques et le Cycle." *Economie Appliquée* 2: 496-592.

Axelos, Kostas

　1961　*Marx, Penseur de la Téchnique: l'Aliénation de l'Homme à la Conquête du Monde.* Paris: Ed. de Minuit.

Bachrach, Peter

1967 *The Theory of Democratic Elitism.* Boston: Little, Brown.

Bagby, Philip

1963 *Culture and History.* Berkeley: University of California Press, 2nd print.; frist published, London: Longmans, Green, 1958.

Bagu, Sergio

1949 *Economia de la Sociedad Colonial.* Buenos Aires: El Ateneu.

1961 *La Realidad Argentina en el Siglo XX.* Mexico City: Fondo de Cultura Económica.

1970 *Tiempo, Realidad Socialy Conocimiento.* Mexico City: Siglo XXI.

Baran, Paul

1957 *The Political Economy of Growth.* New York: Monthly Review Press.

1961 "The Commitment of the Intellectual." *Monthly Review* 13.

1966 with Paul M. Sweezy. *Monopoly Capital.* New York: Monthly Review Press.

Barber, Bernard

1957 *Social Stratification.* New York: Harcourt, Brace & Co.

Barber, Willard F. and C. Neale Ronning

1966 *Internal Security and Military Power.* Columbus: Ohio State University Press.

Barghoorn, Frederick

1966 *Politics in the USSR.* Boston: Little, Brown.

Barker, Sir Ernest

1946 Tr. and ed. *The Politics of Aristotle.* New York: Oxford University Press, 9th print; first published, London.

1952　*Greek Political Theory—Plato and His Predecessors.* 4th ed.
London: Methuen, reprint; first published, 1918.

1961　*Social and Political Thought in Byzantium.* London: Oxford
University Press; first published, 1957.

Barr, Stringfellow

1961　*The will of Zeus.* New York: Dell.

1966　*The Mask of Jove.* Philadelphia: J. B. Lippincott.

1967　"Consulting the Romans." Santa Barbara, Calif. The Center
for the Study of Democratic Institutions. Occasional paper.

Barraclough, Geoffrey

1955　*History in a Changing World.* Norman: University of Okla-
homa Press.

1967　*An Introduction to Contemporary History.* Baltimore: Penguin
Books; first published, 1964.

Bartoli, Henri

1950　*La Doctrine Économique et Sociale de Karl Marx.* Paris: Ed.
du Seuil.

Bastide, Roger

1962　Ed. *Sens et Usages du Terme Structure dans les Sciences
Humaines et Sociales.* The Hague: Mouton.

Bauer, Wilhelm

1957　*Introducción al Estudio de la Historia.* 3rd ed. Barcelona:
Casa Edit. Bosch.

Baykov, A.

1948　*Historia de la Economía Soviética.* Mexico City: Fondo de
Cultura Económica; English original, *The Development of the
Soviet Economic System.* London: Cambridge University Press,

1946.

Beaujouan, Guy

    1961 "Le Temps Historique." In *L'Histoire et ses Méthodes*, edited by Charles Samaran, pp. 52-67. *Encyclopédie de la Pléiade*, Paris: Gallimard.

Beckmann, George M.

    1962 *The Modernization of China and Japan*, New York: Harper & Row.

    1964 "Economic and Political Modernization—Japan." In *Political Modernization of Japan and Turkey*, edited by Robert E. Ward and Dankwart E. Rustow. Studies in Political Development, vol. 3. Princeton, N. J.: Princeton University Press.

Bell, Daniel

    1962 *The End of Ideology*. Rev. ed. New York: Collier Books; first published, New York: Free Press, 1960.

    1967 Ed. *Toward the Year 2000*. New York: Macmillan.

Bellah, Robert N.

    1965 Ed. *Religion and Progress in Modern Asia*. New York: Free Press.

Bendix, Reinhard

    1962 *Max Weber, An Intellectual Portrait*. New York: Doubleday.

    1964 *Nation-Building and Citizenship*. New York: John Wiley.

Benoist-Méchin

    1954 *Le Loup et le Léopard: Mustapha Kémal*. Paris: Ed. Albin Michel.

Berdyaev, Nicholas

    1968 *The Meaning of History*. Cleveland: Meridian Books; first

English translation, London: Geoffrey Blcs, 1936.

Bernstein, Eduard

1963　*Evolutionary Socialism.* New York: Schocken Books; German original, *Die Voraussetzungen des Sozialismus und die Aufgaben der Sozialdemokratie.* Stuttgart: J. H. W. Dietz, 1899.

Bettelheim, Charles

1970　*Planification et Croissance Accélérée,* Paris: Maspero; first published, 1964.

Bhagwati, Jagdish

1966　*The Economics of Underdeveloped Countries.* New York: McGraw-Hill.

Bianchi, Andrés

1969　*et al. América Latina: Ensayos de Interpretación Económica.* Santiago: Edit. Universitaria.

Black, Cyril E.

1968　"A Comparative View." In *Prospects for Soviet Society,* edited by Allen Kassof, pp. 3-13. New York: Praeger.

Bonilla, Frank

1967　with José A. Silva Michelena. *The Politics of Change in Venezuela.* vol. 1, *A Strategy for Research on Social Policy.* Cambridge, Mass.: M. I. T. Press.

1970　*The Politics of Change in Venezuela.* vol. 2, *The Failure of Elites.* Cambridge, Mass.: M. I. T. Press.

Bottomore, T. B.

1964　*Elites and Society.* London: C. A. Watts.

1966　*Classes in Modern Society.* New York: Vintage Books; first published, London: Allen & Unwin, 1965.

Boudon, Raymond

    1967 *L'Analyse Mathématique des Faits Sociaux.* Paris: Plon.

Bowden, Witt; Karpovich, Michael; and Usher, Abbot Payson

    1937 *An Economic History of Europe Since 1750.* New York: American Book.

Brandt, William J.

    1966 *The Shape of Medieval History-Studies in Modes of Perception.* New Haven, Conn.: Yale University Press.

Bresser Pereira, L. C.

    1968 *Desenvolvimento e Crise no Brasil: 1930-1967.* Rio de Janeiro: Zahar Edit.

Bridgham, Philip, and Vogel, Ezra F.

    1968 *La Revolución Cultural de Mao Tse Tung.* Buenos Aires: Paidos; English original, P. Bridgham, "Mao's Cultural Revolution." and E. Vogel, "From Revolutionary to Semi-Bureaucrat." *The China Quarterly* (1967).

Brinton, Crane

    1965 *The Anatomy of Revolution.* Rev. and expanded. New York: Vintage Books; first published, Prentice-Hall, 1938.

Brockelmann, Carl

    1960 *History of the Islamic Peoples.* New York: Capricorn Books, 3rd print., first published, 1944; German original, *Geschichte der Islamischen Völker und Staaten.* Munich: R. Oldenbourg, 1939.

Brodbeck, May

    1959 "Models, Meaning and Theories." In *Symposium on Sociological Theory,* edited by Llewellyn Gross, pp. 373-406. New

York: Harper & Row.

Brzezinski, Zbigniew

1967 "Address to the Foreign Service Association." *U. S. Department of State Bulletin*, July 3.

Bühler, Johannes

1946 *Vida y Cultura en la Edad Media.* Mexico City: Fondo de Cultura Económica; German original, 1931.

Bury, J. B.

1944 *A History of Greece.* New York: Random House; first published, 1900.

1955 *The Idea of Progress.* New York: Dover Publications; first published, 1932.

Calder, Nigel

1965 Ed. *The World in 1984.* Baltimore: Penguin Books.

Cardenas, Gonzalo

1969 with Angel Cairo, Pedro Geltman, Ernesto Goldar, Alejandro A. Peyron, and Ernesto F. Villannova. *El Peronismo.* Buenos Aires: Edit. Carlos Pérez.

Cardoso, Fernando Henrique

1964 *Empresário Industrial e Desenvolvimento Economico no Brasil.* São Paulo: Difusão Europ. do Livro.

1969 *Mudanças Sociais na América Latina.* São Paulo: Difusão Europ. do Livro.

Carmona, Fernando

1970 with Guillermo Montaño, Jorge Carrion, and Alonso Aguillar, M. *El Milagro Mexicano*, Mexico City: Edit. Nuestro Tiempo.

Carr, Edward Hallett

1945 *Nationalism and After*. New York: Macmillan.

1946 *The Twenty Years' Crisis, 1919-1939-An Introduction to the Study of International Relations*. New York: Harper Torchbooks; first published, London: Macmillan, 1939.

1950 *Studies in Revolution*, London: Macmillan.

1951 *The New Society*. London: Macmillan.

1951-1954 *A History of Soviet Russia*. 4 vols. London: Macmillan.

1963 *What Is History?* New York: Knopf, 4th print.; first published, 1962.

Carrera Damas, Germán

1968 *Temas de Historia Social y de las Ideas*. Caracas: Universitaria Central de Venezuela.

Carson, Rachel

1962 *Silent Spring*. Boston: Houghton Mifflin.

Cassirer, Ernst

1943 *Filosofía de la Ilustración*. Mexico City: Fondo de Cultura Económica; German original, *Die Philosophie der Aufklärung*. Tübingen: Mohr, 1932.

1946 *Language and Myth*. New York: Harper & Brothers; German original, *Sprache und Mythos*. Leipzig: B. G. Teubner, 1925.

1948 *Kant—Vida y Doctrina*. Mexico City: Fondo de Cultura Económica; German original, *Kants Leben und Lebre*. Berlin: Bruno Cassirer, 1918.

1951 *Individuo y Cosmos en la Filosofia del Renacimiento*. Buenos Aires: Edit. Emece; German original, *Individuum und Kosmos in der Philosophie der Renaissance*. Leipzig: B. G. Teubner,

1927.

　1953a *Substance and Function.* New York: Dover Publications, 1953; German original, *Substanzbegriff und Funkionsbegriff.* Berlin: Bruno Cassirer, 1910.

　1953b *Einstein's Theory of Relativity.* English translation appears in Cassirer, *Substance and Function;* German original, *Zur Einsteinschen Relativitätstheorie.* Berlin: Bruno Cassirer, 1921.

　1953-1956 *El Problema del Conocimiento en la Filosofía y en la Ciencia Moderna.* 2 vols. Mexico City: Fondo de Cultura Económica; German original, *Das Erkenntnisproblem in der Philosophie und Wissenschaft der Neueren Zeit.* 2 vols. Berlin: Bruno Cassirer, 1906-1907 (3rd vol. published posthumously).

　1953-1957 *The Philosophy of Symbolic Forms.* 3 vols. New Haven, Conn.: Yale University Press; German original, *Philosophie der Symbolischen Formen.* 3 vols. Berlin: Bruno Cassirer, 1923-1929.

　1963 *The Question of Jean-Jacques Rousseau.* Bloomington: Indiana University Press; German original, "Das Problem J. J. Rousseau." *Archiv für Geschichte der Philosophie* 41 (1932). 177-213, 479-513.

　1966a *An Essay on Man.* New Haven, Conn.: Yale University Press; first published, 1944.

　1966b *Determinism and Indeterminism in Modern Physics.* New Haven, Conn.: Yale University Press, 2nd print.; first published, 1956; German original, *Determinismus und Indeterminismus in der Modernen Physik*, Part. 3, vol. 42, *Götesborgs Hügskolas Arsskriff*, Göteborg, 1936.

1966c *The Logic of the Humanities.* New Haven, Conn.: Yale University Press, 2nd print; first published, 1960; German original, *Zur Logik der Kulturwissenschaften, Göteborg Högskolas Arsskrift,* vol. 47, Göteborg, 1942.

Posthumous Publications

1945 *Rousseau, Kant and Goethe.* Princeton, N. J.: Princeton University Press; Harper Torchbook edition, 1963.

1946 *The Myth of the State.* New Haven, Conn.: Yale University Press.

1948 *Das Erkenntnisproblem in der Philosophie und Wissenschaft der Neueren Zeit: von Hegels Tode bis zur Gegenwart (1832-1932);* Spanish translation, *El Problema del Concimiento en la Filosofía y en la Ciencia Modernas—De la Muerte de Hegel a Nuestros Dias (1832-1932).* Mexico City: Fondo de Cultura Económica, 1948.

Catherine, Robert, and Grousset, Pierre

1965 *L'État et L'Essor Industriel.* Paris: Berger-Levrault.

Ceneña, José Luis

1970 *México en la Orbita Imperial.* Mexico City: E. El Cabalito.

Centre International de Synthèse

1957 *Notion de Structure et Structure de la Connaissance.* Paris: Albin Michel.

CEPAL (Comisión Económica para América Latina; also ECLA, Economic Commission for Latin America)

1963a *El Desarrollo de América Latina en la Posguerra* (E/CN. 12/659).

1963b *Toward a Dynamic Development Policy for Latin America*

(E/CN. 12/680).

1964　*Estudio Económico de América Latina 1963* (E/CN. 12/696).

1969a *Estudio Económico de América Latina, 1968. Primera Parte: Algunos Aspectos de la Economía Latinoamericana Hacia Fines de la Decada 60* (E/CN. 12/825).

1969b *El Segundo Decenio de las Naciones Unidas para el Desarrollo: Aspectos Basicos de la Estrategia del Desarrollo de América Latina* (E/CN. 12/836).

Charques, R. D.

1956　*A Short History of Russia.* New York: Dutton.

Chase, Stuart

1968　*The Most Probable World.* Baltimore: Penguin Books.

Chávez, Fermin

1965　*Civilización y Barbarie en la Historia de la Cultura Argentina.* Buenos Aires: Edit. Theoria.

Che Guevara, Ernesto.

1964　*Guerrilla Warfare: A Method.* Peking: Foreign Languages Press; Spanish original published in *Cuba Socialista*, no. 25 (September 1963).

1968　*Venceremos!—The Speeches and Writings of Ernesto Che Guevara.* Edited by John Gerassi. New York: Clarion Books.

Childe, V. Gordon

1951　*Man Makes Himself.* New York: Mentor Books, 11th print.; first published in England, 1936.

1953　*Social Evolution.* Cleveland: Meridian Books; first published, London: C. A. Watts, 1951.

1957　*The Dawn of European Civilization.* 6th ed., rev. New York:

Vintage Books; first published, 1925.

1964 *What Happened in History.* Baltimore: Penguin Books; first
published, 1942.

1969 *New Light on the Most Ancient East.* New York: Norton; first
published as *The Most Ancient East*, 1928, rewritten in 1952.

Ciria, Alberto

1968 *Partidos y Poder en la Argentina Moderna: 1930-1946.* 2nd
ed., rev. Buenos Aires: Jorge Alvarez, Edit.; first published,
1964.

1969 *La Decada Infame.* Buenos Aires: Carlos Pérez Edit.

Clapham, J. H.

1966 *Economic Development of France and Germany: 1815-1914.*
Cambridge, Eng.: Cambridge University Press.

Clarke, Arthur C.

1964 *Profiles of the Future.* New York: Bantam Books; first
published, 1958.

Clough, Shepard B.

1967 *The Rise and Fall of Civilization.* New York: Columbia
University Press, 4th print.; first published, New York:
McGraw-Hill, 1951.

1968 *European Economic History: The Economic Development of
Western Civilization.* 2nd ed. New York: McGraw-Hill; first
published as *The Economic Development of Western Civilization*,
1959.

Cochrane, Charles Norris

1949 *Christianity and Classical Culture.* London: Oxford University
Press; Spanish translation, *Christianismo y Cultura Clásica.*

Mexico City: Fondo de Cultura Económica.

Cole, La Mont C.

1968 "Can the World Be Saved?" *New York Times Magazine*,
March 31, pp. 35 ff.

Cole, Margaret

1964 *The Story of Fabian Socialis m.* New York: John Wiley;
first published, Stanford, Calif.: Stanford University Press,
1961.

Coleman, James S.

1965 Ed. *Education and Political Development.* Studies in Political
Development, vol. 4. Princeton, N. J.: Princeton University
Press.

Collingwood, R. G.

1944 *The New Leviathan—Or Man, Society, Civilization and Barbar-
ism.* London: Oxford University Press; first published, 1942.

1965 *Essays in the Philosophy of History.* Selection of essays
published in the 1920s, edited by W. Debbins. New York:
McGraw-Hill.

Posthumous Publications

1946 *The Idea of History.* London: Oxford University Press;
written in 1936.

1950 *Idea de la Naturaleza.* Mexico City: Fondo de Cultura Ec-
onómica; English original, *The Idea of Nature.* Written in
1924; first published: London: Oxford University Press, 1945.

Commoner, Barry

1966 *Science and Survival.* New York: Viking Press; 7th print.;
first published, 1961.

1970 Interview in *Time*, February 2, pp. 52 ff.

Cooley, Charles

1909 *Social Organization*. New York.

Corbisier, Roland

1950 *Consciencia e Nação*. São Paulo: Colégio.

1952 "Situação e Problemas da Pedagogia." *Revista Brasileira de Filosofía* 2: 219-235.

1960 *Brasília e o Desenvolvimento Nacional*. Rio de Janeiro: ISEB.

1968 *Reforma ou Revolução?* Rio de Janeiro: Edit. Civilização Brasileira.

Cordoliani, Alfred

1961 "Comput, Chronologie, Calendriers." In *L'Histoire et ses Méthodes*, edited by Charles Samaran, pp. 37-51. *Encyclopédie de la Pléiade*, Paris: Gallimard.

Coser, Lewis A., and Rosenberg, Bernard

1964 Eds. *Sociological Theory*. A book of readings. New York: Macmillan.

Coser, Lewis A.

1966 *The Functions of Social Conflict*. New York: Free Press; 3rd print.; first published, 1956.

Costa Pinto, L. A.

1963 *Sociologia e Desenvolvimento*. Rio de Janeiro: Edit. Civilização Brasileira.

Cotler, Julio

1969 "El Populismo Militar como Modelo de Desarrollo Nacional: El Caso Peruano." Mimeographed. Rio de Janeiro: IUPERJ.

Coswell, F. R.

1952 *History, Civilization and Culture—An Introduction to the Hist-orical and Social Philosophy of Pitirim Sorokin.* London: Thame & Hudson.

Curtis, Perry

1964 with George H. Nadel, eds. *Imperialism and Colonialism.* New York: Macmillan.

Dahl, Robert A.

1963 *Modern Political Analysis.* Foundations of Modern Political Science Series. Englewood Cliffs, N. J.: Prentice-Hall, 11th print.

1964 *A Preface to Democratic Theory.* Chicago: Phoenix Books; 6th print.; first published, 1956.

Dahrendorf, Ralf

1965 *Class and Class Conflict in Industrial Society.* Stanford, Calif.: Stanford University Press; original English edition published, 1959; German original, *Klasse und Klassenkonflict in der industriellen Gesellschaft,* 1957.

1969 *Homo Sociologicus.* Rio de Janeiro:Tempo Brasileiro;German original, "Homo Sociologiens: Versuch zur Geschichte, Bedentung und Kritik der Kategorie der Sozialen Rolle." In *Pfade aus Utopia—Arbeiten zur Theorie und Methode der Soziologie,* Munich: R. Piper Verlag, 1969.

Davis, Kingsley

1949 *Human Society.* New York: Macmillan.

Dawson, Christopher

1958 *Religion and the Rise of Western Culture* New York:

Doubleday.

1960 *The Making of Europe.* Cleveland: Meridian Books, 8th print.; first published, New York: Sheed and Ward, 1932.

1962 *The Dynamics of World History.* New York: New American Library; first published, New York: Sheed and Ward, 1956.

De Bach, P.

1969 *Biological Control of Insects, Pests and Weeds.* New York: Reinhold.

Debray, Regis

1967 *Revolución? en la Revolución?* Havana: Casa.

Debrun, Michel

1959 *Ideologiá e Realidade.* Rio de Janeiro: ISEB.

1964 "Nationalisme et Politiques du Développement au Brésil." *Sociologie du Travail,* no. 3 (July-September), pp. 235-278 and no. 4 (October-December), pp. 351-380.

de Closets, François

1970 *En Danger de Progrès.* Paris: Ed. Denoël.

de Riencourt, Amaury

1968 *The American Empire.* New York: Dial Press.

de Tocqueville, Alexis

1951 *De la Démocratie en Amérique.* 2 vols. Paris: M. T. Genin; original French edition in 4 vols. published by Gosselin, 1835-1840.

1953 *L'Ancien Régime et la Révolution.* 10th ed. Paris: Gallimard; first published by Michel Levy, 1856-1863, 2 vols. published with posthumous notes; English translation, *The Old Regime and the Revolution.* New York: Doubleday, 1955.

Deutsch, Karl W.

1961 "Social Mobilization and Political Development." *American Political Science Review* 55: 493-514.

1963 *The Nerves of Government.* New York: Free Press.

1966 *Nationalism and Social Communication.* 2nd ed. Cambridge, Mass.: M. I. T. Press; first published, 1953.

1968 *The Analysis of International Relations.* Foundations of Modern Political Science Series. Englewood Cliffs, N. J.: Prentice-Hall.

1970 *Politics and Government.* Boston: Houghton Mifflin.

Deutscher, Isaac

1960 *Stalin—A Political Biography.* New York: Vintage Books; first published, 1949.

1965a *The Prophet Armed—Trotsky: 1879-1921.* vol. 1. New York: Vintage Books; first published, 1954.

1965b *The Prophet Unarmed—Trotsky: 1921-1929.* vol. 2. New York: Vintage Books; first published, 1959.

1965c *The Prophet Outcast—Trotsky: 1929-1940.* vol. 3. New York: Vintage Books; first published, 1963.

1969 *The Unfinished Revolution—Russia 1917-1967.* London: Oxford University Press; first published, 1967.

Diamant, Alfred

1964 "The Nature of Political Development." In *Political Development and Social Change,* edited by Jason L. Finkle and Richard W. Gable, pp. 91-95. New York: John Wiley, 1966.

Dias Carneiro, O. A.

1961a *Movimentos Internacionais de Capital e Desenvolvimento Economico.* Recife: Comissão de Desenv. Econ. de Pernambuco.

1961b *Noçóes da Teoria da Renda.* Recife: Comissão de Desenv. Econ. de Pernambuco.

1961c *Dois Ensáios sóbre Economia Internacional.* Recife: Comissão de Desenv. Econ. de Pernambuco.

1966 *Past Trends of Structural Relationships in the Economic Evolution of Brazil: 1920-1965.* Mimeographed. Cambridge, Mass.: Center for International Affairs, Harvard University.

Díaz Alejandro, Carlos F.

1968 "El Grupo Andino en el Proceso de Integración Latinoamericana." *Estudios Internacionales* 2, no. 2: 242-257.

Dilthey, Wilhelm

1944-1945 *Works of Dilthey.* 8 vols. Organized and translated by Eugenio Imaz. Mexico City: Fondo de Cultura Económica; German original, *Gesammelte Schriften,* vols. I-IX in 11 vols; first published, 1833-1933.

Di Tella, Torcuato

1964 *El Sistema Político Argentino y la Clase Obrera.* Buenos Aires: EUDEBA.

1965a "Populism and Reform in Latin America." In *Obstacles to Change in Latin America,* edited by Claudio Veliz. London: Oxford University Press.

1965b *Socialismo en la Argentina?* Buenos Aires: Edit. Jorge Alvarez.

1965c with Gino Germani, Jorge Graciarena *et al. Argentina, Sociedad de Masas.* Buenos Aires: EUDEBA.

1970 *Hacia una Política Latinoamericana.* Buenos Aires: Arca.

Dobb, Maurice

1962 *Capitalism Yesterday and Today.* New York: Monthly Review ι ι∪ss.

1963　*Economic Growth and Underdeveloped Countries.* New York:
International Publishers.

1966　*Soviet Economic Development.* Rev. enlarg. ed. New York:
International Publishers; first published, 1948.

1967　*Papers on Capitalism Development and Planning.* New York:
International Publishers.

Dobzhansky, Theodosius

1951　*Genetics and the Origin of Species.* New York: Columbia
University Press.

1965a *The Biological Basis of Human Freedom.* New York: Columbia
University Press; 5th print.; first published, 1956.

1965b *Mankind Evolving—The Evolution of the Human Species.* New
Haven, Conn.: Yale University Press; 7th print.; first publi-
shed, 1962.

1967　*The Biology of Ultimate Concern.* New York: New American
Library.

Doolin, Dennis J., and North, Robert C.

1967　*The Chinese People's Republic.* Stanford, Calif.: Hoover In-
stitution Press; first published, 1966.

Dray, William H.

1966　Ed. *Philosophical Analysis and History.* New York: Harper &
Row.

Drucker, Peter F.

1957　*Landmarks of Tomorrow.* New York: Harper & Row.

1969　*The Age of Discontinuity.* New York: ¦Harper & Row; first
published, 1968.

Dubos, René J.

1965 *Man Adapting*. New Haven, Conn.: Yale University Press.

Dumont, René

1964a *Sovkhoz, Kolkhoz, ou le Problématique Communisme*. Paris:
Ed. du Seuil.

1964b *Cuba—Socialisme et Développement*. Paris: Ed. du Seuil.

1970 *Cuba est-il Socialiste?* Paris: Ed. du Seuil.

Durkheim, Émile

1897 *Le Suicide*. New ed. Paris: Presses Universitaires de France.

1967 *Les Règles de la Méthode Sociologique*. 16th ed. Paris: Presses
Universitaires de France; first published, 1895.

Duverger, Maurice

1951 *Les Partis Politiques*. Paris: Armand Colin.

1953 *Droit Constitutionnel et Institutions Politiques*. Paris: Presses
Universitaires de France.

1964a *An Introduction to the Social Sciences*. New York: Praeger;
French original, *Méthodes des Sciences Sociales*. Paris: Presses
Universitaires de France, 1961.

1964b *Introduction à la Politique*. Paris: Gallimard.

Easton, David

1953 *The Political System*. New York: Knopf.

1965a *A Framework for Political Analysis*. Englewood Cliffs, N. J.:
Prentice-Hall.

1965b *A Systems Analysis of Political Life*. New York: John Wiley.

1966 Ed. *Varieties of Political Theory*. Englewood Cliffs, N. J.:
Prentice-Hall.

Ehrlich, Paul R.

1969　*The Population Bomb.* New York: Ballantine Books.

Eisenstadt, S. N.

1963　*The Political Systems of Empires.* New York: Free Press.

1964　"Breakdown and Modernization." *Economic Development and Cultural Change,* July 12, 1964, pp. 345-367.

1965　*Essays on Comparative Institutions.* New York: John Wiley.

1966　*Modernization: Protest and Change.* Englewood Cliffs, N. J.: Prentice-Hall.

1967　Ed. *The Decline of Empire.* Englewood Cliffs, N. J.: Prentice-Hall.

Elliott, J. H.

1966　*Imperial Spain: 1469-1716.* New York: Mentor Books; first published, 1963.

Ellul, Jacques

1964　*The Technological Society.* New York: Vintage Books; French original, *La Technique ou l'Enjeu du Siècle.* Paris: Armand Colin, 1954.

Emerson, Robert

1960　*From Empire to Nation.* Boston: Beacon Press.

Engels, Friedrich

1933　*Origen de la Familia, de la Propriedad Privada y del Estado.* Barcelona, 1933; German original, *Der Ursprung der Familie, des Privateigentums und des Staates.* Zurich: Hohingen, 1884.

1950a　*Dialectique de la Nature.* Paris: Libraire Marcel Rivière; German original, *Naturdialektik,* written in 1870-1882, first published in *Marx-Engels Archiv,* vol. 2. Frankfort, 1927.

1950b *Ludwig Feuerbach and the End of Classical German Philosophy.* Moscow: Foreign Language Publishing House; German original, *Ludwig Feuerbach und der Ausgang der Klassischen Philosophie in Deutschland*, Stuttgart, 1888.

1851-1852 *Germany: Revolution and Counter Revolution.* First published in the name of Marx in the *New York Daily Tribune*, October 25, 1851, to December 22, 1852.

1958 *The Condition of the Working Class in England.* English translation edited by W. O. Henderson and W. H. Chaloner. London: Basil Blackwell; German original, *Die Lage der Arbeitenden Klassen in England*, 1845. MEGA, Part I, vol. 4, pp. 5-282.

1959 *Anti-Duhring.* Moscow: Foreign Language Publishing House; German original first published in *Vorwärts*, 1878.

1968 *The Role of Force in History.* New York: International Publishers; German original written in 1887-1888, edited by Eduard Bernstein; first published in *Neue Zeit*, vols. I and XIV.

Eyck, Erich

1964 *Bismarck and the German Empire.* New York: W. W. Norton; first published, London: Allen & Unwin, 1950.

Fainsod, Merle

1963 "Bureaucracy and Modernization: The Russian and Soviet Case." In *Bureaucracy and Political Development*, edited by Joseph La Palombara, pp. *233-267*. Studies in Political Development, vol. 2. Princeton, N. J.: Princeton University Press.

Faulkner, Harold U.

　1954　*American Economic History.* New York: Harper & Brothers;
　　　first published, 1924.

Fayt, Carlos S.

　1967　*La Naturaleza del Peronismo.* Buenos Aires: Viracocha.

Ferkiss, Victor C.

　1969　*Technological Man.* New York: Braziller.

Ferrer, Aldo

　1963　*La Economía Argentina.* Mexico City: Fondo de Cultura
　　　Económica; English translation, *The Argentinean Economy.*
　　　Berkeley: University of California Press, 1967.

　1969　*Et al. Los Planes de Estabilizacion en la Argentina.* Buenos
　　　Aires: Paidos.

Fichtenau, Heinrich

　1964　*The Carolingian Empire—The Age of Charlemagne.* New York:
　　　Harper Torchbooks; German original, *Das Karolingische*
　　　Imperium—Soziale und geistige Problematik eines Grossreiches.
　　　Zurich: Fretz & Warmuth Verlag, 1949.

Fieldhouse, D. K.

　1964　"The New Imperialism: The Hobson-Lenin Thesis Revised."
　　　In *Imperialism and Colonialism*, edited by George H. Nadel
　　　and Perry Curtis, pp. 74-96. New York: Macmillan.

Finkle, Jason L., and Garle, Richard W.

　1966　Eds. *Political Development and Social Change.* New York: John
　　　Wiley.

Frank, André Gunder

　1967　*Capitalism and Underdevelopment in Latin America—Historical*

Studies of Chile and Brazil. New York: Monthly Review Press.

1971 *Le Développement du Sous-Développement.* Paris: Maspero.

Frankfort, Henri

1956 "Myth and Reality." In *Before Philosophy,* Henri Frankfort *et al.* Baltimore: Penguin Books; first published as *The Intellectual Adventure of Ancient Man.* Chicago: University of Chicago Press, 1946.

1961 *Ancient Egyptian Religion.* New York: Harper Torchbooks, reprint; first published, New York: Columbia University Press, 1948.

Friedrich, Carl Joachim

1963a *Man and His Government.* New York: McGraw-Hill.

1963b *The Philosophy of Law in Historical Perspective.* 2 nd ed. Chicago: Phoenix Books; first published, 1958.

1965a *The Age of the Baroque: 1610-1660.* New York: Harper Torchbooks; 4th print., first published, 1952.

1966 "Nation-Building? In *Nation-Building,* edited by Karl W. Deutsch and William J. Foltz, pp. 27-32. New York: Atherton Press, 1966.

Frigerio, Rogelio

1968 *La Integración Regional, Instrumento del Monopolio.* Buenos Aires: Edit. Hernandez.

Fromm, Erich

1941 *Escape from Freedom.* New York: Holt, Rinehart and Winston.

1955 *The Sane Society.* New York: Holt, Rinehart and Winston.

1960 *You Shall Be As Gods.* New York: Holt, Rinehart and Winston.

1962　*Beyond the Chains of Illusion.* New York: Simon and Schuster.

1964　*The Heart of Man.* New York: Harper & Row.

1965　*Marx's Concept of Man.* New York: Frederick Ungar; first published, 1961.

1966　Ed. *Socialist Humanism.* New York: Doubleday.

1967　*Man for Himself.* New York: Fawcett; first published, Holt, Rinehart and Winston, 1947.

Fulbright, Senator J. W.

1963　*Prospect for the West.* Cambridge, Mass.: Harvard University Press.

1964　*Old Myths and New Realities.* New York: Random House.

1966　*The Arrogance of Power.* New York: Vintage Books.

Furtado, Celso

1954　*A Economia Brasileira.* Rio de Janeiro: Edit. A. Noite.

1958　*Perspectivas da Economia Brasileira.* Rio de Janeiro: ISEB.

1959a　*A Operação Nordeste.* Rio de Janeiro: ISEB.

1959b　*Formação Econômica do Brasil.* Rio de Janeiro: Fundo de Cultura.

1962a　"Subdesenvolvimento e Estado Democrático." Recife: Comissão de Desenv. Econ. de Pernambuco.

1962b　*A Pré-Revolu o. Brasileira.* Rio de Janeiro: Fundo de Cultura.

1964　*Dialética do Desenvolvimento.* Rio de Janeiro: Fundo de Cultura.

1967　"De l'Oligarchie à l'Etat Militaire." *Temps Modernes,* no. 257: 578-601.

1968a　*Sub-Desenvolvimento e Estagnação na América Latina.* Rio de Janeiro: Civilização Brasileira.

1968b　*Um Projeto para o Brasil.* Rio de Janeiro: Saga.

1969 *La Economia Latinoamericana desde la Conquista Ibérica hasta la Revolución Cubana.* Santiago: Edit: Universitaria; Portuguese original, 1969.

1971 *Teoria e Política do Desenvolvimento Economico.* 4th ed. rev. and enlarg. São Paulo: Cia. Edit. Nacional; originally published as *Desenvolvimento e Subdesenvolvimento.* Rio de Janeiro: Fundo de Cultura.

Gabrieli, Francesco

1968 *Muhammad and the Conquest of Islam.* London: Weidenfeld and Nicolson; Italian original, 1968.

Galbraith, John K.

1958 *The Affluent Society.* Boston: Houghton Mifflin.

1962 *American Capitalism.* Boston: Houghton Mifflin; first published, 1952.

1967a *Economic Development.* Cambridge, Mass.: Harvard University Press; 3rd print.; first published, 1964.

1967b *The New Industrial State.* Boston: Houghton Mifflin.

Gallie, W. B.

1968 *Philosophy and the Historical Understanding.* New York: Schocken Books; first published, 1964.

Ganshof, F. L.

1961 *Feudalism.* New York: Harper & Row; first English edition published, New York: Longmans, Green, 1957; French original, *Qu'est-ce que la Féodalité?* Brussels: Collection Lebèque, Office de la Publicité, 1944.

Garaudy, Roger

1961   *Perspectives de L'Homme,* Paris: Presses Universitaires de France.

1964   *Karl Marx.* Paris: Seghers.

Gardiner, Patrick

1964   Ed. *Theories of History.* New York: Free Press; first printing, 1959.

Garruccio, Ludovico

1968   *Spagna Senza Miti.* Milan: Mursia.

1969   *L'Industrializzazione tra Nazionalismo e Rivoluzione—Le Ideologie Politiche dei Paesi in Via di Sviluppo.* Bologna: Il Mulino.

1971   "Le Tre Etàdel Facismo." *Il Mulino,* January-February, pp. 53–73.

Gavin, General James M.

1968   *Crisis Now.* New York: Vintage Books.

Gay, Peter

1962   *The Dilemma of Democratic Socialism.* New York: Collier Books; first published, Columbia University Press, 1952.

1966-1969   *The Enlightenment: An Interpretation.* 2 vols. New York: Knopf.

1968   *Weimar Culture—The Outsider As Insider.* New York: Harper & Row.

Gilbert, Felix

1970   *The End of the European Era: 1890 to the Present.* New York: Norton.

Ginsberg, Morris

1961   *Nationalism—A Reappraisal.* Leeds: Leeds University Press.

Glotz, Gustave

1968 *La Cité Grecque.* Paris: Ed. Albin Michel; first published, Paris: La Renaissance du Livre, 1928.

Goetz, Walter

1950 Ed. *Historia Universal.* 10vols. Madrid: Espasa-Calpe; German original, *Propyläen Weltgeschichte.*

Goldmann, Lucien

1969 *The Human Sciences and Philosophy.* London: Jonathan Cape; French original, *Sciences Humaines et Philosophie.* Paris: Ed. Southier, 1966.

González Casanova, Pablo

1965 *La Democracia en México.* Mexico City: Edit. Era.

1967 *Las Categorias del Desarrollo Económico y la Investigación en Ciencias Sociales.* Mexico City: Instituto de Investigaciones Sociales.

Gooch, G. P.

1920 *Nationalism.* London: Swarthmore Press.

Grenier, Albert

1960 *Le Génie Romain dans la Réligion, la Pensée et l'Art.* Paris: Ed. Albin Michel; first published, Paris: La Renaissance du Livre, 1925.

Groethuysen, Bernhad

1943 *La Formación de la Conciencia Burguesa en Francia durante el Siglo XVIII.* Mexico City: Fondo de Cultura Económica; German original, *Die Entstebung der bürgerlichen Welt und Lebensanschauung in Frankreich,* 1927.

Gross, Llewellyn

1959 Ed. *Symposium on Sociological Theory.* New York: Harper &

Row.

Grunwald, Joseph

1972 with Miguel Wionczek and Martin Carnoy. *Latin American Integration and U. S. Policy.* Washington: The Brookings Institution.

Guerreiro Ramos, Alberto

1950 *Uma Introducão à História da Organização Racional do Trabalho.* Rio de Janeiro: Dept. de Imp. Nacional.

1952 *A Sociologia Industrial.* Rio de Janeiro: published by the Author.

1954 *Cartilha Brasileira do Aprendiz de Sociólogo.* Rio de Janeiro: Edit. Andes.

1957a "Condições Sociais do Poder Nacional." Rio de Janeiro:ISEB.

1957b "Ideologias e Segurança Naciona." Rio de Janeiro: ISEB.

1957c *Introdução Crítica à Sociologia Brasileira.* Rio de Janeiro: Edit. Andes.

1958 *A Redução Sociológica.* Rio de Janeiro: ISEB.

1960 *O Problema Nacional do Brasil.* Rio de Janeiro: Edit. Saga.

1961 *A Críse do Poder no Brasil.* Rio de Janeiro: Zahar Edit.

1963 *Mito e Verdade da Revolução. Brasileira.* Rio de Janeiro: Zahar Edit.

1966 *Administração e Estratégia do Desenvolvimento.* Rio de Janeiro: Fundação Getúlio Vargas.

Gurvitch, Georges

1941 *Las Formas de la Sociabilidad.* Buenos Aires: Edit. Losada; French original, *Essais de Sociologie.* Paris: Libraire du Recueil Sirey, 1939.

1947 with Wilbert E. Moore; eds. *La Sociologie au XXe Siècle.* 2 vols. Paris: Presses Universitaires de France.

1950 *La Vocation Actuelle de la Sociologie.* vol. 1, *Vers une Sociologie Différentielle.* 3rd ed. Paris: Presses Universitaires de France, 1963.

1954 *Déterminismes Sociaux et Liberté Humaine.* Paris: Presses Universitaires de France; 2nd ed., 1963.

1957 *La Vocation Actuelle de la Sociologie.* vol. 2, *Antécédents et Perspectives.* Paris: Presses Universitaires de France.

1958 Ed. *Traité de Sociologie.* 2 vols. Paris: Presses Universitaires de France.

1961 *La Sociologie de Karl Marx.* Paris: Centre de Doc. Univ.

1962 *Dialectique et Sociologie.* Paris: Flammarion.

1968 *Études sur les Classes Sociales.* Paris: Ed. Gonthier.

Haebel, E. Adamson

1967 *The Law of Primitive Man.* Cambridge, Mass.: Harvard University Press; first published, 1954.

Halphen, Louis, and Sagnac, Philippe

1950 Eds. *Peuples et Civilisations.* 2nd ed. 20 vols. Paris: Presses Universitaires de France; first published, 1926.

Hart, H. L. A.

1965 *The Concept of Law.* London: Oxford University Press; first published, 1961.

Hartwell, R. M.

1968 Ed. *The Causes of the Industrial Revolution in England.* London: Methuen; 2nd print.; first published, 1967.

Hartz, Louis

　1955　*The Liberal Tradition in America.* New York: Harcourt, Brace
　　　　& World.

　1964　*The Founding of New Societies.* New York: Harcourt Brace &
　　　　World.

Hawk, E. Q.

　1934　*Economic History of the South.* Englewood Cliffs, N. J.:
　　　　Prentice-Hall.

Hawkes, Jacquetta

　1963　"Prehistory." In *Prehistory and the Beginning of Civilization,*
　　　　edited by Jacquetta Hawkes and Sir Leonard Wooley. UNESCO,
　　　　History of Mankind, vol. 1. New York: Harper & Row.

Hayes, Carlton J. H.

　1960　*Nationalism: A Religion.* New York: Macmillan.

Hazard, Paul

　1946　*La Pensée Européenne au XVIII Siècle.* 2 vols.　Paris: Boivin
　　　　et Cie.

Heer, Friedrich

　1968　*The Intellectual History of Europe.* 2 vols. New York: Doub-
　　　　leday; German original, Stuttgart: W. Kohlhammer Verlag.

Heilbroner, Robert L.

　1963　*The Great Ascent.* New York: Harper Torchbooks.

　1968　*The Future As History.* New York: Harper Torchbooks; first
　　　　published, 1959.

　1969　*The Limits of American Capitalism.* New York: Harper
　　　　Torchbooks; first published, 1965.

Herkner, Heinrich

1952 "La Economía y el Movimiento Obrero (1850–1880)." In vol. 8 of *Historia Universal*, edited by Walter Goetz. 10 vols. Madrid: Espasa Calpe; German original *Propyläen Weltgeschichte.* Leipzig: Propyläen, 1931.

Herrera, Felipe

1964 *América Latina Integrada.* Buenos Aires: Edit. Losada.

1965 "Perspectives de l'Integration Latino-americaine." *Tiers-Monde* 7: 757–776. Special issue on Latin American integration, edited by Gustavo Lagos.

1966 Organizer: *Factores para la Integración Latinoamericana.* Mexico City: Fondo de Cultura Económica.

Hertz, Frederick

1944 *Nationality in History and Politics.* New York: Oxford University Press.

Hibbard, B. H.

1939 *A History of the Public Law Policies.* Gloucester, Mass.: Peter Smith.

Hilferding, Rudolf

1923 *Das Finanzkapital.* Vienna: Wiener Volksbuchandlung; first published, 1910.

Hirschman, Albert

1958 *The Strategy of Economic Development.* New Haven, Conn.: Yale University Press.

1961 Ed. *Latin American Issues.* New York: Twentieth Century Fund.

1963 *Journeys Toward Progress—Studies of Economic Policy-Making in Latin America.* New York: Twentieth Century Fund.

1964 "The Stability of Neutralism: A Geometrical Note." *The Journal of the American Economic Association*, no. 2, pp. 94-100.

1967 *Development Projects Observed*. Washington, D. C.: Brookings Institution.

1968a "Foreign Aid—A Critique and a Proposal." *Essays in International Finance*, no. 69. Princeton, N. J.: Princeton University Press.

1968b "Underdevelopment, Obstacles to the Perception of Change, and Leadership." *Daedalus* 97, no. 3: 925-937.

1969 "How to Divest in Latin America and Why." *Essays in International Finance*, no. 76. Princeton, N. J.: Princeton University Press.

1970 *Exit, Voice and Loyalty*. Cambridge, Mass.: Harvard University Press.

Hobson, J. A.

1965 *Imperialism*. Ann Arbor: University of Michigan Press; first published, 1902.

Horowitz, David

1965 *The Free World Colossus*. New York: Hill and Wang.

1967 Ed. *Containment and Revolution*. Boston: Beacon Press.

1968 Ed. *Marx and Modern Economics*. New York: Modern Reader; paperback edition, Monthly Review Press.

Horowitz, Irving Louis

1957 *The Idea of War and Peace in Contemporary Philosophy*. New York: Paine Whitman.

1961a *The Social Theories of Georges Sorel*. London: Routledge and

Kegan Paul.

1961b *Philosophy, Science and the Sociology of Knowledge.* Springfield. Ill.: Charles C. Thomas.

1965 Ed. *The New Sociology.* New York: Oxford University Press; first published, 1964.

1966 *Three Worlds of Development.* New York: Oxford University Press.

1969a with Josué de Castro and John Gerassi, eds. *Latin American Radicalism.* New York: Vintage Books.

1969b "The Norm of Illegitimacy: The Political Sociology of Latin America." In *Latin American Radicalism,* edited by Horowitz, de Castro, and Gerassi. pp. 3-28.

Hoselitz, Bert F.

1960 *Sociological Aspects of Economic Growth.* New York: Free Press.

Houghton, Neal D.

1968 Ed. *Struggle Against History.* New York: Simon and Schuster.

Hughes, Serge

1967 *The Fall and Rise of Modern Italy.* New York: Minerva Press.

Hughes, T. J., and Luard, D. E. T.

1959 *The Economic Development of Communist China: 1949-1958.* London: Oxford University Press.

Huizinga, Jan

1945 *El Otoño de la Edad Media.* Madrid: Revista de Occidente; Dutch original, *Herfsttig der Middeleenen.* Haarlem, 1923.

1946 *El Concepto da Historia y otros Ensayos.* Mexico City: Fondo de Cultura Económica; several essays published separately in the 1920s.

1951　*Entre las Sombras del Mañana —Diagnostico de la Enfermidad Cultural de Nuestro Tiempo.* 2nd ed. Madrid: Revista de Occidente; Dutch original, *In Schatten von Morgen: Eine Diagnose der Kulturellen Leiden unserer Zeit.* Leiden, 1935.

Huntington, Samuel A.

1964　*The Soldier and the State—The Theory and Politics of Civil-Military Relations.* New York: Vintage Books.

1965　"Politcal Development and Political Decay." *World Politics* 17: 386-430.

1966a "Political Modernization of America and Europe." *World Politics* 18: 376-414.

1966b "The Political Modernization of Traditional Monarchies." *Daedalus* 95, no. 3.

1968　*Political Order in Changing Societies.* New Haven, Conn.: Yale University Press.

1969　"The Defense Establishment: Vested Interests and the Public Interest." In *The Military-Industrial Complex and U. S. Foreign Policy.* Detroit: Wayne State University Press.

1970　"Social and Institutional Dynamics of One-Party Systems." In *Authoritarian Politics in Modern Society—The Dynamics of Established One-Party Systems,* edited by Samuel Huntington and Clement H. Moore. New York: Basic Books.

Hussey, J. M.

1961　*The Byzantine World.* New York: Harper Torchbooks; first published, London: Hutchinson University Library, 1957.

Hymer, Stephen

1967　*Direct Foreign Investment and the National Economic Interest.*

New Haven, Conn.: Yale University, Economic Center.
Center paper no. 108.

Ianni, Octavio

1965a with Paulo Singer, Gabriel Cohn, and Francisco Weffort.
Política e Revolução Social no Brasil. Rio de Janeiro: Edit.
Civilização Brasileira.

1965b *Estado e Capitalismo—Estrutura Social e Industrialização no
Brasil.* Rio de Janeiro. Edit, Civilização Brasileira.

1968 *O Colapso do Populismo no Brasil.* Rio de Janeiro: Edit.
Civilização Brasileira.

Inkeles, Alex

1956 *What Is Sociology? An Introduction to the Discipline and
Profession.* Foundations of Modern Social Sciences Series.
Englewood Cliffs. N. J.: Prentice-Hall.

1968 *Social Change in Soviet Russia.* Cambridge, Mass.: Harvard
University Press.

Inter-American Development Bank

1968 Organizer; *Las Inversiones Multinacionales en el Desarrollo y
la Integración de América Latina.* Bogotá: I. D. B.

Instituto Latinoamericano de Planificación Económica y Social (ILPES)

1966 *Discusiones sobre Planificación.* Mexico City: Siglo XXI.

Jacobsen, Thorkild

1966 "Mesopotamia." In *Before Philosophy*, edited by H. Frankfort,
pp. 137-236. Baltimore: Pelican Books; first published as
The Intellectual Adventure of Ancient Man. Chicago:University

of Chicago Press, 1946.

Jaeger, Werner

1945　*Paidea: The Ideals of Greek Culture.* 2nd ed. 3 vols. New York: Oxford University Press; German original published, 1933.

1946　*Aristoteles.* Mexico City: Fondo de Cultura Económica; German original, *Aristoteles—Grundlegung einer Geschichte Seiner Entwicklung.* Berlin: Weidmannsche Buchanlung, 1923.

1947　*The Theology of the Early Greek Philosophers.* London: Oxford University Press.

1965　*Early Christianity and Greek Paidea.* Cambridge, Mass.: Harvard University Press; 2nd print.; first published, 1961.

Jaguaribe, Helio

1953-1956　Ed. *Cadernos do Nosso Tempo.* N 1 to 5. Rio de Janeiro.

1958　*O Nacionalismo na Atualidade Brasileira.* Rio de Janeiro: ISEB.

1965　"A Brazilian View." In *How Latin America Views the U. S. Investor,* edited by Raymond Vernon. New York: Praeger.

1967a　"El Impacto de Marx." *El Trimestre Económico* 39, no. 133: 83-176; partial English translation in *Marx and the Western World,* edited by Nicholas Lobkowicz. Notre Dame, Ind.: University of Notre Dame Press, 1967.

1967b　*Problemas do Desenvolvimento Latino-Americano.* Rio de Janeiro: Edit. Civilização Brasileira.

1968　*Economic and Political Development.* Rev. ed. Cambridge, Mass.: Harvard University Press; Portuguese original, *Desenvolvimento Economico e Desenvolvimento Político.* Rio de

Janeiro: Fundo de Cultura, 1962.

1969a "Dependencia y Autonomía en América Latina." In *La Dependencia Político-Económica de América Latina,* edited by Helio Jaguaribe *et al.,* pp. 1-86. Mexico City: Siglo XXI.

1969b "Political Strategies of National Development in Brazil." In *Latin American Radicalism,* edited by I. L. Horowitz *et al.,* pp. 390-339. New York: Vintage Books.

1971 "Ciencia y Tecnologia en el Quadro Socio-Político de América Latina." *El Trimestre Económico* 38, no. 150.

Jalée, Pierre

1969 *L'Impérialisme en 1970.* Paris: Maspero.

James, Émile

1955 *Histoire de la Pensée Économique.* Paris: Presses Universitaires de France.

Jeannin, Pierre

1969 *Les Marchands du XVI Siècle.* Paris: Ed. du Seuil; first published, 1957.

Johnson, Chalmers

1964 *Revolution and the Social System.* Stanford, Calif.: Hoover Institution Press.

1966 *Revolutionary Change.* Boston: Little, Brown.

Johnson, John J.

1964 Ed. *Continuity and Change in Latin America.* Stanford, Calif.: Stanford University Press.

1965a *Political Change in Latin America—The Emergence of the Middle Sectors.* Stanford, Calif.: Stanford University Press; first published, 1958.

1965b *The Military and Society in Latin America.* Stanford, Calif.: Stanford University Press; first published, 1965.

1968 with the collaboration of Doris M. Ladd. *Simon Bolivar and Spanish American Independence: 1783-1830.* New York: Van Nostrand.

Joll, James

1966 *The Second International: 1889-1914.* New York: Harper & Row.

Jouvenel, Bertrand de

1963 *De la Politique Pure.* Paris: Calmann-Lévy; English original, *The Pure Theory of Politics.* New Haven, Conn.: Yale University Press.

1964 *L'Art de la Conjecture—Futuribles.* Monaco: Ed. du Rocher.

Julien, Claude

1968 *L'Empire Américain.* Paris: Ed. Bernard Grasset.

Kahler, Erich

1961 *Man, the Measure—A new Approach to History.* New York: Braziller; 2nd print.; first published, 1943

1964 *The Meaning of History.* New York: Braziller.

1967a *The Jews Among the Nations.* New York: Frederick Ungar.

1967b *Out of the Labyrinth.* New York: Braziller.

1967c *The Tower and the Abyss—An Inquiry into the Transformation of Man.* New York: Viking Press; first published, New York: Braziller, 1957.

Kahn, Herman

1961 *On Thermonuclear War.* Princeton, N. J.: Princeton University

Press.

1962 *Thinking About the Unthinkable*. New York: Avon Books.

1965 *On Escalation: Metaphors and Scenarios*. Washington: Hudson Institute.

1967 with Anthony J. Wiener. *The Year 2000*. New York: Macmillan.

Kamenka, Eugene

1962 *The Ethical Foundations of Marxism*. London: Routledge and Kegan Paul.

Kaplan, Abraham

1952 with Harold Lasswell. *Power and Society—A Framework for Political Inquiry*. London: Routledge and Kegan Paul.

Kaplan, Marcos

1972 *Aspectos Politicos de la Planiticacion en America Latina*. Montevideu: Biblioteca Cientifica.

Karol, Kewes S.

1967 *China, el Otro Comunismo*. Mexico City: Siglo XXI; French original, *La Chine de Mao: l'Autre Communisme*. Paris: Robert Laffont, 1966.

Kassof, Allen

1968a Ed *Prospects for Soviet Society*. New York: Praeger.

1968b "The Future of Soviet Society." In *Prospects for Soviet Society*, edited by Kassof, pp. 497–506.

1968c "Persistence and Change." In *Prospects for Soviet Society*, edited by Kassof, pp. 3–13.

Kautsky, John H.

1965 "An Essay on the Politics of Development." In *Political*

Change in Under-Developed Countries, edited by John H. Kautsky. New York: John Wiley; 4th print.; first published, 1962.

Kautsky, Karl

　　1964　*The Dictatorship of the Proletariat.* Ann Arbor: University of Michigan Press; Russian original, 1918.

Keesing's Research Report

　　1967　*The Cultural Revolution in China.* New York: Charles Scribner's Sons.

Keller, Suzanne

　　1968　*Beyond the Ruling Class.* New York: Random House; first published, 1963.

Kennan, George F.

　　1951　*American Diplomacy.* New York: Mentor Books, 2nd print.; first published, Chicago: University of Chicago Press, 1951.

　　1964　*On Dealing with the Communist World.* New York: Harper & Row.

　　1966　*Realities of American Foreign Policy.* New York: Norton; first published, Princeton, N. J.: Princeton University Press, 1954.

Keynes, John Maynard

　　1936　*General Theory of Employment: Interest and Money.* New York: Macmillan.

Kingsbury, Robert C., and Schneider, Ronald M.

　　1966　Eds. *An Atlas of Latin American Affairs.* New York: Praeger; 2nd print.; first published, 1965.

Kohn, Hans

　　1944　*The Idea of Nationalism.* New York: Macmillan.

1955 *Nationalism: Its Meaning and History.* New York: Van Nostrand.

Kroeber, Alfred L.

1945 *Anthropology.* Spanish translation, *Antropología General.* Mexico City: Fondo de Cultura Económica.

1962 *A Roster of Civilizations and Culture.* Chicago: Aldine Publishing.

1963a *Configurations of Culture Growth.* Berkeley: University of California Press; 2nd print.; first published, 1944.

1963b and Clyde Kluckhohn. *Culture—A Critical Review of Concepts and Definitions.* New York: Vintage Books; first published, Cambridge, Mass.: Harvard University Press. Papers of the Peabody Museum of American Archeology and Ethnology, vol. 47, no. 1, 1952.

1963c *Style and Civilizations.* Berkeley: University of California Press, 2nd print.; first published, Ithaca, N. Y.: Cornell University Press, 1957.

1966 *An Anthropologist Looks at History.* Berkeley: University of California Press; 2nd print.; first published, 1963.

1968 *The Nature of Culture.* Chicago: University of Chicago Press; first published, 1952.

Krooss, Herman E.

1966 *American Economic Development.* Englewood Cliffs, N. J.: Prentice-Hall; first published, 1955.

Labedz, Leopold

1962 Ed. *Revisionism.* London: Allen: & Unwin.

Lafer, Celso

1963　*O Judeu em Gil Vicente.* São Paulo: Cons. Estad. de Cultura.

1965　"O Problema dos Valores n'Os Lusíadas—Subsídios para o Estudo da Cultura Portuguêsa do Século XVI." *Revista Camoniana* 2: 72-108.

1969　"Una Interpretación del Sistema de las Relaciones Internacionales del Brasil." *Foro Internacional*, January-March, pp. 298-318.

1970　*The Planning Process and the Political System in Brazil: A Study of Kubitschek's Target Plan—1956-1961.* Ph. D. Thesis, Cornell University.

Lagos, Gustavo

1965　"L'Intégration de l'Amérique Latine et le Système des Relations Internationales." *Tiers-Monde* 6: 743-756. Special issue on Latin American integration, edited by Gustavo Lagos.

Laistner, M. L. W.

1967　*Christianity and Pagan Culture in the Later Roman Empire.* Ithaca, N. .Y: Cornell University Press.

Landauer, Carl

1945　*Teoría de la Planificación Económica.* Mexico City: Fondo de Cultura Económica.

Langdon, Frank

1967　*Politics in Japan.* Boston: Little, Brown.

Lange, Oscar

1963　*Moderna Economıa Política,* Rio de Janeiro: Fundo de Cultura; Polish original, 1962.

La Palombara, Joseph

1963 Ed. *Bureaucracy and Political Development.* Studies in Political Development, vol. 2. Princeton, N. J.: Princeton University Press.

1966 with Myron Weiner, eds. *Political Parties and Political Development.* Studies in Political Development, vol. 6. Princeton, N. J.: Princeton University Press.

Lapierre, Jean-William

1968 *Essai sur le Fondement du Pouvoir Politique.* Aix-en-Provence: Ed. Ophrys.

Laski, Harold

1946 *Reflections on the Revolution of Our Time.* London: Allen & Unwin; 4th print.; first published, 1943.

1950 *Trade Unions in the New Society.* London: Allen & Unwin.

1951 *A Grammar of Politics.* 4th ed. London: Allen & Unwin, reprint.; first published, 1925.

1952a *The American Presidency.* London: Allen & Unwin; 3rd print; first published, 1940.

1952b *The Dilemma of Our Time.* London: Allen & Unwin.

1952c *Parliamentary Government in England.* London: Allen & Unwin; 5th print.; first publish ed, 1938.

1953 *The American Democracy.* London: Allen & Unwin; 2nd print.; first published, 1949.

Lasswell, Harold D.

1952 with Abraham Kaplan. *Power and Society—A Framework for Political Inquiry.* London: Routledge and Kegan Paul.

1960 *Politics—Who Gets What. When, How.* Cleveland: Meridan Books; 3rd print.; first published, 1936.

Latourette, Kenneth S.

1964　*China.* Englewood Cliffs, N. J.: Prentice-Hall.

1966　*The Chinese—Their History and Culture.* New York: Macmillan; 4th print.; first published, 1934.

Leclerc, Ivor

1958　*Whitehead's Metaphysics.* London: Allen & Unwin.

Lefebvre, Henri

1963　*Problèmes Actuels du Marxisme.* Paris: Presses Universitaires de France.

1966　*The Sociology of Marx.* New York: Vintage Books; French original, *Sociologie de Marx.* Paris: Presses Universitaires de France, 1966.

1971　*Le Matérialisme Dialectique.* Paris: Presses Universitaires de France.

Lenin, Vladimir Ilyitch Ulyanov

1941　*Obras Escogidas.* 3 vols. Moscow: Marx-Engels-Lenin Institute, and Buenos Aires: Edit. Problemas.

1959　*Oeuvres.* 40 vols. Moscow: Marx-Engels-Lenin Institute and Ed. en Langues Étrangères, and Paris: Ed. Sociales.

Lerner, Abba P.

1944　*The Economics of Control.* New York: Macmillan.

Lévy-Bruhl, Lucien

1921　*La Mentalité Primitive.* Paris.

Lévy-Strauss, Claude

1949　*Les Structures Élémentaires de la Parenté.* Paris: Presses Universitaires de France.

1958　*Anthropologie Structurale.* Paris: Plon.

1962   *La Pensée Sauvage.* Paris: Plon.

Lewis, W. Arthur

1955   *The Theory of Economic Growth.* London: Allen & Unwin.

Ley, Lester S., and Sampson, Roy J.

1962   *American Economic Development.* Boston: Allyn and Bacon.

Liska, George

1967   *Imperial America.* Baltimore: Johns Hopkins Press.

1968a *Alliances and the Third World.* Baltimore: Johns Hopkins Press.

1968b *War and Order.* Baltimore: Johns Hopkins Press.

Lobkowicz, Nicholas

1967   Ed. *Marx and the Western World.* Notre Dame, Ind.: University of Notre Dame Press.

Lockwood, Lee

1967   *Castro's Cuba, Cuba's Fidel.* New York: Macmillan.

Lockwood, William W.

1955   *The Economic Development of Japan.* London: Oxford University Press.

1964   "Economic and Political Modernization—Japan." In *Political Modernization of Japan and Turkey*, edited by Robert E. Ward and Dankwart A. Rustow, pp. 117–145. *Studies in Political Development*, vol. 3. Princeton, N. J.: Princeton University Press.

Loewenstein, Karl

1966   *Max Weber's Political Ideas in the Perspective of Our Time.* Amherst: University of Massachusetts Press; German original, Frankfort: Athenäum Verlag, 1965.

Luce, R. Duncan, and Raiffa, Howard

　　1966　*Games and Decisions—Introduction and Critical Survey.* New York: John Wiley; first published, 1957.

Lundberg, George A.

　　1939　*Foundations of Sociology.* New York: Macmillan; rev. and abridg. ed., New York: David McKay, 1964.

Lüttwak, Edward

　　1969　*Coup d'État—A Practical Handbook.* New York: Knopf; first published, 1968.

Luxemburg, Rosa

　　1922　*Die Russische Revolution.* Berlin; edited by Paul Levi, from a copy of the 1918 text.

　　1970　*Reform or Revolution.* New York: Pathfinder Press; German original, 1908.

MacIver, Robert M.

　　1942　*Social Causation.* Boston: Athenaeum Press.

　　1949　*The Web of Government.* New York: Macmillan; first published, 1947.

　　1962　and Charles H. Page. *Society: An Introductory Analysis.* Rev. New York: Holt, Rinehart and Winston; original edition by MacIver only, first published , 1937.

Magdoff, Harry

　　1969　*The Age of Imperialism.* New York: Monthly Review Press.

Maine, Henry

　　1861　*Ancient Law.* London.

Mair, Lucy

1966　*Primitive Government.* Baltimore; Penguin Books; reprint, first published, 1962.

Malaparte, Curzio

1948　*Technique du Coup d'État.* Rev. French Edit. Paris: Ed. Bernard Grasset: Italian original, 1931.

Mandel, Ernest

1970　*La Réponse Socialiste au Défi Américain.* Paris: Maspero; German original, *Europäische Verlagsanstalt*, 1968.

Marchall, Jean

1955　*Deux Essais sur le Marxisme.* Paris: Ed. Génin.

Marcuse, Herbert

1955　*Eros and Civilization—A Philosophic Inquiry into Freud.* New York: Vintage Books.

1960　*Reason and Revolution—Hegel and the Rise of Social Theory.* Boston: Beacon Press; first published, New York: Oxford University Press, 1941.

1961　*Soviet Marxism.* New York: Vintage Books; first published, New York: Columbia University Press, 1958.

1966　*One-Dimensional Man.* Boston: Beacon Press; first published, 1964.

1968　*Materialismo Histórico e Existência.* Rio de Janeiro: Tempo Brasileiro, Portuguese translation of two essays; German originals, *Beitraege zu einer Phaenomenologie des Historischen Materialismus*, 1928, and *Neue Guellen zur Grundlegung des Historschen Materialismus*, 1932.

1969　*An Essay on Liberation.* Boston: Beacon Press.

Marek, Franz

1969　*Philosophy and World Revolution.* New York: International Publishers; German original, *Philosophie der Weltrevolution.* Vienna: Europa Verlag, 1966.

Martindale, Don

1960　*The Nature and Types of Sociological Theory.* Boston: Houghton Mifflin.

1962　*Social Life and Cultural Change.* New York: Van Nostrand.

1963　*Community, Character and Civilization.* New York: Free Press.

1965　"Limits of and Alternatives to Functionalism in Sociology." In *Functionalism in the Social Sciences,* edited by Don Martindale, pp. 144-162. Philadelphia: The American Academy of Political and Social Science. Monograph no. 5.

Martins, Luciano

1968　*Industrialização, Burguesia Nacional e Desenvolvimento.* Rio de Janeiro: Edit. Saga.

Marx, Karl

1948a　*Les Luttes de Classes en France: 1848-1850.* Paris: Ed, Sociales; German original, *Die Klassenkämpfe in Frankreich: 1848-1850,* first published in *Neue Rheinische Zeitung,* 1850.

1948b　*Le 18 Brumaire de Louis Bonaparte.* Paris: Ed. Sociales; German original, *Der Achtzchute Brumaire des Louis Bonaparte.* In *Die Revolution,* edited by J. Weydemeyer. New York, 1852.

1963-1968　*Oeuvres—Economie.* vols. 1 and 2. Edited by Maximilien Rubel. Paris: Bibliothèque de la Pléiade. (Vol. 3 forthcoming; will contain Marx's political writings.)

1965　with Friedrich Engels. *The German Ideology.* New York: International Publishers, 4th print.; first published, 1947;

German original, *Die Deutsche Ideologie*, first published, 1932.

Matos Mar, José

1963 "Diagnostico del Peru—Cambios en la Sociedad Peruana." *Revista del Museo Nacional* 22: 293-306.

1970 with Julio Cotler, Jorge Bravo Bresani, Augusto Salazar Bondy, and Felipe Portocarrero. *El Perú Actual—Sociedad y Política*. Mexico City: Instituto de Investigaciones Sociales.

May, Ernest R.

1968 *American Imperialism*. New York: Atheneum; first published, 1967.

Mazour, Anatole G.

1967 *Soviet Economic Development*. New York: Van Nostrand.

McHale, John

1969 *The Future of the Future*. New York: Braziller.

1970 *The Ecological Context*. New York: Braziller.

Mendes, Candido

1954 "Possibilidade da Sociologia Política." Rio de Janeiro: Artes Gráficas C. Mendes Jr.

1960 "Perspectiva Atual da América Latina." Rio de Janeiro: ISEB.

1963 *Nacionalismo e Desenvolvimento*. Rio de Janeiro: IBEA.

1966a *Memento dos Vivos—A Esquerda Católica no Brasil*. Rio de Janeiro: Tempo Brasileiro.

1966b "Sistemas Políticos e Modelos de Poder no Brasil." *Dados*, no. 1, pp. 7-41.

1967 "O Governo Castelo Branco: Paradigma e Prognose." *Dados*, no. 2-3, pp. 63-111.

1968 "Perspectiva do Comportamento Ideólógico: o Processo de Reflexão na Crise do Desenvolvimento." *Dados,* no. 4, pp. 95-132.

1969 "Elite de Poder, Democracia e Desenvolvimento." *Dados,* no. 6, pp. 57-90.

1970 "Nation-Building in Southern Latin America." Mimeographed. Rio de Janeiro: IUPERJ.

Meyer, Alfred G.

1965 *The Soviet Political System.* New York: Random House.

Mill, John Stuart

1861 *Representative Government.* London.

Mills, C. Wright

1956 *The Power Elite.* New York: Oxford University Press.

1958 with H. H. Gerth, eds. *From Max Weber: Essays in Sociology.* New York: Oxford University Press; first published, 1946.

1959 *The Sociological Imagination.* New York: Oxford University Press.

1963a *The Marxists.* ｜New York: Dell; 2nd print.; first published, 1962.

1963b *Power, Politics and People.* Collected essays edited by I. L. Horowitz. New York: Ballantine Books.

1964 with Hans Gerth. *Character and Social Structure.* New York: Harcourt, Brace & World.

Moore, Barrington

1962 *Political Power and Social Theory.* New York: Harper Torchbooks; first published, Cambridge, Mass.: Harvard University Press, 1958.

1968 *Social Origin of Dictatorship and Democracy—Lord and Peasant in the Modern World.* Boston: Beacon Press; 3rd print.; first published, 1966.

1970 "Révolution en Amérique?" *Esprit*, no. 396, pp. 583-597.

Morgan, H. Wayne

1967 *America's Road to Empire.* New York: John Wiley; first published, 1965.

Morgenthau, Hans

1951 *In Defense of the National Interest.* New York: Knopf.

1957 *The Purpose of American Policy.* New York: Knopf.

1960 *Politics Among Nations.* New York: Knopf; first published, 1948.

1969 *A New Foreign Policy for the United States.* New York: Praeger.

Morin, Edgar

1970 "La Mutation Occidentale." *Esprit*, no. 396, pp. 515-548.

Mosca, Gaetano

1939 *The Ruling Class.* English translation by Hannah D. Kahn; edited by Arthur Livingston. New York: Italian original, *Elementi di Scienza Politica.* Turin, 1895.

Muret, Pierre

1949 *La Prépondérance Anglaise.* Peuples et Civilisations, edited by Louis Halphen and Philippe Sagnac, vol. 11. Paris: Presses Universitaires de France.

Nadel, George H., and Curtis, Perry

1964 Eds. *Imperialism and Colonialism.* New York: Macmillan.

Nadel, S. F.

1957　*The Theory of Social Structure.* London: Cohen & West.

Nash, Ronald H.

1969　Ed. *Ideas of History.* 2 vols. New York: Dutton.

Nock, A. D.

1963　*Conversion.* London: Oxford University Press; first published, 1953.

Norman, E. H.

1940　*Japan's Emergence as a Modern State.* New York: Institute of Pacific Relations.

Novack, David, and Lekachman, Robert

1964　Eds. *Development and Society: The Dynamics of Economic Change.* New York: St. Martin's Press.

Novack, George

1966　*Uneven and Combined Development in History.* 3rd ed. New York: Merit Publishers; first published in *Labor Review* (1957).

Nun, José

1968　"A Latin American Phenomenon: The Middle Class Military Coup." In *Latin America: Reform or Revolution?* edited by James Petras and Maurice Zeitlin, pp. 145-185. New York: Fawcett.

Odum, Eugene P.

1959　*Fundamentals of Ecology.* Philadelphia: Saunders.

Oglesby, Carl

1968　"An Essay on the Meaning of the Cold War." In *Containment and Change,* edited by Carl Oglesby and Richard Shaull. New York: Macmillan; 3rd print.; first published, 1967.

1969 Ed. *The New Left Reader.* New York: Grove Press.

Oliveira Martins, Joaquim Pedro de

1968 *História de Portugal.* 15th ed. Lisbon: Guimarães Edit.; first published, 1879.

Olson, Lawrence

1963 "The Elite, Industrialization and Nationalism." In *Expectant Peoples,* edited by K. N. Silvert, pp. 398-429. New York: Random House.

Organski, A. F. K.

1964 *World Politics.* New York: Knopf; first published, 1958.

1965 *The Stages of Political Development.* New York: Knopf.

Orleans, Leo A.

1961 *Professional Manpower and Education in Communist China.* Washington, D. C.: Government Printing Office.

Ortega y Gasset, José

1923-1936 Ed. *Revista de Occidente.* Madrid.

1946-1947 *Obras Completas.* 6 vols. In *Revista de Occidente.* Madrid, first published, 1902-1946.

Posthumous Publications

1957 *El Hombre y la Gente.* In *Revista de Occidente.* Madrid.

1959 *Una Interpretación de la Historia Universal.* In *Revista de Occidente.* Madrid.

Ostrogorsky, George

1956 *History of the Byzantine State.* Oxford: Basil Blackwell; Greman original, 1940.

Packenham, Robert A.

1966a "Political Development Doctrine in the American Foreign Aid Program." *World Politics* 18: 194–235.

1966b "The Theory and Practice of Political Development." Mimeographed paper. Stanford: Stanford University.

Paret, Peter, and John W. Shy

1966 *Guerrillas in the 1960's.* Rev., 5th ed. New York: Frederick Praeger; first published, 1962.

Pareto, Vilfredo

1902 *Les Systèmes Socialistes.* 2 vols. Paris: Marcel Giard.

1916 *Trattato di Sociologia Generale.* 3 vols. Florence.

1966 *Sociological Writings.* Selected and introduced by S. E. Finer; English translation by Derick Mirfin; New York: Praeger.

Park, Charles F., Jr.

1969 "Affluence in Jeopardy." *Focus,* June.

Parsons, Talcott

Books

1949a *The Structure of Social Action.* New York: Free Press; first published, New York: McGraw-Hill, 1937.

1949b *Essays in Sociological Theory Pure and Applied.* Rev. ed. New York: Free Press.

1951a *The Social System.* New York: Free Press; paperback edition, 1964.

1951b with Edward Shils, eds. *Toward a General Theory of Action.* Cambridge, Mass.: Harvard University Press; Harper Torchbook edition, 1962.

1953 with Edward Shils and R. F. Bales. *Working Papers on the*

Theory of Action. New York: Free Press; rev. ed., 1954.

1956 with Neil J. Smelser. *Economy and Society.* New York: Free Press.

1960 *Structure and Process in Modern Society.* New York: Free Press.

1961 with Edward Shils; K. Naegele; and J. Pitts, eds. *Theories of Society.* 2 vols. New York: Free Press 1-vol. ed., 1965.

1966 *Societies: Evolutionary and Comparative Perspectives.* Englewood Cliffs, N. J.: Prentice-Hall.

Articles

1956 "Suggestions for a Sociological Approach to the Theory of Organizations." In *Social Change,* edited by Amitai Etzioni, pp. 33-47. New York: Basic Books, 1964.

1959 "General Theory in Sociology." In *Sociology Today,* edited by R. K. Merton *et al.,* pp. 3-38. New York: Harper Torchbooks.

1961a "The Point of View of the Author." In *The Social Theories of Talcott Parsons,* edited by Max Black, pp. 311-363, Englewood Cliffs, N. J.: Prentice-Hall.

1961b "A Functional Theory of Change." In *Social Change,* edited by Amitai Etzioni, pp. 83-89. New York: Basic Books.

1961c with Winston White. "The Link Between Character and Society." In *Culture and Society,* edited by S. M. Lipset and Leo Lowenthal. New York: Free Press.

1963a "On the Concept of Influence." *Public Opinion Quarterly* 27: 37-62.

1963b "On the Concept of Political Power." *Proceedings of the*

American Philosophical Society 107, no. 3.

1964a "Some Reflections on the Place of Force in Social Process." In *Internal War*, edited by Harry Eckstein, pp. 33–70. New York: Free Press.

1964b "Evolutionary Universes in Society." *American Sociological Review* 29: 339–357.

1965 "Value Objectivity in Social Science: an Interpretation of Max Weber's Contribution." Max Weber Centennial in *International Social Science Journal* 27.

1966 "The Political Aspect of Social Structure and Process." In *Varieties of Political Theory*, edited by David Easton, pp. 71–112. Englewood Cliffs, N. J.: Prentice-Hall.

Passos Guimaraes, Alberto

1968 *Quatro Séculos de Latifúndio.* Rio de Janeiro: Paz e Terra.

Paz, Octavio

1969 *El Laberinto de la Soledad.* 7th ed. Mexico City: Fondo de Cultura Económica; first published in *Cuadernos Americanos,* 1950.

Perroux, François

1960 *La Coexistencia Pacifica.* Mexico City: Fondo de Cultura Económica French original, *La Coexistence Pacifique.* Paris: Presses Universitaires de France, 1958.

1963 *Économie et Societé—Contrainte, Échange, Don.* Paris: Presses Universitaires de France.

1964 *L'Économie du XX Siècle.* 2nd ed. Paris: Presses Universitaires de France; first published, 1961.

1969 *"Indépendance" de l'Économie Nationale et Indépendance des*

Nations. Paris: Aubier Montaigne.

Petras, James, and Zeitlin, Maurice

1968 Eds. *Latin America: Reform or Revolution?* New York: Fawcett.

Petrilli, Giuseppe

1967 *Lo Stato Imprenditore*. Capelli Edit.

Petrovic, Gajo

1967 *Marx in the Mid-Twentieth Century*. New York: Doubleday; Yugoslavian original, Zagreb, 1965.

Piaget Jean

1949 *Traité de Logique*. Paris: Armand Colin.

1950 *Introduction à l'Epistémologie Génétique*. Paris: Presses Universitaires de France.

1967 *Biologie et Connaissance*. Paris: Gallimard.

1968 *Sagesse et Illusions de la Philosophie*. Paris: Presses Universitaires de France.

Piao, Lin

1966 "Long Live the Victory of the People's War." 2nd ed. Peking: Foreign Language Press; originally published in *Renmin Ribao* (*People's Daily*), September 3, 1965.

Pinto, Anibal

1964 *Chile, Una Economía Difícil*. Mexico City: Fondo de Cultura Económica.

1965 "Political Aspects of Economic Development." In *Obstacles to Change in Latin America*, edited by Claudio Veliz, pp. 9–46. London: Oxford University Press.

1968 *Política y Desarrollo*. Santiago: Edit. Universitaria.

1970 with Sergio Aranda, Alberto Martinez, Orlando Caputo, Roberto Pizarro, Enzo Falettro, Eduardo Ruiz, Jacques

　　　　Chonchol, Victor Brodersohn, Tomás Vasconi, Inés Reca, and
　　　　Ariel Dorfman *Chile, Hoy.* Mexico City: Siglo XXI.

Pirenne, Henri

　　1947 *Historia Económica y Social de la Edad Media.* 4th ed. Mexico
　　　　City: Fondo de Cultura Económica; French original, 1933.

　　1956 *Historia de Europa, desde las Invasiones hasta el Siglo XVI.*
　　　　2nd ed. Mexico City: Fondo de Cultura Económica; French
　　　　original, *Histoire de l'Europe des Invasions au XVIe Siécle.*
　　　　1936.

Plekhanov, G. V.

　　1922-1927 *A Year in the Homeland.* 24 vols. Moscow: Marx-Engels
　　　　Institute; first published, 1918.

　　1940a *The Materialist Conception of History.* New York: Internat-
　　　　ional Publishers; Russian original published in *Novoye Slovo,*
　　　　September 1897.

　　1940b *The Role of the Individual in History.* New York: Internat-
　　　　ional Publishers; Russian original published in *Nauchnoye
　　　　Obozrenic,* 1898.

　　1945 *Cuestiones Fundamentales del Marxisms.* Mexico City: Endi-
　　　　ciones Frente Cultural; Russian original, 1908.

　　1956 *Essai sur le Développement de la Conception Moniste de l'His-
　　　　toire.* Moscow: Ed. en Langues Étrangères; Russian original,
　　　　1895.

Poulantzas, Nicos

　　1970 *Pouvoir Politique et Classes Sociales.* Paris: Maspero.

Prebisch, Raul

　　1950 *The Economic Development of Latin America and Its Principal*

Problems. CEPAL.

1963a "Stabilizing the Terms of Trade of Underdeveloped Countries."
Economic Bulletin for Latin America 8, no. 1. CEPAL.

1963b *Towards Dynamic Development for Latin America.* CEPAL
(C/CN. 12/16).

1970 *Transformacion y Desarrollo—La Gran Tarea de América La-
tina.* Report to the Inter-American Development Bank.

Puiggros, Rodolfo

1969 *Historia Crítica de los Partidos Políticos Argentinos.* 5 vols.
Buenos Aires: Jorge Alvarez Edit.

Pumaruna-Letts, Ricardo

1971 *Peru: Révolution Socialiste ou Caricature de Révolution?* Paris:
Maspero.

Pye, Lucian W.

1963 Ed. *Communications and Political Development.* Studies in
Political Development, vol. 1. Princeton, N. J.: Princeton
University Press.

1965 with Sidney Verba, eds. *Political Culture and Political Deve-
lopment.* Studies in Political Development, vol. 5. Princeton,
N. J.: Princeton University Press.

1966a *Politics Personality and Nation Building—Burma's Search for
Identity.* New Haven, Conn.: Yale University Press; first
published, Cambridge, Mass.: M. I. T. Press, 1962.

1966b *Aspects of Political Development.* Boston: Little, Brown.

Quigley, Carroll

1961 *The Evolution of Civilizations.* New York: Macmillan.

1968　*The World Since 1939—A History.* New York: Collier Books; originally published as Part 2 of *Tragedy and Hope,* 1966.

Radcliffe-Brown, Alfred Reginald

　　1952　*Structure and Function in Primitive Society.* London: Cohen & West.

Ramos, Jorge Abelardo

　　1949　*América Latina: Un Pais.* Buenos Aires: Edit. Octubre.

　　1957　*Revolución y Contrarevolución en la Argentina—Las Masas en Nuestra Historia.* Buenos Aires: Edit. Amerindia.

　　1959　*Historia Politica del Ejército Argentino.* Buenos Aires: Peña Lillo Edit.

　　1961　*Manuel Ugarte y la Revolución Latinoamericana.* Buenos Aires: Edit. Coyoacan.

　　1965　*Revolución y Contrarrevolución en la Argentina.* vol. 2, *Historia de la Argentina en el Siglo XX.* Buenos Aires: Plus Ultra.

　　1968a　*Ejército y Semi-Colonia.* Buenos Aires: Edit. Sudestada.

　　1968b　*Historia de la Nacion Latinoamericana.* Buenos Aires: Peña Lillo Edit.

Rangel, Ignacio

　　1957a　*Dualidade Básica da Economia Brasileira.* Rir de Janeiro: ISEB.

　　1957b　*Introdução ao Estudo do Desenvolvimento Econômico Brasileiro.* Rio de Janeiro: Liv. Progresso Edit.

　　1960　*Recursos Ociosos na Economia Nacional.* Rio de Janeiro: ISEB.

　　1963　*A Inflação Brasileira.* Rio de Janeiro: Tempo Brasileiro.

Reinach, Salomon

1960 *Orpheus—A History of Religion.* Rev. and enlarg. London:
Peter Owen; French original, 1924.

Renan, Ernest

1887 "Qu'est-ce qu'une Nation?" Paris.

Rex, John

1961 *Key Problems of Sociological Theory.* London: Routledge and
Kegan Paul.

Riasanovsky, Nicholas V.

1966 *A History of Russia.* 2nd ed. New York: Oxford University
Press; first published, 1963.

Ribeiro, Darcy

1968 *Estudos de Antropologia da Civilização.* vol. 1, *O Processo
Civilizatório.* Rio de Janeiro: Edit. Civilização Brasileira.

1970 *Estudos de Antropologia da Civilização.* vol. 2, *As Américas e
a Civilização.* Rio de Janeiro: Edit. Civilização Brasileira.

Robinson, Joan

1956 *An Essay on Marxian Economics.* London: Macmillan.

Rocker, Rudolf

1939 *Nationalism and Culture.* Los Angeles: Rocker Publ. Committee.

Rodrigues, José Honorio

1957 *Teoria da História do Brasil.* 2nd ed. 2 vols. São Paulo: Cia.
Edit. Nacional; first published, 1949.

1965 *Conciliação e Reforma no ·Brasil.* Rio de Janeiro: Edit.
Civilização Brasileira.

1966 *Vida e História.* Rio de Janeiro: Edit. Civilização Brasileira.

1970 *Aspiracóes Nacionais.* 4th ed. Rio de Janeiro: Edit. Civilização
Brasileira; first published, 1963.

Rostovzeff, Mikhail

　1926　*Social and Economic History of the Roman Empire.* Spánish translation, *Historia Social y Económica del Imperio Romano,* 2 vols. Madrid: Espasa Calpe, 1957.

　1926-1928　*A History of the Ancient World,* 2 vols. London: Oxford University Press.

　1959　*The Social and Economic History of the Hellenistic World.* London; first published, 1941.

　1960　*Rome.* London: Oxford University Press. From vol. 2 of *A History of the Ancient World.*

　1963　*Greece.* London: Oxford University Press. From vol. 1 of *A History of the Ancient World.*

Roszak, Theodor

　1969　*The Making of a Counterculture.* New York: Anchor Books.

Rudner, Richard S.

　1966　*Philosophy of Social Science.* Englewood Cliffs, N. J.: Prentice-Hall.

Rustow, Dankwart

　1964　with Robert E. Ward, eds. *Political Modernization in Japan and Turkey.* Studies in Political Development, vol. 3. Princeton, N. J.: Princeton University Press.

Sagnac, Philippe, and de Saint-Leger, A.

　1949　*Louis XIV.* Peuples et Civilisations, edited by Louis Halphen and Philippe Sagnac, vol. 10. Paris: Presses Universitaires de France.

Sahlins, Marshall, and Service, Elman R.

450 政治社會學

1965　Eds. *Evolution and Culture.* Ann Arbor: University of Michigan Press; 3rd print.; first published, 1960.

Sakharov, André D.

1968　*Progress, Coexistence and Intellectual Freedom.* Translated by *The New York Times.* New York: Norton.

Salomon, Albert

1963　*In Praise of Enlightenment.* New York: Meridian Books.

Samaran, Charles

1961　Ed. *L'Histoire et ses Méthodes. Encyclopédie de la Pléiade.* Paris: Gallimard.

Sanson, George

1958-1964　*A History of Japan.* 3 vols. London: Cresset Press.

San Tiago Dantas, F. C.

1962　*Política Externa Independente.* Rio de Janeiro: Edit. Civilização Brasileira.

1964　*Dom Quixote—Um Apólogo da Alma Ocidental.* 2nd ed. Rio de Janeiro: Tempo Brasileiro; first published, 1947.

Sartre, Jean-Paul

1940　*L'Imaginaire.* Paris: Gallimard.

1943　*L'Être et le Néant.* Paris: Gallimard.

1946　*L'Existentialisme est un Humanisme.* Paris: Nagel.

1948-1968　*Situations I to V.* Paris: Gallimard.

1949　with David Rousser and Gérard Rosenthal. *Entretiens sur la Politique.* Paris: Gallimard.

1960　*Critique de la Raison Dialectique.* Paris: Gallimard.

1961　*Cuba.* New York: Ballantine Books.

Schaff, Adam

1963　*A Philosophy of Man.* New York: Delta Books; Polish original, *Filosofia Czlowieka,* 1961.

1970　*Marxism and the Human Individual.* New York: McGraw-Hill; Polish original, *Marksizm, Jednostka.* Warsaw: Panstwowe Wydawnictwo Naukowe.

1971　*Histoire et Verité.* Paris: Anthropos.

Schapera, I.

1967　*Government and Politics in Tribal Societies.* New York: Schocken Books; first published, 1956.

Schilpp, Paul Arthur

1949　Ed. *The Philosophy of Ernst Cassirer.* New York: Tudor Publishing Co.

Schmitter, Philippe

1971　*Interest Conflict and Political Change in Brazil.* Stanford, Calif.: Stanford University Press.

Schneider, Ronald M.

1965　*Brazil-Election Factbook,* no. 2. Institute for Comparative Study of Political Systems, Operation and Policy Research, Inc.

1966a　with Robert C. Kingsbury. *An Atlas of Latin American Affairs.* New York: Praeger; 2nd print.; first published, 1965.

1966b　*Supplement to Brazil-Election Factbook,* no. 2. Institute for Comparative Study of Political Systems, Operation and Policy Research, Inc.

1971　*The Political System of Brazil—Emergence of a Modernizing Authoritarian Regime,* 1964-70. New York: Columbia University Press.

Schubart, Walter

　1938　*Europa und die Seele des Ostens.* Lucerne.

Schumpeter, Joseph A.

　1944　*Teoría del Desenvolvimiento Económico.* Mexico City: Fondo de Cultura Económica; German original, *Theorie der Wirtschaftlichen Entwicklung.* 1911.

　1950　*Capitalism, Socialism and Democracy.* London: Allen & Unwin; first published, 1943.

　1954a　*Economic Doctrine and Method.* London: Allen & Unwin; German original, *Epochen der Dogmen-und Methodengeschichte.* Tübingen: Mohr, 1912.

　1954b　*History of Economic Analysis.* Edited from manuscript by Elizabeth Boody Schumpeter. New York: Oxford University Press.

　1966　*Imperialism.* Cleveland: Meridian Books, 9th print.; first published in English, 1951; German original published in *Archiv für Sozialwissenschaft und Sozialpolitik* 46 (1919) and 57 (1927).

Schurmann, Franz

　1966　*Ideology and Organization in Communist China.* Berkeley: University of California Press.

　1967　with Orville Schell, eds. *The China Reader.* 3 vols. New York: Vintage Books; first published, 1966.

Schwartz, Harry

　1968　*An Introduction to Soviet Economy.* Columbus, Ohio: Charles E. Merrill.

Sèe, Henri

1969 *La France Économique et Sociale au XVIII Siècle.* Rev. ed.
Paris: Armand Colin.

Seeley, Sir John

1919 *The Expansion of England.* 2nd ed. London; first published,
1883.

Servan-Schreiber, Jean-Jacques

1967 *Le Défit Américain.* Paris: Ed. Denoël.

Service, Elman R.

1967 *Primitive Social Organization—An Evolutionary Perspective.*
New York: Random House; 6th print.; first published, 1962.

Shaffer, Harry G.; and Prybyla, Jan

1961 Eds. *From Underdevelopment to Affluence.* New York: Apple-
ton-Century-Crofts.

Shaw, Bernard

1948 *Fabian Essays.* London: Allen & Unwin; first published, 1889.

Shils, Edward

1962 *Political Development in the New States.* The Hague: Mouton;
first published in *Comparative Studies in Society and History*
2 (1959-1960).

Shonfield, Andrew

1965 *Modern Capitalism.* New York: Oxford University Press.

Shoup, General David M.

1969 "The New American Militarism." *The Atlantic,* April, pp.
51-56.

Shubik, Martin

1964 Ed. *Game Theory and Related Approaches to Social Behaviors.*
New York: John Wiley.

Silva Herzog, Jesús

1960 *Breve Historia de la Revolución Mexicana.* 2 vols. Mexico City: Fondo de Cultura Económica.

Silva Michelena, José A.

1967 with Frank Bonilla. *The Politics of Change in Venezuela.* vol. 1, *A Strategy for Research on Social Policy.* Cambridge, Mass.: M. I. T. Press.

Skidmore, Thomas

1967 *Politics in Brazil: 1930-1964.* New York: Oxford University Press.

Snow, Edgar

1962 *The Other Side of the River: Red China Today.* New York: Random House; first published, 1961.

Sombart, Werner

1946 *El Apogeu del Capitalism.* 2 vols. Mexico City: Fondo de Cultura Económica; German original, *Der Modern Kapitalismus.* 6 vols. Leipzig, 1902.

1951 *Lujo y Capitalismo.* 2nd ed. Madrid: Revista de Occidente; German original, *Luxus und Kapitalismus.* 1912.

Sorokin, Pitirim

1937-1941 *Social and Cultural Dynamics.* 4 vols. New York: Bedminister Press.

1945 *A Crise do Nosso Tempo.* São Paulo: Edit. Universit.; English original, *The Crisis of Our Age.* New York: Dutton, 1941.

1957 *Social and Cultural Dynamics.* revis. and abridg. ed., Boston: Porter Sargent.

1963 *Modern Historical and Social Philosophies.* New York: Dover

Publications; first published as *Social Philosophies of an Age of Crises*, Boston: Beacon Press, 1950.

1964　*The Basic Trends of Our Time*. New Haven, Conn.: Yale University Press.

1965　*Fads and Foibles in Modern Sociology*. Chicago: Henry Regnery; first published, 1956.

Soubisse, Louis

1967　*Le Marxisme Après Marx*. Paris: Aubier Montaigne.

Spengler, Oswald

1947　*La Decadencia de Occidente*. 4 vols. Translated by Manuel Garcia Morente. Madrid: Espasa Calpe; German original, *Der Untergang des Abendlandes*. 2 vols. Munich: Beck, 1918–1922.

Staley, Eugene

1961　*The Future of Underdeveloped Countries*. New York: Praeger.

Stalin, Josef V.

1946–1951　*Sochineniya (Works)*. 13 vols. Moscow.

1945　*Problems of Leninism*. English translation from 11th Russian ed.

Steel, Ronald

1968　*Pax Americana*. New York: Viking; first published, 1967.

Storry, Richard

1965　*A History of Modern Japan*. Baltimore: Penguin Books; first published, 1960.

Strachey, John

1956　*Contemporary Capitalism*. London: Victor Gollancz.

Sunkel, Osvaldo

456　政治社會學

1967a "El Transfondo Estructural de los Problemas del Desarrollo Latinoamericano." *El Trimestre Económico*, no. 3.

1967b "Política Nacional de Desarrollo y Dependencia Externa." *Estudios Internacionales* 1, no. 1: 43-75.

1969 "La Tarea Política y Teórica del Planificador en América Latina." *Estudios Internacionales* 2, no. 4: 519-529.

1970a with the collaboration of Pedro Paz. *El Subdesarrollo Latinoamericano y la Teoría del Desarrollo*. Mexico City: Siglo XXI.

1970b Ed. *Integración Política y Económica: la Experiencia Europeia y el Proceso Latinoamericano*. Santiago: Edit. Universitaria.

1971 "Capitalismo Transnacional y Desintegracion Nacional en la América Latina." *El Trimestre Económico* 38, no. 2: 571-628.

Sweezy, Paul M.

1956 *The Theory of Capitalism Development*. New York: Monthly Review Press.

1966 with Paul Baran. *Monopoly Capital*. New York: Monthly Review Press.

Taber, Robert

1967 *La Guerra de la Pulga*. Mexico City: Edit. Era. English original, *The War of the Flea*. New York: Lyle Stuart, 1965.

Tang, Peter S. H., and Maloney, Joan M.

1967 *Communist China: The Domestic Scene—1949-1967*. South Orange, N. J.: Seton Hall University Press.

Tavares, Maria da Conceição

1964 "Auge y Declinio del Proceso de Substitución de Importaciones en el Brasil." *Boletín Económico de América Latina* 9, no. 1: 1-60. CEPAL.

Taylor, G. R.

1951 *The Transportation Revolution.* New York: Rinehart & Co.

Taylor, Henry Osborn

1958 *The Emergence of the Christian Culture in the West.* New York: Harper & Brothers.

Thompson, J. M.

1955 *Louis Napoleon and the Second Empire.* New York.

Tillich, Paul

1957 *The Protestant Era.* Abridg. ed. Chicago: University of Chicago Press; first published, 1948.

1964a *Biblical Religion and the Search for Ultimate Reality.* Chicago: University of Chicago Press; first published, 1955.

1964b *The Theology of Culture.* New York: Oxford University Press; first published, 1959.

1967 *Systematic Theology.* 1-vol. ed. Chicago: University of Chicago Press; first published in 3 vols., 1951-1963.

1968 *The Courage to Be.* New Haven, Conn.: Yale University Press, first published, 1952.

Tönnies, Ferdinand

1933 *Desarrollo de la Cuestión Social.* 2nd ed. Barcelona: Edit. Labor; German original, *Entwicklung der Sozialen Frage.* 1927.

1946 *Principios de Sociologia.* 2nd ed. Mexico City: Fondo de Cultura Económica; German original, *Einführung in die Soziologia.* Stuttgart, 1931.

1947　*Comunidad y Sociedad.* Buenos Aires: Edit. Losada; German original, *Gemeinschaft Und Gesellschaft.* Leipzig, 1887.

Toynbee, Arnold

1934-1961　*A Study of History.* 12 vols. London: Oxford University Press.

1946-1957　*A Study of History.* 2 vols. Abridged by D. C. Somervell. London: Oxford University Press.

1952　*The World and the West.* London: Oxford University Press.

1956　*An Historian's Approach to Religion.* London: Oxford University Press.

1962　*America and the World Revolution.* New York: Oxford University Press.

Trotsky, Leon

1946　*Mi Vida — Ensayo Autobiografico.* 2 vols. Mexico City: Editorial Colon; Russian original, Berlin, 1929.

1950　*Histoire de la Révolution Russe.* 2 vols. Paris: Ed. du Seuil, Russian original, 1932-1933.

1962　*Lenin.* New York: Capricorn Books; Russian original, Moscow, 1924.

1965　*The Revolution Betrayed.* New York: Merit Publishers; first published, London, 1937.

Tucker, Robert

1968　*Nation or Empire? The Debate Over American Foreign Policy.* Baltimore: Johns Hopkins Press.

Turner, Frederick J.

1961　*Frontier and Section.* Selected Essays of Frederick J. Turner. Englewood Cliffs, N. J.: Prentice-Hall.

Vekemans, Roger

1962 with J. L. Segundo. "Ensaio de Tipologia Socio-Económica de los Países Latinoamericanos." In *Aspectos Sociales del Desarrollo Económico en América Latina,* vol. 1, edited by Egbert de Vries and José Medina Echavarria, pp. 72-100. UNESCO. Liège.

Veliz, Claudio

1965 Ed. *Obstacles to Change in Latin America.* London: Oxford University Press.

1967 Ed. *The Politics of Conformity in Latin America.* London: Oxford University Press.

1969 "Centralismo, Nacionalismo e Integración." *Estudios Internacionales* 3, no. 1: 3-22.

Vernon, Raymond

1963 *The Dilemma of Mexico's Development—The Roles of the Private and Public Sectors.* Cambridge, Mass.: Harvard University Press.

1966 Ed. *How Latin America Views the U. S. Investor.* New York: Praeger.

Vieira Pinto, Alvaro

1960 *Consciência e Realidade Nacional.* 2 vols. Rio de Janeiro: ISEB.

Viet, Jean

1967 *Les Méthodes Structuralistes dans les Sciences Sociales.* 2nd ed. Paris: Mounton; first published, 1965.

Vita, Luis Washington

1950 *A Filosofia no Brasil.* São Paulo: Martins.

1965 *Introdução à Filosofia.* 2nd ed. São Paulo: Edit. Melhoramentos; first published, 1964.

1968 *Antologia do Pensamento Social e Político no Brasil.* São Paulo: Edit., Grijalbo.

Von Lazar, Arpad

1969a "Multi-National Enterprise and Latin American Integration: a Political View." *Journal of Inter-American Studies* 11.

1969b with Robert R. Kaufman, eds. *Reform and Revolution— Readings in Latin American Politics.* Boston: Allyn and Bacon.

Von Martin, Alfred

1946 *Sociología del Renacimiento.* Mexico City: Fondo de Cultura Económica; German original, *Soziologie der Renaissance.* Stuttgart, 1932.

Ward, Robert E.

1964 with Dankwart Rustow, eds. *Political Modernization in Japan and Turkey.* Studies in Political Development, vol. 3. Princeton, N. J.: Princeton University Press.

1967 *Japan's Political System.* Englewood Cliffs, N. J.: Prentice-Hall.

Weber, Alfred

1932 *La Crisis de la Idea Moderna del Estado en Europa.* Spanish translation by J. Perez Banuc. Madrid: Revista de Occidente; German original, *Die Krise des Modernen Staatsgedankens in Europa.* Heidelberg, 1924.

1943 *Historia de la Cultura.* Mexico City: Fondo de Cultura Económica; German original, *Kulturgeschichte als Kulturso-*

ziologie. Leiden, Holland, 1935.

Weber, Max

1920-1921 *Gesammelte Aufsätze zur Religionssoziologie.* 3 vols. Tübingen: Mohr. vol. 1 includes:

1950 *The Protestant Ethic and the Spirit of Capitalism.* London: Allen & Unwin; 3rd print.; first published, 1930.

1962a "The Protestant Sects and the Spirit of Capitalism." In *From Max Weber,* edited by Gerth and Mills, pp. 302-322. New York: Oxford University Press; 5th print.; first published, 1946.

1962b "Die Wirtschaftsethik der Weltreligionen—Einleitung." Introduction translated as "The Social Psychology of the World Religions." In *From Max Weber,* edited by Gerth and Mills, pp. 267-301.

1962c "Zwichenbetrachtung: Theorie der Stufen und Richtungen religiöser Weltablehnung." Translated as "Religious Rejections of the World and Their Directions." In *From Max Weber,* edited by Gerth and Mills, pp. 323-362.

1964 "Konfuzianismus und Taoismus." Translated as *The Religion of China: Confucianism and Taoism.* New York: Macmillan; first published, 1951.

vol. 2 includes:

1967 "Die Wirtschaftsethik der Weltreligionen—II, Hinduismus und Buddhismus." Partially translated as *The Religion of India.* New York: Free Press; first published, 1958.

vol. 3 includes:

1921 *Gesammelte Politische Schriften.* Munich: Drei Masken Verlag.

1922   *Gesammelte Aufsätze zur Wissenchaftslehre.* Edited by Marianne Weber. Tübingen: Mohr.

1944   *Wirtschaft und Gesellschaft.* Edited by Marianne Weber. Tübingen: Mohr; Spanish translation, *Economía y Sociedad.* 4 vols. Mexico City: Fondo de Cultura Económica.

1949   *The Methodology of the Social Sciences.* New York: Free Press. Partial translation.

1962   "Politik als Beruf." Translated as "Politics As a Vocation." In *From Max Weber,* edited by Gerth and Mills, pp. 77-128.

1967   "Die Wirtschaftsethik der Weltreligionen—III, Das antike Jundentum." Translated as *Ancient Judaism.* New York: Free Press; first published, 1952.

Weiner, Myron

1965   "Political Integration and Political Development." *Annals* 358: 52-64.

Welch, Claude E. Jr.

1967   *Political Modernization—A Reader in Comparative Political Change.* Belmont, Calif.: Wadsworth Publishing.

Werneck Sodré, Nelson

1963   *Introdução à Revolução Brasileira.* 2nd ed. Rio de Janeiro: Edit. Civilização Brasileira; first published, 1958.

1965a   *A Ideologia do Colonialismo.* 2nd ed. Rio de Janeiro: Edit. Civilização Brasileira; first published, 1961.

1965b   *História Militar do Brasil.* Rio de Janeiro: Edit. Civilização Brasileira.

1965c   *História da Burguesia Brasileira.* 2nd ed. Rio de Janeiro: Edit. Civilização Brasileira; first published, 1964.

White, Leslie A.

　1949　*The Science of Culture.* New York: Grove Press.

　1959　*The Evolution of Culture—The Development of Civilization to the Fall of Rome.* New York: McGraw-Hill.

Whitehead, Alfred North

　1929　*Process and Reality.* Cambridge, Eng.: Cambridge University Press.

　1933　*Adventures of Ideas.* Cambridge, Eng.: Cambridge University Press.

　1938　*Modes of Thought.* Cambridge, Eng.: Cambridge University Press.

Wilson, Charles

　1966　*England's Apprenticeship, 1603-1763.* London.

Wiznitzer, Arnold

　1960　*Jews in Colonial Brazil.* New York: Columbia University Press.

Wolf, Kurt, and Moore, Barrington

　1968　Eds. *The Critical Spirit—Essays in Honor of Herbert Marcuse.* Boston: Beacon Press; first published, 1967.

Wraith, Ronald, and Simpkins, Edgar

　1964　*Corruption in Developing Countries.* New York: Norton; first published, 1963.

三民大專用書書目 —— 政治・外交

三民大專用書書目——社會

三民大專用書書目——行政‧管理